DAVID HUME ET LA CROYANCE
IDÉALISME ET RÉALISME

TEXTES & COMMENTAIRES
Directeur : Jean-François COURTINE

JACOBI

DAVID HUME ET LA CROYANCE
IDÉALISME ET RÉALISME

Introduit, traduit et annoté
par
Louis GUILLERMIT

PARIS
LIBRAIRIE PHILOSOPHIQUE J. VRIN
6, Place de la Sorbonne, V^e
—
2000

Cet ouvrage est la deuxième édition corrigée de :
Louis Guillermit,
Le réalisme de F. H. Jacobi,
édité en 1982 par les Publications de l'Université de Provence

Imprimé en France

ISBN 2-7116-1410-7

À la mémoire de Jean Hyppolite, dont la généreuse amitié ne cessa d'encourager ce travail

AVANT-PROPOS

> Il n'est guère contestable que l'œuvre commune de Jacobi et de Kant est d'avoir mis fin non pas tant au contenu de *l'ancienne métaphysique* qu'à son *mode de connaissance*, et d'avoir ainsi fondé la nécessité d'une conception complètement renouvelée du *logique*. Par là Jacobi a fait époque de façon durable dans l'histoire de la philosophie allemande, et – puisque en-dehors de l'Allemagne la philosophie a complètement dépéri et disparu – dans l'histoire de la philosophie tout court.
>
> HEGEL, *Recension des œuvres de F. H. Jacobi (1817)*, Traduction A. Doz, Vrin, 1976.

Lorsqu'il entreprend en 1812 une nouvelle édition de toutes ses œuvres rassemblées [1], Jacobi relève [2] la promesse à laquelle il s'était senti tenu en achevant les *Lettres à Mendelssohn sur la doctrine de Spinoza :* « Le présent écrit doit avoir pour suite des entretiens dans lesquels j'approfondirai bien davantage ce qui est resté ici à l'état d'ébauche, mais surtout dans lesquels je développerai mes propres principes et en diversifierai la confrontation ». Il estime avoir accompli cette promesse en publiant l'année suivante (1787), le dialogue auquel il donna le double titre *David Hume et la croyance, Idéalisme et réalisme* [3], pour peu que l'on veuille bien y joindre les écrits réunis dans le tome III [4], ainsi que la *Préface* rédigée

1. C'est celle d'après laquelle nous citerons de façon générale : F. H. Jacobi Werke, 6 volumes, Leipzig, 1812-1825. Commencée par Jacobi lui-même, elle fut achevée après sa mort (1819) par ses amis Roth et Köppen.

2. W. IV (1), p. 230, note.

3. Sans oublier son important appendice sur l'idéalisme transcendantal.

4. Paru en 1816, il contient, outre l'opuscule : *Sur une prédiction de Lichtenberg*, paru pour la première fois en 1801 (p. 199-243) et le texte *« Sur la tentative du criticisme pour amener la raison à l'intelligence »* (p. 61-158), complété par Köppen (p. 159-195), la *Lettre à Fichte*, parue en 1799, et *« Des choses divines et leur révélation »* (1811). Ces deux derniers

pour le tome II afin de « servir d'introduction aux œuvres philosophiques complètes de l'auteur ». Il faut enfin relever que cette *Préface* « renvoie spécialement » à l'article qui montre *« que la notion de liberté et de providence est inséparable de la notion de raison »* (1799) comme à un texte qui « expose de façon très concise le système des convictions de l'auteur ou la justification de sa croyance devant l'entendement philosophant, et donne l'exposé peut-être le plus accessible de ce à quoi il prétend en affrontant les autres doctrines et de ce à quoi il ne prétend pas »[1].

Par ces précisions, Jacobi nous assure donc que l'ensemble des textes dont nous proposons la traduction constitue l'expression suffisamment complète d'une pensée dont l'unité, l'originalité et l'importance proprement historique ne lui échappèrent à aucun moment, soit qu'il constate par exemple dans sa dernière œuvre : « mes convictions sont toujours exactement les mêmes que celles que j'exposai il y a plus de vingt cinq ans dans mon ouvrage sur la doctrine de Spinoza et dans le dialogue qui en fut la suite immédiate sur l'idéalisme et le réalisme »[2], ou bien qu'il affirme dans la *Lettre à Fichte :* « Je demeure au total et totalement le même homme qui dans les lettres sur Spinoza partit du *miracle* de la perception et du *mystère* insondable de la liberté et qui, en recourant du coup à un *salto mortale,* eut l'audace non pas tellement de fonder sa philosophie que bien plutôt d'exposer témérairement aux yeux du monde son obstination non-philosophique »[3]. C'est à cette constance et à la fermeté de quelques convictions qu'il doit de s'être montré tout à la fois un témoin souvent lucide et un protagoniste actif de l'évolution, qu'il perçut comme une véritable mutation, dans la pensée philosophique de son temps : « Tout le monde sait à quel point depuis vingt cinq ans en Allemagne les systèmes philosophiques ont rapidement changé. Nombre de penseurs ont changé de peau plus d'une fois. Moi aussi, j'ai laissé libre cours à mon âme, mais en me réservant de revenir en arrière au terme de la tentative. Au surplus j'ai fait tout mon possible pour qu'à chaque fois la métamorphose soit aussi complète que les circonstances le permettaient, et l'expérience de mes métempsycoses pourrait bien être beaucoup plus instructive que celles de Pythagore »[4]. Reconsidérant son *Dialogue* un quart de siècle après sa parution, il s'estime en droit de dire : « Cet écrit est particulièrement important par l'influence qu'il a exercée. Il est de fait qu'on y trouve les

textes, ainsi que les *Lettres à Mendelssohn sur la doctrine de Spinoza,* ayant été traduits en français par J.-J. Anstett (Aubier, 1946), nous ajouterons la mention des références à cette traduction.

1. W. II, p. 106-107.

2. *Des choses divines et de leur révélation,* W. III, p. 339 ; trad. p. 393.

3. W. III, p. 43 ; trad. p. 327.

4. W. III, p. 340 ; trad. p. 393-4.

germes que Fichte et Schelling ont développés par la suite »[1]. Il va jusqu'à « donner raison en certain sens » à ceux qui retrouvent « dans (son) ouvrage sur Spinoza, mais *surtout dans (son) Dialogue sur l'idéalisme* » le fondement de la déduction fichtéenne : « j'ai en effet démontré que c'est nécessairement à cette fin que doit tendre la philosophie kantienne pour être cohérente »[2]. De manière générale, il croit pouvoir affirmer : « dès l'apparition de la philosophie critique, j'ai prédit de la façon la plus précise ce qui arrive aujourd'hui ; de sorte que je suis devenu un Jean-Baptiste pour la fondation de la nouvelle école et pour ses disciples »[3]. Lors même qu'on dénoncerait l'exagération d'un tel propos, en contestant par exemple la manière dont Jacobi prétend *déduire* logiquement l'idéalisme des postkantiens de l'idéalisme transcendantal[4], il n'en faudrait pas moins reconnaître qu'il s'assura dans l'histoire de la philosophie kantienne une place aussi importante qu'originale : sa lecture de l'œuvre de Kant témoigne d'une « sagacité singulière »[5], et la sévérité des critiques qu'il se vit adresser par

1. *Lettres à Fries,* 2 avril 1812, in J. F. Fries, *Aus seinem handschriftlichen Nachlasse,* Leipzig, 1867, p. 323. Voir également la lettre de 1802, en appendice au livre de Köppen : *Schellingslehre oder das Ganze der Philosophie des absoluten Nichts, mit drei Briefen von Jacobi,* p. 209-276 ; et notamment p. 258-262 : Bien qu'inaperçu, le processus était indubitablement implicite dans la philosophie de Kant, pour qui « sujet et objet, sous le rapport de la réalité, c'est-à-dire au regard de la raison sont une seule et même chose et ne se distinguent l'une de l'autre qu'au regard de l'entendement, c'est-à-dire dans le domaine du phénomène ». Fichte a ensuite montré dans la subjectivité absolue un fondement suffisant de l'objet kantien et Schelling a soutenu la nécessité de nier non seulement l'objet, mais aussi le sujet pour parvenir à leur indifférence absolue.

2. *Lettre à Dohn,* 13 décembre 1797, *Aus Jacobis Nachlass,* Zöppritz, I, p. 200.

3. *Lettre à J. P. Richter,* 5 novembre 1798. *Auserlesener Briefwechsel,* Roth, II, p. 259.

4. Typiquement : « La question n'est pas de savoir ce que Fichte prétend ou veut enseigner, mais ce qu'il doit nécessairement prétendre ou enseigner en conséquence de ses principes ». *Lettre à Reinhold,* 2 janvier 1800, in E. Reinhold, *K. L. Reinholds Leben und Literarisches Wirken,* 1815, p. 250. Ce caractère « rigide et inéluctable » du schéma auquel Jacobi soumet le développement de l'idéalisme appelle évidemment la comparaison avec celui que Hegel rendra célèbre; les différences sont bien discernées par V. Verra : *F. H. Jacobi, dall'illuminisno all'idealismo,* Turin, 1963, p. 231-233, dont le chapitre VIII donne une bonne présentation d'ensemble de la place occupée par Jacobi dans le postkantisme.

5. V. Delbos, *De Kant aux post-kantiens,* Aubier, 1940, p. 43. Xavier Léon, *Fichte et son temps,* Colin, 1922, I, p. 216-219 : « Le premier peut-être qui ait aperçu le vrai sens de la critique [...] son jugement, d'une pénétration vraiment prophétique [...] semble annoncer avec une précision dont on demeure confondu l'œuvre que Fichte va précisément entreprendre ». Si on rappelle à quel point la *Critique de la Raison Pure* déconcerta lors de sa parution, la plupart y voyant par exemple une résurgence de l'idéalisme de Berkeley ou du scepticisme de Hume, on rendra notable le fait qu'on puisse retrouver chez un commentateur moderne comme Vaihinger (*Commentar zu Kants K. r. V.,* 1892, II, p. 35-55) un éloge de la lecture de Jacobi comparable à celui que Fichte lui avait déjà décerné (*Zweite Einleitung,* S. W. I. p. 481-482).

celui-ci et par ses successeurs[1], ne donne que plus de relief à l'incontestable importance que tous accordèrent à ce qu'il conviendrait d'appeler sa « prise de position ».

Cette expression voudrait en effet détourner des méprises qui deviennent inévitables dès que l'on cherche dans la pensée de Jacobi, sous quelque étiquette que ce soit : philosophie de la croyance, du sentiment, de la vie, de l'existence, etc. une philosophie *comme* les autres, *parmi* d'autres. Car c'est bien plutôt la singularité d'une voix, celle de « l'homme resté sobre dans un concert de gens ivres »[2] que son discours a prétendu faire entendre ; discours philosophique à coup sûr[3], puisque c'est avant tout aux philosophes qu'il s'adresse, mais à la seule fin de refuser la philosophie[4] telle qu'ils la « conçoivent presque tous, c'est-à-dire comme une Logique qui s'acharne à déduire et démontrer ce qui ne doit ni ne peut l'être, que ce soit « le miracle de la perception » ou « le mystère de la liberté ». La « vraie philosophie », c'est la « saisie du vrai » [*Wahrnehmung*] dans la conscience d'une révélation originaire et en toute rigueur inamissible de l'existence : celle des choses sensibles et de « choses divines » ; elle « se moque de la philosophie » qui lâche cette proie pour l'ombre d'un discours démonstratif, qui prétend « mieux voir sans recourir aux yeux » et s'égare dans le rêve de l'idéalisme. Ce que Jacobi nomme « son obstination non-philosophique », c'est celle qu'il met à faire comparaître « le système de ses convictions » devant « l'entendement philosophant » et à affronter les doctrines philosophiques « non pas tant pour fonder la sienne, puisqu'elle s'exclut d'elle-même de toute prétention à être démontrée, mais pour justifier une autre prétention, celle que leur oppose la valeur irrécusable de cette révélation ».

À cet idéalisme, où Jacobi croit voir égarée la philosophie tout entière par sa prétention à ne rien reconnaître qui ne soit démontrable, il oppose, selon l'antonymie réelle, son propre *réalisme :* « Je suis réaliste, écrit-il à Jean-Paul, comme personne ne l'a encore été avant moi et je prétends qu'il

1. Il suffira de rappeler, par exemple, l'opuscule de Kant : *D'un ton grand seigneur adopté naguère en philosophie* (1796), l'article de Hegel : *Glauben und Wissen* (1802) ; le véritable pamphlet de Schelling : *Denkmal der Schrift von den göttlichen Dingen des Herrn Jacobi* (1812).

2. Selon la célèbre formule qu'Aristote applique à Anaxagore, *Métaphysique* A, 984 à 15.

3. « Il est bien certain que, malgré sa doctrine du non-savoir, Jacobi affichait une prétention bien décidée à avoir proposé également une doctrine philosophique », Schelling, *Zur Geschichte der neueren Philosophie* [*Münchener Vorlesungen*], *Gesamtausgabe,* X, p. 178.

4. Voir sur ce point l'intéressante étude de Valerio Verra : *Jacobi e il refiuto della filosofia,* in « Filosofia », IV 1953, p. 575-600.

n'y a aucun système intermédiaire raisonnable entre l'idéalisme total et le réalisme total »[1]. Ce qui fait à nos yeux toute l'importance d'une telle déclaration, c'est que, par delà l'indétermination de ces notions d'idéalisme et de réalisme qui contraint incessamment les philosophes à les spécifier par quelque qualificatif, elle proclame de manière décisive la *double intransigeance* qui fait l'originalité de Jacobi : celle qui met sa non-philosophie résolument en marge des doctrines philosophiques, fondée sur celle dont il fait montre en récusant toute possibilité de conciliation et de compromis entre ces conceptions opposées, et tout spécialement celle dont la philosophie critique de Kant croyait sans doute pouvoir faire le principal article d'un traité de paix perpétuelle : « l'idéaliste transcendantal peut être un réaliste empirique et par conséquent ce qu'on appelle un dualiste »[2]. C'est précisément dans la mesure où l'idéalisme post-kantien ne cessera, explicitement ou implicitement, de mettre en question cette possibililé, qu'il sera, de façon tout à fait remarquable, reconduit, comme à une sorte de « solide de référence » au réalisme intransigeant de Jacobi. Aussi l'étude qui suit sera-t-elle guidée par la présomption que la philosophie ne peut prendre la mesure du défi que lui lance cette non-philosophie qu'en cherchant à discerner la signification précise de ce réalisme.

Le *Dialogue* sur l'idéalisme et le réalisme constitue, nous l'avons rappelé, la première réalisation du projet formé par Jacobi au terme des *Lettres* sur la doctrine de Spinoza, celui de « développer davantage ses principes personnels et d'en diversifier la confrontation ». La *Préface* de la première édition du *Dialogue* mentionnait la conception primitive d'une œuvre composée de trois parties sous les titres : *David Hume et la croyance, Idéalisme et réalisme, Leibniz ou de la raison*. Dans l'édition de 1815, à la faveur de l'ajout d'une note[3] on peut voir l'auteur subdiviser lui-même l'œuvre, à laquelle il a finalement donné la forme d'un dialogue, en deux parties, et il est clair que le principe de cette subdivision n'est autre que celui qui lui permet de « diversifier la confrontation » du thème : idéalisme et réalisme, d'une part avec la philosophie de Hume, privilégiée parce qu'elle a fait de l'*existence* l'objet de la *croyance,* d'autre part avec le réalisme de Leibniz qui permet d'enraciner la *raison* dans la *vie*[4].

L'exposé préalable du *Dialogue,* en son contenu ainsi subdivisé, dirigera tout naturellement ensuite notre réflexion sur les deux points qu'il

1. *Lettre à J. P. Richter,* 16 mars 1800, Zöppritz, I, p. 239.

2. W. II, p. 293.

3. W. II, p. 221.

4. Sur les questions que peut poser la référence que Jacobi fait à Leibniz voir l'ouvrage récent de Günther Baum, *Vernunft und Erkenntnis. Die Philosophie Jacobis,* Bonn, 1969, p. 85-88.

désigne à l'attention comme deux sortes de pôles de la pensée de Jacobi : la *croyance,* et la *raison.* Ces deux notions correspondent en effet à deux choix, l'un initial, l'autre final, animés par son obstination à maintenir la confrontation de sa conviction réaliste avec l'entendement philosophant : à l'époque du *Dialogue,* celle de *croyance* devait lui permettre d'empêcher l'assimilation de cette conviction à une simple foi religieuse personnelle qui l'aurait rejeté hors de la philosophie ; l'ultime élaboration de la notion de raison proposée par la *Préface* que ce *Dialogue* reçoit en 1815 devient la meilleure *« introduction aux œuvres philosophiques complètes de l'auteur »,* dans la mesure même où elle vise à assurer au regard de l'entendement philosophant la parfaite originalité de cette conviction, non seulement par rapport à la longue tradition de la philosophie d'entendement recueillie par l'Aufklärung, mais également par rapport à cet « égoïsme spéculatif », qui est la forme extrême de l'idéalisme auquel Kant et ses successeurs se sont condamnés par leur conception de la raison.

On trouvera une bibliographie, très complète à la date de 1963, concernant Jacobi dans l'ouvrage fondamental de Valerio Verra : *F. H. Jacobi. Dall'illuminismo all'idealismo,* Edizioni di filosofia, Torino. Pour la compléter, on retiendra :

Renate Knoll, *J. G. Hamann und F. H. Jacobi,* Heidlb. Forsch., 7. Heft, Carl Winter, Heidelberg, 1963 (Compte-rendu de X. Tilliette, *Archives de Philosophie,* XXIX, 1966).

Klaus Hammacher, *Die Philosophie F. H. Jacobis,* Fink Verlag, Munich, 1969.

Günther Baum, *Vernunft und Erkenntnis. Die Philosophie F. H. Jacobi,* Bouvier, Bonn, 1969.

Marco M. Olivetti, *L'esito « teologico » della filosofia del linguaggio di Jacobi,* Cedam, Padoue, 1970.

F. H. Jacobi, *Philosoph und Literat der Goethezeit,* hrsg. von Kl. Hammacher, V. Klostermann, Francfort, 1971 (Actes du Colloque de Dusseldorf, tenu en octobre 1969 sous la direction du Pr. Lauth).

Nous adressons nos vifs remerciements à M. A. Guth et au R. P. Tilliette, qui nous ont permis d'améliorer notre travail avant de le publier.

INTRODUCTION

par

Louis Guillermit

LE RÉALISME DE JACOBI

I – LE DIALOGUE

Les premières pages du dialogue dégagent progressivement du contexte polémique des débuts de la querelle du panthéisme la seule accusation massive qui puisse fournir à l'auteur l'occasion d'exposer sa pensée en demeurant sur un terrain proprement philosophique : il ne peut que *mépriser la raison,* prétendent ses adversaires, philosophes de l'Aufklärung, puisqu'il se montre *partisan d'une croyance aveugle*[1]. On aurait tort, croyons-nous, de ne trouver dans ces premières répliques du dialogue que les relents d'une polémique aigrie par les passions de sectes religieuses. Cette première lecture doit se doubler d'une seconde où transparaîtra l'enjeu philosophique qui fait peut-être l'intérêt principal de la pensée de Jacobi, en nous rendant sensible à la difficulté d'une position intellectuelle dont l'inconfort est l'expression remarquable de l'inquiétude philosophique elle-même. D'un mot, comprenons que Jacobi entend bien ne jamais se laisser rejeter hors du domaine de la philosophie, au moment même où toute l'originalité de sa philosophie est d'exprimer avec passion son refus de la philosophie[2]. On ne saurait souhaiter meilleure illustration du célèbre ἔτι φιλοσοφητέον aristotélicien ; ou pour mieux dire, dans le langage de son auteur favori : « philosopher vraiment, c'est se moquer de la philosophie », si se moquer signifie lui remontrer la vanité des démonstrations où elle croit voir sa tâche essentielle, la substance même qui la définit. Nous verrons même comment Jacobi pourra ultérieurement montrer que « rien n'est plus conforme à la raison que ce désaveu de la raison ». S'il faut encore philosopher, c'est pour montrer à la philosophie que philosopher vraiment, c'est savoir refuser de démontrer ce qui n'a pas à l'être, essentiellement *l'existence,* que ce soit celle du monde ou celle de Dieu. L'aberration fondamentale de la philosophie, telle que l'entreprise

1. Références selon la pagination du texte original. Ici, p. <137>.

2. Voir sur ce point l'étude de V. Verra citée ci-dessus.

s'en poursuit depuis des siècles, est de s'obstiner à vouloir *démontrer* cette existence qui ne peut être que *montrée*. C'est pour le lui faire entendre qu'il est à la fois impossible et nécessaire de prendre langue avec elle : impossible, si la croyance aveugle se définit comme « approbation qui ne s'appuie que sur l'apparence, sans fondement ni évidence propre », (p. <137>) car ce sont les adversaires qui témoignent en ce cas d'une croyance aveugle en supposant que la philosophie qu'on leur propose est fondée sur la croyance prise en ce sens ; nécessaire cependant, si la croyance n'est qualifiée *d'aveugle* que parce qu'on y voit un assentiment à ce qui n'est pas rationnellement fondé (p. <140>).

Dans la *Préface* (p. <7>) Jacobi se reprochera de n'avoir pas su trouver du premier coup la solution de cette difficulté fondamentale en montrant que la vraie nature de la raison était celle d'une faculté de croire, ce qui lui aurait permis, pense-t-il, d'opposer d'emblée à ses adversaires une fin de non-recevoir : vous ne disqualifiez ma croyance comme aveugle c'est-à-dire comme *extra-rationnelle* que parce que, parlant de la raison, c'est à l'entendement que vous pensez, à son pouvoir explicatif, démonstratif, et plus généralement discursif. *Felix culpa,* pourrait-on dire, s'il est vrai qu'à l'apparence d'une simple substitution verbale (j'appelle : entendement, ce que vous appelez raison, et raison : la faculté de croire), elle a pu substituer la réalité d'une discussion portant sur la relation de la croyance à la rationalité.

A – Croyance et existence

On dit indifféremment, semble-t-il, je *crois* ce que je vois (et plus généralement ce que je sens) ou bien : ce que je sens, je le *sais*. Indifféremment, pourvu toutefois que le verbe savoir n'entraîne pas de tentative *d'explications,* car c'est précisément leur inévitable échec qui conduirait à la disqualification comme *aveugle* de ce savoir-croyance. Ce point de départ d'importance capitale pour comprendre la position de Jacobi mérite d'être examiné de près.

Que l'interlocuteur préfère le mot : *croyance* est aussi aisé à expliquer que lourd de conséquences. C'est qu'il fait de la certitude la caractéristique de la connaissance vraie, en affaiblissant d'autant la « simple croyance », conviction qui ne saurait exhiber au yeux d'autrui ses « titres de créance », en ce sens au moins que ceux-ci se présenteraient comme des justifications d'ordre subjectif plutôt que comme des raisons vraiment démonstratives : je crois *seulement,* c'est à dire : il me semble que … car je ne suis pas certain ; il est vrai que je ne pense pas pouvoir prétendre autre chose, mais c'est là simple négation corrélative de mon *incapacité* à mettre en avant des raisons objectivement suffisantes, que mon *discours* puisse nécessairement faire partager à tous.

Je reconnais donc qu'il n'est pas absolument impossible de mettre en doute, et, comme disait Descartes : toute connaissance qui peut être rendue douteuse ne saurait recevoir le nom de science. Voilà comment c'est faute d'être en droit de dire : je *sais,* que je dirai : je *crois,* atténuation qu'on pourrait surprendre dans l'expression : je crois savoir ... souvent appliquée à la connaissance par ouï-dire.

Ainsi, au niveau de la deuxième Méditation, le cartésien *sait* qu'il est dans l'instant qu'il pense, où il actualise l'axiome : pour penser il faut être, et forme ainsi une pensée invulnérable au doute le plus hyperbolique ; mais que son corps soit présentement assis et adresse des paroles à un autre corps qu'il perçoit devant lui, cela *peut* être « mis en doute ». Il est vrai qu'il s'agit alors d'un doute « léger et métaphysique », d'un doute de philosophe, précisément motivé par son projet délibéré de rendre raison, son refus de rien avancer qui ne puisse être *démontré* irréfutablement. Qu'on revienne à la conscience que ce doute n'est pas naturel, que, cessant d'admettre qu'il ait « lieu » d'être, on reprenne l'attitude naturelle, on ne dira plus : je *crois* (il me semble que ...), mais je sais, c'est-à-dire : je suis tout à fait certain de ce qu'il n'y a pas « lieu » de prouver. Mais toute la difficulté est de mesurer la gravité des conséquences et implications d'une thèse dont le caractère positif est masqué par l'apparence d'une négation : *nier* qu'il y ait *lieu,* c'est en réalité *affirmer* qu'il n'y a pas *place* pour [...] On ne nie que parce que toute la philosophie s'est fourvoyée, et philosopher vraiment sera d'abord revenir de cet égarement initial et fondamental. En croyant voir que le succès des mathématiques et de leurs démonstrations avait égaré la métaphysique dans la voie du dogmatisme, Kant n'est pas allé assez loin. La forme la plus parfaite à laquelle cet égarement ait jamais abouti, c'est-à-dire le spinozisme, comporte un enseignement encore plus radical : la question n'est pas seulement d'instituer un tribunal permettant au criticisme d'arbitrer, par exemple entre le dogmatisme et le scepticisme, car ces méthodes n'en sont pas, ce sont simples « procédés » entre lesquels il est trop tard pour hésiter : le bon chemin est déjà perdu puisqu'on s'est engagé dans la voie démonstrative. La vraie méthode est choix fondamental de la bonne route : il faut refuser la philosophie telle qu'elle s'est jusqu'à présent constituée, revenir de l'exigence d'une évidence conquise comme résultat final de la mise en œuvre de l'appareil discursif et démonstratif, pour faire valoir le droit irrécusable d'une évidence d'un autre ordre : immédiate, intuitive, ou selon l'expression même de Jacobi : « de première main » (p. <4>).

Aussi la question posée à l'interlocuteur : « d'où le savez-vous ? » peut-elle faire figure de ce genre de tentation que Socrate impose à son répondant pour le mettre à l'épreuve, pour s'assurer qu'il *pense* droitement ce qu'il *dit*. Si l'interlocuteur « prend à gauche » en répondant : *parce que* j'en ai la sensation, c'est qu'il prend déjà ainsi le chemin de *l'explication :* tenter d'*entendre* le sentir, c'est inévitablement faire surgir la dualité du sujet sentant et de l'objet senti, c'est déjà quitter des yeux le *texte* du sentir au profit d'un *commentaire* explicatif qui ne pourra plus jamais le rejoindre exactement[1]. Car l'objet senti n'est pas la sensation même, il en est la *cause*. Dès lors, prétendre que l'on sait lorsqu'on sent, c'est en réalité *supposer* qu'on sent dans le sentir même la réalité d'une altérité, celle d'une cause sans laquelle ma sensation, perdant la garantie de son statut d'effet, perdrait du même coup la réalité qui me permet d'y voir un savoir certain : si la réalité de l'autre n'est pas la cause de la sensation que j'en ai, mon sentir n'est plus un savoir, c'est une illusion, et je suis seulement le jouet d'une pure hallucination[2]. Ce n'est pas tout, car ce premier faux-pas ne peut qu'en entraîner d'autres : cette altérité se qualifie en outre comme *extériorité* de l'objet senti au sujet sentant. Autrui n'est pas seulement cause de cet effet que je nomme : la sensation que j'ai de lui, il ne peut être vraiment *autre* que moi, que si je le sens ou le sais *extérieur* à moi. Ce n'est donc pas seulement un deuxième savoir (celui de la causalité) mais un troisième (celui de l'extériorité) qui se découvre au sein du sentir-savoir initial.

Assurément on pourra tenter de réduire à l'extrême la spécificité de ces savoirs en les qualifiant d'aussi immédiats et certains que celui qui rend ma pensée présente à elle-même et fait de la conscience, du *cogito,* l'inéluctable vérité première. C'est en effet ainsi que Jacobi interprète l'étroite et indissoluble connexion que le criticisme établit entre le réalisme empirique et l'idéalisme transcendantal (p.<142>), et le renvoi qu'il fait en cet endroit à l'*Appendice* sur l'idéalisme transcendantal nous explique

1. On ne jugera pas fortuit le recours à cette métaphore familière à la phénoménologie de Merleau-Ponty, à laquelle ces pages de Jacobi font évidemment songer.

2. Pour fixer encore davantage les idées, on pourrait ici concevoir un partisan intransigeant de Jacobi faisant objection aux premières lignes de la *Phénoménologie de l'esprit,* et remontrant à Hegel qu'il ne saurait tenir sa promesse de « se comporter à l'égard du savoir immédiat d'une façon non moins immédiate, d'accueillir ce savoir comme il s'offre sans l'altérer en rien et de bien laisser cette *appréhension* indépendante de toute *conception* », dès lors qu'à la première ligne il a cru pouvoir assimiler le *savoir immédiat* à un « savoir *de* l'immédiat ou *de* l'étant » : seule cette intrusion subreptice du : *de,* signifiant la *différence* et scindant le *moi* et la *chose,* permet la mise en branle de la dialectique de la certitude sensible. (On songera encore, à l'inverse, à Sartre faisant de sa mise entre parenthèse dans l'expression : conscience (de) soi, la condition de possibilité d'une fidélité à l'intention descriptive de la phénoménologie (au sens husserlien) de son ontologie).

pourquoi il refuse cette réponse : *simple* [*bloss*] réalisme empirique est une expression restrictive; ce n'est pas là être vraiment réaliste, car la précision : *empirique,* constitue l'aveu que l'idéalisme transcendantal a en quelque sorte « déteint » sur ce réalisme, puisque l'objet extérieur est *réduit* à l'état de représentation *en nous,* de phénomène, c'est-à-dire de simple *« modus cogitandi ».* Que le sens de ce phénomène soit de nous *apparaître comme* extérieur à nous, parce que la représentation n'est pas seulement dans le temps, forme du sens interne et par là de tous les phénomènes, mais également dans l'espace, voilà qui ne suffit pas à reconnaître que la *chose est réellement* extérieure à nous, ce qui est précisément l'affirmation fondamentale du *vrai réalisme.* S'installer dans la représentation *en* nous, c'est se condamner à ne plus pouvoir rejoindre l'objet *hors* de nous.

Il faut donc renoncer à cette interprétation de style kantien de la certitude immédiate qui s'exposerait tout autant que la croyance à l'accusation d'être *aveugle.* Et c'est l'occasion pour Jacobi de faire comprendre que si, dans la troisième *Lettre à Mendelssohn* (IV (1), p. 211; trad. p. 187), il avait employé la formule, dont il se vantera à l'occasion (p. <40, n. 2>) d'être l'inventeur bien des années avant la parution de la *Critique,* dont elle résume la thèse maîtresse[1] : « sans un *toi,* le *moi* est impossible », c'est uniquement pour mettre en évidence que, lorsque le langage courant dit en même façon : je sais que les choses sont, et : je sais que je suis, ce savoir mérite en fait le nom de croyance, étant admis que, dans les deux cas, l'égale certitude qu'on cherche à exprimer n'est pas le résultat d'une démonstration et ne requiert aucune preuve.

Prétend-on contester comme inusité un emploi du terme : croyance, réservé aux seuls cas où l'objet d'assentiment ne tolère aucune preuve? Jacobi se donne le malin plaisir de relever, dans la *Revue* même où cet emploi lui avait été reproché, un exposé des raisons qui le justifient précisément à ses yeux, sous la forme d'une définition de la sensation comme « représentation d'une chose liée à la *croyance* en son objet extérieur », juxtaposée à l'affirmation que nous ne *croyons* pas que nous avons un corps et qu'il en existe hors de nous, mais que nous le *sentons* et qu'il faut réserver la notion de croyance aux dogmes religieux. Après quoi, précisant qu'il a trouvé chez Hume l'autorité dont il a besoin pour tarir les controverses à la façon dont Descartes avait cherché celle de la Sorbonne, il

1. En admettant qu'elle traduise en effet l'essentiel du célèbre Théorème réfutant l'idéalisme que Kant avait introduit dans la deuxième édition de la *Critique* en songeant précisément à Jacobi, et qui prétend démontrer le lien indissoluble entre l'expérience interne et l'expérience externe. Ce que Jacobi nomme : le Toi, c'est le non-Moi; cf. W. II, p. 278 : *DU = Nicht-Ich.*

cite longuement la section XII de l'*Inquiry* pour y montrer tout à la fois l'affirmation de la vérité du *réalisme* et l'emploi du mot : *croyance,* dans l'intention expresse d'exclure toute référence à une discursivité explicative et démonstrative : c'est la nature et un instinct qui, *sans aucun raisonnement,* font que nous *croyons* à l'existence d'objets *réellement* extérieurs à nous, c'est-à-dire qui n'ont pas besoin pour exister que nous les percevions. Le rappel dans ses grandes lignes de l'analyse sceptique de la causalité : nous ne *percevons* que des successions de phénomènes et jamais l'efficace d'un lien causal, d'un moyen terme entre cause et effet, que nous ne saurions d'autre part conclure, puisqu'une proposition générale ne peut jamais s'énoncer qu'à partir de perceptions singulières, permet alors de mettre sous son véritable jour la confrontation que la section V entreprend entre *imaginer* et *percevoir* pour conclure à l'opposition de la *fiction* et de la *croyance*. Nous avons l'initiative d'une liberté que rien n'entrave lorsque nous imaginons des fictions, mais ce qui échappe à cette liberté sans limites, ce qui ne dépend pas de nous, c'est la *croyance* à *l'existence*. Que cette croyance ne soit pas une représentation s'ajoutant à la première, cela nous est attesté par le fait que, si nous sommes libres de former la première, nous ne le sommes plus d'ajouter la seconde : je compose librement des animaux fabuleux, mais je ne suis pas libre de croire à leur existence. La croyance est donc un sentiment qui s'attache à la représentation, et, comme tous les sentiments, c'est la nature qui la fait naître. De là vient l'impossibilité de *l'expliquer* véritablement, et la nécessité de se contenter de la *décrire* comme une sorte de poids inhérent à certaines représentations.

S'estimant ainsi justifié d'avoir employé le terme croyance en un domaine étranger à celui de la pensée religieuse, Jacobi juge qu'il n'a même pas à se défendre en même façon d'avoir employé celui de *révélation,* car il ne lui paraît pas douteux qu'ici, c'est le sens religieux du terme qui est dérivé d'une signification plus primitive : dire que la sensation *révèle,* veut dire qu'elle *fait apparaître* indubitablement des choses indépendantes des représentations que nous en avons; bien plus : qu'il n'y a pas lieu de chercher pour cette révélation d'autre garantie qu'elle-même, qu'il n'est pas davantage question ici de chercher à *expliquer* qu'à *prouver*. Rien d'autre qu'elle-même ne peut nous attester cette existence hors de nous. Prétend-on expliquer que ce qui n'est pas nous se mette cependant à exister pour nous, dire par exemple que la chose est *cause* de la représentation ? Il est clair que cela présuppose qu'on *admette* déjà l'existence de la chose. C'est donc non seulement le mot de : *révélation,* mais même celui de *miracle* qui sont ici très exactement à leur place; c'est certainement le lieu où la terminologie religieuse a trouvé le modèle du sens qu'elle exprime en disant que Dieu a révélé miraculeusement son existence à l'homme.

Une objection s'impose : comment assimiler à la révélation divine, qui est la vérité même, celle de nos sens, dont la faillibilité est bien connue ? La réponse va naître d'une réflexion sur la notion *d'immédiateté* (p.<168>). Jacobi entend non seulement se défendre contre l'accusation d'avoir tenté de masquer son dogmatisme philosophique et de profiter abusivement du prestige de la notion religieuse de croyance, en montrant qu'il n'assimile nullement la perception à un acte de foi, mais il entend aussi attaquer la philosophie qui cède au démon de la médiation et refuse le seul point de départ solide : l'expérience la plus intime, celle d'une révélation dont il suffit que nous ne puissions discerner la médiation pour que nous la tenions pour rigoureusement immédiate à notre point de vue. Tel est le sens du rejet de l'alternative suivante : ou bien se réfugier dans l'affirmation dogmatique d'un acte de foi affirmant que Dieu seul peut effectuer de façon incompréhensible à l'homme le miracle de cette transmutation de l'*en soi* en *pour nous,* en quoi consiste la perception, et lui inspirer la croyance en la réalité de cette dualité (sens « gauche » de la notion de révélation miraculeuse) – ou bien refusant cette position comme irrationnelle, abandonner le réalisme pour s'engager dans la voie idéaliste. Hume se trouve ainsi cité à plusieurs fins : d'abord pour dégager le point commun entre la mise en question par la philosophie de l'existence du monde et de celle de Dieu : dans les deux cas, il s'agit de la croyance à une existence ; ensuite pour faire ressortir à partir de là que l'on tourne en rond si, après avoir mis en doute l'existence du monde, on compte, comme Descartes, sur celle d'un Dieu véface pour nous la restituer et garantir ; enfin pour montrer comment on peut parfaitement disjoindre l'infaillibilité de notre croyance en l'existence du monde extérieur de la faillibilité reconnue de nos sens. On aurait tort de supposer que le passage d'Hemsterhuis invoqué en cet endroit (p.<170>) soit destiné à proposer le modèle d'une explication de la sensation, permettant de conclure rigoureusement le réalisme. Rien ne serait plus contraire à l'intention de Jacobi, qui entend seulement y trouver une réponse à la prétention de tirer des erreurs des sens une objection au réalisme. Hemsterhuis définit la représentation des objets comme *résultat* des *relations* entre ceux-ci et nous ; à ce titre, elle ne peut être identifiée ni à ces objets, ni à nous-mêmes, ni à ces relations : ainsi 12 n'est ni 3, ni 4, ni la multiplication, mais le résultat de la multiplication de 3 par 4. Si donc tandis que nous restons identiques à nous-mêmes et que nous déclarons qu'après avoir perçu une sphère, nous percevons maintenant un cylindre, il faut bien en conclure que c'est l'*en soi* des choses qui a changé dans l'intervalle, que la boule a fait place à une colonne ; si je les perçois comme différentes, c'est que le fondement de la différence est en elles ; c'est *en soi* qu'elles diffèrent : Descartes et Leibniz s'étaient opposés sur la question de savoir si entre les choses et les représentations que nous en donne la perception la relation est purement symbolique, auquel cas il n'y a pas plus de ressemblance entre elles qu'entre le son ou les signes du mot : rouge, par exemple, et le vécu sensible qu'ils évoquent[1]. Pour Hemsterhuis, si l'on refuse d'admettre que les rapports que nous percevons entre les choses sont *l'image fidèle* des rapports que les choses en elles-mêmes entretiennent réellement entre elles, il devient impossible de comprendre comment le sculpteur pourrait tirer du bloc de marbre la forme humaine, par exemple, dont il se représente l'image avant d'essayer de la reproduire dans la matière. Mais n'y-a-t-il pas dans tout cela une *explication* et une *démonstration ?* L'interlocuteur se sent pris au piège (p.<173>), très loin de la thèse qu'il essayait précisément de faire sienne : la révélation sensible est absolument immédiate pour nous (p.<168 *sq.*>). Ce piège, c'est celui où tombe la philosophie lorsqu'elle fait de la perception une *construction intellectuelle* et de la croyance à la réalité de l'objet la *conclusion d'un raisonnement*. Ainsi c'est en comparant, comme Hume, le fait que nous sommes libres dans l'imagination, alors qu'il ne dépend pas de moi de percevoir un objet là où il n'y en a pas, ni une sphère là où il y a un cylindre, que je suis amené dans ce dernier cas à *conclure* que l'objet existe *en soi* et qu'il est en lui-même tel qu'il m'apparaît. Il faut donc que l'explication cède au plus tôt le pas à la description, le commentaire au texte lui-même ; si je reviens à la naïveté de l'expérience perceptive, c'est en vain que j'y cherche la trace d'une élaboration et d'une conclusion : percevoir, précisément ce n'est ni juger, ni raisonner. Dira-t-on que c'est seulement parce que le texte propose un élément irréductible de passivité : percevoir quelque chose comme réel, c'est d'abord et avant tout « subir une présence sans y être pour rien » – que je puis *conclure* à son existence en soi ? Mais loin d'être l'exception, le cas de la perception suit la règle de toutes nos représentations, puisque l'expérience interne ne se fait pas moins en nous *sans nous,* ne s'impose pas moins à nous, que l'expérience externe – et cette simple remarque permet de s'installer dans la seule thèse qui soit vraie : la dualité du sujet et de l'objet, avec toutes les difficultés qu'elle suscite à l'explication, résulte en fait du prélèvement effectué de façon *seconde* sur la massivité indivisible d'une expérience *originaire,* qui doit nous faire dire d'un trait : je suis, les choses sont – à la façon dont Descartes disait : je pense, je suis, en sacrifiant le : donc, s'il devait substituer illégitimement à l'immédiation première, à « l'illustration » de

1. Descartes, *La dioptrique,* Discours quatrième; Leibniz, *Nouveaux Essais,* Avant-Propos, alinéa 8, et livre II, chap. 8, § 13. À la thèse cartésienne du caractère arbitraire de la relation, Leibniz oppose sa célèbre notion d'expression, « correspondance réglée entre ce qui se peut dire d'une chose et ce qui se peut dire d'une autre ».

l'esprit, un raisonnement controuvé qui pervertissait le sens du *cogito.* Comme il arrive, selon l'éclairage, qu'un unique objet projette deux ombres dans l'angle d'une pièce, ainsi la réflexion dédouble l'être en moi, et l'être en soi de l'objet; mais pour se garder des inévitables et insolubles apories qui s'ensuivent, il suffit toujours de revenir à la chose même, à la ponctualité de l'instant indivisible où l'absence d'avant et d'après ne laisse place à aucune médiation causale, hors des prises de « l'entendement diviseur ».

Si l'application par Hume de la notion de croyance à l'expérience sensible avait été introduite par le rappel de sa conception sceptique de la causalité, le moment est venu de faire le chemin inverse, d'abord pour approfondir et assurer encore davantage cette croyance elle-même, ensuite pour opposer les implications de cette nouvelle philosophie aux aberrations de l'ancienne.

De façon très significative, c'est par la voie d'un long récit autobiographique qu'on va y parvenir (p. <178>) : aux illusions philosophiques de la discursivité démonstrative, ce qu'il faut opposer de façon primordiale, c'est la naïveté d'une expérience vécue assez heureuse pour avoir su se préserver intacte; j'ai eu, disait Descartes « beaucoup d'heur » (car l'enseignement que j'ai reçu aurait bien pu me corrompre) de m'être trouvé dans de certains chemins, puisqu'ils m'ont conduit à me former une méthode qui n'est au fond que la marche naturelle de la lumière naturelle. Ma nature a toujours été telle, dit de son côté Jacobi, que je n'ai jamais pu m'accommoder d'une idée dont l'objet ne me fût donné par sensation ou sentiment; si cette particularité me valut d'abord bien des déboires, elle m'a finalement conduit à la découverte de la plus haute vérité et de la vraie philosophie. Le récit de ses difficultés intellectuelles d'étudiant à Genève est en effet destiné à expliquer les conditions dans lesquelles il détermina de façon si singulière son engagement philosophique personnel. Lui qui, en toutes matières, et spécialement en mathématiques, exigeait qu'on lui *montrât* ce qu'on prétendait suffisant de lui *démontrer,* qu'on engendrât *sous ses yeux* l'être qu'on se contentait de lui définir au moyen de *mots,* ne pouvait manquer, dès qu'il se fut initié à la philosophie, de se poser avec une acuité toute particulière le problème de *l'évidence* dans cette nouvelle discipline de pensée : si là, comme ailleurs, le discours démonstratif se révélait insuffisant, comment fallait-il découvrir l'indispensable évidence? que fallait-il sentir? L'Académie de Berlin ayant en 1763 mis au concours la question de l'évidence en métaphysique, il lut avidement le mémoire couronné de Mendelssohn : *Sur l'évidence dans les sciences métaphysiques,* et celui de Kant : *Essai sur l'évidence des principes de la théologie naturelle et de la morale.* Il ne put manquer de remarquer que l'un et l'autre s'attachaient à montrer, contre les wolfiens, que la métaphysique ne pouvait se confier à la méthode des mathématiques. Le premier insistait sur la distinction entre leurs *domaines* respectifs : le réel et le possible; le second sur la distinction entre leurs *méthodes,* le privilège de celle des mathématiques étant de pouvoir construire ses concepts dans l'intuition pour produire l'évidence. Jacobi ne précise pas aussitôt les raisons pour lesquelles l'écrit de Mendelssohn le déçut, tandis qu'il trouvait dans celui de Kant des explications qui comblaient son attente, mais la suite de son récit le fait aussitôt comprendre : n'ayant nullement *senti l'évidence* de la preuve de l'existence de Dieu qui n'allait pas tarder à recevoir le nom d'ontologique, longuement exposée cependant par Mendelssohn, il s'appliqua tout autant qu'à en révéler le vice, à essayer d'expliquer ce qui pouvait en faire la force apparente. Examinant sa forme « outrée » chez Spinoza, il y gagna bien cette familiarité avec le système qui allait lui permettre de le révéler à l'Allemagne étonnée, mais le peu de succès rencontré par sa critique de l'argument l'aurait, avoue-t-il, découragé si, une fois encore, l'écrit de Kant sur *l'Unique fondement possible d'une preuve de l'existence de Dieu* ne lui avait apporté une confirmation saisissante de sa propre conviction : l'existence ne saurait être démontrée, parce qu'elle n'est pas prédicat, mais position absolue; partout et toujours elle doit être présupposée.

Duo quaeranda sunt, disait Cicéron que cite Jacobi dans le VIIe Appendice des *Lettres à Mendelssohn*[1], *unum quae materia sit ex qua quaeque res efficiatur ; altera, quae vis sit quae quidque efficiat.* Si l'existence ne peut être considérée comme un rapport, sera-t-il davantage possible de réduire la *causa* à la *ratio ?* Tel est, de façon générale, l'enjeu du long *examen de la causalité* dans lequel on s'engage alors. Le rationalisme wolfien proposait de comprendre la possibilité de l'apparition d'une chose réelle dans le temps à partir de la possibilité de rendre claire une idée confuse, donc de déduire le principe de *génération* de celui de *composition* par la seule considération du principe de raison suffisante. On ne saurait souhaiter meilleur exemple d'une confusion du réel avec l'idéal. En exprimant la nécessaire antériorité des parties relativement au tout, le principe de raison ne dit finalement rien de plus que le principe d'identité : *idem est idem :* faire des trois droites qui enferment un espace le *principium essendi* du triangle, ce n'est nullement affirmer que le triangle existe réellement avant ses trois angles. De même, ce n'est pas en pensant la *causa* comme *ratio,* la relation de cause à effet comme relation de principe à conséquence, en prenant conscience du principe et de la conséquence dans l'unité d'une représentation, que je puis prétendre penser la succession

1. W. IV (2), p. 134 ; trad. p. 281.

réelle dans les choses. Substituer au temps réel des choses le temps idéal de la représentation, c'est vider le temps de sa substance même, de ce qui fait la succession dans la simultanéité, et par conséquent supprimer ce *principium generationis* qu'on prétendait précisément expliquer.

Mais cette critique du *« logicisme »* ne fait qu'introduire à une critique encore plus radicale de *l'idéalisme :* dissocier le concept de la causalité de la représentation de la succession amène à faire de cette dernière une véritable illusion, puisque c'est une représentation subjective. Encore faudrait-il pouvoir rendre compte de cette illusion même, ce qui sera impossible tant qu'on ne verra en l'homme qu'un être pensant, doué des seules facultés d'intuition et de jugement, purement contemplatif. Une fois de plus, il suffit de revenir à l'expérience vécue fondamentalement pour s'apercevoir que l'homme est avant tout une force *agissante*. La mentalité primitive a si bien su s'en tenir à ce vécu originaire que son animisme voit partout dans la nature la spontanéité de forces vivantes sur le modèle de l'expérience que chacun fait de sa propre action. Et si le mérite de *Hume,* dans son examen de la causalité, a bien été de s'attacher d'abord au sentiment que nous éprouvons de notre propre force et de son application à surmonter une résistance, il eut le tort de se laisser arrêter à une conclusion sceptique pour avoir cru trouver une lacune dans l'expérience : nous ne sentons pas, déplore-t-il, *comment* le déploiement de notre force peut aboutir au succès dans notre action. Son erreur est ici de quitter précisément le texte intangible de l'expérience pour se perdre dans de vaines exigences d'explication et s'égarer dans la voie de l'idéalisme : un tel doute n'a pas davantage *lieu* d'être que celui qui porte sur l'existence du monde extérieur et la place en est tout aussi solidement occupée par la *croyance*.

Une objection, dont l'origine kantienne est assez évidente, s'élève cependant : faire ainsi dériver de l'expérience la catégorie de causalité, n'est-ce pas la priver de toute nécessité et de toute universalité ? La réponse à cette objection conduit d'abord Jacobi à proposer une *déduction des catégories* qu'il déclare inspirée de Spinoza et qu'il oppose à celle de Kant (p. <208>) puis à élargir cette opposition à celle de leurs conceptions respectives de la raison, celle qu'il propose, en s'inspirant cette fois de Leibniz, lui paraissant être le meilleur antidote de l'idéalisme.

Il est aisé de le prévoir : cette déduction des catégories est toute différente de ce que *Kant* entend par là. En la désignant ainsi, *Jacobi* déclare s'être inspiré de ce passage de la deuxième partie de *l'Éthique* où *Spinoza* dit lui-même (Scolie I de la proposition XL) avoir « expliqué la cause des notions appelées communes et qui sont les principes de notre raisonnement »[1]. De fait il procède par propositions successives, comme il l'avait déjà fait lorsqu'il s'était décidé à exposer systématiquement son interprétation de *l'Éthique* à *Mendelssohn* (Lettre du 26 avril 1785 W. IV, p. 172 à 205; trad. p. 167 à 184); découvrant ainsi les catégories « de réalité, de substance, d'individualité, d'étendue corporelle, de succession et de causalité ». Quatre propositions préliminaires fondent le réalisme, l'objectivité de la représentation de l'être étendu en l'être sentant. Puis trois propositions visent a établir qu'il n'y a de réalité véritable que celle de l'individu organique, réalité qui fonde à son tour celle de l'action et de la réaction (les cinq propositions suivantes), la dernière proposition en tirant la succession et le temps (qui en est la représentation) pour conclure que l'étendue, la causalité et la succession sont bien des concepts nécessaires, puisqu'ils ne peuvent manquer d'apparaître dès lors qu'existe une communauté d'êtres singuliers. Ainsi fondée dans la réalité même de la communauté d'individus, l'objectivité de ces catégories est bien mieux assurée que par la philosophie kantienne qui, en les détachant de l'expérience pour les lier à la subjectivité, les fait déchoir en simples « préjugés d'entendement ».

La critique du kantisme se fait alors plus radicale et plus vive : son phénomène a vidé la sensibilité de toute substance, puisqu'elle ne nous fait rien connaître de la nature des choses telles qu'elles existent en soi, ni de leurs rapports, bien plus, ne nous assure même pas de leur existence réelle : se rapportant à une sensibilité aussi vaine, l'impuissance de l'entendement est encore accusée par l'entière subjectivité de ses formes. De sorte que le Moi, simple forme d'une forme, est réduit à une existence fantomatique, et que la critique s'exerce sur une raison qui est véritablement un néant.

1. On pourrait s'étonner de voir Jacobi faire un emprunt aussi important à une doctrine qu'il n'a privilégiée que parce qu'il y trouvait la forme la plus conséquente et la plus achevée de l'aberration de la philosophie démonstrative à laquelle il entendait opposer sa conception de la croyance, qualifiée de ce point de vue de non-philosophie. Ce serait oublier qu'en dépit de cette hostilité de principe et de son refus radical de thèses comme l'universelle nécessité, l'impersonnalité de Dieu, Jacobi a cru trouver dans le spinozisme un *réalisme* qui lui convenait parfaitement : « il est nécessaire, dit-il au terme de la *lettre à Mendelssohn* que nous venons de citer (W. IV (1), p. 205; trad. p. 184, en note), de se souvenir ici de la démonstration souvent répétée par Spinoza que l'être d'une chose n'implique aucun nombre en soi et que plusieurs choses ne peuvent être regardées en ce qu'elles ont de commun comme plusieurs choses, mais seulement comme des parties d'une chose unique. C'est sur ce fondement qu'il a élevé sa théorie riche et vraiment sublime des représentations vraies, des idées communes et complètes, de la certitude et de l'entendement humain en général ». C'est précisément de ces « idées communes et complètes », dont le réalisme garantit l'objectivité, qu'il est ici question. – Sur la critique de cette déduction par Hegel voir ci-dessous p. 300.

B – La raison et la vie

Veut-on remettre en son sens droit cette raison pure ? Le fait même de faire abstraction de tout contenu ne donnera que plus de relief à la révélation de la spontanéité d'une force. Et comment dès lors ne pas être frappé de la profonde vérité du panpsychisme leibnizien, où le principe de ce que l'on appelle *raison* se présente comme identique à celui de la *vie ?* Accorder un privilège sur l'animalité à la raison de l'homme sera simplement reconnaître la plus grande perfection de la sensibilité à laquelle cette raison se trouve liée chez lui. C'est le *« sens »* qui est la mesure de l'intelligence. Ce qu'une réflexion sur le *rêve* (p. <227-236>) permet aussitôt de vérifier.

Le rêve se définit comme perte du sens : tout rêveur est insensé parce qu'au lieu de percevoir le réel et son ordre objectif, il ne perçoit que le seul ordre subjectif de ses représentations. La croyance ne pouvant concerner que ce qui apparaît, elle change dès lors de corrélât, et la raison s'accommode de l'illusion comme elle s'accommodait de la vérité. Mais reconnaître cela, n'est-ce pas jeter la suspicion sur la croyance elle-même et affaiblir ainsi dangereusement le fondement du réalisme ? car alors la certitude que nous ne rêvons point quand nous sommes éveillés est-elle indubitable ? de quel critère de distinction disposons-nous ? On ne saurait se contenter de répondre qu'il y a plus dans la veille que dans le rêve, que nous y avons à la fois la claire représentation de la veille et du rêve, car il nous arrive dans le rêve de croire tantôt que nous rêvons, tantôt que nous sommes réveillés, ce qui montre que nous y avons également les deux représentations. Il faut revenir à l'examen de l'immédiateté auquel on a précédemment procédé : on y avait découvert que c'est la représentation même du réel qui nous en procure la connaissance, excluant par là l'intervention de toute médiation. Toute représentation est *copie,* et une copie ne saurait tirer son être et son sens que de ce dont elle est copie ; l'être imité de la chose ne peut en être distingué que par comparaison avec la chose. Donc la *représentation* du réel étant dépourvue d'indépendance, d'autonomie, de suffisance à soi-même, ne saurait receler en soi l'objectivité, tirer d'elle-même le pouvoir de refléter le réel *comme tel. Seul le réel lui-même peut faire qu'une représentation soit représentation du réel.* C'est en ce sens que le rêve est nécessairement second relativement à la veille et que celui qui n'aurait jamais été éveillé serait hors d'état de rêver.

Ainsi Jacobi prétend-il réfuter non seulement l'idéalisme problématique de Descartes que Kant avait précisément proposé de qualifier de *rêveur* (*Prolégomènes,* I, fin), mais également l'idéalisme transcendantal, qui, comme lui, commet l'erreur de s'enfermer dès le départ dans le *cogito* et de chercher l'objectivité dans la seule sphère de la représentation. On rejoint la conclusion qui avait précédemment établi la vérité du réalisme : si l'on ne part pas du réel, il est à jamais impossible de le retrouver. Toute la philosophie s'en trouve condamnée comme un vaste rêve dans lequel elle s'est elle-même enfermée, et dont il lui est radicalement impossible de s'éveiller. Car philosopher en ce sens, ce n'est rien d'autre que détourner le regard du réel, des choses mêmes, pour le retourner vers les seules représentations. C'est s'endormir et se mettre à rêver en cessant de percevoir. Alors que Kant, guidé par l'idée que « tout ce que la nature établit elle-même est bon à quelque chose », expliquait l'apparence, l'illusion du seul *dogmatisme* comme une méprise, un malentendu [*Missdeutung, Missverstand*], c'est de l'entreprise philosophique *en général,* telle qu'elle s'est jusqu'alors engagée, que Jacobi entend non seulement dénoncer, mais aussi *expliquer* l'illusion : rien de plus facile que de perdre de vue la réalité pour un être qui a le pouvoir de réfléchir et d'abstraire, c'est-à-dire de se prendre à percevoir ses représentations elles-mêmes et leurs rapports jusqu'à y voir des objets auxquels il est d'autant plus porté à accorder réalité qu'il leur en prête une en effet par l'émission de sa voix lorsqu'il les articule en concepts dans les mots du langage. Comment ne se prendrait-il pas pour Dieu animant la glaise de son souffle, oubliant qu'il ne fait jamais rien *être,* que jamais il ne *crée* vraiment, c'est-à-dire : *ex nihilo ?* Cette fantasmagorie est assez saisissante pour faire pâlir la réalité qu'il continue cependant à percevoir : ainsi le rêveur poursuit le rêve qui le mêle aux fracas d'une bataille, lors même que c'est le grondement d'un orage qu'il perçoit réellement. Semblable au philodoxe que Platon pouvait désespérer d'éveiller (*Rép*. V. 476 c), le philosophe rêveur se persuade si bien que ses représentations sont plus vraies que la réalité, qu'on ne voit plus ce qui pourrait l'éveiller de son rêve. Une fois de plus, mais en un sens entièrement péjoratif cette fois, la philosophie met le monde à l'envers.

Leibniz, dont déjà précédemment le panpsychisme avait été loué comme conforme à la croyance originaire, est alors l'objet d'une invocation dont le caractère apparemment paradoxal est aussitôt souligné, puisqu'on se propose de montrer dans sa conception ontologique le modèle même du réalisme. Gageure, semble-t-il, à s'en tenir aux thèses maîtresses de l'absolue simplicité de la forme substantielle « sans portes ni fenêtres » dans la monadologie, de l'idéalité de l'influence du corps sur l'âme dans l'harmonie préétablie, du célèbre *« nisi intellectus ipse »* dans l'innéisme.

En premier lieu, comment Jacobi, qui subordonne la raison à la sensibilité et celle-ci à l'organisation vitale, peut-il retrouver chez Leibniz la confirmation de ces fondements de son réalisme ? C'est que Leibniz, relève-t-il, a toujours soutenu que tout esprit créé était nécessairement uni à un corps, que nous ne pourrions même penser à la pensée si nous ne pensions à ce que fournissent les sens, qu'aucune pensée humaine ne saurait être entièrement détachée du sensible [1]. Il est vrai que cela ne signifie pas que chaque âme dispose de sa partie de matière, mais que le sens désigne la façon dont une substance se rapporte à l'autre dans l'univers. Pour lui, comme pour Spinoza définissant l'âme comme l'idée du corps, chaque âme représente immédiatement son corps et, conformément à l'organisation de ce corps, l'univers. Il est vrai que Leibniz dit que s'il n'y avait pas d'âme, les corps n'en agiraient pas moins comme ils le font et inversement. Mais pour bien l'entendre, il faut se souvenir de sa conception de l'individualité, de l'axiome qui réciproque l'Un et l'Être (ce qui n'est pas *Un* n'est pas *Être*). Aussi l'individu ayant une existence en et pour soi, lors même qu'il est déterminé de l'extérieur, il l'est encore selon les lois de sa nature : ainsi ce n'est pas l'objet perçu qui produit la perception comme le cachet marque son empreinte sur une cire informe. Ici encore Leibniz rejoint Spinoza, soulignant que l'idée n'est pas une peinture muette décalquée des choses, lorsqu'il affirme que la monade n'a ni portes ni fenêtres. Objectera-t-on que l'un est moniste, qu'il voit dans l'étendue et la pensée des propriétés d'un même être, alors que l'harmonie préétablie de l'autre s'établit entre deux choses hétérogènes ? Il faut répondre que, pour ce dernier, les deux choses ne sont pas moins inséparables que pour le premier, et lorsqu'il dit que s'il n'y avait pas d'âme les corps n'en agiraient pas moins comme ils le font, il a soin de préciser par la clause : si, *par impossible* [...] qu'il s'agit là d'une fiction métaphysique [2]. Enfin la thèse des idées innées s'impose dans son étroit rapport avec la conception des monades comme seules unités véritables. Ni le tas de pierres, ni l'œuvre d'art, n'ont en elles-mêmes le principe de leur unité; celle que la représentation confère à une multiplicité demeure idéale, et n'a pas plus de réalité que l'arc en ciel; l'être organique au contraire, où la pensée du tout est antérieure aux parties, constitue un *concretum unum per se* et je puis en

1. On pourrait ici invoquer la question « radicale » formulée par la *Théodicée* (§ 124) : « Que ferait une créature intelligente s'il n'y avait point de choses non-intelligentes ? à quoi penserait-elle, s'il n'y avait ni mouvement, ni matière, ni sens ? ».

2. Dans le sixième *Appendice aux Lettres à Mendelssohn,* où il reprend la confrontation de Leibniz et de Spinoza, Jacobi semble pour le moins déplacer l'accent de sa réponse : « Ce qui faisait que son harmonie n'était pas une harmonie de deux substances différentes *toto genere,* mais suppression du dualisme, il le mit si peu en évidence que bien qu'il partît partout *sans exception* des unités vivantes comme des seules substances, il conserve cependant soigneusement une apparence de dualisme pour plusieurs motifs importants ». Parmi ces motifs, une note retient le fait que « le dualisme était alors encore un article théologique de foi » – (W. IV (2), p. 112 ; trad. p. 270).

former la pensée parce que je suis moi-même une individualité, une personnalité, l'unité objective d'une multiplicité, la forme substantielle d'un être organique. Dans ces conditions on peut retrouver dans les idées innées l'ensemble des catégories qu'on a précédemment déduites : toutes les substances s'entre-correspondent dans le tout de l'univers, ce sont autant d'individualités vivantes; on ne peut donc en poser aucune sans poser en elle les concepts d'unité et de multiplicité, d'action et de passion, d'étendue et de succession, et c'est en ce sens que tous ces concepts peuvent être qualifiés d'*innés*. Il suffit alors pour finir de se référer à l'idée, que l'on trouve également chez Leibniz, d'une hiérarchie des êtres selon leur degré de perfection, pour être conduit à admettre qu'une sensibilité hautement différenciée, une aptitude variée à recevoir des impressions, permet d'expliquer l'émergence à la conscience d'un langage et de ce qu'on nomme : *raison*.

Une raison aussi profondément enracinée dans la vie ne saurait être dépréciée ; tout au contraire on conçoit aussitôt le vrai moyen de la cultiver, puisqu'on l'épanouira d'autant mieux qu'on entrera avec elle dans rapport plus immédiat. Seul le réalisme peut inspirer un rationalisme authentique, bien différent de celui de l'*Aufklärung* qui prétend brandir la raison comme un flambeau et répandre partout sa lumière, révélant ainsi à quel point elle se méprend sur vraie nature : loin qu'elle permette d'éclairer l'expérience, comme il le prétend, c'est au contraire cette dernière qui l'illumine, car la raison est un œil qui voit, et non un flambeau qui éclaire[1]. C'est au réel lui-même que ses concepts *a priori* sont immanents et quant aux concepts auxquels elle confère une universalité comparative[2], il est tout à fait évident qu'elle ne peut les tirer que de l'expérience. Hors de ce que nous sentons en nous et hors de nous, elle ne peut que se perdre dans les fictions d'un rêve. Au contraire, plus la perception et la conscience ont d'intensité, plus parfaite s'en trouve la fonction que nous appelons : raison. Selon les célèbres formules leibniziennes, c'est « l'expression du multiple dans l'unité » qui définit la perception et fait de l'esprit « un miroir vivant ». Loin qu'il faille attribuer à la raison une spontanéité qui aurait le pouvoir de distinguer et de comparer, il faut y voir le reflet mouvant des similitudes et différences des représentations elles-mêmes, du principe actif que nous sommes en tant qu'individualités organiques, unités substantielles véritables, dans sa relation à l'élément passif telle qu'elle s'établit dans

1. Cf. Spinoza : « Mentis oculi, quibus res videt observatque, sunt ipsae demonstrationes », *Éthique*, V, Pr. 23, Scolie.

2. Ce que Kant appelle : universalité relative, par induction, signifiant simplement que « nos observations pour nombreuses qu'elles aient été jusqu'ici n'ont jamais trouvé d'exception à telle ou telle règle », *Critique de la Raison Pure* B, 3-4, Introduction, II.

l'impression. Clarté et obscurité, objectivité et subjectivité départagent nos vérités et nos erreurs.

Ainsi, en croyant exalter la raison, il arrive qu'on lui confère des pouvoirs qu'elle n'a pas, et on finit par en faire une pure spontanéité créatrice, sous prétexte qu'elle est active dans la réflexion volontaire, en oubliant qu'elle ne peut s'illuminer qu'en se faisant réceptive. Mieux vaut la désigner comme faculté d'*aperception,* si ce terme peut évoquer son aptitude à parfaire les impressions. Il suffit de revenir à l'expérience du chercheur pour voir qu'autant il est actif dans sa recherche, tendu dans sa réflexion, autant il doit attendre que la lumière se fasse en lui pour découvrir ce qu'il cherche. Mais rien ne serait plus absurde que de voir là un empirisme faisant de l'esprit un réceptacle passif que les impressions venues du dehors meubleraient peu à peu [1]. Il faut concevoir l'être pensant comme un être vivant, actif dans sa fonction de réceptivité à l'égard de ses concepts, multiplicité et unité, qui sont constitutifs de son être, immanents à la vie qui l'anime. La sensibilité n'a rien d'une passivité, puisqu'elle est au contraire ce mouvement incessant de séparation et d'unification, et plutôt que de dire qu'on y constate « la marque de Dieu sur son ouvrage », il faut dire qu'on y prend sur le vif « le secret tour de main du Créateur » dans sa création même (p.<272>). C'est dire que le spiritualisme est le vrai : la matière divisible à l'infini est pur néant, il n'y a de réel que l'esprit qui donne l'être à la vie en lui donnant l'unité dans l'individualité organique, Dieu étant l'unité suprême de toutes les unités.

On mesure alors à quel point est, à la lettre, *in-sensée* la prétention à connaître Dieu : un être *conditionné* et *fini* ne peut que juger impossible cette existence en soi et parfaite [2]. Une fois de plus, sur ce point, la philo-

1. « La vue ne naît pas des choses vues, les sensations des choses senties, la perception des choses perçues, le moi de l'autre; mais nous avons en même temps reconnu et affirmé pour aussi vrai et certain que la vue par soi seule ne voit rien, la sensation de même ne sent rien, la perception ne perçoit rien, le moi enfin n'aboutit pas à soi-même. Il faut vraiment que nous apprenions d'abord de l'autre notre existence », *Des choses divines et de leur révélation.* W. III, p. 292; trad. p. 365; également p. 276; trad. p. 355.

2. Cette idée qui n'est ici que brièvement indiquée sera longuement reprise dans le septième appendice aux *Lettres à Mendelssohn :* « Vouloir découvrir les conditions de l'inconditionné, vouloir *inventer* une possibilité pour l'absolument *nécessaire* et vouloir le *construire* afin de pouvoir le *concevoir,* voilà qui semble devoir apparaître tout de suite clairement comme une entreprise insensée [...] Comme l'inconditionné est hors de la nature et hors de toute connexion *naturelle* avec elle, mais comme la nature, c'est-à-dire l'ensemble du conditionné est cependant fondée dans l'inconditionné, donc enchaînée à lui, cet inconditionné est appelé le *supra-naturel* [...] De ce supra-naturel, le naturel ou l'univers ne peut naître et n'est né autrement que de manière *supra-naturelle.* En outre, comme tout ce qui est hors de l'ensemble du conditionné (de ce qui est obtenu par une *médiation naturelle*), est aussi hors de la sphère de notre connaissance distincte et ne peut-être compris au moyen

sophie apparaît comme subversion : elle intervertit le naturel et le supra-naturel, elle prétend voir sans lumière et sans yeux[1]. Vaine prétention puisque la raison, loin d'être la mesure du monde, finit toujours par y trouver sa règle. Pour le montrer, Jacobi reprend brièvement une idée qu'il avait exposée tout au long à la fin des *Lettres à Mendelssohn*[2] : une philosophie n'est jamais autre chose qu'histoire, en ce sens que tel est le monde dans lequel les hommes vivent, telle est l'idée qu'ils sont amenés à s'en faire. « Tels objets, telles représentations; telles représentations, tels penchants et passions; tels penchants et passions, tels actes; tels actes, tels principes et toute la connaissance [...] La philosophie ne peut créer sa matière; celle-ci réside toujours dans l'histoire présente ou passée [...] Et de cette manière, tout siècle possède et sa propre vérité, dont le contenu est comme le contenu des expériences, et sa propre philosophie vivante, qui représente la manière d'agir dominante de ce siècle dans sa marche en avant. » Mais si l'on forme la fiction d'un homme maître de la nature, il faut supposer qu'il ferait corrélativement un monde et une raison absurdes, dépourvus de sens, puisque ce monde aurait perdu son enracinement naturel. Le pessimisme que paraît impliquer une telle conception se trouve cependant éludé par le fait même qu'il ne peut s'agir là que d'une fiction : en réalité, si chancelante soit la raison subjective, si incontestable sa propension à quitter le lieu du sens pour se perdre dans le rêve de ses propres fantasmes, il n'est pas à craindre qu'elle chavire tout à fait, puisque le monde sera toujours là pour la retenir. Par là se trouve condamnée cette conception que les philosophes des Lumières se font d'un âge d'or où les hommes vivraient sous la conduite de la seule raison. Il est possible de voir comment ils y sont conduits et le point précis où commence leur aberration : il est vrai que l'âme, dans la mesure même où elle est le principe de la distinction entre le Moi et le Toi est l'expression du Moi; il est vrai aussi que ce Moi est également raison, puisque celle-ci est l'âme même en tant qu'elle s'élève au-dessus des sensations dans les concepts; et dans ce sens, il est incontestable qu'on ne saurait être en accord avec la raison sans l'être avec soi-même. Mais ce n'est pas ainsi qu'ils entendent cet accord : ils le réduisent à une cohérence toute formelle sans voir que les limitations qu'elle exige sont en fait les mutilations que s'impose un Moi qui ne fait plus que réfléchir sur lui-même. Voilà comment ces croyants de

de concepts, le supra-naturel ne peut être admis par nous autrement qu'il nous est donné, c'est-à-dire *comme fait :* il est. Ce supra-naturel, cet être de tous les êtres, toutes les bouches l'appellent Dieu. Le *Dieu* de *l'univers* ne peut être seulement l'architecte de l'univers; il est le *Créateur* et sa force inconditionnée a fait les choses *aussi selon la substance* » (W. IV (2), p. 153-156; trad. p. 292-293). Voir également : *Choses divines,* W. III, p. 405 ; trad. p. 432.

1. *Lettres à Mendelssohn* W. IV (1), p. 232; trad. p. 198.
2. W. IV (1), p. 237; trad. p. 200 *sq.*

l'âge d'or se transforment en songe-creux et inventent des organisations politiques dont le mécanisme est aussi parfait que celui des sociétés animales et une religion à ce point dépouillée de toute forme d'expression culturelle qu'elle trouve sa perfection dans l'ineffable et le silence, lorsqu'elle ne peut plus rien dire du divin. Ce n'est assurément pas en proclamant impensable ce qu'ils ne jugent pas conforme à leur mode borné de représentation, en récusant les expériences au profit de leurs conceptions, en prenant les lois de leur imagination pour les lois-mêmes de la nature, que les hommes pourront s'acheminer à l'âge d'or !

Une dernière objection (p.<282>) fournit à Jacobi l'occasion de condenser l'ensemble de ses thèses : s'il est vrai que seule l'expérience, faite de sensations, peut fonder la croyance, faut-il en conclure que seule la révélation positive peut fonder la croyance en Dieu et en l'immortalité ? Il faudrait l'admettre si l'on devait convenir que Dieu ne se laisse sentir *en aucune façon,* car il est vrai que toute connaissance est faite de sensations et de concepts qu'il faut toujours reconduire aux sensations : « telle est la réceptivité, telle la spontanéité, tel est le sens, tel est l'entendement ». Mai c'est précisément avec ce pouvoir que nous avons de nous distinguer de ce qui n'est pas nous et que l'on nomme liberté et personnalité que nous possédons du même coup le pouvoir de *pressentir* l'Être en Soi, celui qui a la vie en lui-même, en un mot Dieu » (p.<285>).

Le dialogue s'achève sur la citation d'un passage de *Léonard et Gertrude* de Pestalozzi, dont les premiers mots énoncent le thème : « ce sont les actes (et non les paroles) qui instruisent les hommes », mais dont quelques autres formules pouvaient également retenir Jacobi : « Décrire la nuit n'est d'aucun secours à la vue, c'est seulement en allumant la lumière que tu peux montrer ce qu'était la nuit – Pour tirer les hommes d'erreur, il ne faut pas contredire les paroles des fous, mais effacer l'esprit de la folie en eux – Nous dévastons l'intimité de notre être si nous voulons nous échapper des ombres dont Dieu nous a environnés. – C'est seulement grâce aux hommes que Dieu est pour les hommes le Dieu des Hommes – l'homme ne connaît Dieu que dans la mesure où il connaît l'homme, c'est-à-dire lui-même ». Il faut, semble-t-il, rapprocher de toutes ces formules quelques-unes de celles qu'on peut lire à la fin des *Lettres à Mendelssohn* dans le contexte général que nous avons rappelé plus haut : « on ne doit pas tant déduire les actes des hommes de leur philosophie que leur philosophie de leurs actes ; leur histoire ne naît point de leur manière de penser, mais leur manière de penser de leur histoire [...] Donc si la philosophie, la manière de penser d'un siècle, doit être corrigée, il faut aussi d'abord corriger son histoire, sa manière d'agir, de vivre »[1].

1. W. IV (1), p. 237 ; trad. p. 201.

La pensée de Jacobi semble être en somme qu'il importe moins de critiquer les philosophies que de les amener à reconnaître la vraie philosophie, de les transformer en les révélant à eux-mêmes, seul moyen de leur permettre de s'élever à Dieu. Tâche difficile, et qu'il faut aborder sans trop d'illusions : les esprits humains sont lents, et c'est avec douceur qu'il convient de les circonvenir. Tel paraît être du moins le sens de l'ultime réserve formulée par l'interlocuteur [1].

1. On trouvera dans nos *Notes et commentaires* des explications et des commentaires sur le détail du *Dialogue*, dont nous n'avons voulu donner ici qu'une présentation d'ensemble.

II – LE RÉALISME DE JACOBI

A – LA CROYANCE ET L'ÊTRE

« Toute la force de mon attention s'est tournée depuis quelque temps de ce côté, *qu'on pourrait nommer celui de la foi* [...] En méditant sur cet objet, j'ai cru entrevoir que *la matière des certitudes*, qui n'a pas encore été approfondie, pourrait être traitée de façon qu'elle nous conduisît à *de nouveaux axiomes* »[1]. Ne semble-t-il pas qu'on soit fondé à lire en ces propos l'annonce de quelque nouvelle philosophie de la religion, en quête des principes qui peuvent fonder la certitude propre à la foi? Il suffit pourtant de les replacer dans leur contexte pour être amené à en juger bien différemment.

En rapportant à Mendelssohn ses entretiens avec Lessing sur le spinozisme, Jacobi avait donné l'indication assez énigmatique de sa prise de position personnelle, lorsqu'il faisait état de leur divergence finale : il pouvait bien accorder à Lessing que « la seule philosophie possible est celle de Spinoza »[2], en ce sens que « le déterministe, s'il veut être conséquent, doit devenir fataliste »[3]; il n'en prétendait pas moins, pour son propre compte, s'en tirer par un « saut périlleux », qui permet « à partir du fatalisme de conclure immédiatement [*unmittelbar schliessen*] contre le

1. W. IV (1), p. 159-160. Ce texte, écrit par Jacobi en français, est celui d'une lettre à Hemsterhuis en appendice de la deuxième *lettre à Mendelssohn*. C'est nous qui soulignons; la version allemande porte : *Glaube, die Materie der Gewissheit, neuen Grundsätzen*.

2. On sait que cette thèse allait connaître un écho extraordinaire : « Il n'y a que deux systèmes entièrement conséquents, le système critique et le système spinoziste [...]. La partie théorique de la *Wissenschaftlehre* est réellement le spinozisme systématique », Fichte, W.L., 1794, I, p. 101-102; « Ou bien le spinozisme, ou bien pas de philosophie », Hegel, XIX, p. 374; « Nul ne peut espérer parvenir en philosophie au vrai et à l'accompli, s'il ne s'est au moins une fois en sa vie plongé dans l'abîme du spinozisme », Schelling, S. W. X, p. 36 *sq.*

3. W. IV (1), p. 56; trad. p. 109.

fatalisme »[1]. Avant même de s'interroger sur la signification précise que Jacobi accordait à cette « acrobatie »[2], nous croyons qu'il importe de se rendre sensible à ce qui a pu faire la nouveauté et l'originalité de la voie qu'il tenta de se frayer. On a quelque chance d'y parvenir en réfléchissant à l'enjeu possible d'une question ainsi formulée : dès lors qu'on a cru reconnaître dans le spinozisme un athéisme, qu'en faut-il « conclure » ? Un premier type de réponse, dont il serait aisé de trouver maintes illustrations au 18ᵉ siècle, fera valoir l'autorité de la Révélation et des articles de foi religieuse pour « conclure » tout aussitôt qu'une telle philosophie ne peut en tout état de cause être vraie, et éventuellement qu'il est loisible à une autre philosophie d'en démontrer l'erreur. En ce cas, c'est donc un acte de foi renouvelé en la suprématie que la *croyance* religieuse ne peut manquer de s'assurer sur tout *savoir* philosophique qui interdit d'emblée l'ouverture d'un débat proprement philosophique sur les rapports de la philosophie avec la religion. Tout autre est le cas de Jacobi, puisque c'est en reconnaissant que toute philosophie qui prétend devoir la valeur de vérité de ses conclusions à la seule rigueur logique de sa démarche démonstrative, aboutit inéluctablement à l'athéisme et au fatalisme de Spinoza, qu'il s'aperçoit que les conclusions ainsi obtenues contredisent inévitablement des convictions à ce point enracinées dans la nature de l'esprit humain (« cause intelligente et personnelle du monde, providence et liberté ») qu'elles en sont « inextirpables »[3]. Car cette fois la « conclusion immédiate » que trouve le débat est proprement celle d'un *« non-lieu »,* en ce sens précis que religion et philosophie doivent l'une et l'autre revenir en-deçà du lieu où elles prétendent faire valoir leur vérité, respectivement celui de la parole révélée et celui du discours démonstratif, pour retrouver l'origine de leur propre sens en cette « révélation » primordiale et cette « intuition » irrécusable de l'être et de la valeur que vient désigner le mot : *croyance*[4].

En conséquence l'œuvre de Jacobi confronte son interprète à une difficulté bien particulière[5] lorsqu'il s'attache à en respecter scrupuleusement l'originalité : il doit lui accorder une signification philo-

1. *Ibid.* p. 59 ; trad. p. 109.

2. On en trouvera une analyse minutieuse dans le chap. IV du livre de K. Hammacher : *Die Philosophie F. H. Jacobis,* Fink Verlag, Munich, 1969.

3. *Unvertilgbar,* un des termes favoris de Jacobi ; par exemple : *Choses divines,* W. III, p. 273 ; trad. p. 354 ; p. 394 ; trad. p. 426, etc ...

4. « Je me réclame d'un sentiment irrécusable et irrésistible, fondement premier et immédiat de toute philosophie et de toute religion [...] » W. IV (I) : I, *Vorbericht,* p. XXI.

5. On peut la comparer à celle que suscite l'œuvre de penseurs comme Pascal, Kierkegaard, ou Nietzsche, dans la mesure où, à des titres divers, ils prétendent, eux aussi, *l'opposer* à l'entreprise traditionnellement désignée comme étant celle de la philosophie.

sophique, amplement attestée par l'importance que lui reconnurent sans conteste les plus éminents philosophes de son temps, mais il ne peut ignorer qu'elle ne cesse de se désigner elle-même comme « non-philosophie », en opposant à cette « rage effrénée d'expliquer »[1] qui s'est emparée de toutes les entreprises philosophiques postérieures à celle de Platon, la spécificité intangible, réfractaire à tout projet visant à la soumettre aux médiations, de ce qu'elle nomme croyance. La rigueur de l'alternative en laquelle Jacobi met cette croyance, qu'il exalte, avec la philosophie, qu'il critique radicalement, interdit jusqu'à la formulation du problème que poserait une philosophie de la croyance[2], et elle confère du même coup un caractère proprement *préalable* à la question de savoir en quoi peut consister cette croyance, puisque c'est précisément celle-ci qui le *met* en cette position si singulière. Car, selon son affirmation souvent répétée, elle s'impose à lui de manière « irrésistible et invincible » en telle façon que voici : d'une part, ce n'est pas proprement comme *foi religieuse* qu'elle s'affirme en lui, à la façon dont la Vérité de la parole divine dans l'Écriture peut être intimement éprouvée et vécue par le croyant chrétien, et c'est même avec un certain regret qu'il lui arrive de le constater : « je troquerais volontiers mon frêle christianisme philosophique contre un christianisme historique positif, cependant que je ne comprends pas que je ne m'en sois pas encore montré capable »[3] ; d'autre part, elle cherche à se penser et à se dire dans un discours qui « se nourrit » incessamment de son opposition à une philosophie dont l'égarement fondamental résulte précisément de ce qu'elle méconnaît l'impossibilité de soumettre cette croyance

1. W. IV (1), p. 71 ; trad. p. 119.

2. Comme l'a bien vu Schelling (S. W. X, p. 178 *sq.*), dont la conclusion est opportunément rappelée par X. Tilliette, in *F. H. Jacobi, Beiträge einer Tagung u.s.w.*, herausg. von Kl. Hammacher, 1971, p. 257.

3. *Aus Schleiermachers Leben in Briefen*, herausg. von Jonas Dilthey, Berlin, 1858-63, II, p. 349. Voir également la lettre à Lavater du 21 mars 1791 (*Auserles. Briefwechsel*, Roth, II, p. 55) : « Dans la mesure où le christianisme est mysticisme, c'est à mes yeux la seule philosophie de la religion qui soit concevable ; mais je m'en sors d'autant moins avec la foi historique » ; et la lettre à Fries du 24 décembre 1808 (in Fries, *Aus seinem handschriflischen Nachlasse*, Henke, 1867, p. 317 : « Je ne comprends pas comment vous pouvez encore douter que ma doctrine de la révélation ait quelque chose à faire avec la religion positive ; ma doctrine n'a absolument rien à faire avec cette dernière et je crois l'avoir expliqué maintes fois de la manière la plus précise ». Au témoignage de son ami Perthes dans une lettre à F. Schlegel du 24 janvier 1823 : « il a lutté avec Dieu bien souvent et il a beaucoup prié, mais il ne lui fut pas donné de naître une seconde fois ». « Je crois, Seigneur, viens en aide à mon incrédulité », écrit-il à Hamann le 19 octobre 1784 ; et dans une lettre à Reinhold du 8 octobre 1817 : « Par l'entendement, je suis tout à fait un païen, et par tout le sentiment, un chrétien ; je nage entre deux eaux qui ne veulent pas s'unir pour moi afin de me porter ensemble ; au contraire, alors que les unes ne cessent de me soulever, les autres ne cessent de me précipiter ».

à explication et démonstration pour en faire l'objet d'une *connaissance*. De là vient que ce discours peut « seulement *relater* une doctrine du non-savoir qui constitue une non-philosophie »[1].

§ 1 – *Croyance et foi*

On peut mesurer ainsi toute l'équivoque dont se charge la notion de croyance dès que Jacobi l'introduit en proclamant : « mon credo n'est pas dans Spinoza ; je crois en une cause intelligente et personnelle du monde », au moment où il se flatte d'éviter par son saut périlleux de supprimer les causes finales au profit des seules causes efficientes et de condamner ainsi la faculté pensante à un simple rôle de spectateur passif[2]. Il était assez prévisible que ce fameux saut, qui ne cessera de susciter les sarcasmes[3], et sur lequel Jacobi n'aura jamais fini de s'expliquer[4], serait compris comme

1. Dans la *lettre à Fichte* (W. III, p. 55 ; trad. 333) : « meine Unwissenheitslehre [...] mehr nur *erzählt* als philosophisch dargelegt » ; *ibid.* p. 9 ; trad. p. 307 : *meine Un-philosophie die ihr Wesen hat im Nicht-Wissen.*

2. W. IV (1), p. 59.

3. « Vieille rengaine, écrit par exemple F. Schlegel à son frère le 7 mai 1799 ; toute philosophie conséquente conduit au spinozisme ; spinozisme = athéisme [...] l'athéisme [...] c'est l'athéisme ; *donc [...]* les yeux fermés et la tête baissée ! La persévérance avec laquelle on ne se lasse pas de répéter cela de nos jours mérite qu'on l'admire comme il convient ».

4. Il s'en explique encore le 30 mai 1817 dans une lettre à J. Neeb (Roth, II, p. 468) qui, en qualifiant ce saut mortel de fatal, ne l'a pas compris comme il doit l'être : il ne s'agit pas d'une pirouette en l'air, il n'est pas question de piquer une tête d'une cîme dans un gouffre, mais bien de prendre appui sur le sol pour survoler cîme et gouffre et de se recevoir par delà, sain et sauf, sur ses pieds. C'est par là que Jacobi prétend se distinguer de Hegel qui « fait lui aussi du spinozisme l'aboutissement ultime de la pensée auquel toute philosophie conséquente doit être conduite ; mais, lui, il le dépasse dans un système de la liberté en suivant un chemin de la pensée qui est seulement plus élevé, mais qui néanmoins reste le même (donc qui, au fond, n'est pas plus élevé), *sans aucun saut ;* alors que moi je n'y parviens que grâce à un saut précipité au tremplin du savoir substantiel, qu'à vrai dire il admet et présuppose comme moi ». La force incomparable de la doctrine de Spinoza se manifeste dans le fait même qu'elle oblige à « conclure immédiatement » contre elle. Cette inférence sans médiation, la *logique* ne manquerait pas de la comparer au moment ultime de la réduction à l'absurde permettant de se retrouver dans le vrai par l'impossibilité même de penser le contradictoire, et la *métaphysique* au moment où le doute universel poussé à l'extrême de son hyperbole permet de s'installer dans la parfaite certitude. Mais c'est une *image* que Jacobi a d'emblée choisie puis opiniâtrement défendue : celle du *« saut périlleux »*, parce qu'il voulait signifier une démarche tout à fait comparable à la célèbre *« conversion »* que Platon exigeait pour qu'on aille à la valeur suprême avec l'âme tout entière, à la façon dont il faut tourner tout le corps du côté de la lumière ; car ce qui spécifie précisément un tel saut, c'est qu'il doit permettre de retomber sur ses pieds après avoir fait un tour complet sur soi-même. Le spinozisme, parce qu'il est la forme accomplie de la logique dans la perfection de ses démonstrations mathématiques et de l'onto-théologie qui résorbe la totalité de l'Être dans l'unicité de la substance divine, se présente comme le *tremplin* qui projette irrésistiblement

un acte de foi aveugle, permettant au « croyant » de sortir du cercle de la substance unique et de la nécessité universelle (où précisément, de l'avis de l'auteur lui-même, le spinozisme montrait toute pensée philosophique conséquente irrémédiablement enfermée), pour retrouver le Dieu de l'Écriture.

De fait, si Mendelssohn consent à le qualifier de « voie salutaire de la nature », il n'en refuse pas moins ce qu'il considère comme « une retraite honorable proposée sous le drapeau de la foi » : si, lui dit-il, « votre religion vous fait un devoir de triompher des doutes par la foi [...] la mienne ne connaît pas de devoir de lever de tels doutes autrement que par des principes rationnels et n'ordonne aucune foi en des vérités éternelles. J'ai donc une raison de plus de rechercher la conviction »[1].

D'où vient que cette fin de non-recevoir prenne une valeur proprement décisive ? Il suffit de considérer les six propositions dans lesquelles se formule « l'ensemble des assertions »[2] de Jacobi, pour s'apercevoir qu'elle a pour effet immédiat de placer la dernière d'entre elles à part des autres et, du même coup, de mettre l'auteur en demeure de s'expliquer sur ce que « croire » veut dire. En effet les trois premières propositions visent à prendre acte de la valeur exemplaire du spinozisme : il porte à son plus haut point de perfection la réalisation du projet de la philosophie, conçue comme une connaissance qui se doit de tout expliquer et de ne tenir sa certitude que de ses démonstrations, et il rend ainsi évident que « même l'esprit le plus éminent, s'il prétend expliquer absolument toutes choses, les accorder entre elles selon des conceptions distinctes, aboutit à des inepties » : le fatalisme et l'athéisme[3]. Il semble dès lors qu'il suffise aux propositions suivantes d'en tirer la leçon qui s'impose. Que « le chemin de la démonstration aboutisse au fatalisme », montre clairement le danger de s'en remettre exclusivement à cette démonstration, qui ne procède jamais que par identifications. On ne saurait donc oublier que « toute preuve présuppose quelque chose de déjà démontré ». Mais il paraît clair que l'indication finale du *« principe »* de ce qui est « déjà démontré », et plus

vers une transcendance de l'Être : celui-ci est proprement inconcevable, c'est-à-dire insaisissable par la généralité discursive du concept, mais immédiatement éprouvé comme union indissoluble du Moi et d'un Autre en un sentiment, qui, en-deçà de toute sensation et de toute pensée conceptuelle, constitue le modèle de toute certitude. Ainsi le nécessitarisme spinoziste est la voie royale qui permet de retrouver la liberté-providence et le survol de l'abîme du panthéisme reconduit au théisme vrai, celui de Platon qui se soumet à la « daimonia hyperbolè ».

1. W. IV (1), p. 115-116 ; trad. p. 143. Le *Dialogue* (W. II, p. 144-5) fait un rappel assez acrimonieux de cette riposte.

2. *Ibid.* p. 216-223 ; trad. p. 190-193.

3. *Ibid.* p. 71 ; trad. p. 118.

encore celle d'un « *élément* de toute connaissance et de toute activité humaines », non seulement signale l'émergence d'une thèse positive et personnelle qui dépasse l'ensemble de ces prémisses [1], mais se formule en des termes dont le rapprochement est tout à fait propre à faire entendre que l'éminente certitude de la foi religieuse est bien ce que l'auteur prétend opposer à la vanité de la science démonstrative, puisque ce « principe » est désigné comme « révélation » [*Offenbarung*], et cet élément comme « croyance » [*Glaube*] [2].

Or c'est précisément en cherchant à détromper Mendelssohn et à lui remontrer qu'il ne s'agit nullement de faire « retraite sous le drapeau de la foi » que Jacobi est amené à courir le risque de dissocier de la foi « religieuse » une notion « philosophique » de la « croyance ». Si nous parlons de risque, c'est qu'en poussant la dissociation jusqu'à l'opposition, il ne peut manquer de contrarier son intention profonde qui serait bien plutôt, comme nous verrons, de revenir en-deçà de leur distinction, comme pourrait déjà le laisser deviner le choix qu'il fait du mot : révélation, pour désigner leur principe commun [3]. La caractéristique principale de cette croyance est en fait de constituer une « révélation de la *nature* ». Non seulement elle décrète [*befiehlt*], mais elle contraint [*zwingt*] l'homme à admettre [*annehmen*] ; et pour son objet, Jacobi reprend l'expression philosophiquement consacrée de « vérités éternelles » [4]. Ce n'est cependant pas du côté des décrets divins que Descartes nommait ainsi qu'il faut se tourner pour concevoir ce que vise Jacobi, mais bien plutôt vers la transformation que Leibniz fait subir au *cogito* par sa conception des « vérités primitives de fait », définies comme des « expériences immédiates internes d'une immédiation de sentiment » : « Je n'ai pas seulement conscience de mon moi pensant, mais aussi de mes pensées et il n'est pas plus vrai, ni plus certain que *je pense* qu'il n'est vrai ou certain

1. Déjà Lessing avait lui aussi opposé une fin de non-recevoir à la leçon que Jacobi prétendait tirer de Spinoza : au lieu de prétendre expliquer l'incompréhensible, reconnaître les limites où il commence – où il ne trouvait que verbalisme : « Des mots, mon cher Jacobi, des mots ! ». Or, après avoir répondu que si l'explication était le moyen, la fin dernière du penseur n'en demeurait pas moins « ce qui est inanalysable, immédiat, simple », Jacobi pouvait bien sembler suggérer de chercher dans cette fin le tremplin permettant le saut périlleux, le lien n'en demeurait pas moins obscur et incertain (*ibid.* p. 71-74 ; trad. p. 118-120).

2. L'embarras du traducteur est significatif : écrira-t-il « révélation » avec une majuscule ? préfèrera-t-il « foi » à « croyance » ? Précisons que c'est nous qui introduisons, pour exposer plus clairement l'interprétation que nous proposons, la distinction entre les termes : foi et croyance *(faith and belief)* là où Jacobi emploie *Glaube*, et, lorsqu'il écrit en français, comme dans la lettre à Hemsterhuis (*ibid.* p. 159 ; trad. p. 160), le mot : foi.

3. Voir en particulier dans le *Dialogue*, W. II, p. 164-165.

4. W. IV (1), p. 211 ; trad. p. 187.

que je pense *telle ou telle chose*. Aussi est-on en droit de rapporter toutes les vérités de fait premières à ces deux-ci : "*Je pense*", et : "*des choses diverses sont pensées par moi*" [1]. Ce qui rapproche les vérités éternelles de Jacobi des vérités primitives de fait de Leibniz, c'est aussi bien « l'immédiateté de *sentiment* » que l'égalité de *certitude* auxquelles elles donnent lieu. Toutefois cette dernière, au lieu de concerner, comme pour Leibniz, l'unité du Moi pensant et la variété de mes pensées *(cogito, varia a me cogitantur)*, s'attache, selon Jacobi, à un *sentir* qui est indissolublement celui du Moi et du Non-moi, dans l'altérité et l'extériorité mêmes de leur existence. Il est vrai que dans la fonction de premier principe dévolue au *cogito*, nous ne disposons en réalité que d'un « texte unique » : la sensation de notre propre corps [*wir empfinden doch nur unseren Körper*] ; mais ce qui qualifie et diversifie ce sentir, ce sont les changements [*Veränderungen*] de ce corps, et nous ne pouvons les éprouver [*fühlen*], sans être du même coup assurés [*gewahr werden*] de l'existence d'un quelque chose d'entièrement différent de toute sensation et de toute pensée, avec une certitude égale à la précédente. C'est ainsi que le « croire » nous donne la parfaite assurance de *l'existence* de notre propre corps *et* celle « d'autres corps et d'autres êtres pensants qui nous sont extérieurs » [2].

Telle est la thèse que Jacobi condense dans la formule au premier abord insolite, mais qu'il ne répéterait sans doute pas avec autant de complaisance s'il ne croyait y voir l'expression la plus frappante de ce qui fait l'originalité de son réalisme : « sans Toi, le Moi est impossible ».

Pour tenter d'en mieux déchiffrer l'énigme, il semble nécessaire d'examiner en quel sens la *foi religieuse* peut être opposée à cette *croyance naturelle* [3]. Alors que cette dernière, comparable à ce que Bergson appelle « une force de pression », agit comme une sorte de *« vis a tergo »*, en ce qu'elle se révèle *contraignante* dans sa manière d'imposer les vérités éternelles, c'est au contraire à une « force d'aspiration » qu'il convient de comparer la première [4]. Ayant pour objet non des vérités éternelles, mais

1. *Nouveaux essais*, livre IV, chap. 2, § 1. – Le *Dialogue* (W. II, p. 238) citera : « Les sens nous fournissent la matière aux réflexions, *et nous ne penserions pas même à la pensée, si nous ne pensions à quelque autre chose*, c'est-à-dire aux particularités que les sens fournissent » (dans un contexte qui déplace l'accent sur le rapport de la pensée aux sens et au corps organique).

2. W. IV (1), p. 211 ; trad. p. 187. « Dans la perception la plus primordiale et la plus simple, le Moi et le Toi, la conscience intérieure et l'objet extérieur doivent être là immédiatement [*sogleich da sein*] dans l'âme », W. II, p. 176.

3. « C'est une *autre croyance* qu'enseigne la religion des chrétiens », *ibid.* p. 212.

4. Bergson, *Les deux sources de la morale et de la religion*, chap. I.

« la nature contingente et finie de l'homme », elle « informe »[1] celui-ci de « la façon dont il peut assumer des manières d'être lui permettant de progresser dans son être, de s'élever à une vie supérieure, du même coup à une conscience supérieure, et avec elle à une connaissance supérieure ». Ici, comme dans beaucoup d'autres textes de Jacobi, il convient de se rendre sensible a une sorte de « bougé », de déplacement de sens, qu'il impose à des termes usuels pour leur faire signifier autre chose que ce qu'ils expriment dans les domaines où ils sont ordinairement employés : on peut ainsi voir les mots de *conscience* et de *connaissance* résorber leur import « représentatif et logique » dans la désignation de « vécus existentiels », puisqu'ils sont proprement « jouissance et intuition d'un amour incompréhensible ». Cet amour est assimilable à la vie et il est le moyen par lequel le principe même de la vie (Dieu) se communique aux vivants (les hommes). Mais la vie ne se représente et ne se donne à connaître au vivant que dans la stricte mesure où il s'engage dans « la voie pratique » et où il participe activement à l'exaltation de la vie en lui, car en lui-même l'objet de l'enseignement de la foi est « incompréhensible » et « dépasse toute raison ». « Avoir la foi », c'est essentiellement « accueillir [*annehmen*] la promesse » de cette exaltation et « s'acheminer loyalement à sa réalisation ». Aussi « l'esprit de la religion » s'exprime-t-il tout entier dans la seule affirmation que « c'est par une vie divine que l'homme apprend Dieu »[2].

C'est dans cette « voie pratique » que l'apparente banalité de la formule où s'affirme une nouvelle fois la conviction propre au réalisme : « partout la vérité se rapporte à la réalité, aux Facta »[3], trouve son développement original, lorsque Jacobi laisse entrevoir par les pages finales de son écrit[4] comment peuvent se concilier la « contrainte » de la croyance naturelle et « l'instruction » [*Unterrichtung*] de la foi religieuse au sein de ce qu'il nomme : « la philosophie vivante ». Si cette philosophie est incapable de « créer sa matière », c'est parce que l'homme ne se crée ni ne s'instruit lui-même, ne peut rien connaître, ni rien faire *a priori*, puisque toute « expérience » présuppose une « épreuve »[5]; et si cette philosophie « ne

1. Il faut, semble-t-il, opposer cet « *unterrichten* » de la foi au « *gewahr werden* » de la croyance naturelle, comme un « enseignement qui initie » à un « avertissement qui impose le fait accompli ». On remarquera que dans les deux cas, il s'agit *d'admettre* [*annehmen*].

2. W. IV (1), I, p. 212-214.

3. *Ibid.* p. 228; trad. p. 196.

4. *Ibid.* p. 230-250; trad. p. 197-208.

5. « wir können nichts erfahren [...] ohne Erfahrung », p. 231. *Lettre à Hamann*, du 16 juin 1783 : « Nous avons beau faire, nous restons des êtres passifs, *qui ne peuvent rien se donner à eux-mêmes*. Nous avons beau produire nos idées en tant que telles entièrement par nos propres forces, il n'en reste pas moins que nous ne pouvons avoir d'idées qui ne soient

peut être qu'histoire », c'est justement parce que l'homme n'est pas l'auteur de son être : « tout événement, tout changement, tout mouvement, doivent provenir d'une cause qui se détermine elle-même ». « La possibilité interne et les lois » d'une telle cause, qui reçoit le nom de *volonté,* demeurent nécessairement inconnues de l'homme, précisément parce qu'il n'est pas la source de « cette force qu'il sent [*fühlt*] comme la vie la plus intime de son être », et qui lui permet seulement d'éprouver et de pressentir [*erfahren, ahnen*] son origine et sa destination. Ainsi « en l'homme l'intelligence survient partout après coup seulement »[1], elle n'a en elle-même ni sa vie ni sa lumière, et ce n'est pas grâce à elle que se déploie la volonté, c'est l'inverse qui a lieu. C'est pourquoi « il faut qu'une discipline [*Zucht*] prépare l'instruction, et une docilité la connaissance ». C'est donc bien dans l'emploi de cette volonté que viennent se conjuguer la contrainte de la croyance et l'instruction de la foi, puisque c'est à cet emploi que « tout est rapporté *dans la Nature* et *dans l'Écriture* »[2]. Il en résulte que la véritable connaissance, celle qui est « vivante » et « saisie du vrai » [*Wahrnehmung*] ne peut que suivre « une voie mystérieuse » et ne saurait présenter la transparence que « la connaissance de la vérité » cherche dans « la voie du mécanisme et du syllogisme »[3]. L'homme ne connaît jamais vraiment que ce dont il jouit, c'est-à-dire tout à la fois ce qu'il est et ce qu'il se fait être, puisqu'il ne peut se mouvoir et s'organiser qu'autant qu'il est déjà en mouvement et en voie d'organisation : tel est « le puissant arrangement »[4] sur lequel se règle la « philosophie vivante », la seule qui soit authentiquement Amour de la sagesse, car celle-ci ne peut vraiment unir « la manière de penser » et « la manière d'agir » qu'en subordonnant la première à la seconde dans une « manière de vivre »[5]. Quelques formules de « ce fou de Lavater » : « se comporter passivement à l'égard de la vérité, la laisser librement agir sur soi, ne rien vouloir de ce qu'elle veut »[6], semblent pouvoir procurer à ce « réalisme pratique » son expression finale la plus heureuse.

représentations, impliquant du même coup une affection [*Leiden*]. Il n'est rien, pas même notre propre conscience, que nous ne tenions en fief seulement ».

1. *Ibid.* p. 243 : *überall nur hinten nach.*
2. *Ibid.* p. 249 ; trad. p. 207 ; souligné par nous.
3. W. IV (1), 1, p. 249, p. 208.
4. *gewaltige Einrichtung, ibid.* p. 232 ; trad. p. 198.
5. *Ibid.* p. 237-238 ; trad. p. 201 : *Denkungsart, Art zu handeln, Lebensweise.*
6. *Ibid.* p. 251-252 ; trad. p. 209.

§ 2 – *Croyance et savoir*

Tel est le bref exposé du « système des convictions » de Jacobi, auquel il semble qu'on soit en droit de reconnaître le privilège que lui-même accordait à la première expression de la pensée d'un auteur[1]. Sachant qu'il se promet de lui donner développement et achèvement dans « des entretiens qui maintiendront son grand thème » pascalien : « nous avons une idée de la vérité invincible à tout le pyrrhonisme », et que la force de son attention est « tournée du côté qu'on pourrait nommer la foi », on ne peut être surpris de le voir publier peu après un *« Dialogue sur la croyance »,* portant précisément en exergue la célèbre pensée de Pascal. Ce qui est plus remarquable, c'est de le trouver, dès les premières pages, jeté par cette notion de croyance en pleine polémique et même placé dans une position défensive. Déjà la nécessité de détromper Mendelssohn, persuadé que cette croyance n'était que la foi religieuse soumise à l'autorité d'une révélation, l'avait entraîné à des explications dont nous avons essayé de montrer qu'en un sens elles contrariaient plutôt son effort pour faire valoir l'originalité de sa conception. Mais voici maintenant que la nécessité de répondre à ceux qui ne veulent voir dans cette croyance, opposée à la science et à la philosophie, qu'une machine de guerre contre les « Lumières », suscite à Jacobi une difficulté nouvelle, dont il a lui-même pris conscience en préfaçant son *Dialogue*[2]. Il reconnaît en effet qu'il a fait du mot : croyance, un emploi qui n'est pas conforme à l'usage courant du terme. Mais, explique-t-il, ce n'est pas ma propre philosophie qui me l'a imposé, mais bien celle qui soutient que « la connaissance rationnelle ne concerne pas seulement les rapports, mais même *l'existence réelle* des choses », et va jusqu'à prétendre qu'une telle « connaissance de l'existence par la raison possède une certitude apodictique qu'on ne saurait jamais attribuer à la connaissance sensible. Selon cette philosophie, il y a donc une double connaissance de l'existence réelle, l'une certaine, l'autre incertaine. Dès lors, à mon avis, cette dernière ne peut être appelée : *croyance,* que parce qu'on est parti du présupposé que toute connaissance *qui n'est pas issue de principes rationnels* est croyance. Ma philosophie n'affirme pas une double connaissance de l'existence réelle, mais une seule, obtenue par le *sentir* [*Empfindung*] et elle limite la raison, prise en elle-même, à la simple faculté de percevoir distinctement des rapports, c'est-à-dire de former le

1. W. II, p. 7 (à propos de son *Dialogue*) et p. 291-292 : par exemple le *Traité de la Nature Humaine* de Hume et la première édition de la *Critique de la Raison Pure*. – Ajoutons qu'on peut trouver une reprise de certains thèmes de cet exposé, en des termes assez voisins parfois, dans les *Choses divines,* notamment W. III, p. 291 *sq.*, 315 *sq.* ; trad. p. 365, 369.

2. Il s'agit de la *Préface* (p. IV-VI) à la *première* édition (1785), qui n'est pas reproduite dans l'édition de 1819 des œuvres complètes.

principe d'identité et de juger conformément à celui-ci. Mais je dois admettre que seule l'affirmation de propositions purement identiques peut être apodictique et implique une certitude absolue, et que l'affirmation de l'existence *en soi* d'une chose extérieure à ma représentation ne peut jamais être une telle affirmation apodictique impliquant une certitude absolue. Par suite l'idéaliste, se fondant sur cette distinction, peut me contraindre à admettre que ma conviction de l'existence des choses réelles hors de moi est uniquement *croyance. Mais en tant que réaliste,* je dois alors dire que toute connaissance ne peut venir que de la croyance, puisqu'il faut que des *choses* me soient *données* avant que je sois en mesure d'y apercevoir des rapports ».

Ainsi l'adoption du mot : croyance ne serait qu'un pis-aller [1] imposé par une double nécessité : d'abord celle d'une prise de position en face de la philosophie qui prétend tout démontrer et qui désigne comme croyance ce qui, à la différence du savoir, ne saurait être médiatisé ni démontré, faute de découler de principes rationnels : ensuite celle d'un retournement offensif contre une telle philosophie, qui oublie qu'elle serait incapable de tisser son réseau de relations nécessaires, si les termes de celles-ci ne lui étaient d'abord donnés. Elle voit dans la croyance une espèce (à ses yeux inférieure) de l'assentiment donné en l'absence de preuves ? Accordons-lui que c'est une manière de « tenir pour vrai » [*Fürwahrhalten*], mais remontrons lui que l'absence de preuves, loin de constituer un défaut, atteste au contraire l'éminente supériorité du fondement sans lequel les preuves elles-

1. Il faut bien reconnaître que, *d'une certaine manière,* Jacobi maintiendra jusqu'au bout ce point de vue. Dans les *Choses divines,* Appendice A, W. III, p. 441 ; trad. p. 456, il écrira encore : « cette certitude de première main, que, *faute d'un meilleur terme,* nous appelons : croyance ». Et même dans la *Préface* de 1815, où il se reprochera d'avoir longtemps méconnu la véritable nature de la raison, en la confondant avec l'entendement, il introduira la précision décisive : « *Quant à ce qui est réellement et véritablement la raison* – c'est-à-dire la faculté de présupposer le vrai, le bien et le beau en soi, avec la pleine confiance en la validité objective de cette présupposition – l'auteur la présentait, *sous le nom de faculté de croire* [*Glaubenskraft*], comme une fonction supérieure à la raison » (parce qu'il confondait cette dernière avec l'entendement qui n'assume, lui, aucune fonction de « révélation ») W. II, p. 10-11. Enfin, c'est dans des conditions comparables qu'il se résignera finalement à adopter le mot : *« sentiment »* pour désigner « ce qui fonde le savoir dans la croyance » : W. II, p. 60, dont la note cite, avec une évidente intention d'approbation, l'affirmation que : le terme ambigu de sentiment est ici un *pis-aller* en l'absence d'un autre terme que nous cherchons en vain dans un langage qui n'a pas été inventé par les philosophes ». Cf. également W. II, p. 144 : « ce savoir n'est qu'une croyance, car ce qui n'est pas susceptible d'une preuve rigoureuse peut seulement être cru, et pour faire cette distinction le langage ne nous fournit aucun autre terme. Bien sûr on ne s'exprime pas de cette manière dans la vie courante ». – Cependant il a finalement si peu renoncé à la notion qu'il la met encore en œuvre dans les dernières pages qu'il écrivit : l'*Avant-Propos* du tome IV (1819), en particulier, p. XLII *sq.*

mêmes n'auraient aucun sens et ne seraient même pas possibles : « Toujours et nécessairement le principe de la preuve [*Beweisgrund*] est *au-dessus* de ce qu'il doit permettre de prouver ; il le comprend sous lui, c'est de lui que découlent vérité et certitude pour se communiquer à l'objet de la preuve, c'est à lui que la réalité de cet objet est inféodée »[1].

Mais cette ingénieuse combinaison de deux arguments capables de recommander l'adoption du terme : croyance, en exposait en fait la notion à de nouvelles méprises, dans la mesure où elle ne se démarquait de la *foi* qu'en se faisant passer pour *savoir,* procurant ainsi de nouvelles armes au grief d'obscurantisme. Tel était sans doute le sens de la brutale mise en garde de Goethe : « Je ne saurais approuver, écrivait-il à Jacobi[2], l'emploi que tu fais du mot : *croire.* C'est une façon de faire que je ne puis te tolérer. Elle n'est bonne que pour les sophistes de la croyance, à qui rien ne tient tant à cœur que d'obscurcir toute certitude du savoir et de l'envelopper dans les nuages de leur royaume aérien et flottant, faute de pouvoir ébranler les solides colonnes de la vérité. Mais toi qui ne tends qu'à la vérité même, applique-toi à trouver également une expression précise ». De fait, lorsque dès les premières lignes de l'ultime *Préface* qu'il juge indispensable d'écrire pour son *Dialogue*[3], Jacobi rappelle la fin de non-recevoir généralement opposée à celui-ci dès sa parution, il la formule ainsi : « Il était absolument inadmissible qu'il y eût *un savoir de première main* qui fût la condition première de tout savoir de seconde main (la science), un *savoir sans preuves* qui précédât nécessairement le savoir qui procède de preuves, qui en fût le fondement, qui le commandât toujours et souverainement ». En ce sens, la croyance ne se disculpait donc du grief d'être la soumission aveugle à l'autorité d'une révélation religieuse qu'en s'exposant, par sa prétention à constituer une forme supérieure de savoir, à passer pour une confiance arbitrairement accordée à un sentiment tout subjectif de certitude. Et de ce même point de vue, la tentative de se couvrir de l'autorité philosophique de Hume, qui, selon Jacobi, avait admis tout comme lui que la réalité du monde extérieur est l'objet de ce « sentiment indéfinissable »[4] qu'est la croyance, pouvait passer pour un échec complet : non seulement on était en droit de lui faire remarquer que le malentendu que pouvait faire naître l'import religieux du mot : *Glaube* ne saurait être effacé par la référence au mot : *belief,* qui en était précisément exempt grâce

1. W. III, p. 367 ; trad. p. 410.

2. Lettre du 21 octobre 1785, *Briefwechsel zwischen Goethe und Jacobi,* herausg. von Max Jacobi, (1846), p. 94-95.

3. W. II, p. 4.

4. Hume, *Inquiry,* section V, cité W. II, p. 161-163.

à la désignation de la foi religieuse par un autre mot : *faith*[1], mais il devenait l'objet d'un nouveau procès, dont on pourrait trouver l'acte d'accusation le plus vigoureusement dressé chez Hegel : « Savoir, croyance, pensée, intuition ..., parce que ce sont des catégories supposées connues, ne donnent que trop fréquemment lieu à un emploi arbitraire qui se confie à des représentations et à des distinctions psychologiques ; quant à savoir quelle est leur nature et leur concept, seule chose qui importerait, on ne s'en inquiète pas. *C'est ainsi qu'on voit très communément opposer le savoir à la croyance, au moment même où on qualifie la croyance de savoir immédiat, ce qui du coup revient à la reconnaître comme savoir.* Il se trouvera bien aussi comme un fait empirique que ce que l'on croit est dans la conscience, donc que l'on a au moins savoir de cela et encore, que ce que l'on croit se trouve dans la conscience comme quelque chose de certain, et que par suite on le sait »[2].

Si ce chef d'accusation est irrécusable à la lettre, on ne saurait cependant oublier que Jacobi n'a été conduit à cette contradiction flagrante : qualifier de savoir une croyance précédemment opposée au savoir – que dans les conditions précises qui viennent d'être rappelées : s'il adoptait le mot : croyance, ce n'était pas parce que sa propre doctrine l'imposait irrésistiblement, mais bien parce que ses adversaires désignaient par ce mot un assentiment non fondé sur des preuves, tout en oubliant d'autre part que les conclusions démontrées à partir de principes rationnels auxquelles ils réservaient le nom de savoir ne peuvent procurer qu'une certitude « seconde », qui en *présuppose* une « première ». C'est bien en effet ce langage de la certitude que tenait la dernière lettre à Mendelssohn[3]. « Comment pouvons-nous rechercher la certitude, si la certitude ne nous est déjà connue d'avance, et comment peut-elle nous être connue autrement que par quelque chose que nous connaissons déjà avec certitude ? Cela conduit au concept d'une certitude immédiate qui non seulement n'a pas besoin de preuves et qui n'est rigoureusement rien d'autre que la représentation elle-même s'accordant avec la chose représentée, (qui a par conséquent son fondement [*Grund*] en soi-même). La conviction que procurent des preuves est *une certitude de seconde main,* elle repose sur la comparaison et ne peut jamais être tout à fait sûre et parfaite. Or si tout assentiment qui ne découle pas de principes rationnels est croyance, il faut que la conviction qui naît de principes rationnels elle-même vienne de la

1. Rehberg, dans le compte-rendu cité W. IV (2), p. 67 ; trad. p. 245. Jacobi le conteste dans une lettre à Hufeland du 30 juin 1788, en citant le dictionnaire de Johnson à l'article : *belief :* « theological virtue of faith ; firm confidence ot the truths of religion ».

2. *Encyclopédie,* I, § 63.

3. W. IV (1), p. 210 ; trad. p. 186-7.

croyance et reçoive d'elle seule sa force. » Or cette définition de la certitude, confie-t-il à Herder[1] est textuellement traduite de Spinoza[2], « à ceci près qu'il n'use pas du mot : croyance, dont je ne me suis moi-même servi, comme il ressort de ma définition explicite, que dans la mesure où on veut appeler : croyance, tout assentiment qui ne découle pas de raisons ».

L'indication d'une telle source est d'autant plus révélatrice qu'elle souligne en outre, une fois de plus, le caractère *emprunté* du terme : croyance, et, dans la mesure même où elle peut donner à l'interprétation une nouvelle orientation, c'est plutôt cet emprunt qu'elle amènerait à juger malheureux. De fait, on a pu aller jusqu'à soutenir qu'avec son *Dialogue,* Jacobi avait « mis ses contemporains, aussi bien que lui-même sur une fausse piste »[3]. Le caractère *psychologique,* dénoncé par Hegel, de la notion de croyance apparaît en effet tout à fait trompeur dès qu'on s'aperçoit que ce n'est ni à l'expérience ni à la révélation religieuse que se réfère le « croire », mais bien plutôt à « l'immédiateté fondée de manière onto-théologique de Spinoza ». On expliciterait cette dernière en relevant d'une part l'affirmation que Spinoza lui-même désigne comme « *point essentiel :* j'affirme qu'il ne peut y avoir qu'un Être unique à la nature duquel appartienne l'existence, à savoir l'Être qui a en lui-même toutes les perfections et que j'appellerai du nom de Dieu »[4] ; et d'autre part le célèbre : *« habemus ideam veram »,* d'où il suit « que la certitude n'est rien en-dehors de l'essence objective elle-même, c'est-à-dire, que la manière dont nous sentons l'essence objective est la certitude elle-même [...] que, pour avoir la certitude de la vérité, nulle marque n'est nécessaire en-dehors de la possession de l'idée vraie, car je n'ai pas besoin, pour savoir, de savoir que je sais ..., et enfin que seul peut savoir ce qu'est la certitude suprême celui qui a l'idée adéquate ou l'essence objective d'une chose : il le faut, puisque certitude et essence objective ne font qu'un »[5].

À ne retenir que l'anti-spinozisme déclaré de Jacobi, on pourrait juger paradoxale la nécessité de soumettre l'intuition fondamentale de sa pensée

1. Lettre du 2 septembre 1785, *Auserles. Briefwechsel,* Roth, p. 389.

2. Le scolie de la proposition XLIII du deuxième livre de l'*Éthique :* « Qui a une idée vraie sait en même temps qu'il a une idée vraie et ne peut douter de la vérité de la chose », affirme en effet sa démonstration « suffisamment manifeste par elle-même, car qui a une idée vraie n'ignore pas qu'une idée vraie enveloppe la certitude la plus haute [...] s'il peut savoir qu'il a une idée qui s'accorde avec l'objet qu'elle représente, cela vient uniquement de ce qu'il a une idée qui s'accorde avec l'objet qu'elle représente, autrement dit que la vérité est sa propre norme ».

3. Timm, in *F. H. Jacobi, Philosoph und Literat der Goethezeit,* herausg. von Kl. Hammacher, 1971, p. 41.

4. *Lettre XXXV à Hudde,* du 10 avril 1666.

5. *De emendatione,* § 33, 35.

à l'éclairage de l'onto-théologie de Spinoza. Mais si l'on se souvient que le « saut périlleux » qui le met de plain-pied avec sa propre philosophie consiste précisément à « conclure sans médiation » contre le fatalisme de la doctrine de l'Un-Tout, on trouvera moins surprenant qu'une signification ontologique et théologique vienne s'attacher à la croyance conçue comme révélation de l'Être sous une forme tout à la fois sensible et supra-sensible.

Ainsi orientée, la recherche pourrait trouver son point de départ dans la précision qu'une note vient apporter à l'énoncé[1] d'une des thèses maîtresses qui exposent à Mendelssohn le système de Spinoza : « la pensée absolue est la pure conscience immédiate de l'Être universel, l'Être par excellence ou substance ». Précision révélatrice à un double titre : d'abord Jacobi estime que la langue française qu'il utilisait dans la lettre à Hemsterhuis, lorsqu'elle lui avait permis d'écrire : « La pensée, considérée dans son essence, n'est que le *sentiment de l'Être* »[2] (lequel est déterminé comme individuel dans l'idée, comme agissant dans la volonté), lui avait procuré « une expression meilleure et plus pure, parce que le mot : conscience[3] semble envelopper quelque chose de la *représentation* et de la *réflexion, qui n'a nullement sa place ici* » ; ensuite, rien ne lui paraît pouvoir mieux éclairer cette expression de « sentiment de l'Être » que son rapprochement avec « l'aperception transcendantale » que Kant définit comme « unité de la conscience qui *précède* toutes les données des intuitions et relativement à laquelle seulement toute représentation d'objets est possible »[4]. Malgré les difficultés que peut encore rencontrer leur interprétation, ces précisions nous paraissent désigner assez clairement ce que l'on serait peut-être en droit d'appeler le *cogito* propre à la doctrine de Jacobi en ce qu'elle comporte de plus original, en tenant compte d'une part de l'éminente valeur « ontologique » que prend cette émergence primordiale de l'Être, dans son lien indissoluble avec sa fonction « logique » de principe suprême, absolument premier, et d'autre part d'une remarquable insistance à en faire le « préréflexif » et « l'anté-prédicatif » par excellence, en le maintenant en-deçà de la sphère de la connaissance et même de la représentation.

1. W. IV (1), p. 172 *sq.* ; trad. p. 167 sq ; cette thèse XXV, p. 192 ; trad. p. 177, ainsi que la note.

2. W. IV (1), p. 134 ; trad. p. 151.

3. *Bewusstsein ;* trop « intellectuelle » et « conceptuelle », il lui préfère l'intuitivité de la conscience = *Gewissen*, où il retrouve, par le jeu des mots : le « savoir » [*Wissen*] et le « *certain* » [*Gewiss*] *;* cf. *Lettre à Fichte,* W. III, p. 39 : « das Gewissen = den gewisseren Geist ».

4. Kant, *K. r. V.*, A 107 – Rappelons que Kant lui-même dira de l'aperception qu'elle n'est « rien de plus que le *sentiment d'une existence* » [*Gefühl eines Daseins*], mais en un sens qui ne saurait satisfaire Jacobi ; voir notre note finale sur l'*Appendice*.

On peut dès lors mesurer à quel point les voies et moyens annoncés et pratiqués par Jacobi lorsqu'il entreprend de faire entendre ce qu'il veut dire, loin de favoriser son projet, se révèlent, à l'inverse, tout à fait propres à égarer ses lecteurs.

Considérons d'abord l'annonce initiale de son programme dans les *Lettres à Mendelssohn :* il se déclare en quête de « nouveaux axiomes » en matière de certitudes. Or ce n'est évidemment pas dans les *Analytiques* d'Aristote, reconnaissant la nécessité pour la science d'admettre des connaissances immédiates, pour la démonstration de s'adosser à des indémontrables, qu'il faut chercher son modèle. Il songerait bien plutôt à ces lignes de son ami Hemsterhuis[1] : « L'homme est en apparence susceptible de deux espèces de conviction : l'une est un sentiment interne ineffaçable dans l'homme bien constitué ; l'autre dérive du raisonnement, c'est-à-dire d'un travail de l'intellect et conduit avec ordre. La seconde ne saurait subsister sans avoir l'autre pour base unique ; car en remontant aux premiers principes de toutes nos connaissances de quelque nature qu'elles puissent être, nous parviendrons à des axiomes, *c'est-à-dire à la pure conviction du sentiment* ». Or dans la mesure où Jacobi pourrait faire sienne cette dernière définition, nous ferions fausse route en nous laissant guider par les caractéristiques « logiques » de l'axiome qui *s'intègre* à la discursivité démonstrative dont il ne se met à part que par sa caractéristique d'indémontrable, qui possède en propre un contenu déterminé, enfin qui résulte lui-même d'une *recherche,* loin de s'imposer d'emblée, « le plus aisé à connaître » (dans l'archaïsme du langage cartésien) se montrant en général fort malaisé à découvrir. Car c'est en fait bien autre chose que suggèrent les images choisies par Jacobi, lorsqu'il dit de la croyance que nous y naissons et y devons rester « de même que nous naissons tous dans la société et devons rester dans la société »[2], ce qui la fait apparaître comme *« l'élément* de toute connaissance et de toute activité humaine »[3], et, si l'on veut recourir à la terminologie d'une philosophie moderne[4], comme un mode d'accès à la vie [*Lebensverständnis*] comme une ouverture originaire [*Verstehen*] au monde et à soi-même, en lesquels l'homme se trouve déjà avant toute forme de savoir explicite. En cette croyance, faudrait-il dire,

1. *Œuvres philosophiques,* 1809, tome II, p. 101.

2. W. IV (1), p. 210 ; trad. p. 186.

3. *Ibid.* p. 223 ; trad. p. 193. Le rapprochement fait songer à la première page de la *Phénoménologie* de Hegel (Préface) plongeant « la philosophie dans l'élément de l'universalité », terme à propos duquel Hyppolite souligne que « si en français le mot a souvent le sens de principe simple [...] dans la langue de Hegel, il désigne plutôt en général un "milieu" par exemple : l'élément marin ».

4. Comme le fait O. F. Bollnow, *Die Lebens-philosophie F. H. Jacobi,* 1933, p. 166-167.

nous vivons et nous nous mouvons et jamais nous ne la chercherions si nous ne l'avions déjà trouvée.

Considérons maintenant la voie dans laquelle s'engage cette recherche des axiomes propres à la certitude. Le double titre du *Dialogue* annonce une enquête portant conjointement sur une explicitation de la notion de croyance et sur l'alternative, présumée fondamentale en métaphysique, de *l'idéalisme* et du *réalisme*. Mais l'interférence des deux projets n'a-t-elle pas pour résultat de mettre le lecteur sur une « fausse piste » ? Lorsque Jacobi relit son texte avec plus d'un quart de siècle de recul, il insère, au point qu'il désigne lui-même comme articulation entre les deux parties de son *Dialogue,* une longue note dans laquelle, en un certain sens, il signe lui-même un constat d'échec : « la doctrine originale de l'auteur demeurait *implicite* dans le *Dialogue* »[1]. Tout en nous réservant de suivre ultérieurement le nouveau fil conducteur qu'il propose pour la rendre explicite : celui d'une indispensable distinction entre l'entendement et la raison, nous nous demanderons d'abord si, plutôt qu'implicite, sa doctrine ne demeurait pas en fait *ambiguë*. Lorsqu'il se déclare surpris d'avoir été accusé de tomber dans le *sensualisme,* grief dont il aurait dû être préservé, estime-t-il, par l'affirmation insistante de son accord profond avec les thèses maîtresses du leibnizianisme, – si incontestable que soit cet argument, on ne peut s'empêcher de discerner déjà dans une expression antérieure de sa conviction, le germe de ce qui pouvait donner matière à une telle interprétation : « les philosophes analysent, raisonnent et expliquent [...] comment il se fait que nous éprouvions l'existence de quelque chose hors de nous. Il me faut rire de ces gens, dont j'ai été, moi aussi. J'ouvre l'œil ou l'oreille, ou bien je tends la main et au même instant, je sens inséparables un Toi et un Moi, un Moi et un Toi »[2]. Mais cette « épreuve de l'existence » à laquelle il entend reconduire les preuves des philosophes, ne semble-t-il pas en privilégier la forme simplement *sensible ?* et en évoquant en apparence une révélation de cette existence par les *sens,* ne laisse-t-il pas supposer une assimilation de « l'existence de quelque chose hors de nous » à la traditionnelle « réalité du monde extérieur », qui limiterait singulièrement la portée qu'il prétend en fait accorder à son réalisme ?

Or, à cet égard on ne peut pas dire que le cheminement du *Dialogue* soit spécialement apte à dissiper toute méprise sur ce point. Car, après le long examen initial du problème de l'évidence *sensible,* il faut attendre ses dernières pages et un « dénouement » dont Jacobi reconnaît après coup l'insuffisance, pour le voir prendre en considération l'existence *supra-*

1. W. II, p. 221, note; c'est nous qui soulignons.
2. *Lettre à Lavater,* 10 octobre 1781, Roth I, p. 330.

sensible et affirmer que Dieu également peut être senti [1] : de l'aveu même de l'auteur la recherche de la croyance dans un *sens* [*Sinn*] qui était aussi bien faculté de la *sensation* [*Empfindung*] que du *sentiment* [*Gefühl*], s'achevait ainsi dans l'équivoque. L'ambition du *Dialogue* est assurément de gagner *en même temps* la cause de la *croyance* et celle du *réalisme, précisément* en montrant que s'il arrive à la philosophie de se perdre dans le rêve de l'idéalisme, c'est qu'en comptant uniquement sur la démonstration pour lui procurer la certitude, elle oublie que cette certitude « de seconde main » présuppose la certitude « de première main » qu'assure la croyance. Mais il est permis de penser que la réussite de l'entreprise aurait exigé d'une part que la critique de la philosophie « démonstrative » s'appliquât à dénoncer la vanité des efforts qu'elle peut faire pour prouver *toute* existence, qu'il s'agisse de la réalité du monde extérieur *ou* de l'existence de Dieu [2], d'autre part qu'elle ne lui empruntât un élément de sa définition de la croyance (l'absence de preuves) que pour transfigurer cette croyance en une double révélation, sensible et supra-sensible d'une véritable transcendance de l'être. Mais en fait, par le privilège accordé à la révélation *sensible* de l'existence, le *Dialogue* se trouve d'emblée entraîné [3] sur un terrain défavorable à la mise en valeur de l'originalité de la croyance : celui de la *connaissance* avec la dualité du sujet et de l'objet qu'elle implique, en-deçà de laquelle il s'agit de revenir, précisément. Rien ne le montre mieux que la nécessité où Jacobi se trouve de « forcer » le sens du mot perception [*Wahr-nehmung*] en jouant sur son étymologie pour l'amener à signifier

1. W. II, p. 283-284.

2. On peut voir que Jacobi en eut ultérieurement conscience, par exemple dans les *Choses divines* (W. III, p. 366-368 ; trad. p. 409-410) : « chercher une preuve à l'existence d'un *monde réel* qui existe hors de nos représentations et leur corresponde et *d'un auteur de ce monde* qui lui soit supérieur [...] Si *l'existence réelle* devait pouvoir être démontrée [...] *De même,* si l'*existence d'un Dieu* vivant devait pouvoir être démontrée [...] ».

3. Deux éléments d'ordre *historique* ont certainement contribué à cet entraînement. D'une part l'appel à l'autorité de Hume pour couvrir l'adoption de la notion de croyance, même si on l'estime avant tout circonstanciel et polémique, ne pouvait être dépourvu de toute innocuité, dans la mesure où il conduit à restreindre le *« Glauben »* au *« belief »*, c'est-à-dire à un *« feeling »* qui concerne les *« matters of fact »*. Mais c'est surtout la référence à Kant qui semble avoir été décisive. L'importance de cette référence s'atteste non seulement dans un *Appendice* tout entier concentré sur le vice radical de *l'Idéalisme transcendantal,* mais déjà dans les premières pages du *Dialogue* (p. 142-143) qui s'en prennent aussitôt au *réalisme empirique,* manifestement désigné comme la contre-façon la plus dangereuse du réalisme *authentique*. Or la caractéristique de la solution kantienne est précisément de fermer la voie au dogmatisme de *l'ontologie :* le spiritualisme n'est pas moins inapte que le matérialisme (*K. R. V.*, B 420) – en maintenant le problème dans le cadre de l'Analytique, c'est-à-dire sur le terrain de la *connaissance,* parce que « ce qu'il y a de réel [*das Reale*] dans les apparitions extérieures n'est réellement [*wirklich*] que dans la perception et ne peut être réel [*wirklich*] d'aucune autre manière » (A 376).

une « saisie du vrai », ce « vrai » devant à son tour être dissocié de la « vérité » dont la connaissance scientifique et philosophique a fait son objet propre[1]. Il pourra bien accorder plus tard comme principal mérite à son *Dialogue* d'avoir radicalement éliminé « le troisième terme entre le sujet connaissant et les choses à connaître »[2] : il n'en demeure pas moins qu'il ne parvenait à conjurer la confusion antérieure entre la croyance et la *foi* qu'au profit de la nouvelle confusion qui la fait passer pour *savoir* immédiat. On pourrait donc dire que ce qui a décidé de l'orientation première du *Dialogue,* c'est le fait que le problème métaphysique de l'idéalisme trace en quelque sorte une ligne de partage entre deux pentes : l'une qui mène à la prise de position d'une ontologie donnant à la question : qu'est-ce que l'Être ? la réponse du spiritualisme ou du matérialisme ; tandis que l'autre conduit à une théorie de la connaissance qui s'applique à démêler en celle-ci la part qui revient au sens et celle qui revient à l'entendement. Or c'est sur ce dernier versant que Jacobi est contraint de s'installer en cherchant d'abord sa croyance dans le domaine de l'évidence sensible et de la réalité des choses hors de nous. Et du même coup non seulement l'affirmation d'une ontologie spiritualiste, dont nous verrons qu'elle constitue le dernier mot de ses convictions, s'en trouve éludée, mais l'exposition de sa conception de la croyance, qui trouvera son sens ultime en cette ontologie, se voit soumise à une véritable distorsion : la prépondérance accordée à la révélation du sensible a pour conséquence d'aliéner la transcendance de l'Être dans l'extériorité et la facticité de l'existant sensible.

Ainsi la gageure tentée par le *Dialogue,* c'est celle d'un réalisme qui, paradoxalement, essaie de se frayer son chemin en allant du connaître à l'être. C'est pourquoi Jacobi devait en effet compter sur son adhésion, justifiée dans la seconde partie du *Dialogue*, à l'ontologie spiritualiste de Leibniz pour préserver la première d'une interprétation qui y verrait une conception sensualiste de la connaissance. Mais il suffit de scruter attentivement les deux moments de l'entretien qui cherchent à articuler cette charnière pour mesurer toute la difficulté de l'ajustage. Dans le premier[3],

1. *Lettre à Fichte,* W. III, p. 32 : « J'entends par vrai ce qui est *antérieur* et *extérieur* au savoir ».

2. *Lettre à Bouterwek,* 8 janvier 1804, éd. W. Meyer, Göttingen, 1868. « La connaissance de la réalité qui nous est extérieure nous est donnée par la représentation du réel lui-même, *sans que s'interpose aucun autre moyen de connaissance* », W. II, p. 230. C'est en essayant « de prouver scientifiquement la véracité de nos représentations d'un monde matériel au-delà de ces représentations que les philosophes ont vu l'objet se dérober à leurs yeux, il ne leur resta que la subjectivité, la *sensation :* ils trouvèrent *l'idéalisme* », W. II, p. 108.

3. W. II, p. 229-234.

Jacobi reproche à son interlocuteur d'être embarrassé dans sa recherche d'un critère permettant de distinguer la veille du rêve. Il devrait y parvenir aisément et voir que « ce n'est pas la veille qui se laisse distinguer du rêve, mais bien le rêve de la veille », que le rêve ne saurait être « originaire »[1], si seulement il avait gardé bien présente la conviction qu'il avait précédemment acquise, et même déclarée « inoubliable », au terme de l'examen de la croyance dans l'évidence sensible : « la *connaissance* [*Erkenntniss*] du réel hors de nous est directement [*geradezu*] donnée par la présentation [*Darstellung*] du réel lui-même, sans que s'interpose aucun moyen de connaissance [*Erkenntnissmittel*] »[2]. En effet, « toutes les simples représentations des objets extérieurs à nous ne sont que des *copies* des choses réelles immédiatement perçues et elles peuvent y être ramenées comme à leurs sources ; [...] ce sont simplement des êtres *imités* des choses réelles et qui ne peuvent exister sans elles »[3]. Mais une copie ne peut être reconnue comme telle que par une *comparaison* avec son modèle. Dès lors, ces prémisses, implicites dans le langage que nous tenons en disant que nous avons des représentations du réel, nous obligent à conclure « qu'il doit y avoir dans la perception du réel *quelque chose* [*etwas*] *qui n'est pas dans les simples représentations,* car autrement on ne pourrait pas distinguer la première des secondes. Or une telle distinction concerne précisément le *réel* et rien d'autre. Donc le réel lui-même, l'objectivité, ne peut jamais être présenté [*dargestellt*] dans la simple représentation »[4]. L'objection de l'interlocuteur est là pour souligner la difficulté : comment concevoir que des représentations qui sont des « copies », ne sont cependant pas des « reflets » ? Et la réponse amène la conclusion décisive : elles contiennent bien « les modalités » [*Beschaffenheiten*] des *choses* réelles, mais non pas le *réel lui-même, en tant que tel,* qui précisément se désigne ainsi comme l'irreprésentable par excellence. « Il est aussi "imprésentable" hors de sa perception immédiate que la conscience hors de la conscience, la vie hors de la vie, la vérité hors de la vérité. » Il faut identifier « perception du réel et sentiment de la vérité », comme il faut identifier « la conscience et la vie ».

La difficulté d'une telle présentation de la croyance comme savoir immédiat, c'est donc celle de retrouver « sous » cette perception, dont le sens usuel, qui en fait la *représentation* de *choses hors de nous,* est en quelque sorte « usurpé », la perception proprement originaire du *réel,* c'est-

1. *Ibid.* p. 229-233.

2. *Ibid.* p. 230. En cette formule d'une « connaissance sans moyen de connaissance » se concentre tout le paradoxe du « savoir immédiat ».

3. *Ibid.* p. 231. On peut voir à quel point de telles formules s'exposaient au risque d'être jugées « sensualistes », pour peu qu'on les insère mal dans leur contexte.

4. *Ibid.* p. 232.

à-dire de cet Être *au-delà* de nous, incommensurable à nous, irreprésentable, et que cependant nous sommes aussi nous-mêmes, bref d'un Toi sans lequel il n'y aurait pas de Moi [1]. Cette difficulté se trahit dans la nécessité de faire subir un « déplacement » et même une véritable « transmutation » aux notions *d'objectivité* et de *vérité,* relevant d'une *connaissance* qui ne cherche dans la perception que son propre *commencement,* pour la ramener à cette singulière *« originatio »* qui fait du *« réel »* et du *« vrai »* l'apanage d'une *« conscience »,* elle-même identique à la Vie, dont les choses sont les modalités et les expressions, loin qu'elle soit, à l'inverse, la propriété des choses, comme le prétend le retournement absurde de la représentation réflexive [2].

Le second moment du *Dialogue* que nous visions, est celui où Jacobi expose ses raisons d'approuver la conception leibnizienne de l'unité substantielle [3]. L'exemple initial, celui d'une multiplicité d'objets posés sur la table, donne cette fois à l'interlocuteur l'occasion de « réciter » correctement la leçon du réalisme. Puisque c'est de l'être au connaître que la conséquence est bonne, l'objectivité de la totalité résulte de ce que la matière et la forme de la connaissance existent réellement hors de moi. Ce qui introduit chez Leibniz l'expression « choses semi-mentales » et la célèbre comparaison avec l'arc-en-ciel, c'est qu'un changement du nombre ou de l'ordre des objets conduit à des unifications en des images différentes. Or Jacobi n'approuve cette réponse, à laquelle il accorde le mérite de « fixer la véritable différence entre les philosophes idéalistes et les philosophes réalistes » [4], que pour présenter aussitôt comme distincte de cette première question, qui concerne « les données objectives propres à constituer un phénomène », celle qui s'enquiert de « ce qui permet de former dans les choses elles-mêmes le lien d'une unité réelle, parfaite et objective ». Et il s'engage alors que la voie leibnizienne, cherchant l'unité vraie qui se réciproque avec l'être dans l'unité organique, où la pensée du tout est antérieure aux parties, pour conclure, (en une sorte de paraphrase de la question posée par Leibniz : comment aurions-nous l'idée de l'être, si nous n'étions nous-mêmes des êtres ?) : « vous ne seriez jamais parvenu au sentiment [*Gefühl*] de votre propre existence si vous n'aviez d'abord senti [*empfunden*] ce qui constitue votre unité » [5]. Ainsi, de même que

1. « Il est clair que nous ne parvenons à la conscience de notre conscience, au sentiment de nous-mêmes qu'en nous distinguant de quelque chose qui nous est extérieur. Ce quelque chose est une multiplicité infinie dans laquelle *nous sommes nous-mêmes compris »*, W. II, p. 262.

2. W. II, p. 258.

3. *Ibid.* p. 251-259.

4. *Ibid.* p. 252.

5. *Ibid.* p. 255.

précédemment la croyance ne pouvait passer pour « connaissance » sans se voir au même moment destituée de tout « moyen de connaissance », de même maintenant si la priorité de l'être relativement au connaître peut bien « fixer » la vérité du réalisme, celle-ci ne peut être « fondée » que par une ontologie qui identifie l'Être et l'Esprit. Car puisque l'être du Moi, en ce qui fait de lui une unité véritable, présente précisément le même caractère spécifique qui a été précédemment reconnu au réel, celui d'être « irreprésentable », il faut que « le sentiment » qu'il peut avoir de son existence *présuppose* un « sentir » originaire de ce qui le constitue comme unité véritable. Or « tout sentir [*alles Empfinden*] provient de l'Être par soi [*Selbstsein*], en soi [*in sich Sein*], de la Vie ; toute « saisie » [*Vernehmen*] provient de quelque chose, qui se saisit soi-même immédiatement et essentiellement, et saisit en même temps et tout aussi immédiatement et essentiellement, dans le même instant indivisible, la Nature et Dieu [...] », et ce qui se saisit ainsi « c'est l'*Esprit,* et hors de lui, il n'y a pas de vérité »[1].

§ 3 – *Le « soleil de la raison »* [2]

C'est en faisant de ce « *Vernehmen* la racine de *Vernunft* »[3] que Jacobi est finalement conduit à définir la raison comme « la faculté de présupposer le Vrai », mettant ainsi sa doctrine sous un nouveau jour, comme il le reconnaît lui-même dans la dernière *Préface* qu'il donne à son *Dialogue,* dans laquelle il relève que celui-ci « présentait sous le nom de *faculté de croire* ce qui est en réalité et en vérité la *raison,* c'est-à-dire la faculté de présupposer le vrai, le bien et le beau en soi »[4]. Mais si les analyses qui précèdent, en montrant comment le réalisme trouve son fondement et son sens ultimes dans l'ontologie spiritualiste, ont pu nous préparer à ce « dénouement » qui, de l'aveu de l'auteur, manquait au *Dialogue,* et si la désignation, manifestement platonicienne, de cette trinité de valeurs rend aussitôt moins inattendue la forme axiologique prise par cette ontologie, ces « choses divines », comme « les hommes les ont appelées de tous temps »[5] ont tout l'air de se désigner comme de nouveaux objets de croyance. Pascal disait qu'à l'inverse des choses humaines, « il fallait les

1. *Choses divines,* W. III, p. 275-276 ; trad. p. 355. – « Ce que nous appelons matière confine au néant par son inessentielle divisibilité à l'infini [...] Il n'est rien qui soit vraiment quelque chose, si ce n'est *l'Esprit* », W. II, p. 273-374.

2. *Urlicht der Vernunft,* W. IV, *Vorbericht,* XLII.

3. *Lettre à Fichte,* W. III, p. 19 ; trad. p. 313.

4. II, p. 10-11.

5. *Choses divines,* W. III, p. 317 ; trad. p. 380.

aimer pour pouvoir les connaître »[1] : est-ce une inversion de ce genre que nous allons trouver en passant de la *perception,* qui « saisit le vrai » dans le sensible, à la *raison,* « faculté de le supposer comme suprasensible »[2]? Puisqu'on dit désormais : « c'est nécessairement que l'homme *croit ses sens,* nécessairement qu'il *croit sa raison,* et il n'y a pas de certitude supérieure à la certitude qu'on trouve en cette croyance », quel sens nous faudra-t-il donner à cet avatar ultime de la différence, introduite par les explications à Mendelssohn, entre la croyance naturelle en des « vérités éternelles » et la foi religieuse, « amour d'une vie divine » ? Faut-il partager l'indignation sarcastique de Hegel : « Il arrive dans la terminologie de ce style de philosophie que l'on parle de croyance même à propos des objets ordinaires du présent *sensible.* Nous croyons, dit Jacobi, que nous avons un *corps,* nous croyons à l'existence des *choses sensibles.* Pourtant, quand il est question du vrai et de l'éternel, du fait que Dieu est donné, révélé dans le savoir immédiat, l'intuition, ce ne sont pas là des choses sensibles, mais un contenu en soi universel, ce ne sont des objets que pour l'esprit pensant »[3]?

Il se pourrait cependant que nous approchions ici l'objet même de l'entêtement non-philosophique de Jacobi : « *Avant toute chose, il faut tenir ferme là-dessus :* de même qu'il y a une intuition sensible, une intuition que procurent les *sens,* de même il y a également une intuition rationnelle que procure la *raison.* Toutes deux se tiennent l'une en face de l'autre, comme *deux sources propres* de connaissance, et la seconde se laisse aussi peu dériver de la première que celle-ci de celle-là »[4]. Qu'il s'agisse bien des « axiomes en matière de certitude » annoncés dans la lettre à Hemsterhuis, c'est ce qui ressort des précisions qu'il se sent tenu de donner quand il déplore que le Français de Gérando[5] ait si mal compris ce point capital de sa doctrine : « Ma croyance est la vision des principes, tant de celui qui est *dans* la nature que de celui qui est *au-dessus* de la nature. Je crois en Dieu comme je crois au monde sensible ; je suis entre les deux, et ma *raison* fait en sorte que je me trouve pour ainsi dire comme un mot composé de cette voyelle (Dieu) et de cette consonne (l'univers) »[6]. Une nouvelle fois, ce qui est ici remarquable c'est que, commençant par assimiler en apparence sa croyance à une connaissance intuitive des principes, il s'efforce aussitôt de corriger ce que cette présentation pourrait

1. Jacobi a mis cette pensée en exergue à son dernier livre.
2. W. III, p. 436 ; trad. p. 453.
3. *Encyclopédie,* § 63.
4. W. II, p. 59.
5. Dans son *Système de philosophie,* 1804, p. 260.
6. *Lettre à Vanderbourg,* 17 juin 1804, Roth, II, p. 353.

comporter de trop exclusivement *logique* par l'ingéniosité d'une image[1] propre à suggérer qu'il s'agit bien en fait d'une donnée d'ordre proprement *ontologique*. On peut dès lors supposer qu'il aurait tenté de se dérober au mépris hégélien en faisant valoir ce que sa distinction du sensible et du suprasensible, ainsi que des deux sources de leur révélation par le sens et la raison, peut comporter de *« second »* relativement à leur « massive » unité *« première » :* corporelle ou spirituelle, c'est toujours uniquement la *réalité* qui est en cause : « Toute *réalité,* aussi bien corporelle qui se révèle au sens, que spirituelle qui se révèle à la raison, est garantie à l'homme uniquement par le sentiment; il n'y a pas de garantie extérieure et supérieure à celle-là[2]; que la révélation s'adresse aux sens externes ou au sens interne, elle est porteuse d'une égale *certitude :* « de même que la réalité qui se révèle aux sens externes n'a pas besoin de garantie, puisqu'elle est elle-même le plus vigoureux défenseur de sa vérité, de même la réalité qui se révèle à ce sens profondément intime que nous nommons raison, n'a pas non plus besoin de garantie : elle est pareillement à elle seule le meilleur témoin de sa vérité »[3]. Ce qui fait l'identité dans les deux cas, ce qui vaut à la croyance d'être désignée comme « l'élément » même dans lequel « vit » la créature raisonnable, c'est d'abord ce qu'on pourrait peut-être appeler un mode originaire de présence à ce que l'Être a d'absolu : « il suffit de l'Idée[4] pour savoir qu'on a ici *plus* que l'Idée, que l'on a en surabondance [*überschwänglich*] réalité et vérité »[5]. Si les *Méditations* de Descartes commençaient par le néant du doute hyperbolique et ne parvenaient à trouver finalement l'existence du monde que par la médiation de celle du sujet pensant et de Dieu, à l'inverse c'est *d'emblée* que la non-philosophie de Jacobi s'installe dans l'absolue certitude qui fait éclore l'émergence du Moi et du Toi en leur comprésence : « sans Toi, aucun Moi n'est ni présent, ni possible »[6]; « sans Toi divin, pas de Moi humain, et réciproquement »[7].

1. Image voisine dans *Choses divines,* W. II, p. 327; trad. p. 386 : la nature ne donne que des muettes; les voyelles sacrées sans lesquelles on ne peut lire son écriture [...] sont en l'homme.

2. W. II, p. 109.

3. *Ibid.* p. 107.

4. « Les représentations de ce dont nous sommes informés seulement dans le sentiment, nous les appelons les Idées », W. II, p. 62.

5. *Choses divines,* W. III, p. 284; trad. 360; *überschwanglich* est le terme utilisé par Kant pour signifier : *transcendant,* qu'il lui importe de distinguer de *transcendantal.* Mais ici la pensée de Jacobi semble assez proche de celle de Descartes lorsqu'il dit que « la notion de la vérité est si *transcendantalement* claire qu'il est impossible de l'ignorer » (à Mersenne, 16 octobre 1639).

6. *Ibid.* p. 292; trad. p. 365.

7. W. IV, *Vorbericht,* p. XLII.

C'est donc dans l'unité d'une dualité que nous devons chercher les éléments d'une dialectique que nous verrons ultérieurement à l'œuvre quand nous prendrons en considération la fonction médiatrice de l'entendement[1] dans son activité « philosophante ». Car si une certitude égale peut finalement s'attacher aux deux formes irréductibles l'une à l'autre de la révélation de l'Être (sensible et suprasensible), c'est qu'elle trouve l'unité de leur fondement au cœur même de la *raison*. Celle-ci doit en effet « sa réalité, sa véracité et sa dignité » au fait qu'elle « repose uniquement sur l'opposition et le dualisme inextirpables du naturel et du surnaturel » (qui sont aussi ceux de la nécessité et de la liberté, de la providence et du hasard ou destin aveugle)[2]. Or l'unité de cette dualité trouve à son tour son fondement ultime dans le *Vrai*. Et c'est seulement ainsi que l'on peut espérer donner sens à cette notion de « présupposition » [*Vorraussetzung*] qui se retrouve partout dans les textes de Jacobi, et où paraissent venir se concentrer toutes les difficultés de sa pensée : « la raison est le pouvoir de présupposer le Vrai ». Le Vrai est en effet non seulement antérieur et extérieur au savoir, mais il est même l'unique source de la valeur aussi bien de ce savoir que *de la raison elle-même,* en tant qu'elle en est la faculté propre[3]. Donc s'il est incontestable que quiconque prétend savoir quoi que ce soit doit en fin de compte se réclamer ou bien de sa *sensation,* ou bien du *« sentiment de l'esprit »,* en toute rigueur c'est seulement « ce que nous savons par le sentiment de l'esprit dont nous disons que nous le croyons ». De sorte que, s'il y a dans l'intuition sensible à laquelle se rapporte la connaissance, la science, un *savoir* proprement dit, ce n'est pas sur le sentir de la sensation sensible que celui-ci repose, mais bien sur le sentiment de l'esprit, lequel est donc bien, en fin de compte, le seul « fondement du savoir dans la croyance »[4]. C'est en se manifestant à la raison « *d'une manière qui échappe au sens* et à l'entendement » que la véracité du suprasensible et sa connaissance chez l'homme garantit non seulement le Vrai au-delà des phénomènes, mais aussi *dans* les phénomènes eux-mêmes[5].

1. Rigoureusement distingué de la raison, et avec lequel l'intuition sensible et l'intuition rationnelle « sont toutes deux exactement dans le même rapport », W. II, p. 59.

2. *Choses divines,* W. III p. 394-395; trad. p. 426. Cf. *ibid.* p. 274 : « L'être [*Sein*], la conscience et l'agir de l'être [*Wesen*] raisonnable *fini* est conditionné par un double "hors" de lui : une nature *au-dessous* de lui, un Dieu au-dessus ».

3. *Lettre à Fichte,* W. III, p. 32 : « J'entends par Vrai ce qui est antérieur et extérieur au savoir; ce qui donne d'abord une valeur au savoir *et à la faculté* du savoir, la raison ».

4. W. II, p. 60.

5. W. II, p. 73-74; cf. *ibid.* p. 120 : « Aucun objet sensible ne peut s'imposer [*ergreifen*] et se mettre en évidence [*darthun*] à l'esprit comme objet vrai, aussi irrésistiblement que ces objets supra-sensibles, visibles aux seuls yeux de l'esprit ».

Car « l'injonction [*Weisung*] du Vrai est exclusivement dirigée vers ce qui se cache sous les phénomènes, vers leur *signification* [*Bedeutung*], vers l'Être qui ne donne de soi qu'une apparence [*Schein*] et qui doit bien transparaître [*durchscheinen*] dans les phénomènes [*Erscheinungen*] pour que ceux-ci ne soient pas des apparitions-fantômes, des apparitions de rien »[1]. Telle est, du même coup, la véritable justification de l'éminente supériorité de ce « savoir » de première main sur toute « connaissance » qui ne peut être que de seconde main : « ce qui se révèle immédiatement dans la raison, la conscience de l'Esprit[2], l'Âme, ce n'est pas l'unité que l'entendement produit de maintes manières avec le multiple et le divers grâce au concept et au mot, c'est l'Un lui-même (τὸ Ἓν αὐτὸ) »[3] ; et voilà pourquoi « le commencement de notre connaissance est mystique, entièrement mystérieux : c'est la présupposition incompréhensible d'un Être premier qui contient en lui et produit hors de lui tout Vrai, Bien et Beau. Seule la présupposition de ce fondement caché nous rend capables du concept de la vérité en général »[4]. Que vienne à s'aveugler cet œil de l'âme qui voit le suprasensible, l'autre œil, qui ne voit que le sensible, ne peut plus lui procurer qu'une « science dépourvue de fondement, de pénétration intuitive [*Einsicht*] et de fin dernière »[5].

Avec cette référence explicite[6] à une image privilégiée par Platon, se dessine une dernière voie d'accès à la signification de la croyance. Car elle invite très manifestement à rapprocher le Vrai de Jacobi de la « divine transcendance » que Socrate accorde au Bien[7] sorte de soleil intelligible dont la vue supporte « à peine » l'éclat ; et qui constitue d'autre part l'objet dernier de l'amour[8]. Il se peut que par cette voie nous parvenions à approcher cette intuition que Bergson propose de chercher au cœur de toute doctrine philosophique, cette chose si simple que toute l'œuvre du philosophe ne parvient jamais à dire tout à fait, comme Jacobi lui-même semble

1. *Lettre à Fichte*, W. III, p. 33 ; trad. p. 321.

2. On trouvait déjà, dans *Choses divines*, W. III, p. 400 ; trad. p. 426, la définition : « Geistes-*bewusstsein heisset Vernunft* » ; et dans le VIIe Appendice des *Lettres à Mendelssohn* (W. IV (2), p. 152 ; trad. p. 291) : « Si on entend par raison le principe de la connaissance en général, elle est *l'Esprit*, dont est faite toute nature vivante de l'homme ; c'est celle qui fait exister l'homme ; il est une forme qu'elle a prise ». C'est « *la conscience de l'esprit* qui donne à l'âme humaine le pressentiment de Dieu », *Choses divines*, W. III, p. 274 ; trad. p. 354.

3. *Choses divines*, W. III, p. 454 ; trad. p. 464.

4. *Ibid.* p. 438 ; trad. p. 454.

5. W. II, p. 75.

6. Jacobi renvoie aux livres VI et VII de la *République*, par exemple W. II, p. 76, W. III, p. 445.

7. *République*, VI, 509 c.

8. Par exemple *Lysis*, 219 cd, 220 ab, et le *Banquet*.

l'avoir reconnu, à sa façon : « Toutes les philosophies sans exception sont redevables d'un miracle. Chacune a un lieu particulier, son lieu saint, où le miracle qui lui est propre se produit comme l'unique miracle *véritable,* rendant tout autre superflu »[1]. Or il semble que le lieu saint de sa philosophie soit occupé par une sorte de forme platonicienne de l'argument ontologique. Une remarque de Bréhier à propos de la méthode exposée par le *Sophiste* (252 e), qui « consiste à savoir ce que *veut* l'Idée que l'on examine, à *obéir* à ce que l'on voit dans les notions », a conduit Goldschmidt, qui propose de nommer : *exigence* de la valeur, cette relation très particulière, à l'indication pénétrante qu'il y a là « quelque chose de comparable à l'argument ontologique. De même que c'est à l'*Ens perfectissimum* seulement que l'on doit reconnaître l'existence, et non pas à une île imaginaire, de même, c'est seulement de l'essence, encore *inconnue,* que l'on peut affirmer *d'avance* telle ou telle qualité, ou plutôt sa dignité propre »[2]. Or il nous paraît tout à fait remarquable qu'en scrutant la nature de la révélation des « choses divines » à la raison, telle que Jacobi la conçoit, l'un de ses interprètes les plus attentifs en vienne à parler lui aussi « d'une sorte d'argument ontologique, si l'on peut dire, qui découle non pas d'un concept de l'inconditionné, mais de sa « *présence immédiate,* et de ce fait non-conceptuelle, comme *valeur* recelant et attestant en elle-même la *garantie* absolue de sa *propre validité* »[3]. Telle est bien en effet la raison profonde pour laquelle l'assentiment que comporte la croyance selon Jacobi est d'une tout autre nature que celui qui est en cause dans le fait de « tenir pour vrai », à la façon dont on peut tenir pour douteux, ou pour probable. S'il associe constamment la certitude à la croyance et à la raison[4] ce n'est pas qu'il estime qu'on puisse « tenir le vrai » comme on tient de ses deux mains serrées, selon la célèbre image stoïcienne. Il dirait plutôt que l'homme « y tient », en ce sens qu'il y est nécessairement attaché par toutes les fibres de son être. Loin qu'il mette dans la croyance un mouvement de la volonté qui porterait à adhérer à ... ou à parier pour ..., il

1. *Lettre à Fichte,* W. III, p. ; trad. p. 334.

2. Goldschmidt : *Les Dialogues de Platon,* § 25, note 7 ; c'est nous qui soulignons. On peut relever en ce sens les formules de Lavater citées par Jacobi en conclusion des *Lettres sur Spinoza,* en particulier : « laisser la vérité agir librement sur soi, ne rien vouloir que *ce qu'elle veut* ».

3. Valerio Verra, *op. cit.* p. 198. Dans le même sens on peut relever l'approbation accordée par Jacobi à l'idée que le « je pense, donc je suis » de Descartes, tout vicieux qu'il soit par son caractère tautologique, n'en conserve pas moins son emprise persuasive sur tout esprit, W. II, p. 102, note.

4. « La raison est ce qui nous rend certain en nous-mêmes ce qui, en nous, affirme et nie avec une puissance suprême : sans certitude, pas de raison, sans raison, pas de certitude », *Choses divines,* W. III, p. 314 ; trad. p. 278.

y voit « un abandon *involontaire* de l'esprit à la représentation de la réalité »[1]. S'il en est ainsi, c'est parce que « la raison ne tient pas d'elle-même le concept de l'absolu ; elle commence par naître de lui grâce à lui ; il lui est *donné, et* elle est elle-même *donnée avec lui »*[2].

C'est précisément cette « co-donation » de l'Être qu'il paraît avoir voulu désigner par le mot de *sentiment,* puisqu'il en fait tout à la fois le révélateur de *l'existence* de la raison et le témoignage de sa *« perception »,* c'est-à-dire de sa « prise » sur le Vrai[3]. Or il s'agit là, pour employer ses expressions favorites, de l'Alpha et de l'Oméga de sa pensée, de son « ποῦ στῶς, comme le reconnaissent deux aveux décisifs ; d'une part : « nous avouons sans crainte que notre philosophie procède du *sentiment,* celui qui est objectif et pur »[4]; d'autre part : « nous avouons que nous sommes incapables *d'expliquer sous quelle forme,* dans le sentiment, celui qui est objectif et pur, l'esprit certain lui-même devient présent à l'homme et le rend capable de connaître ce qui n'est semblable qu'à soi-même, le Vrai immédiatement dans le seul Vrai [...] »[5]. Ainsi se désigne avec précision l'objet, ou mieux, le contenu de la croyance : « c'est de ce que le sentiment de l'esprit nous permet de savoir, que nous disons que nous le croyons »[6].

§ 4 – *La rhétorique de la croyance : le sentiment de l'Esprit comme intuition et comme instinct*

Ce que nous avons désigné, en démarquant l'expression même de l'auteur, comme « co-donation » de la raison et de l'absolu, met « la connaissance et la vérité » en une sorte de relation asymptotique avec « le savoir et le vrai »[7] et fixe la limite vers laquelle la dualité du sujet et de l'objet, propre à la connaissance, doit régresser comme à son origine et à son fondement véritables. Nous sommes ici à la source des multiples difficultés que la doctrine doit surmonter dans son exposition. Ses adver-

1. *Fliegende Blätter,* W. IV, p. 208.

2. *Choses divines,* W. III, p. 440-441 ; trad. p. 456. « Immédiatement issue de Dieu, la raison s'insère entre lui et son œuvre visible, la nature ; elle perçoit l'un et l'autre et *la certitude de sa propre existence* lui permet de témoigner pour l'un et pour l'autre », *ibid.* p. 378 ; trad. p. 416.

3. D'une part : W. II, p. 74 : « l'existence [*Dasein*] [...] de cet organe, œil spirituel pour des objets spirituels, que les hommes appellent : raison, n'est rendu notable [*kund wird*] que par sentiments » ; d'autre part : *ibid.* : p. 46 : « un sentiment invincible, témoignage [*Zeugniss*] de la perception par la raison ».

4. *Ibid.* p. 61.

5. *Ibid.* p. 105-106.

6. *Ibid.* p. 60.

7. *Lettre à Fichte :* « je fais une distinction entre la vérité et le vrai », W. III, p. 17 ; trad. p. 311.

saires n'ont cessé d'y dénoncer des fluctuations terminologiques où la négligence le disputerait à l'incertitude. Il ne paraît cependant pas impossible de retrouver une certaine cohérence dans sa rhétorique[1]. Ainsi, de manière générale, il semble que ce soit la nécessité fondamentale d'accorder à l'Absolu, « juste assez » d'immanence pour ne pas compromettre sa transcendance, « juste assez » de subjectivité pour garder intacte la « véritable objectivité », qui appelle un recours très frappant au procédé rhétorique de l'alliance de mots : *« positif et mystique »* s'associent pour qualifier ce qui, seul, mérite le nom d'objet, c'est-à-dire le *réel*[2] *;* la *docte ignorance* qualifie le « savoir » imparti par sa condition ontologique à la conscience de l'Être raisonnable fini et qu'il lui est impossible de transformer en connaissance[3]. De façon plus précise, ce discours philosophique se heurte à deux ordres de difficultés, dont la

1. Dans les textes de sa jeunesse comme *Glauben und Wissen,* où Hegel multiplie les attaques les plus acerbes contre la rhétorique philosophique de Jacobi, il est remarquable qu'on puisse voir percer une certaine reconnaissance à la fois de la légitimité de son principe et de sa réussite au moins partielle. Par exemple : « C'est l'affaire de Jacobi de substituer aux idées philosophiques des *expressions* et des *mots* dont on ne doit avoir ni la conscience, ni l'intelligence : *ils pourraient bien avoir aussi un sens philosophique,* mais Jacobi polémique justement contre les philosophies où l'on s'en occupe sérieusement et où la signification philosophique de ces termes se trouve explicitée [...] Sur l'expérience en général, et l'individualité du sens qui en détermine l'étendue et la beauté, sur le fait que, grâce à la raison l'expérience humaine revêt un caractère différent de l'expérience animale, de même que sur la présentation empirique de l'individualité subjective ou du sens, Jacobi a parfois *des expressions pleines de sens et d'esprit* [...] Les expressions où se reflète l'expérience et qui la concernent sont riches spirituellement, parce qu'elles font allusion à des idées spéculatives ; l'intérêt des écrits de Jacobi tient à cette musique de l'assonance ou de la dissonance des idées spéculatives, mais comme ces idées se détachent dans le milieu de l'être absolu posé par la réflexion, cette musique se réduit à un tintement, et elle ne peut parvenir à ce qui est attendu lorsqu'il s'agit de science, à une parole scientifiquement articulée, au Logos », Hegel : *Glauben und Wissen,* éd. Lasson, p. 283-4 et p. 279-280 ; trad. Méry, p. 245 et 242.

2. Par exemple, W. II, p. 23 ; *positif* paraît hériter du sens que lui donnait Bacon en assimilant les faits derniers qu'on ne peut plus expliquer à des lois *positives* de la nature (« lorsqu'on en arrive à la puissance ultime de la nature et à sa loi *positive [...]* ; les philosophes n'ont pas accepté les principes des choses tels qu'on les trouve dans la nature [...] comme une connaissance *positive* ») ; *mystique* (c'est-à-dire « tout à fait mystérieux » dit Jacobi lui-même) pourrait aussi bien recevoir la signification que lui accorde Lévy-Bruhl (« mystique se dit de la croyance à des forces, à des influences, à des actions, *imperceptibles aux sens et cependant réelles* ») que la signification proprement religieuse que lui donnait son inventeur (le pseudo-Denys) : une science que procure *non le raisonnement,* mais une *union d'amour.*

3. W. IV, *Vorbericht,* XLIII, « La science du non-savoir consiste dans la connaissance que tout savoir humain est lacunaire (littéralement : n'est que fragment, *Stückwerk*) et doit nécessairement demeurer tel : c'est une docte ignorance [*ein wissendes Nichtwissen*] ». « Notre Savoir est lambeau », I *Cor.* 13, 9.

rencontre suscite pour une bonne part l'énigme de la croyance : non seulement il est contraint de s'exprimer en termes de connaissance, mais d'autre part, l'être des « choses divines » étant *valeur,* celles-ci, tout autant que des objets de « connaissance » (c'est-à-dire finalement : aussi peu), sont des objets d'une « volonté »[1], que l'exigence ontologique oblige à détourner à son tour de son sens usuel. Il semble en effet que ce soit ainsi que la notion de sentiment de l'esprit s'explicite selon les deux voies parallèles qui en font une *intuition* et un *instinct*[2] *pour se désigner finalement comme « pressentiment ».*

De l'axiome qui veut que seul le semblable puisse connaître le semblable, le platonisme concluait qu'il fallait bien que l'œil fût de la nature du feu pour être sensible à la lumière. Citant Goethe, qui avait repris cette idée dans l'avant-propos de sa *Théorie des couleurs*[3], Jacobi se l'approprie à son tour : « il faut considérer la raison comme la faculté de percevoir le divin *et* comme ce divin lui-même ». La raison n'est donc pas un flambeau qui apporte la lumière comme le prétendent les tenants de l'Aufklärung[4], c'est un œil qui voit[5], et il faut bien que ce soit la lumière même de l'Être, c'est-à-dire de l'Esprit, qui l'illumine, car sa fonction essentielle de « révélation » est à ce prix. Avec ce changement complet d'image, on se voit très logiquement reconduit, en deçà de l'idéalisme des kantiens soulignant l'activité de l'entendement et de ses concepts dans la connaissance, à un réalisme aristotélicien selon lequel l'intellect étant mû par l'intelligible, l'esprit est d'autant mieux éclairé qu'il se montre réceptif et contemplatif[6]. C'est pour traduire cette immédiateté de la présence de l'être que Jacobi se voit contraint de recourir à la notion d'*intuition :* « Il

1. W. III, p. 317 ; trad. p. 380 : « objets de connaissance ou de volonté ».

2. Les deux voies sont suivies dans les *Choses divines ;* la seconde plus particulièrement dans l'opuscule de 1801 : *« Sur une prédiction de Lichtenberg »,* W. III, p. 200-243, la première dans la *Préface* de 1815.

3. W. III, p. 239 : « Si l'œil n'était pas de la nature du soleil, comment pourrions-nous voir la lumière ? Si la force de Dieu ne vivait pas en nous, comment le divin pourrait il nous enthousiasmer ? ».

4. W. II, p. 265 *sq.*

5. *Ibid.* p. 266, et surtout p. 74-76.

6. Un passage du *Dialogue* (W. II, p. 270-271) invoque en ce sens l'expérience du chercheur qui emploie toute son *activité* à se faire aussi *réceptif* que possible. « Dès que jaillit un point lumineux, l'âme se *repose* un instant pour s'en *laisser pénétrer ». Passive,* elle « ressent chaque jugement qui se forme en elle ». De façon comparable, Descartes se risquait à concevoir ce que pourrait une connaissance *intuitive* de Dieu : « une illustration de l'esprit par laquelle il voit en la lumière de Dieu les choses qu'il lui plaît lui découvrir par une impression directe de la clarté divine sur notre entendement, qui en cela n'est point considéré comme *agent,* mais seulement comme *recevant* les rayons de la divinité » (à Newcastle, mars-avril 1648). (C'est nous qui soulignons.)

nous faut user de l'expression : *intuition de la raison,* parce que le langage n'en possède aucune autre pour signifier la manière dont il est donné à l'entendement de connaître uniquement dans des sentiments *transcendants* quelque chose d'inaccessible au sens et qui ne s'en présente pas moins comme quelque chose de *vraiment objectif,* quelque chose qu'*il n'a nullement fait qu'inventer* »[1]. Mais s'il peut d'autre part préciser que « par ce sentiment se révèlent *sans intuition,* sans concept, de façon insondable et inexprimable le beau, le bien et le vrai en soi », c'est la preuve non pas du tout qu'il n'a aucun scrupule à se contredire, mais bien qu'il entend dissocier de l'immédiateté d'ordre *cognitif* qui s'attache ordinairement à l'intuition, une immédiateté d'ordre *ontologique*. Distinction décisive, comme nous verrons, car elle donnera toute son acuité à la question des rapports entre la raison et l'entendement, dont dépend en définitive le sort de la philosophie. Ce qu'il importe de souligner présentement, c'est que nous parvenons à isoler ici ce qui constitue proprement le « noyau » de la croyance : il faut donner toute sa force au terme de *« vertrauen »*, employé par Jacobi pour nous inviter à concevoir la raison en quelque sorte comme la manière dont l'absolu de l'être « entre » en confiance et en confidence avec lui-même, *en-deçà* de toute représentation et de toute médiation, « de façon insondable et inexprimable » : la raison n'est pas le lieu où l'Être se dit dans le Logos, c'est celui où il se confie dans le sentiment[2]. Il dépendra de l'entendement de conserver ou de perdre cette confiance et c'est là que se jouera le sort de la philosophie : « De même que la raison se confie absolument [*unbedingt vertraut*] à la réalité du concept absolu, de même elle se confie à elle-même. La manière dont cette réalité s'avère [*Bewahrung*] dans la raison ne se révèle pas à l'entendement; c'est seulement l'assurance même [*Zuversicht*] de la raison qui se réfléchit en lui

1. W. II, p. 59-60. Parlant de « la *norma veritatis* que le spinozisme moderne appelle *intuition intellectuelle* de l'absolu », Jacobi admet que, à son sens, « l'expression n'est pas précisément absurde et condamnable. Il nous faut bien une expression propre pour désigner le mode de conscience dans lequel vrai, bien et beau en soi *se rendent présents à nous* et se révèlent comme quelque chose de *transcendant,* quelque chose de premier et de suprême qui ne peut être exhibé en aucun phénomène, mais qui permet aux Idées, aux sentences suprêmes de la raison de passer dans l'entendement comme des connaissances immédiates, excluant la médiation préalable du sens », *Choses divines,* W. III, p. 434 ; trad. p. 452.

2. La cohérence du discours tenu par la philosophie « logique » (« égoïsme spéculatif ») ne l'empêche pas d'être vide de *sens :* la « raison pure » (cf. *Dialogue,* W. II, p. 218 *sq.*) délire parce que « l'homme est coupé de la raison exprimée [*ausgedrückten*] dans le monde sensible qui l'entoure et qui ordonne avec force son imagination » (*Lettre à Fichte,* W. III, p. 33 ; trad. p. 321). Seule la « parole muette » de la révélation « vivante » peut donner sens au discours : « une révélation par des phénomènes extérieurs peut entretenir avec la révélation intérieure originaire *tout au plus le même rapport que le langage entretient avec la raison* », *Choses divines,* W. III, p.277 ; trad. p. 356.

et un sentiment prend la place de l'intuition »[1]. Nous verrons comment l'entendement philosophant court le risque de perdre cette assurance intangible en lui substituant une autre confiance, qui se révélera mal placée, celle qu'il met dans les assurances du logos, du discours démonstratif et dans sa certitude « de seconde main » : en cherchant à transformer le sentiment en représentation, il se condamnera lui-même à sa perte, soit qu'il s'égare dans une exaltation visionnaire [*Schwarmerei*] ou dans un formalisme vide.

Cette sorte de primauté de l'ontologie que nous venons de voir à l'œuvre dans l'assimilation de la croyance à *l'intuition* de la raison, nous allons la retrouver maintenant, plus nettement encore peut-être, dans l'assimilation de cette croyance à un *instinct*. L'identification de la croyance et de la certitude s'expose à l'objection maintes fois opposée à la prétention de faire de l'évidence le critère de la vérité : « comment *concilier* la ferme certitude avec la conviction que la proposition la plus fausse peut nous *paraître* [*scheinen*] tout aussi certaine que la plus vraie ? »[2]. Or la croyance, telle que l'entend Jacobi, se trouve préservée d'une telle apparence parce qu'elle est *ontologiquement fondée,* et c'est cet éminent privilège que va chercher à exprimer la notion d'instinct, dont le sens usuel de « savoir-faire inné » se verra transposé pour signifier le fondement ontologique transcendant de l'unité entre le « savoir » et le « vouloir ». « Cette conciliation[3] serait impossible s'il n'y avait des vérités originaires, simples, immédiates, tout à fait positives qui, sans aucunes preuves tirées d'autres connaissances, sans témoignages d'aucune sorte, se font valoir comme suprêmes dans l'esprit [...]. Cette vérité immédiate, positive, se dévoile à nous dans et avec le *sentiment d'un instinct,* qui surpasse tout intérêt sensible, inconstant et fortuit, qui se manifeste irrésistiblement comme *l'instinct fondamental de la nature humaine* »[4]. Mais la portée ontologique de cette thèse ne se révèle qu'à la lumière d'une « importante remarque »[5] : « la prérogative de l'objet immédiat d'un instinct naturel, comme la Vie, c'est qu'il se pose comme sa propre fin [*Selbstzweck*], qu'il est pour soi [*für sich*], il est désiré pour lui-même et non pour ses effets [...]. Le mouvement de l'âme que cause l'instinct et que nous nommons désir, est un mouvement qui a pour seule fin d'atteindre son objet et de s'unir à lui ». Cette « autarkeia », cette suffisance à soi qui « confie » l'être

1. *Choses divines,* Appendice A, W. III, p. 441 ; trad. p. 456.

2. *Choses divines,* W. III, p. 315 ; trad. p. 379.

3. Il s'agit de la conciliation, qui faisait question dans le texte précédemment cité, entre l'existence de la certitude authentique de la croyance, et celle de la certitude « apparente » que peut donner une proposition fausse.

4. *Ibid.* p. 316-317 ; trad. p. 380.

5. *Ibid.* p. 322, note ; trad. p. 383.

à lui-même, est une loi universelle : « L'âme se manifeste *en tout être* comme le principe de la nature organisée, car, avant toute expérience, elle le dirige au moyen de connaissances, sans lesquelles il ne se conserverait pas : *les instincts* »[1]. Ce qui met de telles « connaissances » tout à fait à part de toutes les autres, et hors de pair, c'est qu'elles sont constitutives de la loi même de l'être : reprenant la célèbre thèse spinoziste, Jacobi insiste sur le fait que ce n'est nullement la *connaissance* de l'objet comme agréable ou bon qui fait que nous le désirons : « nous le voulons parce que notre nature, sensible ou supra-sensible, le comporte ainsi. Il n'y a pas de principe de la *connaissance* du désirable ou du bon hors de la faculté de désirer, hors du désir et du vouloir lui-même ». Ainsi s'explique que l'instinct trouve en l'homme une spécification qui présente toutes les caractéristiques de la raison : l'homme « se découvre comme un être absolument dépendant, dérivé, caché à lui-même – mais animé d'un instinct qui le pousse à chercher son origine, à s'y reconnaître, à éprouver spontanément le Vrai, *grâce* à elle, *à partir* d'elle. Cet instinct, caractéristique de son espèce, il l'appelle : *raison* »[2]. En effet, c'est d'abord un *besoin,* c'est-à-dire à la fois la conscience d'un manque et le désir d'atteindre l'être dont on manque pour s'unir à lui ; ensuite la « connaissance » qu'il a de son « objet » exclut de ces deux notions tout aspect « représentatif » (à la façon dont précédemment le sentiment « neutralisait » en quelque sorte l'élément « cognitif » de l'intuition pour n'en retenir que l'immédiateté) ; enfin ce don de la nature doit à son principe divin sa vertu *divinatoire* et son *infaillibilité :* l'instinct « seul est vraiment voyant, seul il puise le savoir à la source, l'esprit de la providence, l'esprit de Dieu. Même chez l'animal, il y a prédiction ; celle qui se trouve en l'homme est seulement d'un degré supérieur. L'un sait, cherche et trouve ce qu'il désire intérieurement et ne connaît pas : la pâture qu'il n'a pas goûtée, qui n'est pas à sa portée et qu'il ne voit pas encore ; l'homme est pareillement en quête de quelque chose d'invisible, qu'il ne connaît pas non plus et dont il n'a savoir que dans le besoin qu'il en éprouve, le besoin d'un esprit dont l'essence est de savoir que ce n'est pas en lui-même qu'il a sa vie ; de savoir qu'il provient d'un autre, sans lequel sa vie lui échappe »[3].

L'affinité entre les deux ordres d'assimilation à l'intuition et à l'instinct, que nous venons de tenter d'expliquer, transparaît clairement dans l'affirmation que l'homme ne sait ce qu'il ne voit ni ne connaît que dans le besoin qu'il en éprouve. Cette affinité paraît susceptible d'assurer la plénitude de leur sens et la logique de leur emploi à des termes privilégiés

1. *Lettre à Schlosser,* 25 avril 1796, W. VI, p. 68.
2. *Sur une prédiction de Lichtenberg* (1801), W. III, p. 202-203.
3. *Ibid.* p. 216-217.

par Jacobi, dont la justification s'impose dans la mesure même où ils ont souvent contribué à un discrédit de sa doctrine, dépréciée comme exaltation sentimentale et effusion lyrique. C'est ainsi qu'il faut voir, pensons-nous, dans le terme si fréquent de *« pressentiment »*[1] le corrélât précis, et en quelque sorte « obligé » de la *« présupposition » :* plus encore qu'elle ne sent, la raison pressent, précisément parce que ce qu'elle pose est en quelque façon déjà là – tout de même qu'il faut voir dans le terme d'*enthousiasme* le corrélât exact de celui d'*inspiration*. D'une part en effet le pressentiment s'ajuste au « savoir », distingué de la « connaissance », puisqu'il participe de la science et de l'ignorance : il sait en toute certitude, en ce qu'il *croit,* et en même temps il ignore, en ce qu'il ne *connaît* pas. « Ce que la raison donne à l'homme, ce n'est pas la faculté d'une science du Vrai, mais uniquement le sentiment et la conscience de son ignorance du Vrai : le pressentiment du Vrai »[2]. La réalité effective [*Wirklichkeit*] de ce Vrai s'impose comme une « assignation » [*Weisung*] qui, sous la forme du pressentiment, donne en partage à la raison cela même qu'il lui enjoint [*Nötigung*] de traiter « comme visée ultime de toute aspiration à la connaissance : ...l'Être [*das Sein*] »[3]. D'autre part il ne semble pas que l'on joue davantage sur les mots que Jacobi ne le fait lui-même si on reconnaît dans l'inspiration [*Eingebung*] la « co-donation » de l'Être et de la raison précédemment évoquée, et dans l'enthousiasme [*Begeisterung*] tout à la fois la « spiritualisation » que procure cette révélation de l'Être qui est Esprit, et la « présence du divin en nous », selon l'étymologie qui avait la faveur de Leibniz[4].

Que la signification philosophique à laquelle le discours de Jacobi peut prétendre soit à ce point sujette aux raffinements de sa rhétorique, il en faut voir la raison dernière dans la difficulté extrême de dire la révélation d'une

1. Il apparaît déjà dans les *Lettres à Mendelssohn,* W. IV (1), p. 249; trad. p. 207 : par la volonté « je pressens mon origine », et vers la fin du *Dialogue :* W. II, p. 283; il se retrouve dans *Choses divines,* W. III, p. 274; trad. p. 354 : « la conscience de l'esprit donne le pressentiment de Dieu ».

2. *Lettre à Fichte,* W. III, p. 32; trad. p. 321.

3. *Ibid.* p. 33.

4. *Nouveaux Essais,* livre IV, chap. 19, § 16 : « l'enthousiasme était au commencement un bon nom, et comme le sophisme marque proprement un exercice de la sagesse, l'enthousiasme signifie qu'il y a une divinité en nous : *est Deus in nobis ;* et Socrate prétendait qu'un Dieu ou démon lui donnait des avertissements intérieurs, de sorte qu'enthousiasme serait un *instinct divin* », *Choses divines,* W. III, p. 293-294, trad. p. 366 : « Semblable à la divinité dont elle est issue, s'inspirant d'elle, (la raison) découvre ce qui est. En accueillant le sentiment de l'esprit, en réfléchissant, elle est prise d'enthousiasme [...] Sans enthousiasme elle n'entend ni ne *croit* ses propres dires ».

transcendance de l'être en son immédiateté absolue[1]. Le mot : croyance, auquel il doit se résigner, « faute d'un terme meilleur », que ne propose pas « un langage qui n'a pas été inventé par les philosophes » pour désigner « la certitude de première main » et « le savoir qui ne saurait donner lieu à aucune preuve », peut bien n'avoir que simple valeur indicative, si le bonheur d'une image vient prêter une force suffisante de suggestion[2] à l'indication de ce qu'il entend désigner. Et tel pourrait bien être le cas de celle qui propose de voir en cette croyance une *« Abschattung »* du savoir et du vouloir divins dans l'esprit fini de l'homme »[3], c'est-à-dire aussi bien la *« silhouette »* cette espèce du dessin (fort en vogue à l'époque) qui de l'objet retient seulement le contour de son ombre portée à l'exclusion du détail de ses traits, que *« l'esquisse »,* simple ébauche inaccomplie. Car elle signifie ainsi que la croyance *atteste* l'Absolu de l'Être – comme une ombre atteste une présence : irrécusablement, sans pour autant la révéler entièrement, puisqu'elle s'arrête à la seule précision du contour –, en même temps qu'elle *l'appelle,* comme l'esquisse peut invinciblement appeler un achèvement impossible. Or telles sont bien les marques essentielles pour une certitude qui ne doit rien à la connaissance, pour un savoir assuré qui ne fait qu'un avec une ignorance invincible, pour un pressentiment voué à prendre forme d'enthousiasme.

« Bien sûr, reconnaît Jacobi[4], on ne s'exprime pas de cette manière dans la vie courante. » Pourtant il suffit peut-être, pour préciser ce qui « dépayse » cette notion de croyance relativement au lieu où le sens en est habituellement cherché, d'invoquer le caractère *« ontologique »* de la transfiguration à laquelle elle donne lieu. Car elle parvient à se hausser à la forme suprême de la certitude et du savoir – qu'à l'ordinaire elle exclut, s'exposant ainsi au risque de se dégrader en simple opinion – essentiellement en cessant de relever de la seule initiative d'un sujet qui décide de donner son assentiment, dès lors que c'est au contraire le sujet qui se la voit imposer de manière primordiale par sa condition ontologique. Avant *d'avoir* la raison comme « instrument dont il dispose, l'homme *est* une forme que la raison a prise. De là vient qu'il « naît » dans la croyance comme dans « l'élément » propre de sa vie de créature raisonnable. Mais

1. « Propos désespéré », comme en convient la *lettre à Fichte* (W. III, p. 9) ; parce qu'on ne peut *savoir* l'objet du propos, « mais il n'en convient que mieux à la non-philosophie qui consiste essentiellement en non-savoir ».

2. « La difficulté est de donner au mot sa force de suggestion », dit quelque part Bergson, que son intuitionisme a familiarisé, lui-aussi, avec les difficultés que rencontre l'expression de l'immédiateté.

3. W. II, p. 55; le texte poursuit : « si nous pouvions faire de cette croyance un savoir [...] nous serions comme Dieu ».

4. *Ibid.* p. 144.

précisément parce que cette raison est « l'esprit dont est faite toute la nature vivante de l'homme », cette croyance ne peut que coïncider avec une libre exaltation spirituelle, l'enthousiasme qui transforme le consentement à l'Être en amour de la Valeur. Telle est du moins l'intuition fondamentale qui nous paraît s'exprimer dans cette formule de la *lettre à Fichte*[1] : « Avec une puissance irrésistible, ce qu'il y a de plus haut en moi m'impose un Être suprême hors de moi et au-dessus de moi ; il me force par amour et grâce à l'amour à *croire* ce qui en moi et hors de moi est inconcevable, ce qu'il est même impossible de concevoir ». Il paraît permis de penser que c'est elle qui vient donner son sens et son poids à l'aveu que Jacobi fait des raisons profondes qui décidèrent du lieu de naissance de son discours, l'aveu d'une *exigence :* « j'avais besoin d'une vérité qui ne soit pas ma création, mais dont je sois la création »[2], et celui d'un *refus :* « je ne veux pas être libéré de la dépendance de l'amour pour ne connaître la béatitude que dans l'orgueil »[3].

1. W. III, p. 35 ; trad. p. 323. – Une note ajoute : « Dieu, je veux dire être-Dieu [*Gottsein*] est pour moi manifestement [*offenbar*] impossible, c'est-à-dire qu'il se présente [*darstellt*] à moi comme quelque chose d'impossible ».

2. W. IV (1), *Vorbericht*, p. XIII.

3. W. III, p. 41, trad. p. 326.

B – Raison et entendement Philosophie et non-philosophie

C'est une question décisive que Bouterwek pose à Jacobi lorsqu'après l'avoir assuré une fois de plus qu'il partage entièrement l'ensemble de ses convictions philosophiques, il lui écrit les lignes que voici : « La raison qui raisonne et celle qui permet au divin de se révéler à l'homme, c'est toujours au fond la même raison tout court. L'entendement n'est que la synergie des fonctions de la raison que nous appelons logiques. Par conséquent la raison et l'entendement ne doivent pas être opposés l'un à l'autre comme s'ils étaient différents de façon *absolue* et *originaire*. Où est la connexion entre la fonction de la raison (que j'appellerai *métaphysique*) et les fonctions *logiques,* sans lesquelles il serait impossible d'énoncer un jugement rationnel, ni sur le divin, ni sur ce qui est naturel et sans lesquelles vous n'auriez pas davantage pu écrire votre livre ? »[1]. Que le manque d'une explication sur ce point constitue « une lacune dans sa philosophie », Jacobi ne tarde pas à en convenir. Après avoir précisé dans quelles œuvres on peut trouver l'exposé le plus clair et le plus précis de sa pensée[2], il en vient à reconnaître : « Il y règne encore une certaine obscurité et confusion concernant *la distinction entre l'entendement et la raison, sur laquelle repose au fond toute ma philosophie* »[3]. C'est donc une mise au point indispensable que se propose de faire la *Préface* qu'il décide de donner en 1815 à son *Dialogue,* le simple remaniement de ce dernier auquel il avait d'abord songé, lui ayant paru insuffisant. Elle commence par un aveu : Jacobi reconnaît qu'il a longtemps partagé l'erreur de ses contemporains en se méprenant sur ce qu'il fallait entendre par : raison ; raison et entendement demeuraient au fond deux façons de désigner une même chose : « le simple pouvoir de réflexion, la force spontanée de représentation se manifestant dans la formation de concepts, de concepts de concepts, de jugements et de raisonnements »[4].

1. Lettre du 25 juillet 1812, *Aus Jacobis Nachlass,* Zöppritz II, p. 87.

2. Il cite : la lettre à Fichte (1789), *Sur une prédiction de Lichtenberg* (1800) et des *Choses divines* (1811) (W. III).

3. *Lettre à Weiss,* 12 août 1812, *Nachlass Zöppritz,* II, p. 92.

4. W. II, p. 221, note (ajoutée dans la réédition de 1815).

§ 1 – *La brume des conceptions régnantes* [1]

De fait, dans toutes ses premières œuvres [2] ce qu'il appelle raison, c'est de façon générale, la faculté de ramener les données sensibles à une unité, de former des concepts, de juger et de raisonner. Ainsi elle peut bien abstraire, généraliser, inférer, elle est incapable de rien « révéler », selon le terme auquel il recourt incessamment. C'est une fonction logique toute formelle qui ne peut s'exercer que sur un contenu qui lui vient d'ailleurs ; elle n'a encore ni les valeurs ni le supra-sensible pour objet, comme ce sera précisément le cas plus tard : « ce n'est pas par l'intermédiaire de la raison que le vrai absolu et en soi est donné à l'homme [...] Donc chaque fois que la raison prend de telles vérités pour prémisses de ses raisonnements, c'est qu'elle s'appuie sur quelque chose qu'elle n'a pas elle-même posé. Tout ce qui est absolument premier ou dernier est en-dehors de son domaine. L'activité qui lui est propre est une activité de simple médiation entre le sens, l'entendement et le cœur, dont elle a à administrer l'économie commune » [3].

On ne voit pas que le *Dialogue* s'inquiète davantage de distinguer la raison de l'entendement : « Nous n'éprouvons ni n'apercevons [*erfahren und werden gewahr*] qu'*avec* l'entendement et *avec* la raison, mais jamais au moyen [*durch*] de l'entendement et au moyen de la raison, comme si c'étaient des facultés particulières capables de révéler par elles-mêmes » [4]. Cette indécision est d'autant plus remarquable que Jacobi paraît bien d'autre part accorder une certaine supériorité – du même coup assez mal définie – à la raison sur l'entendement : « Le sens commun [*gemeine Menschenverstand*], abstrait, généralise, particularise, juge, conclut, peut tout ce que peut la raison, et là où il est, là est aussi nécessairement la raison. À vrai dire, là où est la raison, il devrait tout aussi bien y avoir également à tout coup l'entendement humain [5]. Séparée de cet entendement

1. « Avec tous les philosophes de son temps, l'auteur appelait raison ce qui n'est pas la raison [...] ses idées, qui demeuraient voilées par la brume des conceptions régnantes, ne sont devenues parfaitement claires et ne se sont transformées en connaissances précises que plus tard », W. II, p. 10.

2. Les deux romans *Alwill* (1775-6) et *Woldemar* (1777) ; les *Lettres sur la doctrine de Spinoza* (1785) et le *Dialogue* (1787).

3. *Woldemar*, W. V, p. 123-124.

4. W. II, p. 284, Voir également le texte de la Préface à la *première* édition du *Dialogue* (p. IV-VI) cité ci-dessus p. 44-45 : « ma philosophie [...] limite la raison, prise en elle-même, à la simple faculté de percevoir distinctement des rapports, c'est-à-dire de former le principe d'identité et de juger conformément à celui-ci ».

5. Le dernier mot de Jacobi (W. II, p. 110-111) dira très précisément le contraire en s'appuyant sur le fait que l'animal, s'il est bien dépourvu de raison, ne l'est pas d'intelligence.

et considérée en elle-même la raison est une sorte de faculté de conclure médiatement, une faculté de connaître le particulier dans le général au moyen de concepts, ou de dériver les déterminations du général. Or comme le particulier est déjà compris dans le général et préalablement donné, l'INFAILLIBILITÉ de la raison, si elle se tient dans ses bornes, se comprend tout aussi bien que celle d'un enfant qui lit : a dans A, b dans B, z dans Z et qui peut aussi épeler ce qu'il lisait. En revanche la raison présuppose, en cet état d'INFAILLIBILITÉ, l'éloignement total de toute influence de sensations et de perceptions directes. Les moyens de participer à cette influence, c'est l'entendement abstrait qui les détient, lui qui est lié indissolublement à l'intuition. Il faut donc que la raison, puisqu'il est impossible de juger ni de raisonner sans données, demeure toujours appuyée sur l'entendement, qui l'a engendrée, c'est-à-dire qui d'une raison possible, en fait une raison réelle. Si elle oublie cette dépendance et s'imagine produire par ses seuls moyens des connaissances réelles, elle devient par ses extravagances la raison malsaine, la risée du sens commun qu'elle prétendait supprimer »[1]. On voit à quel point le statut de la raison est mal défini : non seulement, pour emprunter la terminologie de Kant[2], elle est bornée à un usage *logique,* et tout usage *pur* paraît bien proscrit : « La raison n'a rien d'un oracle, elle peut seulement juger et raisonner »[3], mais elle est étroitement subordonnée à l'entendement, sans lequel elle délire dans le vide. Néanmoins elle est l'éminent privilège de l'homme et pour ainsi dire la marque de Dieu sur son ouvrage, car c'est seulement par le degré que l'entendement humain se distingue de l'intelligence animale. Mais si elle est bien le signe d'un rapport tout spécial entre la créature humaine et son créateur, ce n'est nullement *grâce* à elle que l'absolu se *révèle* à l'homme. Elle ne révèle pas ce qu'elle *atteste.* La critique qu'il adressera plus tard à ses adversaires[4] s'applique donc bien à Jacobi lui-même en cette première période : la réalité du sceptre est laissée à l'entendement qui fait la science, au moment où, en paroles, l'ornement de la couronne continue à être décerné à la raison. C'est qu'à cette époque Jacobi est tellement engagé dans son combat contre le rationalisme de l'Aufklärung que son intérêt se concentre ailleurs : ce qui lui tient à cœur c'est de montrer que ces deux facultés que sont l'entendement et la raison sont également inaptes à nous révéler *l'être :* l'entendement ne fait que réfléchir sur ce qui lui est *donné,* mais qu'il ne produit pas : *l'en soi,* sans lequel la connaissance qu'il

1. *Lettre à Schlosser,* 8 décembre 1787, W. II, p. 470, I.

2. *K. r. V.,* Dial. tr., A, p. 303-305. – Dans la terminologie de Bouterwek, précédemment cité, on dirait que cette raison a un usage *logique,* sans avoir de fonction *métaphysique.*

3. W. II, p. 485.

4. W. II, p. 12.

élabore serait sans matière ni fondement, pure illusion, verbalisme : si elle est *vraie*, parce qu'il y a une « saisie » primordiale du « vrai », lumineusement désignée par le terme de « perception », en allemand : *Wahr-nehmung ;* la raison ne peut juger, inférer et conclure que parce que l'entendement lui élabore ces « données » que sont les valeurs, le vrai, le bien, le beau en soi, la liberté, Dieu. Ainsi les deux facultés sont l'une et l'autre subordonnées à une troisième, sans laquelle elles ne sont rien, et que Jacobi appelle : le *sens,* en prenant le terme dans sa plus large extension qui englobe la manifestation du sensible (sens de la vue par exemple), et du supra-sensible (sens du divin) : « Séparée de la faculté qui révèle, c'est-à-dire le *sens* entendu comme la faculté de percevoir en général, l'entendement et la raison sont sans contenu et sans objets : simples entités, des êtres imaginaires »[1].

§ 2 – *L'indispensable complément*

Lorsque Jacobi décide de nommer : *raison* ce qu'il avait d'abord essayé d'appeler : s*ens,* il en résulte en fait bien autre chose qu'un simple changement de terminologie. D'abord la raison ne peut manquer de se trouver rénovée[2] par un tel héritage : devenue le sens du supra-sensible, elle assume désormais une fonction de *révélation :* « Je me réclame d'un sentiment irrécusable et irrésistible, fondement premier et immédiat de toute philosophie et de toute religion, un sentiment qui avertit et assure l'homme qu'il a *un sens pour le supra-sensible.* Ce sens, je le nomme : *raison* pour le distinguer des sens qui s'appliquent au monde visible »[3]. Ensuite, Jacobi désignant comme point sur lequel il est décidé à tenir ferme »[4] l'irréductible dualité des sources de la connaissance, les sens conservant leur fonction propre de révélation en face de celle dont la raison se voit désormais investie, l'attention se trouve de ce fait dirigée, dans le tableau d'ensemble de la nouvelle distribution des facultés, sur la fonction de *démonstration* qu'assume *l'entendement* ce qui confère aux rapports que

1. W. II, p. 284.

2. Croce est allé jusqu'à y voir l'indice de cet enrichissement du rationalisme qui s'atteste en particulier dans le hegelianisme. « Considerazioni sulla filosofia di Jacobi », in *Discorsi di varia filosofia,* 1959, I, p. 30-31.

3. W. IV (1), *Vorbericht,* p. XXI.

4. W. II, p. 59 ; également p. 74 : « confrontés à l'alternative : la raison humaine n'est-elle qu'un entendement qui s'élève au-dessus des intuitions sensibles [...] ou bien est-ce une faculté qui révèle réellement le vrai [...] nous avons persisté à admettre deux facultés de percevoir différentes en l'homme [...] ».

ce dernier peut entretenir avec les deux autres facultés[1] une importance proprement décisive, dans la mesure même où Jacobi considère l'abus de la démonstration comme responsable de l'égarement de la philosophie. Aussi n'est-il pas surprenant de le voir reconnaître dans la recherche des raisons profondes d'un tel égarement *« un complément indispensable de son travail »*[2]. Seule la découverte de la véritable nature de la raison et de l'entendement, ainsi que celle des rapports qu'ils entretiennent, lui permit de remonter à la source de la puissante illusion à laquelle la philosophie est en proie depuis tant de siècles. Or dissiper entièrement son mystère, c'est du même coup s'en délivrer en lui ôtant son pouvoir de tromper, et rendre la philosophie à sa vérité. En ce sens, cette ultime étape de sa réflexion constitue bien, comme il le dit, le parachèvement de sa philosophie, puisqu'elle permet à celle-ci de justifier pleinement sa désignation comme « non-philosophie », en amenant à complète coïncidence la « négation » de la philosophie égarée et la « détermination » de la philosophie authentique.

Pour préciser en quel sens le paradoxe impliqué par ce renversement de la célèbre formule spinoziste et par l'identification de la philosophie à la non-philosophie constitue « ce qui appartient en propre » à la doctrine de Jacobi, la comparaison de celle-ci avec la philosophie critique de Kant semble devoir être d'autant plus instructive que la formule bien connue où cette dernière condense le résultat qu'elle a obtenu paraît bien pouvoir s'appliquer à la première, qui, elle aussi, « supprime le savoir pour faire place à la croyance ». Mais si l'on ne veut pas en rester à la lettre de cette formule, il faudra bien remarquer que cette application exigerait que l'on identifie chez Jacobi la *critique* à la *doctrine* elle-même, alors que précisément Kant les distinguait en toute netteté pour faire de la première une indispensable « propédeutique » à la seconde, la critique de l'entendement ouvrant la voie de la science à une métaphysique de la nature, celle de la raison fondant la métaphysique des mœurs[3]. On se trouverait donc ainsi ramené à une indispensable spécification préalable à l'intérieur du genre que peut constituer une philosophie qualifiée de critique. Or il est de fait qu'une telle spécification s'indique très clairement à l'origine même du projet de Jacobi. Lorsque celui-ci l'énonce en ces termes : « se donner le plus large accès à l'authentique vérité humaine *en se refusant à expliquer l'inexplicable* et en se contentant de *savoir les limites* où celui-ci

1. L'intuition sensible et l'intuition intellectuelle sont en effet « toutes deux exactement dans le même rapport avec l'entendement *et, de ce fait, avec la démonstration* » (W. II, p. 59).

2. W. II, p. 77.

3. *K. U.*, *Vorrede*, AK. V, p. 168.

commence[1], il se heurte aussitôt à la brutale objection de Lessing : « Des mots, mon cher Jacobi, des mots ! » car selon ce dernier, un tel propos ne manquera pas de « donner libre cours à la rêverie, à la déraison et à l'aveuglement », s'il se révèle incapable de *« déterminer* [*bestimmen*] *ces limites »*. Or c'était là précisément définir « la science toute nouvelle » que Kant allait proposer[2] sous le nom de *« critique »,* en estimant d'une part qu'une telle détermination est rendue possible et nécessaire justement parce que la raison n'est pas comparable (comme Hume a eu tort de le croire) à « une plaine d'étendue *indéterminable,* dont on ne connaîtrait les *bornes* que de façon générale », mais bien plutôt à « une sphère dont on peut trouver le rayon à partir de la courbure de l'arc à sa surface (c'est-à-dire à partir de la nature des jugements synthétiques *a priori*) »[3] ; et d'autre part qu'une telle science, en légitimant par sa déduction l'emploi de certains concepts à l'intérieur de ces limites, disqualifie du même coup tous les concepts *« usurpés »* qu'une indulgence générale laisse partout circuler[4]. Mais il est encore plus remarquable de constater qu'en s'employant à dissiper les craintes de Lessing, Jacobi se trouve conduit à avancer sur ces deux points des précisions qui spécifient nettement son projet : d'une part, ce ne sont pas tant les concepts confus [*verworene*] qui sont à l'origine du dérèglement de l'esprit redouté par Lessing, que les concepts *controuvés* [*erlogene*] qui donnent carrière à d'aveugles déductions dans les esprits « entichés *d'explication* » ; d'autre part, s'il est bien convaincu que les limites sont parfaitement déterminables, il lui paraît essentiel de ne pas prétendre les *poser* – [*setzen*] –; il s'agit de « les trouver [*finden*] telles qu'elles sont déjà posées, et de les laisser là où elles sont » ; car, souligne-t-il, « à mon sens, le plus grand mérite du chercheur, *c'est de dévoiler et de révéler l'existence* [*Dasein zu enthüllen und zu offenbaren*] »[5].

1. W. IV (1), p. 70 ; trad. p. 118.

2. L'entretien entre Lessing et Jacobi a lieu en 1779 ; la *Critique de la Raison Pure* paraîtra en 1781, l'année même de la mort de Lessing.

3. *K. R. V.*, A 762.

4. *Ibid.* A 84.

5. W. IV (1), p. 71 ; trad. p. 118-119. « Cette formule est un apex, comme la définition spinoziste de la lumière qui s'éclaire elle-même et les ténèbres. Elle a recueilli l'approbation unanime, sa mystérieuse transparence autorisant diverses interprétations. – Hölderlin la recopie (S. W. IV 219) [...] Fichte y voit le sens de son effort [...] Schelling s'en est pénétré [...] et il exaltera pendant la période de l'Identité "la merveille du Dasein". Comme Goethe l'avait deviné, "le Dasein est Dieu" (lettre à Jacobi du 9 juin 1785). Au reste l'ouvrage de Jacobi ne laissait aucun doute sur la signification métempirique du Dasein. Le pathos ou mieux le lyrisme du Dasein traduit le pur élan du "cœur", une aspiration intense à franchir la finitude [...]. Humboldt a très bien commenté la mystique du Dasein, en particulier dans sa récension de *Woldemar [...]* Herder dans ses *Dialogues sur Dieu* fait écho à Jacobi : "L'existence suprême n'a su donner à ses créatures rien de supérieur à

Mais il importe beaucoup de relever que cette formule (qui a retenu l'attention de phénoménologues ou existentialistes modernes), n'implique nullement le rejet pur et simple de *l'explication* et exige seulement sa *subordination :* « l'explication est un moyen, la voie qui mène au but, à la fin prochaine, mais non pas à la fin dernière qui ne se laisse pas expliquer : l'inanalysable, l'immédiat, le simple »[1], car si l'on méconnaît cette subordination d'une nécessité de l'explication à la révélation de l'inexplicable, on risque de ne plus trouver dans l'œuvre de Jacobi qu'une simple *juxtaposition* d'une partie « critique » et d'une partie « doctrinale ». Tout au plus admettra-t-on que les textes consacrés à une critique de la philosophie en mal d'explication et de démonstration sont destinés à faire place nette à une sorte de profession de foi plus ou moins mystique, qui mérite en effet le titre de non-philosophie » qu'elle revendique. Bref une telle lecture serait prête à admettre qu'en critiquant la philosophie à travers toutes les philosophies et en prônant une non-philosophie, ce qui serait surprenant, c'est que Jacobi ne soit pas parvenu à s'exclure lui-même du nombre des philosophes. Or, il faudrait cependant examiner les raisons qui le conduisent en toute occasion à excepter de la généralité accordée à une telle « négation » de la philosophie celle de Platon [...] et la sienne propre ! Ne va-t-il pas en effet jusqu'à affirmer : « celui qui écrit cela n'est pas seulement quelqu'un qui pense par lui-même, mais c'est à ce point un *philosophe de profession* qu'il n'en a vraiment jamais exercé ni conçu aucune autre »[2] ? Au surplus, si elle se reconnaît en effet réfractaire à toute preuve en son contenu doctrinal intrinsèque de croyance, sa philosophie n'en a jamais pour autant prétendu s'exempter de justification : il est vrai, souligne son auteur, que « nous nous contentons de mettre en lumière des faits », mais « c'est en nous appuyant sur ces faits que *nous justifions notre doctrine avec une rigueur scientifique* »[3]. Il est vrai également qu'il a lui-même qualifié son engagement d'écrivain « d'entêtement non-philosophique »[4] ; mais avant de réduire celui-ci à une obstination, suspectée de partialité dogmatique et d'exagération, à dénoncer uniformément l'aberration des philosophes[5], il serait sans doute bon de se souvenir que Kant de

l'existence" [...]. Avant Hegel, Fr. Schlegel a sévèrement critiqué l'aspiration creuse qui vicie le grand thème préromantique du Dasein dans son article sur *Woldemar,* conçu comme une réplique à Humboldt ». X. Tilliette, *Schelling,* I, p. 73, note.

1. *Ibid.*

2. *Choses divines,* W. III, p. 312 ; trad. p. 377.

3. W. II, p. 106 ; cf. la fin de la note p. 31 : « je n'ai jamais risqué une affirmation sans m'efforcer très sérieusement de la fonder philosophiquement ».

4. W. III, p. 43 ; trad. p. 310.

5. Ainsi comme nous verrons plus loin : « *tous* les philosophes non-platoniciens, d'Aristote à Kant, quelles que soient par ailleurs les divergences entre leurs doctrines

son côté n'hésite pas à affirmer : « jusqu'à la philosophie critique, toutes les philosophies ne se distinguent pas pour l'essentiel », leur commun dogmatisme les ayant condamnées à « toujours demeurer, à leur insu, dans le champ de la logique » [1]. Prétendra-t-on enfin tenir pour un aveu les lignes de la *lettre à Fichte* qui accordent à ce dernier le droit d'appeler « chimérisme » ce que Jacobi oppose à son idéalisme [2] ou, mieux encore, cette confession : « ce que je me propose avec ce propos que je nourris du désespoir, *je ne le sais pas moi-même* », encore faudra-t-il cependant retenir la suite : « mais ce propos *n'en convient que mieux* à ma non-philosophie qui est essentiellement *non-savoir,* tout comme la vôtre n'est essentiellement que savoir, ce qui est la seule raison, selon ma conviction la plus intime, pour laquelle elle mérite également le nom de philosophie au sens strict » [3], car elle introduit l'opposition à la « doctrine de la science » [*Wissenschaftlehre*] d'une « doctrine de l'inscience » [*Unwissenheitslehre*] : ignorance *docte,* s'il est vrai qu'elle a quelque chose de parfaitement positif à enseigner puisqu'il y a « une science du non-savoir [...] qui consiste dans la connaissance que tout savoir humain est lacunaire et doit nécessairement le demeurer » [4].

Ce qui a paru justifier une comparaison, que l'on a pris soin de limiter à la confrontation entre la critique à laquelle Jacobi soumet la philosophie qui prétend faire de la révélation de l'Être l'objet d'une *connaissance* démonstrative, et la critique à laquelle Kant soumet la philosophie dogmatique qui prétend faire de la métaphysique une ontologie définie comme *science* du suprasensible, c'est qu'elle permet de mettre en évidence le caractère *interne* du lien qui s'établit dans les deux cas entre la critique et son objet. On peut en effet appliquer au rapport que la « non-philosophie » de Jacobi noue avec la philosophie qu'elle récuse, ce que l'on a fort justement dit du rapport de la critique kantienne à la métaphysique : « son originalité vient de ce que la métaphysique n'y est pas critiquée de l'extérieur : c'est *une même chose* que de la contester comme science apparente, telle qu'elle a surgi dans l'histoire, et de commencer à la restituer dans son authenticité [...] » [5]. Et c'est bien ce qui fait que dans les deux cas, en dépit des différences incontestables, le *« non-savoir »* auquel conclut la critique est tout autre chose qu'une simple « ignorance ». Déjà lorsque la première *Critique* de Kant reconnaît que son utilité est d'abord

respectives et si radicales puissent être *en apparence* leurs oppositions mutuelles » ont méconnu la distinction entre la raison et l'entendement.

1. *Fortschritte,* AK. XX, 7, p. 334 et p. 277 ; également p. 317.
2. W. III, p. 43 ; trad. p. 310.
3. W. III, p. 9.
4. W. IV (1), *Vorbericht,* p. XLIII.
5. Lebrun, *Kant et la fin de la métaphysique,* 1970, p. 499.

négative, c'est pour souligner tout aussitôt que, pour autant, elle n'en est pas plus privée d'utilité *positive* que ne saurait l'être la police en raison du caractère répressif de sa fonction [1], et lorsque la dernière *Critique* « tient lieu de théorie » [2], cela signifie « qu'elle a pour mission [...] de préciser en quoi le *non-savoir est tout autre chose qu'une ignorance théorique,* une interdiction d'aller au-delà » [3].

§ 3 – *La logique de l'apparence*

Mais cette comparaison ne permet pas seulement de restituer à la négation exprimée par la notion de « non-philosophie » la positivité qui lui revient; elle conduit à découvrir dans ce complément indispensable que sa conception définitive des différences et des rapports entre l'entendement et la raison permet à Jacobi de procurer à sa critique de la philosophie, une explication de l'illusion suscitée par l'entendement philosophant qui rappelle de très près la « logique de l'apparence » que Kant avait élaborée dans la Dialectique transcendantale de sa première *Critique,* en ceci que d'une part elle procède à *une genèse des faux-semblants* [*Blendwerke*] grâce auxquels les philosophies s'illusionnent en se dissimulant qu'elles nient en réalité liberté et providence; et que d'autre part elle propose une solution à *l'antithétique du naturalisme et du théisme* dont la philosophie est la proie dans sa recherche du principe absolu [4].

a) *L'illusion de l'entendement philosophant*

Lors même qu'on s'estimerait fondé à attribuer un caractère délibéré [5] à une sorte de transposition de la Dialectique transcendantale, il importerait encore davantage d'en faire ressortir la spécificité en montrant en quel sens

1. *K. r. V., Vorrede,* B XXV.

2. *K. U., Vorrede,* AKV, p. 170.

3. Lebrun, *op. cit.* p. 501-502.

4. Les principaux textes se trouvent évidemment dans *Vorrede zugleich Einleitung,* W. II : genèse des deux faux-semblants, p. 77-81 et 81-84; théisme et naturalisme, p. 116 *sq.*, mais déjà dans toute la fin des *Choses divines,* W. III, p. 402 *sq.* ; trad. p. 431 *sq.*, sans oublier les *Appendices* A et C qui soulignent le caractère platonicien de la solution de l'antinomie.

5. L'indice le plus net en ce sens pourrait se trouver en W. II, p. 33, où il est dit que l'immortel mérite de Kant aura été de faire place nette au rationalisme authentique en dévoilant complètement l'auto-illusion qui égare l'entendement. (Cf. également : W. III, p. 272-3; trad. p. 413, cité ci-dessous, note 4, p. 88.) Mais on ne saurait oublier que les œuvres de Jacobi (en particulier ces deux dernières) sont véritablement « hantées » par la philosophie de Kant à laquelle elles ne cessent de faire référence et qu'il leur arrive plus d'une fois de montrer une tendance à transformer ce qu'elles en approuvent en une sorte d'annexion et d'assimilation.

il convient d'y trouver un aboutissement logique des premières conceptions de l'auteur.

Tout d'abord cet intérêt finalement accordé à une logique de l'apparence se révèle incontestablement conforme à une exigence naturelle et constante de sa pensée. S'il commence, dans un passage autobiographique de son *Dialogue*[1] par présenter modestement cette exigence comme une faiblesse de son idiosyncrasie, il ne tarde pas à lui conférer la valeur d'un principe méthodologique. Il ne s'est jamais départi, explique-t-il, du procédé qui consiste à rendre toute thèse qui lui paraissait erronée « non pas absurde, mais raisonnable », et à chercher le fondement qui la rend « possible dans un bon esprit ». Poussant au paradoxe l'expression de cette idée, il va jusqu'à dire que « les choses qui ont le plus besoin de critique sont celles qui ne sont pas », pour signifier « qu'une pensée absolument sans fondement ne peut prendre naissance dans une âme humaine », et que « le langage ne peut avoir trouvé de terme pour la désigner ». Il est ainsi conduit à accorder un intérêt tout particulier à *l'illusion* [*Wahn*] et à l'ambiguïté essentielle que laisse transparaître sa double qualification de *vaine,* donc vide, et de *fallacieuse,* donc capable de tromper : en un sens, elle n'est *rien,* car lorsqu'on en revient, elle perd tout être au regard du réel et du vrai ; en un autre sens, il faut bien qu'elle soit *quelque chose,* car elle fait des victimes, qu'elle induit en erreur. C'est donc ce pouvoir trompeur qu'il importe de conserver à l'apparence [*Schein*], sans pour autant lui accorder assez d'être pour la laisser se confondre avec l'apparition, le phénomène [*Erscheinung*] : « il faut appeler *illusion* une apparition qui ne contient rien d'objectif, mais qui ne s'en présente pas moins comme quelque chose d'objectif[2].

L'objectivité que peut encore comporter ce qui cependant ne saurait être objectivement fondé, voilà donc ce qui assure la consistance du concept d'illusion, ou mieux de faux-semblant [*Blendwerk*], au sens plein de : faux, qui semble à ce point vrai que la méprise apparaît possible.

En second lieu, dès le moment où les *Lettres sur Spinoza* établissaient et énonçaient sa conviction maîtresse : « la voie de la démonstration aboutit au fatalisme »[3], le mérite incomparable de Spinoza étant précisément de mettre en évidence la rigoureuse nécessité qui astreint *toute philosophie* engagée dans cette voie à déboucher sur une conclusion aussi inacceptable, la sévérité sans appel d'un tel verdict et l'ampleur de la condamnation portée sur des siècles de philosophie ne pouvaient manquer

1. W. II, p. 178 *sq.*

2. W. II, p. 197.

3. W. IV (1), p. 223 ; trad. p. 193 ; formule précisément reprise et commentée dans le VIIe *Appendice,* W. IV (2), p. 127 ; trad. p. 278.

de le conduire à évaluer à son juste poids *l'onus probandi* que sa conviction lui faisait l'obligation d'assumer, et à reconnaître le bien-fondé du paradoxe aristotélicien : s'il est vrai qu'il ne faut pas philosopher, alors il faut encore philosopher, car il faut démontrer qu'il y a de l'indémontrable et qu'on s'égare à vouloir le démontrer. En ce sens, c'est donc dès l'origine que peut apparaître en quoi le projet de restituer à l'immédiateté de la croyance ses droits illégitimement contestés et effectivement compromis par l'entendement philosophant, *ne peut faire qu'un* avec celui de critiquer la philosophie égarée par son ambition de tout démontrer. Une telle critique visant à la débouter de prétentions abusives ne saurait demeurer externe et négative, puisque dans le procès de la philosophie ainsi engagé, le redressement du tort s'identifie au rétablissement du droit. Ainsi se justifierait la paraphrase d'un autre paradoxe célèbre, celui que Pascal avait lu dans Montaigne : critiquer la philosophie, c'est vraiment philosopher.

Il est de fait que Jacobi ne tarda guère à poser la question décisive : « comment, de façon générale, la raison en vient-elle à entreprendre quelque chose d'impossible, quelque chose d'irrationnel ? Est-ce la faute de la raison, ou est-ce seulement la faute de l'homme ? S'agit-il d'un *malentendu* de la raison avec elle-même, ou bien est-ce seulement nous qui nous méprenons sur la raison ? »[1]. Or cette notion de malentendu appelle aussitôt deux remarques. La première, c'est que ce concept, après avoir trouvé sa terre natale dans la logique de l'apparence[2], apparaît comme le véritable point d'application de la critique kantienne : « le devoir de la philosophie était de dissiper l'illusion née d'une méprise »[3], et c'est précisément la *Critique* qui a « découvert le point du malentendu de la raison avec elle-même »[4]. La deuxième remarque pourrait faire valoir qu'une simple analyse des implications de ce concept permettra déjà de dégager ce qui se trouve en fait être commun à l'emploi qu'en font les deux philosophes, si on y reconnaît la mise en cause d'un « faux-pas » de l'entendement [*Missverstand*] dont l'acte d'intellection a bien lieu, mais ne saisit que le vide, faute de pouvoir s'emparer de quelque chose qui est donné à entendre par la raison. Aussi peut-on mettre en parallèle trois

1. W. IV (2), p. 151 ; trad. p. 290 (dans le VIIe *Appendice* de la 2e éd. 1789 ; 1re éd. 1785).

2. Il revient fréquemment dans la Dialectique transcendantale : dès lors que la métaphysique dogmatique prend les phénomènes pour des choses en soi, elle est constamment arrêtée par un malentendu (A 380) ; ainsi la psychologie rationnelle naît d'un simple malentendu (B 421). De façon générale, « tout ce qui est fondé dans la nature de nos facultés doit être conforme à une fin et accordé à leur emploi correct, pourvu que nous soyons capables d'éviter un certain malentendu », A. 643.

3. *Das Blendwerk, das aus Missdeutung entsprang, aufzuheben. Vorrede* A XIII.

4. *Ibid.* A XIII.

points principaux qui se révèlent essentiels à leurs conceptions de l'illusion philosophique :

A – Au moment précis où Jacobi s'apprête justement à louer Kant d'avoir su, par sa critique, « couper net un chemin où l'on s'égarait », il avance l'idée que depuis toujours « tous les philosophes » visaient à passer derrière la forme de la chose pour atteindre la chose elle-même, derrière la vérité pour atteindre le Vrai ; ils voulaient savoir le Vrai, *ne sachant pas* que si le Vrai pouvait être humainement su, il cesserait d'être le Vrai pour devenir une créature de l'invention humaine, d'une activité qui forme et produit des fictions dépourvues de réalité »[1]. Or en dénonçant un tel aboutissement dans le vide, c'est très précisément le procédé propre de *l'entendement* dans son activité de connaissance qu'il met en cause, puisque, selon lui, cette faculté ne peut concevoir aucune chose sans en dissoudre l'être dans son concept, c'est-à-dire dans un signe, mot ou chiffre : « l'homme ne connaît qu'en concevant, et il ne conçoit qu'en [...] anéantissant la chose »[2]. Bien que Kant propose une conception de la connaissance sensiblement différente[3], il est vrai qu'il commence lui aussi, par mettre en cause *l'entendement* et la nature de ses concepts purs lorsqu'il dénonce la vanité de leur usage transcendant, qui les laisse dépourvus de contenu et de signification : « Il est de fait que nos purs concepts d'entendement présentent quelque chose de captieux, de propice à la séduction d'un usage transcendant, comme je nomme celui qui s'élève au-dessus de toute expérience possible. Cela ne tient pas seulement à ce que nos concepts de substance, force, action réalité, etc. sont complètement indépendants de l'expérience dans la mesure où ils ne contiennent rien que les sens fassent apparaître, et à ce que, du même coup, ils paraissent réellement concerner les choses en elles-mêmes (Noumena) ; mais en outre, ce qui vient encore renforcer cette présomption, ils comportent une nécessité de la détermination que l'expérience ne parvient jamais à égaler [...]. De ce fait, les concepts d'entendement paraissent avoir beaucoup trop

1. *Lettre à Fichte,* W. III, p. 30-31 ; trad. p. 320 ; c'est nous qui soulignons.

2. *Ibid.* p. 20 ; trad. p. 314 ; cf. p. 21 : « Pour qu'un être devienne un objet intégralement connu de nous, il faut que, de manière objective – en tant qu'il a en lui-même existence – nous le supprimions, nous l'anéantissions en pensée ».

3. C'est pourtant celle que lui prête l'interprétation de Jacobi, qui en fait même « le point central » de sa philosophie, la vérité qu'il a rendue parfaitement évidente : « nous ne concevons un objet que dans la mesure où nous pouvons le faire naître devant nous en pensée, où nous pouvons le créer dans l'entendement ». Aussi n'y a t-il en toute rigueur que deux sciences : les mathématiques et la logique, les autres connaissances ne pouvant être sciences que dans la mesure où leurs objets peuvent être transformés en êtres mathématiques et logiques, par une sorte de « transsubstantiation », à laquelle les objets de la métaphysique se révèlent précisément réfractaires, *Choses divines,* W. III, p. 352 ; trad. p. 400.

de signification et de contenu pour que leur simple usage empirique en épuise toute la destination, et dès lors, *sans s'en rendre compte,* l'entendement se construit à côté du bâtiment de l'expérience une annexe encore plus spacieuse qu'il peuple de *simples êtres de pensée* »[1]. Ainsi, abstraction faite des raisons invoquées, dans les deux cas c'est le même *aveuglement*[2] d'une démarche de *l'entendement* débouchant sur le *vide*[3] qui se trouve dénoncé.

B – Mais dans les deux cas, l'entendement ne saurait demeurer seul en cause : on ne voit pas qu'il puisse « viser à passer derrière la vérité pour atteindre le Vrai », si la transcendance de ce Vrai n'était d'autre part l'objet d'une révélation de la *raison,* pour parler comme Jacobi ; on ne voit pas non plus, dans le langage de Kant, que cet entendement puisse cesser de se contenter « d'épeler les phénomènes afin de les lire comme expérience » pour dépasser celle-ci et s'égarer dans l'inanité de son propre exercice transcendant, s'il n'y était d'autre part poussé par une exigence propre à la raison : « il n'y a aucun danger que, de lui-même et sans y être poussé par des lois étrangères, l'entendement franchisse allègrement ses limites pour aller s'égarer dans le champ des simples êtres de pensée. Mais quand la *raison,* que ne peut complètement satisfaire l'usage empirique, toujours conditionné, des règles d'entendement, exige l'achèvement de cette chaîne de conditions, l'entendement est poussé *hors du cercle* qui est le sien »[4]. – C'est cette image du cercle dont la limite est excédée que reprend Jacobi pour faire place à une idée comparable au sein de ses propres conceptions : « Jamais l'entendement ne serait sorti du cercle du conditionné et n'aurait formé le concept négatif de l'inconditionné, si la raison n'éprouvait le sentiment positif d'un monde suprasensible »[5].

C – Dès lors enfin, ce ne peut être qu'au cœur même de la relation entre l'entendement et la raison que prend naissance l'ombre de la réalité qui donne corps suffisant à une apparence propre à faire illusion, car, tel l'objet de la *doxa* platonicienne qui doit participer de l'être et du non-être parce que

1. *Prolégomènes,* § 33, AK IV, p. 315.

2. « Ne sachant pas », dit l'un ; « sans s'en rendre compte », dit l'autre.

3. « Fictions dépourvues de réalité », dit l'un ; « simples être de pensée », dit l'autre.

4. *Prolégomènes,* § 45, AK. IV, p. 332.

5. W. III, p. 81. Assurément Kant n'accorde pas à la raison la fonction de révélation que Jacobi finit par lui attribuer ; encore faut-il bien remarquer qu'il n'est pas plus disposé que ce dernier à en faire (même dans sa fonction théorique) « une faculté subalterne destinée à procurer à des connaissances données une certaine forme, qualifiée de logique, permettant de subordonner les unes aux autres les connaissances d'entendement et les règles inférieures aux règles supérieures » (*K. r. V.,* A 305) ; outre cet usage logique et formel, il lui reconnaît un usage réel et transcendantal, « car elle contient elle-même la source de certains concepts et principes qui ne doivent rien ni aux sens, ni à l'entendement » (A 299).

cette opinion est intermédiaire entre la science et l'ignorance, l'apparence illusoire ou le faux-semblant doit, à défaut d'objectivité véritable, posséder du moins quelque fondement. Aussi d'un côté peut-on voir Kant répéter que l'illusion a « quelque chose de naturel et d'inévitable »[1] pour signifier qu'elle est, si on se contente de prendre l'expression à la rigueur de sa lettre, véritablement « fondée en raison »[2] en ce sens précis qu'il est parfaitement conforme à la nature de la raison d'exiger de l'entendement qu'il s'élève à l'inconditionné; tandis que de son côté Jacobi qualifie d'*inextirpable* [*unvertilgbar*] la racine que l'entendement plonge dans le sentiment de la raison : « Inextirpable, comme les Idées, s'impose à l'homme la conscience d'un pouvoir et d'une force qui le pousse à s'élever avec l'esprit, avec l'intention, projet et pensée, au-dessus de tout ce qui est simplement nature »[3]. Il en résulte que si la critique parvient bien à *dénoncer* l'illusion, et de ce fait, à prémunir contre sa tromperie, il n'est pas en son pouvoir de la *détruire,* de la supprimer sans reste. Kant souligne que les raisonnements dialectiques prennent la forme de sophistications qui ne sont pas le fait de l'homme, mais de la raison pure elle-même; le plus sage ne saurait s'en affranchir : il peut à grand peine parvenir à éviter l'erreur, mais il ne peut jamais se délivrer de l'apparence qui ne cesse de le poursuivre et de le berner[4]. La dialectique est inséparablement liée à la raison humaine : « même après que nous en avons découvert l'illusion elle ne cesse de se jouer d'elle et de la jeter incessamment en des erreurs passagères qu'il faut constamment dissiper »[5]. De façon comparable, Jacobi insiste sur le fait que « l'entendement *ne peut renoncer* qu'avec la plus extrême répugnance à la vaine expérience de rendre la science parfaite [...] et lors même qu'il y a renoncé, ce même vain effort *ne cesse de renaître* involontairement en lui[6] ».

Cette analyse comparative des caractéristiques essentielles de l'illusion conduit à retrouver chez Jacobi une véritable « logique de l'apparence » dans celle qu'il met en œuvre dès que sa conception définitive de la raison et de l'entendement lui permet de retracer méthodiquement la genèse du faux-semblant dont se leurre la philosophie lorsqu'elle se flatte de concilier son ambition de tout démontrer, y compris ce qui, en fait, ne saurait l'être, avec une reconnaissance du supra-sensible, de Dieu et de la liberté. Cette logique parvient en effet à expliquer comment l'entendement doit à la

1. Par exemple, A 298, A 339, etc ...

2. « L'antinomie n'est pas controuvée, mais *fondée dans la nature de la raison humaine ;* elle est inévitable et ne peut jamais prendre fin », *Prolégomènes* § 51.

3. W. III, p. 273; trad. p. 354.

4. *K. r. V.*, A 339.

5. *Ibid.* A. 298.

6. *Choses divines,* W. III, p. 411 ; trad. p. 435 (souligné par nous).

raison le concept qui rend possible tout à la fois son *fonctionnement*, son *égarement*, et la *dissimulation* même de son égarement. Ce concept, c'est celui de causalité : « l'entendement repose entièrement sur ce principe de causalité »[1], qui l'engage dans la voie d'une recherche des connexions nécessaires, sur laquelle il ne saurait rien rencontrer qu'il puisse considérer comme cause absolument première. Cependant la raison en exigeant l'inconditionné lui impose une limitation *interne*, dont il ne saurait s'affranchir. Car ce concept de cause qui constitue la loi de sa propre fonction d'explication est entièrement redevable de sa signification à la seule raison : « prise pour un simple concept de l'entendement, la cause est un mot dépourvu de sens et affecté de contradiction ; c'est uniquement de la raison que peut lui venir son contenu, sa vérité et sa signification »[2]. À ce conflit interne, l'entendement ne peut trouver d'autre issue qu'une sorte de compromis dont le fruit est le faux-semblant : « un prodigieux artifice [*wundersame Kunst*] permet de gagner un lieu philosophique intermédiaire entre le oui et le non »[3]. Ne pouvant ni accepter l'inconditionné en tant qu'il contredit le principe de son propre procédé d'explication, ni non plus le récuser dans la mesure où c'est à lui que ce principe doit sa signification, l'entendement s'arrête à un moyen-terme qui lui retire sa valeur objective pour ne lui laisser qu'une valeur subjective ; de ce qu'il y a de plus réel, il fait un pur idéal, du *Realgrund* un *Idealgrund*. Cette subversion opérée par l'abstraction qui dissout l'être pour lui substituer le néant, va de pair avec une usurpation, car la « vérité » qui prend la forme d'un réseau infini de connexions nécessaires ne pourrait se substituer à la relation immédiate au « Vrai », garantie par le sentiment de la raison, sans que la souveraineté de cette dernière soit transférée à l'entendement. Mais comme celui-ci ne peut aller jusqu'à se défaire complètement du présupposé de l'inconditionné que la raison, à laquelle il demeure attaché par un lien inextirpable, lui impose en tout conditionné, il se dissimule à lui-même la réalité de la subversion en la transformant en inversion : il restitue à l'inconditionné, mais uniquement « dans le concept et dans le mot », la valeur de l'objectivité qu'il lui avait précédemment retirée, en faisant passer pour totalité [*Allheit*] l'extension indéfinie de la généralité [*weite und weitere Allgemeine*]. Ainsi la première transformation, qui faisait du réel une fiction, se trouve masquée par la seconde qui tout aussitôt fait de cette fiction, un simulacre

1. *Ibid.* p. 407 ; trad. p. 433.
2. *Ibid.* p. 413-414 ; trad. p. 437.
3. W. II, p. 77.

[*Trügbild*]. L'usurpation s'achève en adultération : une idole prend la place de Dieu[1].

b) *L'antithétique du naturalisme et du théisme*

Lorsque Jacobi déclare qu'il « n'hésite pas à se faire gloire d'une certaine manière *équitable* de penser [*gewissen billigen Denkungsart*] fondée sur la conviction que tous les hommes sans exception sont *nécessairement soumis en même façon* [...] à la puissance *irrésistible* d'opinions *illusoires* [*trüglicher Meinungen*][2], il faut dissiper l'apparente banalité de ces formules en y voyant tout à la fois une allusion précise à ce que comporte de « naturel et d'inévitable » l'illusion qui égare la philosophie et l'annonce d'une ambition comparable à celle que manifeste Kant lorsque, après s'être fait, grâce à la « méthode sceptique », le spectateur impartial du combat des assertions qui s'opposent dans l'Antithétique, il prétend apporter avec l'idéalisme transcendantal « la clé de la solution de cette dialectique »[3]. Ainsi cette volonté déclarée de trouver aux conflits philosophiques une solution de *conciliation* pourrait déjà se comparer à l'espoir kantien de conclure un traité de paix perpétuelle en philosophie. Mais il faut même aller plus loin : au cœur du traité des *Choses divines* cette ambition prend une forme plus précise, dont on peut faire une sorte de fil conducteur à travers l'œuvre : celle de reprendre à nouveaux frais l'entreprise que Kant avait failli réussir[4]. Dès le début[5], la volonté de conciliation annonce son intention de prendre valeur de prévention : au reproche de *matérialisme* religieux (culte d'images et d'idoles) que Jacobi avait adressé à Claudius, celui-ci lui avait opposé le reproche inverse, celui de nihilisme et de chimérisme religieux. Or si Jacobi voit bien que dans la procédure strictement philosophique » (entendons : la procédure habituelle en philosophie, celle de la démonstration qui conduit à opposer des preuves), les avocats des deux causes ne manqueraient pas de trouver des arguments jusqu'à extinction de tout droit, il voudrait justement éviter

1. *Choses divines,* W. III, p. 413-415, avec le renvoi à W. II, p. 77-84, texte où Jacobi, suivant la logique qu'il décèle dans la postérité de la philosophie critique de Kant, dont la doctrine de la science de Fichte et la philosophie de l'identité de Schelling sont les deux « filles », distingue *deux* faux-semblants, « le second se rattachant étroitement au premier » (p. 81), qui fait passer pour Absolu, l'un « un néant de l'entendement » (la liberté), l'autre « un néant des sens » (le chaos, l'Un-Tout, le Dieu-Nature).

2. W. III, p. 313 ; trad. p. 377.

3. Méthode sceptique, *K. r. V.*, A. 485 *sq.* ; l'idéalisme transcendantal, clé de la solution, *ibid.* A 490 *sq.*

4. En particulier : W. III, p. 372-3 ; trad. p. 413 : « Et ainsi notre grand critique aurait donc approché [...] le résultat décisif [...] sans pourtant l'atteindre ».

5. W. III, p. 291 ; trad. p. 364.

d'entamer un tel procès et « entrer en conciliation »[1]. Aussi ne tardons-nous pas à le trouver occupé à se faire spectateur du conflit des assertions : « Je vois deux partis : les partisans et les adversaires du positif, c'est-à-dire les *réalistes* et les *idéalistes* » – et à tracer aussitôt le plan d'une procédure de conciliation : « Je vois des deux côtés tout ce qu'il y a de juste et aussi tout ce qui ne l'est pas et je fonde là-dessus l'espoir d'un accord possible entre eux. Je pense que si j'arrivais à faire ressortir ce qui n'est pas juste de part et d'autre et à opérer un rapprochement progressif tel qu'il devienne impossible de regarder l'un sans voir l'autre, peut-être alors les conditions d'une entente amiable [*gütlichen Vertrage*] se trouveraient-elles réunies »[2]. Et c'est ainsi que finalement il se flatte d'avoir trouvé de meilleurs attendus pour motiver le juste verdict que Kant avait eu le mérite de prononcer pour mettre un terme à « un conflit et à une dispute qui ne pouvaient trouver fin par arrangement et conciliation [...] grâce à une liquidation égale des prétentions mutuelles », ce conflit que les deux « jumeaux » : matérialisme et idéalisme ont entretenu « tout au long de l'histoire de la philosophie à propos de leur droit de primogéniture, en vertu duquel il reviendrait à l'un de régner et à l'autre de se soumettre »[3], et qu'ils ont fait naître en méconnaissant que le non-moi et le moi, l'extérieur et l'intérieur, sont inséparables l'un de l'autre, la constance de l'opposition de ces systèmes témoignant précisément de cette inséparabilité.

Tant qu'une véritable conciliation n'est pas trouvée, les réalistes sont voués à devenir des « extérioristes intégraux », les idéalistes des « intérioristes intégraux »[4], matérialisme et idéalisme entrant en conflit ouvert dans la religion aussi bien que dans la philosophie. Mais en vérité « matérialistes et idéalistes se partagent les deux écailles de l'huître qui contient la perle »[5]. Or Kant a bien su renvoyer dos à dos les plaideurs en faisant valoir que la science ne saurait s'étendre au supra-sensible et que la philosophie ne peut être le parachèvement de la science, mais il n'est pas parvenu à s'emparer de la perle : si son verdict n'est pas demeuré sans appel, puisque « les deux filles de la philosophie critique », la doctrine de la science de Fichte et la philosophie de l'identité de Schelling[6], ont fait renaître idéalisme et matérialisme, c'est parce que l'idéalisme transcendan-

1. *uns zu vergleichen, ibid.*
2. W. III, p. 338; trad. p. 389.
3. *Ibid.* p. 350; trad. p. 400.
4. *Die ganz Auswendigen, Inwendigen, ibid.* p. 252; trad. p. 391.
5. *Ibid.* p. 254.
6. « Le criticisme kantien développé avec une logique rigoureuse, devait avoir pour conséquence : la Doctrine de la science, celle-ci à son tour, rigoureusement développée : la doctrine de l'Un-Tout, un spinozisme renversé ou transfiguré, le matérialisme idéal [*Idealmaterialismus*] », *ibid.* p. 354; trad. p. 402.

tal, trahissant le réalisme authentique au profit d'un réalisme simplement empirique, n'a pas donné une bonne solution à ce qui se révèle en fin de compte être l'antithétique véritable : celle du *naturalisme* et du *théisme*. Il a bien condamné un théisme qui ne se pose qu'en *s'opposant* au naturalisme, mais il n'a pas su faire valoir le bon droit d'un « vrai théisme », celui qui accorde son dû à la fois à la science et à l'Esprit, et devient ainsi parfaitement compatible avec un naturalisme « franc, clair et pur »[1], qui n'essaie pas de sortir du domaine de la nature pour prendre les choses divines comme objets, « le théisme de Platon »[2]. Or « Kant n'aurait raison contre Platon que s'il était vrai que la raison se rapporte simplement à l'entendement et l'entendement à la sensibilité »[3]. Aussi est-ce une tout autre conception des facultés et de leurs rapports qui fera du *réalisme* de Jacobi « la clé de la solution » de cette antithétique.

Celle-ci avait déjà été détectée par Platon[4] lorsqu'il dénonçait dans l'athéisme la négation du rôle créateur de l'intelligence ravalée au rang d'un « entendement qui ne fait que refléter et limiter la nature » et l'affirmation corrélative que « seule cette nature est créatrice ». Mais c'est Aristote qui en propose la formulation décisive[5] en opposant la thèse de ceux qui affirment l'antériorité du parfait, commencement et origine de tout, et l'antithèse soutenue par « ceux qui font sortir et se développer peu à peu ce qui est plus parfait de ce qui est moins parfait », ceux qui font naître l'ordre du chaos. On peut en effet formuler ainsi la question qu'une telle opposition met en jeu : « l'univers existe-t-il en fonction du bien et du beau, comme l'œuvre d'une providence, la création d'un Dieu ?, ou bien existe-t-il en vertu d'un mécanisme intérieur indépendant, refermé sur lui-même, sans cause ni fin qui lui soient extérieurs ? »[6]. La contradiction entre les assertions fait « qu'il est impossible de les rapprocher et de les réunir en une troisième, où elles se concilieraient et supprimeraient leur différence »[7] et on peut voir que l'opposition combine les deux espèces de l'antinomie distinguées par Kant, celle qui, en représentant comme conciliable en un concept ce qui est contradictoire, conduit à deux affirmations qui sont également fausses :

1. W. III. p. 386 ; trad. p. 421.

2. *Ibid.* p. 374-375 ; trad. p. 415.

3. *Ibid.* p. 376 ; trad. p. 415.

4. Au livre X des *Lois,* 888 e *sq.*, cité W. III, p. 378 ; trad. p. 417.

5. *Métaphysique,* livre N, chap. 4 ; à 1091 a 30, il l'annonce comme une aporie si importante « qu'on est en droit de blâmer quiconque prétendrait qu'elle est facile à résoudre », et il conclut son exposition en 1091 b 15 : « tout le problème est de décider entre les deux doctrines ». Jacobi le cite, W. III, p. 379-382 ; trad. p. 417-419, et dit que « cette distinction est d'importance extrême et épuise la question ».

6. *Ibid.* p. 383-384 ; trad. p. 420.

7. W. III, p. 385 ; trad. p. 419.

affirmer ou nier que le monde ait eu un commencement (première antinomie) – et celle qui, en représentant comme contradictoire ce qui est conciliable, conduit à opposer par simple malentendu deux affirmations qui peuvent être vraies affirmer ou nier que, outre la causalité naturelle, il y ait une causalité libre (troisième antinomie)[1]. D'une part, « voici de quoi tout dépend ici : qu'est-ce qui se révèle à nous comme *premier* et comme *second*, consécutif seulement ? est-ce la nature ou l'intelligence »[2] ; d'autre part, « on devient théiste ou naturaliste selon que [...] outre l'existence de la nécessite *dans* la nature, on admet ou on nie encore une existence de la liberté *au-dessus* de la nature »[3]. Or aussi bien dans la thèse que dans l'antithèse l'entendement rencontre également l'échec : « il est *impossible* de fonder en elle-même [*in ihr selbst zu ergründen*] la nature qui se présente dans l'univers et qui lui est identique, de l'expliquer [*erklären*] à partir d'elle-même, impossible de tirer d'elle son origine et son commencement [*Ur- und An-Beginnen*], de manière telle que son être et son essence se manifestent irrécusablement comme parfaitement autarciques, comme l'être absolument unique, qui soit le tout du Tout, sans rien qui lui soit extérieur. Mais il est *tout aussi impossible* de démontrer le contraire : qu'elle est une œuvre, et non pas Dieu, qu'elle n'est pas en même temps créateur et créature, qu'elle n'est pas vraiment l'être unique. Conclure de l'insondabilité de la nature à une cause qui lui soit extérieure, qui l'ait produite et commencée [...] c'est faire un raisonnement incorrect et philosophiquement injustifiable »[4].

Avant de s'opposer, le théisme et le naturalisme se sont succédé dans l'histoire, la religion ayant précédé la science, et c'est avec cette dernière que naquit le naturalisme qui « devint la première philosophie »[5]. Il n'est même pas inconcevable, en théorie, qu'ils puissent co-exister pacifiquement, le théiste oubliant Dieu et tout supra-naturel en général, dès qu'il se livre à des recherches scientifiques sur la nature, considérée comme existant en elle-même et devant s'expliquer par elle-même, le naturaliste s'interdisant de son côté de rien dire des choses divines[6]. Si cette limitation réciproque des prétentions ne s'est pas en fait établie d'elle-même, c'est que le sort du naturalisme s'est intimement lié à celui de la science dans un idéal de commune perfection : « si la science devait jamais devenir parfaite : un système déduit d'un principe unique, achevé en soi,

1. *Prolégomènes*, § 53.
2. W. III, p. 378 ; trad. p. 416.
3. *Ibid.* p. 414 ; trad. p. 436.
4. *Ibid.* p. 402-403 ; trad. p. 431.
5. W. III, p. 384 ; trad. p. 420.
6. *Ibid.* p. 385 ; trad. p. 420-421.

englobant tout le connaissable, le naturalisme devrait en même temps qu'elle atteindre sa perfection; on devrait trouver Tout comme n'étant qu'Un, et tout devrait pouvoir être conçu et entendu à partir de cet Un. Par suite, c'est l'intérêt de la science qu'il n'y ait pas de Dieu, pas de supra-naturel, extra-mondain et supra-mondain. C'est à cette seule condition [...] qu'elle peut parvenir à son idéal de perfection, se flatter d'égaler son objet, être tout dans tout »[1]. D'où vient donc qu'en fin de compte la science ne peut accorder plus de poids au naturalisme qu'au théisme et doit se déclarer « neutre » à leur égard, compte tenu du commun échec qu'ils rencontrent en leur opposition ? Depuis l'Antiquité la nature a toujours été conçue comme « génération et corruption », « naissance, croissance et mort », mais la question n'a cessé d'être posée : d'où vient la nature elle-même ? Or on peut voir le théisme et le naturalisme s'accorder pour admettre que « *l'entendement humain* ne conçoit comme possible que ce qui peut ou a pu devenir et naître »; mais le second en conclut que l'univers est quelque chose de co-éternel à ce qui le crée, le premier que Dieu a nécessairement créé de toute éternité, et « il est *également impossible* à l'un et à l'autre *d'expliquer l'existence* de l'univers à partir d'un tel principe pris pour origine »[2].

Cet échec de l'explication reste au compte de l'entendement qui trouve son objet inconcevable [*unbegreiflich*], soit qu'il prétende, dans la thèse théiste, faire sortir *« une fois pour toutes »* le conditionné *temporel* de l'absolu, ou dans l'antithèse naturaliste le faire sortir continûment d'éternité en éternité, non comme *l'œuvre* de l'absolu, mais comme identique à lui. Ce qui, très précisément est inconcevable par l'entendement, c'est donc tout aussi bien « l'être du devenir ou de la temporalité [*Zeitlichkeit*] que le devenir du devenir ou la naissance d'une temporalité »[3]. Or *dans les deux cas* le principe qu'il invoque « avec le même droit et la même absence de droit » est identique, c'est le principe de *l'inconditionné :* « tout devenir présuppose nécessairement un être ou existant [*Seiendes*] qui n'est pas devenu, tout ce qui est soumis au changement et par conséquent au temps présuppose quelque chose d'immuable et d'éternel, tout ce qui est conditionné présuppose en fin de compte un *absolu* qui n'est pas conditionné[4]; mais *dans chacun des cas,* ce principe identique reçoit une interprétation différente : « le théisme prétend que cet absolu est une *cause*

1. *Ibid.*
2. *Ibid.* p. 410; trad. p. 435.
3. W. III, p. 405; trad. p. 432.
4. *Ibid.* p. 404; trad. p. 431.

[*Ursache*], le naturalisme que c'est un *principe* [*Grund*][1]. Cette distinction, capitale aux yeux de Jacobi, qui l'explique et la justifie longuement dans le *Dialogue*[2] est reprise dans le dernier Appendice aux *Lettres sur Spinoza*[3] qui la résume ainsi : « le concept de cause, distingué du concept de *principe* est un concept *d'expérience* [*Erfahrungs-begriff*], que nous devons à la conscience de notre causalité et passivité ; il ne saurait être déduit [*herleiten*] du concept de principe qui est simplement *idéal* [*bloss idealischen*] et il ne peut davantage s'y ramener [*auflösen*] ». Le fameux principe leibnizien de la raison suffisante qui prétend les réunir ouvre la voie au non-sens : « les choses peuvent naître sans naître, se modifier sans se modifier, se précéder et se suivre sans se précéder et se suivre ». D'une part en effet (c'est la voie suivie par le naturalisme) « si je veux concevoir la série des choses singulières finies comme réellement infinie, je me heurte à l'idée absurde d'un temps éternel » ; d'autre part (c'est la voie suivie par le théisme) « si je veux faire commencer la série, alors il me manque tout ce dont un tel commencement pourrait être déduit [...] Donc les deux voies conduisent à la même incompréhensibilité »[4].

Ainsi « l'existence *réelle* d'un monde *successif* ne *s'explique* nullement de façon *concevable*[5]. Le principe de raison suffisante en unissant deux principes identiques à valeur apodictique dans la proposition : tout conditionné doit avoir une condition, méconnaît en l'occurrence le fait qu'ils n'ont pas le même fondement et confond la notion de : *être fait par* [...] et celle de *dépendre de* ..., faute de tenir compte de l'intervention du temps qui les sépare irréductiblement. Il est vrai qu'on peut dire que la relation *logique* de principe à conséquence « se trouve » dans la relation *réelle* de cause à effet, mais elle y est « temporalisée », ce qui introduit une différence radicale dont toute l'importance se manifeste au cœur même de l'acte de connaissance. Pour *connaître,* c'est-à-dire *concevoir,* comment un effet *naît* d'une cause, il faut que dans la réflexion, l'entendement fasse *abstraction* du temps qui les sépare ; c'est ce qui lui permet de « trans-

1. Tout en convenant que la traduction de *Grund* par : fondement (Anstett) permet de mieux rendre le jeu de mots *Ur-Abgrund* (abîme sans fond) que fait Jacobi dans sa critique de Schelling en particulier, nous conservons la traduction usuelle, par exemple dans la définition de la connaissance rationnelle comme *Erkenntniss aus Gründen* (W. III, p. 450) = connaissance par principes. De toute évidence, le couple *Ursache-Grund* évoque celui des termes : *causa* et *ratio,* identifiés par exemple par Descartes (*Sec. Rép. aux objections,* axiome I), Spinoza (*Éthique* I, II), Leibniz (qui définit cependant la *causa* comme *realis ratio,* mais dont le principe de raison [*Grund*] suffisante est explicitement critiqué par Jacobi comme confondant *Grund* et *Ursache)* (W. IV (2,) p. 145 ; trad. p. 287).

2. W. II, p. 192-207.

3. W. IV (2), p. 145 *sq.*

4. W. IV (2), p. 147-148 ; trad. p. 289.

5. *Ibid.* p. 147 ; trad. p. 288.

former la cause en principe (sujet), ainsi que l'effet en conséquence (prédicat), et de les faire *coïncider* tous deux (cause et effet) »[1] : ainsi, par exemple, quand nous expliquons une à une toutes les conséquences des actions d'un homme à partir de ce qu'il y a de constant dans la nature de son esprit et d'immuable dans son caractère. Quand notre réflexion ne nous permet pas de supprimer le temps, nous ne concevons rien, et nous en sommes réduits, comme l'animal, à une simple attente des cas semblables. Or d'une part, la présupposition de l'inconditionné est « inconcevable parce que si elle affirme bien de manière apodictique une relation de tout ce qui est conditionné à un inconditionné, elle ne révèle [*offenbaret*] cependant en aucune façon la connexion *réelle* entre l'un et l'autre »[2]. Aussi est-il impossible que nous parvenions à une pénétration intuitive [*Einsicht*] de la manière dont ce qui n'est pas un, de ce qui est changeant et temporel a pu provenir de ce qui est absolument Un, immuable, éternel. D'autre part, la référence au cas de l'animal dépourvu de *raison* (dont nous verrons bientôt qu'elle joue un rôle décisif dans les derniers textes de Jacobi), nous signale, au moment même où, avec la réflexion et l'abstraction, nous reconnaissons les procédés propres de l'entendement humain dans sa fonction de conception et d'explication, la fonction propre de la raison : « la présupposition d'un absolu ou inconditionné précédant [*vor*] tout conditionné, et la connaissance que ce dernier ne pourrait être sans le premier : or, de même que cette présupposition est nécessaire dans toute *conscience raisonnable* et que cette connaissance lui est essentiellement innée [*wesentlich inwohnende*], de même elles sont l'une et l'autre entièrement *inconcevables* à un entendement *humain* »[3].

C'est donc bien finalement au niveau des relations qui viennent à s'établir entre l'entendement et la raison qu'il faut chercher tout à la fois la genèse et la solution de l'antithétique du théisme et du naturalisme. Car « le concept de *principe* [*Grund*] est le concept suprême de *l'entendement,* alors que le principe suprême de la *raison, celui qui ne fait qu'un avec elle,* c'est celui de *cause* [*Ursache*], de ce qui est en soi et produit uniquement par soi, du créant incréé, de l'absolument inconditionné »[4]. Cette dualité est la source directe de la redoutable « confusion dont l'entendement ne peut se sauver qu'en apparence »[5], à la faveur de ce faux-semblant précédemment analysé comme illusion propre à l'entendement philosophant, qui procède à une double « transformation » [*Verwandlung*], la seconde lui

1. W. III, p. 452 ; trad. p. 463.
2. *Ibid.* p. 405 ; trad. p. 432.
3. W. III, p. 404 ; trad. p. 432.
4. *Ibid.* p. 453 ; trad. p. 464.
5. *Scheinbar rettet sich der Verstand aus dieser Verworrenheit ;* trad. p. 437.

permettant de « se masquer » [*sich verbirgt*] la première : comme s'il pouvait disposer à sa guise de l'inconditionné, il lui retire (en pensée) l'objectivité, puis tout aussitôt la lui restitue (dans le concept et dans le mot). Or on pourrait dire qu'il en est réduit à ce « prodigieux artifice » précisément parce qu'il « ne peut se débarrasser d'emblée [*gerade*] de l'Idée de l'inconditionné que la raison lui impose en tout conditionné »[1]. C'est en effet de ce présupposé qu'il tient son point de départ, sa loi et son principe [*Princip*] suprêmes : la loi universelle de *causalité »*[2], qu'il applique à la révélation de l'être procurée par la sensibilité, celle d'une nature où « changement et temps se conditionnent réciproquement, comme se conditionnent réciproquement cause et effet[3]. Tant que sa réflexion lui permet de faire abstraction du temps, il peut transformer cette relation de cause à effet en relation de principe à conséquence et poursuivre indéfiniment le processus des explications qui constitue la science. Il est ainsi tout naturellement conduit à devenir « entendement philosophant » et à concevoir la science parfaite qui serait « un système déduit d'un principe unique »[4]. Mais il se trouve alors en quelque sorte « pris au piège » de la loi même qui régit son propre exercice de faculté réfléchissante, car les images que celle-ci reflète ne sont que des « fantômes » des révélations que la raison lui impose comme présuppositions : ainsi « *l'unité* que l'entendement produit de diverses manières à partir du multiple et du distinct, du non-Un, grâce au concept et au mot », n'est pas « *l'Un en soi* qui se révèle immédiatement à la *raison,* conscience de l'esprit »[5] ; ainsi de même, « *l'être* de cet entendement qui n'est que réflexif est un être qui n'est que *relatif* et qui n'exprime plus que la simple similitude à autre chose dans le concept et ce n'est pas l'Être *substantiel [...]* réel, l'Être tout court qui ne se donne à connaître que dans le « sentiment »[6] ; ainsi enfin ce que cet entendement a l'illusion « de connaître comme l'Être de tous les êtres, son inconditionné, son absolu, ce n'est que le complètement indéterminé »[7]. Telle est l'illusion inévitable si l'on ne prend pas garde que la possibilité de connaître par principes [*aus Gründen*] dépend strictement de l'applicabilité de l'axiome qui égale le tout à la somme de ses parties, exigeant de ce fait une *co-existence* des parties, et du même coup l'exclusion du *temps*[8]. Car « anéantir le temps en prétendant maintenir l'effectivité [*Wirksamkeit*]

1. *Ibid.*
2. *Ibid.*
3. *Ibid.* p. 408 ; trad. p. 434.
4. *Ibid.* p. 384 ; trad. p. 420.
5. W. III, p. 454 ; trad. p. 464.
6. W. II, p. 105.
7. W. III, p. 417 ; trad. p. 439.
8. W. III, p. 451-2 ; trad. p. 462-3.

comme productivité infinie, c'est une pure absurdité »[1], et c'est celle dans laquelle tombe l'entendement aussi bien dans le naturalisme, qui cherche le principe de la nature dans la nature elle-même, que dans le théisme qui prétend *démontrer* que cette nature n'est pas Dieu lui-même, mais son œuvre, l'effet d'une cause supra-naturelle qui l'a « produite et commencée »[2].

Il faut cependant bien remarquer que Jacobi ne soumet pas le théisme exactement au même traitement que le naturalisme. Assurément, « l'incompréhensibilité est la *même* des deux côtés [...] ; la transformation qui, dans une intelligence éternelle existant exclusivement en et par soi, permet à une détermination de la volonté de faire commencer un temps, est tout aussi parfaitement *incompréhensible* qu'une naissance spontanée du mouvement dans la matière [...] S'il est contradictoire que la nature ait produit la nature, que la nature soit née *selon* le cours de la nature, il n'est pas moins contradictoire qu'elle soit née *contre* son cours, c'est-à-dire sans médiation, pour nous qui ne pouvons penser et concevoir que selon le principe de raison suffisante, c'est-à-dire selon la médiation [...] L'introduction d'une intelligence ne change rien à la chose dès lors que cette intelligence est, elle aussi, soumise à ce principe, c'est-à-dire à la nécessité naturelle »[3]. Aussi Jacobi approuve-t-il sans réserve la condamnation kantienne d'un théisme philosophique qui prétend *démontrer* l'existence de Dieu comme cause extra- et supramondaine de la nature[4]. Mais il est de fait qu'il ne s'attarde jamais à l'examiner pour lui-même et qu'il dirige presque toute sa critique contre le naturalisme sous toutes ses formes, depuis celle que lui donne la sophistique combattue par Platon jusqu'à celle qu'elle prend dans la philosophie de l'identité de Schelling, confrontées à la forme pure que sut lui donner Spinoza. L'importance de ce point tient à ce que c'est sur ce terrain qu'il récuse une philosophie qui s'égare en se concevant comme une sorte d'exaltation de la science en omniscience. Or cette dyssymétrie entre le cas de la thèse théiste et celui de l'antithèse naturaliste trouve un précédent auquel elle mérite d'être comparée dans l'Antithétique kantienne. Lorsque Kant avant de proposer « la clé de la solution de la dialectique », et d'exposer « la décision critique du conflit de la raison avec lui-même », suppute « l'intérêt de la raison dans ce conflit »[5], il est amené à remarquer que si « dans les affirmations de l'antithèse il y a parfaite uniformité dans la manière de penser et complète

1. *Ibid.* p. 408 ; trad. p. 434.
2. *Ibid.* p. 403 ; trad. p. 431.
3. W. IV (2), p. 149 et 159 ; trad. p. 289 et p. 295.
4. W. III, p. 374 ; trad. p. 414.
5. *K. r. V.*, respectivement : A 490 ; A 497 ; A 462 ; c'est nous qui soulignons.

unité de maximes (principe de l'empirisme pur) non seulement dans l'explication des phénomènes dans le monde, mais également dans la solution des Idées transcendantales de l'univers lui-même, au *contraire* les affirmations de la thèse, *outre* le mode d'explication empirique employé à l'intérieur de la série des phénomènes, prennent encore pour fondement des principes intellectuels, et à cet égard leur maxime n'est pas *simple* »[1]. Le platonisme étant désigné comme illustration historique possible de la thèse[2], la dualité dans la maxime et le recours à des principes intellectuels d'un autre ordre pourraient faire allusion au mode noétique de connaissance propre à la dialectique en sa phase ascendante lorsqu'elle rattache au principe inconditionné (le Bien) les hypothèses dont le mode dianoétique propre aux déductions des sciences mathématiques ne rend pas raison[3]. Or Jacobi s'ouvre la voie qui le conduira précisément à se rallier en fin de compte à cette doctrine platonicienne, dont il estime qu'elle n'est « pas plus éloignée du matérialisme qu'elle ne l'est de l'idéalisme », et qu'elle est « décidément dualiste et théiste »[4], en opposant à l'entendement que sa loi de causalité amène nécessairement à conclure : « rien n'est inconditionné, rien n'est suprême et premier, il n'y a pas d'origine et de commencement absolus », et ainsi à « *nier* l'existence de la liberté », la *raison* qui *affirme* cette existence sans *pour autant* nier « l'existence de la nécessité et sa puissance illustrée dans tout le domaine de la nature dépourvue de raison »[5]. Il en résulte « qu'on devient naturaliste ou théiste selon qu'on subordonne la raison à l'entendement ou l'entendement à la raison, ou encore (car c'est la même chose), selon qu'on nie ou qu'on admet, outre l'existence de la nécessité *dans* la nature, l'existence de la liberté *au-dessus* de cette nature »[6]. Or non seulement nous avons trouvé l'entendement incapable de se défaire du présupposé de l'inconditionné que la raison lui impose en tout conditionné, mais il nous faut maintenant comprendre « qu'il le peut *d'autant moins* [*um so weniger*] que sans cette Idée de l'inconditionné, le concept même de causalité s'évanouit pour lui ».

En effet, en conséquence paradoxale, cet entendement qui a la causalité pour loi dans son activité d'explication et de démonstration est par lui-même incapable de donner sens au concept de cause : « en qualité de concept d'entendement, cause est un mot dépourvu de sens et impliquant

1. *Ibid.* A. 465-466.
2. *Ibid.* A 471.
3. *République,* livre VII, en particulier 533 a *sq.*
4. W. III, p. 460 ; trad. p. 468.
5. *Ibid.* p. 413 ; trad. p. 437.
6. *Ibid.* p. 412 ; trad. p. 436.

contradiction : contenu, vérité, signification ne peuvent lui venir que de la raison, du sentiment : je suis, j'agis, je produis »[1]. Mais pour comprendre vraiment ce qui vaut à ce concept d'être qualifié de « concept *d'expérience* [*Erfahrungsbegriff*] » et le distingue du concept simplement logique et idéal de « principe », il faut encore examiner comment la conception finale que Jacobi a élaborée de la raison lui a permis de fonder de manière originale et personnelle son réalisme sur une ontologie spiritualiste. Assurément, c'est bien le même argument qu'avançait déjà le *Dialogue* lorsqu'il faisait valoir que « les mots de cause et d'effet n'auraient pu s'introduire dans le langage d'êtres uniquement capables de *voir intuitivement* et de *juger* »[2]. Et ainsi on pouvait déjà s'apercevoir que l'anthropomorphisme naïf de la mentalité primitive qui dans tout effet naturel voit le résultat d'un acte qu'elle « rapporte à un être vivant doué de spontanéité », s'il se trompe en affirmant l'immédiateté d'un tel rapport, est cependant plus excusable qu'un naturalisme qui cherche dans le mécanisme le principe même du mécanisme[3]. Mais n'est-ce pas là, du moins en apparence, confier la justification de cette thèse à une analyse simplement *psychologique,* pouvant comme telle être suspectée – soit d'*incertitude,* si, par exemple, il faut se contenter de dire : « malgré notre finitude et notre esclavage naturel, nous possédons, *ou du moins nous paraissons* [*scheinen*] posséder en nous, grâce à la conscience de la spontanéité de l'exercice de notre volonté, un analogon de l'être supranaturel, c'est-à-dire de celui qui n'agit pas mécaniquement[4] – soit de *dogmatisme*, si par exemple, il faut poser : « je prends l'homme en son entier, sans le diviser, et *je trouve que* sa *conscience* est composée de deux *représentations* originaires, celle du conditionné et celle de l'inconditionné »[5] ? Il est de fait que le *Dialogue,* au moment où il oppose aux conclusions sceptiques sur lesquelles Hume laissait son analyse de la causalité la force irrésistible que manifeste la croyance dans « le sentiment de notre propre force et de son application à surmonter une résistance »[6], prête à l'interlocuteur l'importante objection « qu'il n'est pas encore établi par là que le concept de causalité dépend absolument du concept de la possibilité des choses en général », et qu'au surplus, « en le faisant découler de l'expérience, on renonce du même coup à son universalité et à sa nécessité absolues ». C'est précisément pour lever cette dernière objection

1. *Ibid.* p. 414; trad. 437.
2. W. II, p. 200.
3. W. IV (2), p. 154-158, 292-294.
4. *Ibid.* p. 157; trad. p. 294.
5. *Ibid.* p. 152; trad. p. 291.
6. W. II, p. 204.

que Jacobi, s'inspirant explicitement de l'ontologie spinoziste, proposait une déduction des catégories conforme à sa « doctrine de l'objectivité absolue » qui lui permettait de montrer que « la loi de la connexion causale est une loi fondamentale régissant la nature entière », puisque l'objet du concept de cause est « si bien donné à titre de prédicat universel en toutes choses singulières, que la représentation de ce prédicat est nécessairement commune à tous les êtres finis doués de raison et fonde nécessairement chacune de leurs expériences »[1]. Or il pouvait bien vanter la supériorité de cette déduction *réaliste* de la catégorie de causalité sur la déduction *idéaliste* de Kant, qui, sous prétexte de la rendre indépendante de l'expérience, aboutit à la faire déchoir en « préjugé de l'entendement humain, valant uniquement pour l'homme et sa sensibilité particulière ! »[2]; il n'en est pas moins remarquable que le fondement qu'il allait alors lui chercher dans le spiritualisme leibnizien, interprété comme une identification du « principe de la raison au principe de la vie »[3], lui apparut manifestement insuffisant dès qu'il s'aperçut non seulement que cette espèce de vitalisme ne permettait de distinguer que par le *degré* l'entendement humain de l'intelligence animale, alors qu'il fallait les concevoir comme différents en *nature,* mais qu'en outre, par son célèbre : *nisi intellectue ipse,* Leibniz « parvenait bien à dépasser le matérialisme grossier et le simple sensualisme, mais non pas à dépasser effectivement le monde des sens, qu'il a lui-même dissous et réduit à néant, pour accéder au suprasensible vraiment réel »[4].

Aussi est-ce seulement « la distinction rigoureuse et précise entre l'entendement et la raison » qui permit finalement à Jacobi de donner « un statut philosophique correct à sa conception fondamentale d'une puissance de la croyance surpassant le pouvoir de la science démonstrative »[5]. Si, avec la science qui est son œuvre propre, *l'entendement* peut faire reculer et disparaître cette fausse croyance qu'est la superstition, la *raison,* qui « *ne fait qu'une seule et même chose* avec le concept de cause comme inconditionné absolu »[6], continue de « dresser en face et au-dessus de cette science la vraie croyance »[7]. Aussi, dire que « l'entendement repose entièrement sur le principe de causalité », c'est dire qu'il « repose uniquement sur la raison, qu'il est fondé sur elle, et qu'il la présuppose nécessairement

1. *Ibid.* p. 207.
2. W. II, p. 215.
3. *Ibid.* p. 222.
4. *Ibid.* p. 20.
5. *Ibid.* p. 7.
6. W. III, p. 453 ; trad. p. 464. – Cf. *ibid.* p. 441 ; trad. p. 456 : « la raison ne tient pas d'elle-même le concept d'absolu : c'est elle qui naît de lui et grâce à lui ».
7. W. II, p. 57.

comme une instance supérieure »[1]. Si l'on trouve la *conscience* de l'homme composée des deux *représentations* du conditionné et de l'inconditionné, c'est parce qu'il *est* lui-même en un seul et même être le *fait* inconcevable qui conjoint le naturel et le supra-naturel dans leur opposition originaire et inextirpable[2]. Non seulement « l'homme peut *penser* l'Esprit qui seul se suffit entièrement à soi-même, d'où vient toute vérité et sans lequel il n'y a pas de vérité »[3], mais cet Esprit est constitutif de son *être :* « l'entendement ne peut trouver dans la nature ce qui n'y est pas, son créateur, et il est ainsi amené à formuler cet arrêt : la nature existe par elle-même, se suffit à elle-même [...] hors d'elle il n'y a rien. On en resterait à ce verdict si l'homme n'était que sens et entendement réfléchissant. Mais il vit en lui un *esprit* qui vient immédiatement de Dieu, qui *constitue l'être propre de l'homme* [...] et qui est présent à sa conscience la plus intime en même façon que Dieu qui l'en gratifie lui est présent à lui-même »[4]. Du coup, on ne se bornera plus à dire que l'homme « paraît » posséder dans la conscience de sa spontanéité d'action un « analogon » de l'Être supra-naturel, on pourra affirmer qu'il « porte en lui l'image de Dieu »[5] comme « un modèle immanent »[6]. Et comme « l'esprit qui, en l'homme s'élève au-dessus de la nature n'est cependant nullement contraire et hostile à la nature », qu'il ne tend nullement à séparer l'homme de l'homme, ce qui reviendrait à l'anéantir[7], la vraie croyance « suscite une théorie qui s'élève au-dessus de la théorie de la nature, qui limite le concept de nature par le concept de liberté et procure de ce fait même à l'entendement une authentique extension [*wahrhaft erweiternde*] »[8]. C'est donc en assurant à son anthropologie le fondement de l'ontologie que cette « philosophie au sens où l'entend Platon »[9] sera en droit de « professer un anthropomorphisme qui fut de tout temps nommé théisme »[10].

§ 4 – *Anthropologie et ontologie*

« Il ne suffit pas de décrire le *procédé* [*Verfahren*] de la dialectique », remarquait Kant : « pour pouvoir définir l'apparence comme un phénomène

1. W. III, p. 414 ; trad. p. 437.
2. W. II, p. 317, W. III, p. 412 ; trad. p. 436.
3. W. III, p. 422 ; trad. p. 442-443.
4. W. II, p. 119.
5. *Ebenbild*, W. III, p. 422 ; trad. p. 443.
6. *Ibid. inwohnende Urbild.*
7. W. II, p. 57-58.
8. *Ibid.*
9. *Ibid.*
10. W. III, p. 423 ; trad. p. 443.

de l'entendement, il faut également chercher à en découvrir les *sources* »[1]. Nous avons vu qu'à l'époque où il ne distinguait pas encore clairement la raison de l'entendement, Jacobi avait posé cette « étrange question » : s'il est vrai qu'il arrive à la raison d'entreprendre quelque chose d'irrationnel, le malentendu doit-il être mis au compte de l'homme ou de la raison elle-même? Or il lui apparaît déjà que pour y répondre, il faut poser une question préalable « encore plus étrange » : « est-ce l'homme qui possède la raison, ou est-ce la raison qui possède l'homme?[2] Et la réponse à cette nouvelle question introduit une distinction entre ce qu'il appellera plus tard[3] une *« raison-substantif »*, identifiée à « l'Esprit qui fait toute la nature vivante de l'homme », raison dont on peut dire que l'homme est une forme qu'elle a prise, et qu'elle fait son être – et une *« raison-adjectif »*, faculté dont « l'homme se sert comme d'un instrument », et dont il dit à l'époque qu'elle est entendement, puisqu'elle assume la fonction de former des concepts et des inférences. Cette distinction qui impose une subordination de *l'avoir* à *l'être,* de ce que l'homme *possède* à ce qu'il *est,* inscrit au cœur de l'anthropologie qu'élabore Jacobi une subordination du point de vue *logique,* celui qu'adopte « la mécanique supérieure de l'esprit humain » constituée par Kant et Fichte[4], qui s'attache au jeu des facultés dans l'exercice de leurs fonctions, au point de vue *ontologique,* celui qui exige qu'on les considère *selon leur être* dans la mesure même où elles sont constitutives de cet esprit qui *fait l'être* de l'homme.

Au premier point de vue dans l'organisation d'ensemble des facultés de l'esprit, deux d'entre elles, la sensibilité et la raison, assument la fonction de *révéler* l'Être sous sa forme sensible et sous sa forme supra-sensible, tandis que le troisième, l'entendement, remplit celle de *l'explication* et de *la démonstration.* Nous l'avons déjà souligné : bien que Jacobi incrimine « la rage effrénée » d'expliquer et de démontrer qui a égaré la philosophie, c'est seulement un abus, provenant d'un malentendu, qu'il prétend ainsi dénoncer, puisque d'autre part il entend installer l'explication au rang de moyen au service de ce qui lui paraît être la fin véritable : dévoiler et révéler l'existence. Il serait absurde que l'entendement prétende faire valoir son pouvoir démonstratif à *l'encontre* de la révélation de l'être procurée par la sensibilité et la raison, alors que, précisément, démontrer consiste à *reconduire* le concept à l'une ou à l'autre de leurs intuitions et que tout

1. *K. r. V.*, A 581.

2. W. IV, A, p. 152; trad. 291. Question que Kant reprendra à son compte dans sa *Tugendlehre,* comme Jacobi est fier de le relever (au début de : *Sur l'inséparabilité* [...] W. II, p. 313-314), tout en ayant conscience que Kant ne l'introduisait que de manière épisodique, parce qu'il ne lui accordait ni le même sens, ni la même portée.

3. *Sur l'inséparabilité* [...] loc. cit. dans la note précédente.

4. *Lettre à Fichte,* W. III, p. 31 ; trad. p. 320.

savoir, quel qu'il soit, doit en fin de compte se réclamer soit de la sensation du sens, soit du sentiment de l'esprit[1]. Mais constater que l'intuition sensible et l'intuition intellectuelle sont « toutes deux *exactement dans le même rapport* avec l'entendement, et de ce fait avec la démonstration »[2], c'est du même coup introduire une réciproque d'importance, car c'est précisément parce qu'il « se rapporte dans une mesure égale [*in gleichen Masse*] à la perception du sensible et du supra-sensible *qu'il revient au seul entendement de philosopher* »[3]. Ainsi, loin de condamner toute philosophie en tant qu'elle serait « philosophie d'entendement », Jacobi admet que toute philosophie est nécessairement l'œuvre de l'entendement, et pour son propre compte, il aspire à « la justification de sa croyance devant l'entendement philosophant »[4]. Bien plus : il accorde une importance décisive à la reconnaissance de cette vocation philosophique de l'entendement, qui lui est assurée par sa position stratégique au centre des facultés de l'esprit : « *de même* que les sens informent l'entendement dans la sensation, *de même* la raison l'informe dans le sentiment »[5]. Faute d'apercevoir cette *double* relation de l'entendement au sens physique et au sens spirituel, on méconnaît infailliblement sa véritable nature. Telle est précisément la méprise commune que l'on trouve à l'origine des deux voies qui conduisent à la thèse théiste et à l'antithèse naturaliste en leur opposition antinomique : ne voir qu'un seul côté de la relation en inféodant l'entendement uniquement au sensible. D'un côté, mettre une confiance exclusive dans le supra-sensible, c'est se livrer à l'exaltation visionnaire et vilipender l'entendement ; de l'autre, à n'accorder cette confiance qu'au sensible, on prive l'âme d'un de ses deux yeux et on traite de pures fictions les révélations immédiates de la raison[6]. Il faut donc exclure comme illégitime toute hiérarchisation des facultés de l'esprit : « de même que l'entendement ne doit pas être préféré à la sensibilité, ni la sensibilité à l'entendement – comme Kant le concluait logiquement de ce qu'il y reconnaissait les deux « souches » de la connaissance[7] – « la raison ne doit pas non plus être

1. W. II, p. 60.
2. *Ibid.* p. 59.
3. *Choses divines,* W. III, p. 436 ; trad. p. 453.
4. *Vor dem philosophirenden Verstande,* W. II, p. 107. Il faut donc se garder de prêter à Jacobi la critique hégélienne de la « Verstandes-philosophie ». Il est de fait que Hegel lui-même, après avoir reconnu à Jacobi le grand mérite d'être allé plus loin que Kant en mettant en question « le connaître en soi et pour soi », lui reproche de ne pas être allé jusqu'à contester la légitimité de « faire de l'*entendement,* comme cela avait été le cas jusqu'alors, pour ainsi dire l'âme du connaître » (*Über Jacobis Werke,* VI, p. 340).
5. W. II, p. 61-62.
6. *Choses divines,* Appendice A, W. III, p. 436 ; trad. p. 453.
7. *K. r. V.,* A 15, et A 51.

préférée à l'entendement, ni l'entendement à la raison »[1], et « il faut condamner aussi bien l'une que l'autre de ces deux erreurs »[2].

Ainsi se trouve circonscrit le point précis sur lequel doit maintenant porter l'investigation. D'une part, puisque la tâche de philosopher incombe au seul entendement, dénoncer l'égarement de la philosophie et s'employer à la remettre dans la bonne voie, c'est le mettre directement en cause; d'autre part, il ne suffit pas d'analyser le mécanisme de production et de dissimulation du faux-semblant par lequel il leurre cette philosophie en l'empêchant de s'apercevoir qu'elle se fourvoie, et il importe d'autant plus de déceler l'origine de l'illusion qu'il est difficile de s'en garder, parce qu'elle présente quelque chose de naturel et d'inévitable; enfin, il apparaît désormais que cette origine doit se situer au niveau des *relations* que l'entendement noue avec la sensibilité et avec la raison, plus précisément même, de rapports qui sont nécessairement déterminés par la nature de la fonction de démonstration qu'il assume et par la manière dont il lui faut entrer en relation avec la fonction de révélation propre aux deux autres facultés. De fait, bien que la complémentarité des fonctions de révélation et de démonstration exclue toute possibilité de préférence et de hiérarchisation entre les facultés, celle de l'entendement ne s'en trouve pas moins dans une situation qui peut être qualifiée d'*instable* et de *subordonnée*. Instable, parce que l'entendement se trouve « en *suspens* [*in der Mitte schwebende*] entre les deux espèces, sensible et supra-sensible, de la perception (saisie du Vrai) »[3]; subordonnée, parce qu'il doit prendre appui sur elles : « l'entendement s'appuie [*fusset auf*] uniquement sur les sens, et il ne s'appuie sur la raison que dans la mesure où elle est aussi un sens » (car refuser cette réceptivité à la raison, ce serait la confondre avec l'entendement et s'interdire de parler de supranaturel)[4]. À ce point de vue, si capital soit son rôle, il ne peut être que celui de « brillant second » : alors que l'immédiateté de la croyance permet à celle-ci de *montrer* [*weisen*], l'entendement ne peut que *dé-montrer* [*nach-weisen*]. De là sa caractéristique fondamentale : *« chez l'homme, l'entendement n'a ni le premier, ni le dernier mot »*[5]. Il n'a pas le dernier puisque, comme nous l'avons vu,

1. W. II, p. 25-26.

2. *Beides ist gleich verwerflich*, W. III, p. 436; trad. 453.

3. *Ibid.* – Jacobi reprend cette expression à Bouterwek lorsqu'il reproche à Kant d'avoir laissé l'entendement « en suspens », coupé d'une part de la réalité absolue et d'autre part de la perception sensible dont il a fait une simple représentation, *ibid.* p. 360-361; trad. p. 405-406.

4. Kladde Nr 12 (6 août 1812), p. 6, cité par Kl. Hammacher, *op. cit.* p. 169.

5. « Der erklärende nach-weisende Verstand hat in Menschen nicht das Erste und nicht das Letzte Wort », in *Ueber eine Weissagung Lichtenbergs (Sur une prédiction de*

il lui faut reconduire ses concepts aux intuitions, toute connaissance ne pouvant se réclamer en fin de compte que de la sensation des sens ou du sentiment de l'esprit[1]; mais cela résulte de ce qu'il n'a pas non plus le premier, parce qu'il ne peut jamais intervenir qu'*après* [*nach*], après une révélation de l'être (sensible ou supra-sensible), et qu'il ne fait jamais que *réfléchir* [nach-*sinnen*] une lumière qu'il n'irradie pas lui-même. Mis ainsi en état de suspension par la nécessité où il se trouve d'examiner [*erwägen*] en vue d'expliquer [*erklären*], il doit poser la question qui lui revient en propre : « comment est-il possible [...] ? »[2] et pour y répondre, recourir au procédé qui conditionne l'exercice de sa fonction de réflexion : *l'abstraction :* « Il est si vrai que c'est l'abstraction qui fonde la réflexion que c'est seulement par l'abstraction que la réflexion devient possible. Elles se réciproquent au point d'être toutes deux inséparables et au fond identiques; une activité de dissolution de tout être en savoir, un anéantissement progressif (par la voie de la science) au moyen de concepts toujours plus généraux »[3].

Telle est en effet la conception de la connaissance et de la science que Jacobi défend en toute occasion : elle est essentiellement une conceptualisation, et comme telle, elle ne peut progresser qu'au moyen d'une généralisation et d'une abstraction toujours plus poussées, qui dissolvent l'être pour le faire passer dans le signe et le mot. Nous l'avons déjà vu prêter cette conception à Kant : « nous ne concevons un objet que dans la mesure où nous pouvons le *faire être en pensée* devant nous, le créer dans l'entendement »; aussi les connaissances ne parviennent-elles à être des sciences que « dans la mesure où leurs objets peuvent être transformés par une sorte de transsubstantiation en êtres mathématiques et logiques »[4]. Il y revient avec une particulière insistance dans la *lettre à Fichte,* dont « la philosophie pure » de la *Doctrine de la science* lui paraît être l'illustration, sous une forme extrême, de cette dissolution de l'être dans les concepts : « la science, en tant que telle, consiste dans l'auto-production de son objet et elle n'est rien d'autre que cette production *en pensée* elle-même [...] L'homme ne connaît qu'en concevant et il ne conçoit que lorsqu'en transformant la chose en simple forme, il fait de la forme une chose et de la chose un néant »[5]. Or s'il faut accorder à cette conception un caractère « critique », ce n'est nullement en ce sens qu'elle porterait condamnation

Lichtenberg), 1801, W. III, p. 208-9. Nous verrons que c'est ce qui fait sa différence *ontologique* avec l'intelligence animale et l'entendement pur de Dieu.

1. W. II, p. 59 et 60.
2. W. II, p. 99; on remarquera que c'est une question typiquement kantienne.
3. *Lettre à Fichte,* W. III, p. 23; trad. p. 315.
4. W. III, p. 351; trad. p. 400-1.
5. W. III, p. 20; trad. p. 314.

du procédé de l'entendement en dévaluant son œuvre scientifique et en excluant son emploi en philosophie, mais bien plutôt parce qu'elle conduit à découvrir les conditions et le domaine de son usage légitime, en circonscrivant la science dans ses limites et en restituant son objet propre à la philosophie.

En effet Jacobi admet sans réserves que « cette activité de l'intelligence est chez elle une activité nécessaire; là où cette activité n'existe pas, il n'y a pas non plus intelligence. Cela reconnu, ce serait donc folie extrême que de prétendre s'opposer au désir de cette science, qu'il s'agisse du nôtre ou de celui des autres; folie extrême de croire qu'on pourrait aussi philosopher exagérément : trop philosopher, ce serait trop réfléchir »[1]. C'est la science qui procure la mesure exacte du pouvoir de l'entendement en permettant de voir comment il procède. Elle fait naître un monde « où signes et mots prennent la place des substances et des formes. Nous nous approprions l'univers en le mettant en pièces et en créant un monde d'images, d'idées et de mots entièrement dissemblables du monde réel, à la mesure de nos capacités. Ce que nous créons de cette manière, nous l'entendons parfaitement pour autant que c'est notre création; ce qui ne peut être créé de cette manière, nous ne l'entendons pas; l'entendement philosophique ne dépasse pas son propre acte de production »[2]. Mais du même coup ce sont ses limites qui se trouvent mises en évidence, en même temps que le danger qu'il y aurait à les méconnaître : « nous ne parvenons à connaître complètement, à pénétrer suffisamment, que des êtres et des vérités qui, tels ceux des mathématiques, ont plus d'être et de vérité en image que dans la chose – et même qui n'ont en toute rigueur de vérité qu'en image seulement – qui n'ont absolument d'autre contenu que des relations et des formes de relation ». Or comme en ce domaine nos progrès sont incessants et indéfinis, « nous ne prenons pas garde que nous ne faisons de nouveaux calculs que pour continuer de calculer, sans approcher si peu que soit de quelque chose méritant le nom de: résultat, d'une signification des nombres, de ce qui est proprement le Vrai »[3]. Ainsi se marque la limite que la science ne saurait franchir: en tant qu'elle est « connaissance de la vérité », aucune borne ne saurait arrêter le progrès de sa conquête sur l'ignorance, mais par ce progrès elle n'approche en rien d'un « savoir du Vrai »; ce Vrai qui lui est « antérieur et extérieur et qui fait sa valeur » lui demeure inaccessible : il est son *présupposé*.

1. *Lettre à Fichte,* W. II, p. 16; trad. p. 311.

2. W. IV (2), p. 132; trad. p. 280.

3. *Choses divines,* W. III, p. 306; trad. p. 373. « Avec les lois [...] dont la division et l'organisation en système constituent nos sciences, nous ne pouvons rien contre notre ignorance radicale [*radicale Unwissenheit*] ».

Car cet être que l'entendement résout dans ses concepts lorsqu'il élabore une science de la nature doit préalablement lui être *révélé* par la sensibilité et cette révélation elle-même restant hors de prise du concept et de l'explication, ne peut demeurer pour lui qu'un « miracle inconcevable ». Ce qui relève de la croyance ne saurait devenir objet de science. Lorsque l'entendement pose à son propos la question qu'il lui revient en propre de poser : « comment une perception est-elle *possible au moyen des organes des sens ?* », il ne peut trouver d'autre réponse que la subjectivité de la représentation qu'il nomme : sensation, et qui le sépare de l'être, rendant ainsi impossible une « saisie du Vrai [*Wahr-nehmung*] ». Ce qu'on appelle ici : philosophie, n'est qu'un « art de perdre le Vrai, de s'inventer une incroyance »[1], puisqu'on ne peut plus « croire » à un monde matériel : « quand on essaya de prouver scientifiquement la véracité de nos représentations d'un monde matériel existant au-delà des représentations et indépendant de celles-ci, l'objet que les démonstrateurs voulaient sonder se déroba à leurs yeux et il ne leur resta que la subjectivité, la sensation : ils trouvèrent *l'idéalisme* »[2]. Il apparaît donc que les procédés propres à l'entendement, la réflexion et l'abstraction, peuvent faire entrer sa fonction d'explication en opposition avec la fonction de révélation assumée par la sensibilité dans la mesure où, en dissolvant l'être dans la connaissance, ils peuvent conduire à en méconnaître la transcendance. En recréant dans la science, mais en pensée seulement et uniquement dans le concept et dans le signe, l'être que la sensibilité lui a révélé, l'entendement peut si bien oublier qu'il ne l'a pas créé, mais présupposé, qu'il cherche dans la philosophie à faire de sa révélation même l'objet d'une connaissance. Mais comme il ne saurait se départir du mode d'activité qui le caractérise et qui l'astreint à anéantir pour connaître, il obtient un résultat opposé à celui qu'il visait : en cherchant à prouver la réalité du monde sensible, c'est à l'idéalisme qu'il aboutit.

Mais plus encore que la relation de l'entendement avec la sensibilité qui vient d'être examinée, celle qu'il entretient avec la raison se trouve exposée à être mal-entendue de lui. Il est déjà remarquable que le théisme et le naturalisme aient en commun de reconnaître la première et de méconnaître la seconde ; mais ce qui l'est encore plus, c'est que ce soit uniquement de la seconde que Jacobi dise qu'elle est *« presque inévitable »*[3]. Certes le théisme a le tort d'accorder une confiance *exclusive* au supra-sensible et de se perdre dans un « visionnarisme » qui s'imagine pouvoir transformer

1. W. II, p. 99-100.
2. W. II, p. 99.
3. W. III, p. 346 ; trad. p. 453.

l'intuition du supra-sensible en intuition sensible[1]. Mais s'il méconnaît ainsi la relation de l'entendement à la raison, du moins reconnaît-il la révélation que celle-ci procure du supra-sensible, tandis que le naturalisme va jusqu'à « s'insurger contre la raison » puisqu'il traite « ses révélations immédiates de pures fiction »[2]. Or si Jacobi admet qu'il le fait « avec beaucoup d'apparence » [*mit vielem Schein*] (ce qui précisément rend l'erreur « presque inévitable »), c'est parce que le procédé de l'entendement est encore une fois directement mis en cause. En effet, « l'information de l'entendement par la raison » ne peut se faire qu'au moyen de ce que Jacobi propose d'appeler « des *sentiments* au sens relevé du terme »[3], et la définition qu'il en suggère suffirait à elle seule à révéler qu'ils ont pour caractéristique essentielle une inaptitude radicale à passer dans les concepts de l'entendement qui, de ce fait, ne saurait s'en saisir. Il dit en effet qu'ils consistent en « une contemplation du pressentiment » [*Schauen der Ahndung*] et que ce sont « des visions qui ne se laissent pas voir » [*unsichtliche Gesichte*][4]. Ainsi s'explique que l'entendement ne pouvant « traduire l'intuition intellectuelle en intuition matérielle et sensible », la traite en fiction, et l'erreur du naturalisme consiste précisément à tenir ce qui reste *d'inconcevable*, c'est-à-dire hors des prises de la saisie conceptuelle, pour *impossible*. Ce ne sont pas des concepts, mais seulement des représentations (que Jacobi, en se souvenant sans doute de Kant, et en l'adaptant, propose d'appeler des *Idées*) que nous pouvons avoir de ce que ces sentiments nous « montrent seulement », mais de ce qui ne se démontre pas[5]. Or ce qu'ils nous montrent, c'est ce que la raison révèle en l'accueillant en sa réceptivité : l'être transcendant, l'Absolu, le Vrai. « Mais la manière dont cette réalité s'avère [*Bewahrung*] dans la raison *ne se révèle pas à l'entendement ;* en celui-ci, ce qui se *réfléchit,* c'est uniquement

1. *Ibid.* On peut remarquer que, de façon comparable, Kant : 1) considère *l'empirisme* de la raison pratique comme plus dangereux que son *« mysticisme »,* lorsqu'il estime que la Typique de la raison pratique préserve de l'un et de l'autre ; non seulement le mysticisme est plus rare, mais il se concilie à la rigueur avec la pureté et l'élévation de la loi morale ; 2) définit dans ce contexte la *Schwärmerei* comme une transformation du symbole en schème, son égarement dans le transcendant consistant à prétendre voir l'invisible, avoir des intuitions réelles et pourtant non-sensibles, *K. P. V.* I, chap. 2, fin.

2. *Ibid.*

3. W. III, p. 437 ; trad. p. 453 ; « sentiments *objectifs* et *purs [...]* jugements fondamentaux de la raison », W. II, p. 109.

4. *Ibid.* Les deux expressions sont reprises à la lettre quelques pages plus loin : W. III, p. 441 ; trad. p. 456.

5. W. II, p. 62. – *Die Vorstellungen des im Gefühle allein* Gewiesenen, *nennen wir Ideen,* cf. *Choses divines,* Appendice C, fin, W. III, p. 459 ; trad. p. 467 : *das an sich Wahre [...] nur* gewiesen, *nicht* bewiesen *werden kann.*

l'assurance même [*Zuversicht selbst*] de la raison, et un sentiment invincible tient lieu d'*intuition* »[1].

Ainsi, de même que précédemment l'entendement dans sa réflexion en venait à oublier que c'est à l'intuition de la sensibilité qu'il devait cette irremplaçable révélation de l'être qui constituait son présupposé même, et à se comporter comme un miroir qui se prendrait pour la source d'une lumière qu'il ne fait que réfléchir, de même maintenant, parce que sa réflexion ne peut lui donner que l'écho de la certitude qui s'attache à l'intuition de la raison, il en vient à la nier, pour avoir mal entendu cet écho. C'est ainsi que lorsque la perception par la raison se fait, dans un sentiment invincible, le *témoin* [*Zeugniss*] de la liberté et de la providence, l'entendement, cherchant à démontrer ce qui ne peut être que montré dans la croyance, tend spontanément, mais en vain, à transformer le témoignage en preuve et ne peut « éviter qu'à grand peine de refuser liberté et providence, et même de les nier absolument »[2]. Dans les deux cas, c'est donc la loi même qui régit la fonction explicative et démonstrative de l'entendement qui se retourne en quelque sorte contre la révélation de l'être que cependant son fonctionnement présuppose nécessairement : c'est parce qu'il ne peut connaître et expliquer qu'en *abstrayant* qu'il convertit l'être en néant, et c'est en *réfléchissant* qu'il fait retour sur son présupposé pour le trouver inconcevable. On voit dès lors se manifester les conséquences qui peuvent résulter de la situation intermédiaire de l'entendement, en tant que faculté de démontrer « suspendue » entre les facultés de révéler : dès qu'il cesse de « prendre appui » sur elles, on pourrait dire, pour prolonger les images de Jacobi, qu'il bascule et se retourne sur lui-même : « la réflexion qui le produit lui-même présente la propriété essentielle d'*inverser* »[3]. Ainsi, exclusivement tourné vers le sensible, il fait passer pour réelle une image virtuelle, il prête valeur ontologique à son procédé logique, que ce soit dans le jugement où il fait passer le particulier, qu'il subsume sous l'universel, pour le produit de ce dernier, ou dans la formation des concepts (séparation et union, abstraction et généralisation) où il subordonne l'individuel aux espèces et aux genres jusqu'à faire passer la réalité de celui-ci pour un simple « complément de la possibilité » : « Dans l'entendement le général ne naît *qu'après* le singulier, le concept qu'après la perception ; mais dès que le concept est né, il s'élève au-dessus de la perception et il considère ce qu'il englobe sous lui, l'infinité de l'individuel différencié, comme *né de* lui ; il se considère lui-même ainsi que son fils, le mot,

1. *Choses divines,* Appendice A, W. III, p. 441 ; trad. p. 456.
2. W. II, p. 46.
3. W. II, p. 65 : *die ihn selbst erzeugende Reflexion ist* ihrem Wesen nach umkehrende.

comme la raison et la cause de l'être »[1]. Or « s'il n'est pas et ne veut pas être plus qu'une faculté de réfléchir les intuitions sensibles, l'entendement est incapable d'écarter *cette façon de se représenter les choses à l'envers*[2] [...] partant de l'intuition sensible et se développant avant tout en elle, il ne peut présupposer à cette intuition la notion du Vrai que lui impose la raison, non plus que l'élever au-dessus de cette intuition »[3]. C'est en poursuivant dans ces conditions l'exercice de sa fonction de connaissance, dont la condition est l'abstraction qui anéantit l'être, qu'il égare la philosophie en prétendant en faire l'achèvement de la science; par ses fantasmes logiques il la conduit cette fois au *nihilisme*[4], s'inventant ainsi une deuxième incroyance[5] : l'indétermination passe pour universalité, l'absence de distinction pour compréhension, et la confusion inconsciente de la représentation est assimilée à l'indifférenciation consciente qu'exige l'unification conceptuelle, à la façon dont il arrive que l'absence de doute soit prise pour certitude, selon la célèbre formule de Spinoza[6].

Au terme de ces analyses, il apparaît maintenant que si toute hiérarchie des facultés visant à accorder la préférence à l'une d'entre elles au mépris de l'indispensable complémentarité de leurs fonctions de démonstration et de révélation est bien en principe exclue, on devrait cependant se garder d'accuser Jacobi de se contredire grossièrement lorsqu'il met d'autre part la sensibilité et l'entendement en situation de *subordination* relativement à une *faculté supérieure :* « la véracité du supra-sensible et sa connaissance chez l'homme proviennent d'une *faculté supérieure* à laquelle se manifeste d'une manière qui échappe *aux sens* et à *l'entendement* le Vrai *dans* les phénomènes et *au-dessus* des phénomènes[7] [...] la faculté des sentiments est en l'homme une *faculté qui s'élève au-dessus de toutes les autres* »[8]. Or il ne s'agit nullement de quelque faculté nouvelle, car « elle ne fait qu'un avec la *raison* », mais, précise-t-il, « on serait également en droit de s'exprimer ainsi : ce que nous nommons *raison* et que nous mettons au-dessus du simple entendement *appliqué à la seule nature* provient uniquement et exclusivement de la faculté des sentiments ». Cette autre manière de s'exprimer est en fait celle qui permet à Jacobi de dissiper définitivement « la brume des conceptions régnantes » et de trouver enfin le mode d'exposition approprié à sa conception personnelle de la raison. On

1. *Choses divines,* W. III, p. 415; trad. p. 438.
2. W. II, p. 65.
3. W. II, p. 101-102.
4. *Ibid.* p. 108.
5. *Ibid.* p. 99-100.
6. *Choses divines,* W. III, p. 415-416, note; trad. p. 438.
7. W. II, p. 73-74.
8. W. II, p. 61.

peut en effet y voir la conséquence et l'aboutissement final de la distinction précédemment évoquée entre la « raison-adjectif », instrument dont l'homme acquiert progressivement l'usage et la « raison-substantif » qui possède l'homme parce qu'elle fait son être, car cette manière de s'exprimer suppose le passage du point de vue *logique* adopté par la mécanique supérieure de l'esprit, qui traite les facultés dans le simple jeu de leur fonctionnement, au point de vue *ontologique* qui les considère comme constitutives de l'être spirituel de l'homme. Passage d'importance capitale, puisqu'il permet de montrer que l'entendement n'est pas plus condamné à demeurer ce « simple entendement appliqué à la seule nature » que cette faculté qui « flotte » entre deux espèces de révélation de l'être, l'une sensible, l'autre suprasensible, et qui serait vouée à se perdre « par le bas et par le haut » à cause de l'inversion entraînée par son procédé réflexif qui l'égare dans une « incroyance », idéaliste quand il se retourne sur la révélation sensible, nihiliste quand il s'applique à la révélation suprasensible. Dès lors qu'il est ontologiquement fondé, l'entendement cesse d'être ce Polyphème dont l'œil unique restreindrait le champ de vision aux dimensions d'une science dépourvue de fondement, de pénétration intuitive [*Einsicht*] et de fin ultime »[1] : il retrouve l'œil qui lui permet d'être « éclairé par la raison »[2], il accède au Vrai « *dans* les phénomènes et au-dessus d'eux », il fait le plein de son être en recevant l'extension qui lui revient et que seule la philosophie platonicienne a su lui reconnaître[3].

Kant estimant hors d'atteinte la racine commune des deux souches de la connaissance[4] : la sensibilité qui donne les objets et l'entendement qui les pense (celui-ci n'étant pas intuitif et l'intuition de celle-là n'étant pas intellectuelle), se trouve conduit à poser la question : qu'est-ce que l'homme ? (question de l'*Anthropologie* à laquelle se rapportent les trois autres, celle de la métaphysique, de la morale et de la religion)[5] sous la forme : qu'est-ce qu'un être raisonnable fini, c'est-à-dire « sensiblement affecté »[6] ? De façon comparable, Jacobi, pour qui également « tout être fini

1. W. II, p. 74-75.

2. *Ibid.* p. 9 : *von der Vernunft erleuchteten*. C'est ainsi qu'elle lui procure une « extension authentique » [*Wahrhaft erweiternde*], W. II, p. 58.

3. *Ibid.* p. 57-58.

4. *K. r. V.*, A 15.

5. *Logik*, AK IX, p. 25.

6. *Grundlegung*, AK IV, p. 460 : *das sinnlich affiziertes vernünftiges Wesen*. É. Weil (*Problèmes kantiens*, 2e éd., p. 111, 1970) attire à juste titre l'attention sur la nécessité d'accorder toute sa valeur à la formule de la *K. P. V.* qui définit l'homme comme être raisonnable *fini*, « en tant qu'être naturel, soumis au mécanisme de la nature ». Nous allons voir quelle interprétation et quelle valeur décisive Jacobi accorde de son côté au fait que « l'homme a la plus intime conscience de sa double appartenance au royaume de la nature et à celui des esprits. Il se sait suspendu dans l'intervalle qui sépare le sensible naturel et le

est nécessairement un être sensible »[1], lorsqu'il pose la question : qu'est-ce qu'un entendement *humain ?* en précise la formulation par cette clause : s'il doit être vrai qu'un tel entendement possède nécessairement moins de perfection, c'est-à-dire moins d'être, que *l'entendement pur de Dieu,* tout en en possédant davantage qu'*une intelligence animale ?*[2] Ce repérage ontologique permet une détermination corrélative de l'entendement et de la raison en tant qu'ils sont constitutifs de l'être spirituel de l'homme, comme on peut s'en apercevoir en remarquant que la définition en apparence simplement *logique* d'un jeu de ces facultés : « sans l'entendement, nous n'aurions rien dans les sens, ni non plus dans la raison », appelle cette interprétation *ontologique :* « sans l'entendement, ni *l'être* sensible lui-même, ni *l'être* raisonnable lui-même ne *seraient* »[3]. De fait, d'un côté, dans l'intelligence animale, l'entendement se manifeste comme «*force en soi* unifiante» [*in sich vereinigende Kraft*], indispensable à l'animal le plus inférieur pour son existence de vivant [*lebendigen Dasein*][4], et d'un autre côté, en Dieu, ce qui va de pair avec la volonté toute puissante, c'est un entendement *pur* – entendons : pur de toute *réceptivité.* Dieu étant en effet l'Esprit et l'Être en eux-mêmes, le créant incréé, il serait tout aussi hors de propos de lui attribuer une *raison* que de lui attribuer une sensibilité, dès lors que ces deux facultés ne sauraient avoir d'autre fonction que celle de révéler l'Être. C'est donc tout à la fois l'unité et la dualité de l'entendement et de la raison qui fixent le statut ontologique propre à l'homme : « refuser la réceptivité à la raison ce serait nécessairement l'identifier à l'entendement » en la privant du pouvoir de révéler le suprasensible, et en même temps ne concéder à l'entendement, pour s'élever au-dessus des intuitions sensibles, qu'un simple pouvoir de

suprasensible surnaturel; il se sent et se sait tout à la fois soumis à la nature et supérieur à celle-ci, et ce qui l'élève au-dessus de la nature, il l'appelle sa raison, sa liberté », W. III, p. 398; trad. p. 428.

1. W. III, p. 436; trad. p. 453; cf. également p. 412; trad. p. 436, et ci-dessous p. 116 : *sinnlich vernünftigen.*

2. W. II, p. 8 : « Jamais personne n'a parlé d'une raison animale, mais tous reconnaissent une intelligence animale », qui a ses degrés. Ce mode de présentation, qui se développe au début et à la fin de l'Introduction (W. II, p. 8-10, et p. 110-111), s'indiquait déjà dans *Choses divines,* W. III, p. 395-398; trad. p. 427-429. C'est aussi celui auquel Kant recourt de son côté pour définir la notion d'*intérêt* qui « ne trouve place que dans la volonté *dépendante* de l'être raisonnable *fini :* 1 – « dans la volonté *divine,* on ne peut concevoir d'intérêt » (*Grundlegung,* Ak. IV, p. 413, note); 2 – « les créatures *privées de raison* ne font qu'éprouver des impulsions sensibles », *ibid.* p. 460, note. 3 – La beauté, objet d'un jugement de goût *désintéressé,* « n'a de valeur que pour les hommes, c'est-à-dire des êtres d'une nature *animale,* mais cependant *raisonnable* (*K. U.*, § 5).

3. W. II, p. 26.

4. *Ibid.* p. 26.

réfléchir sur celles-ci, qui ne le spécifierait que par le degré relativement à l'intelligence animale à laquelle il faut déjà reconnaître un pouvoir d'*association,* puisque « la conscience associative est la racine de l'intelligence »[1]. Dans ces conditions, l'entendement de l'homme n'aurait sur l'intelligence de l'animal d'autre supériorité que celle dont fait montre l'œil pourvu d'un instrument (télescope ou microscope) sur celui qui en est démuni[2]. Il faut donc reconnaître que « seule la raison distingue spécifiquement l'homme de l'animal, l'élève au-dessus de lui non pas simplement en degré, mais en nature, c'est-à-dire incomparablement »[3]. Ce qui signifie que « par son authentique fonction de révélation, la raison *rend possible* un entendement humain qui surpasse l'intelligence animale et possède un savoir de Dieu, de la liberté, du vrai, du beau et du bien »[4]. Mais on ne saurait se borner à accorder à cette possibilité un sens *logique,* qui impliquerait une subordination de l'entendement à la raison dans le seul ordre du connaître. En effet, lorsqu'on constate que l'animal dépourvu de raison est tout aussi incapable de science que de sentiments et de concepts moraux et religieux, il importe de comprendre que « ce n'est nullement parce qu'il est privé de la science que ces sentiments et concepts lui font défaut; car « la raison n'est pas fondée sur la faculté de penser [*Denk-kraft*] et elle n'est pas une lumière qui ne luirait que plus tard dans l'entendement. C'est au contraire la faculté de penser qui est fondée sur la raison, laquelle, là où elle est, éclaire l'entendement »[5]. En d'autres termes, la raison-adjectif ne peut assumer sa fonction de révélation du suprasensible que parce que la raison-substantif est la manifestation de l'Être qui est Esprit. Donc, « si l'homme n'est pas seulement sens et entendement réfléchissant », c'est qu'en lui « vit un esprit [*Geist*] provenant immédiatement de Dieu, qui constitue l'être propre de l'homme et qui permet seul à son entendement de devenir entendant (intelligent), c'est-à-dire de devenir un entendement *humain* »[6].

Cette détermination ontologique rend un tel entendement tout à la fois souverain et subordonné. D'une part, il est souverain en ce sens que ni la sensibilité, ni la raison ne se conçoivent sans lui : « on dit des sens, de l'œil, de l'oreille, de la langue qui goûte, qu'ils jugent [*urteilen*] et même qu'ils apprécient [*beurteilen*] encore qu'on sache bien que le sens percevant ne fait que révéler, tandis que les jugements relèvent de l'entendement

1. *Ibid.* p. 62.
2. W. II, p. 27.
3. W. II, p. 61.
4. W. II, p. 9.
5. W. II, p. 111.
6. W. II, p. 119 : *sein Verstand erst verstandig wird.*

réfléchissant »[1]. C'est donc que nous voyons clairement que la *sensibilité* sans aucun entendement, c'est-à-dire sans aucune conscience qui réfléchit et associe, manifestant ainsi sa spontanéité [*selbsthätige*], est un non-sens [*Unding*]. Il en va de même de la *raison :* la raison sans l'entendement est une absurdité [*Ungedanke*], exactement comme une science et un art qui s'exerceraient sans rien savoir d'eux-mêmes [*von sich nicht wissenden, bloss werktätigen*] »[2]. Mais d'autre part, cette dernière comparaison précisément permet de comprendre la vraie nature de la subordination qui ne lui permet d'avoir « ni le premier, ni le dernier mot » et qui fait que « *chez l'homme,* partout l'entendement vient seulement *après coup* »[3]. En effet, « c'est seulement pendant et après l'exécution d'un acte qu'il s'aperçoit que dans l'homme l'esprit qui le gouverne exerce son action »; avant, il n'en pouvait rien savoir. Or dès qu'il s'en aperçoit il sait que cette action ne peut provenir de lui, puisqu'il n'est lui-même capable que de réfléchir [nach-*sinne*]. Aussi « à l'*origine* [*ursprünglich*] il est tout disposé [*allerdings geneigt*] à reconnaître à l'action une source spirituelle, à admettre qu'elle n'est pas « un effet aveugle » [*blindes Wirken*] et mécanique[4], à concevoir l'*intelligence* [*Intelligenz*] et la *volonté* comme précédant partout l'acte »[5]. De toute évidence, l'intelligence dont il est ici question ne désigne ni la faculté de l'homme, ni celle de l'animal, puisqu'elle s'identifie avec « l'esprit [*Geist*] qui règne en l'homme »; il faut comparer cet emploi de la notion avec celui qu'en fait Kant lorsqu'il veut désigner l'être de l'homme en tant qu'il se pense dans sa réalité d'être raisonnable : « un être raisonnable doit, en tant qu'intelligence (et non par conséquent du côté de ses facultés inférieures) se regarder lui-même comme appartenant non au monde sensible, mais au monde intelligible. [...] L'homme qui se considère de la sorte comme intelligence va s'établir par là dans un autre ordre des choses et dans un rapport à des principes de détermination d'une tout autre espèce »[6]. De même la volonté qui est conjointement évoquée, loin de s'attacher à la seule faculté de délibérer et

1. La formule rappelle celle de Kant au § 40 de la *K. U. :* « il arrive souvent qu'on donne à la faculté de juger lorsque sa réflexion est moins notable que le résultat de cette réflexion, le nom de *sens,* et qu'on parle d'un sens de la vérité, des convenances, de la justice, etc. encore que l'on sache, ou du moins que l'on doive raisonnablement savoir, qu'il n'y a pas un sens où de tels concepts pourraient avoir leur siège [...] ».

2. W. II, p. 109-110.

3. W. IV (1), p. 243; trad. p. 204.

4. « Il faut entendre par là tout enchaînement nécessaire. En ce sens large, la notion de *mécanique* englobe tout ce qui est conséquence nécessaire dans le temps selon la loi de causalité [...] bref tout ce qui se manifeste uniquement selon le cours de la nature et qui est attribué à ses seules forces », *Sur l'inséparabilité ...*

5. W. II, p. 316, note.

6. *Grundlegung,* III, AK. IV. p. 452 et 457.

de choisir dont l'homme a conscience, désigne « la force créatrice [*vorbildende*] qui habite l'homme de manière originaire et s'élève au-dessus de celle qui, en lui, se contente de reproduire [*nachbildende*] d'après l'expérience »[1]. La volonté ainsi conçue signale donc la transcendance de l'Être pour un être fini qui n'est pas par lui-même, en ce qu'elle s'impose à lui de façon tout à la fois irrésistible et inconcevable : « Je ne connais pas la nature de la volonté, c'est-à-dire d'une force créatrice qui se détermine et se gouverne elle-même ; je ne connais pas son essence intime et ses lois, car je ne suis point par moi-même. Mais je sens qu'une force de ce genre est la vie la plus intime de mon être; grâce à elle, j'ai le pressentiment de mon origine »[2]. Alors qu'en Dieu la pureté de l'entendement va de pair avec la toute puissance de sa volonté, la finitude de l'entendement de l'homme est ontologiquement fondée dans sa soumission à cette force créatrice qui le gouverne : « l'entendement *de l'homme* n'a pas sa vie, sa lumière en lui-même et ce n'est pas grâce à lui que sa volonté se déploie. C'est au contraire l'entendement de l'homme qui se développe grâce à sa volonté, qui est un éclat de la pure lumière éternelle et une force de la toute puissance »[3]. Aussi la finitude d'un tel entendement réside-t-elle très précisément dans une alliance de sa souveraineté dans l'ordre du connaître avec cette subordination dans l'ordre de l'être qui s'attache nécessairement à tout ce qui est créé. Et c'est cette disparité qui donne sa signification à une notion de la raison attribuée en propre à l'homme, puisqu'elle est exclue tout à la fois par l'entendement divin et par l'intelligence animale.

« En l'homme, il n'y a rien au-delà de l'entendement et de la volonté éclairés par la raison, *pas même la raison elle-même,* car la conscience de la raison et de ses révélations n'est possible que dans un entendement. Avec cette conscience l'âme vivante devient un être raisonnable, un être humain »[4]. Aussi est-ce au seul entendement qu'il revient de philosopher, et c'est de cette faculté des concepts que la philosophie « comme tout autre système de connaissances, tient *sa* forme. Sans ces concepts, aucune reprise de conscience [*Wiederbewusstsein*] des connaissances, par suite également, aucune distinction et comparaison, séparation et connexion; impossible de peser, soupeser et évaluer, bref de prendre possession

1. W. II, p. 113-114.

2. W. IV (1), p. 248; trad. p. 207.

3. *Lettre à Herder,* 11 janvier 1785, W. I, p. 402; formules littéralement reprises dans les *Lettres sur Spinoza,* W. IV (1), p. 248; trad. p. 207. « Il y a en l'homme des tendances, il y a en lui une loi qui lui ordonne sans relâche de se montrer plus fort que la nature qui l'entoure et le pénètre. Il faut donc que brûle en lui l'éclair de toute puissance qui est la vie de sa vie, sans quoi le mensonge est la racine de son être [...] Mais si la vérité est en lui, alors la liberté y est aussi et c'est le savoir le plus véridique qui jaillit de son vouloir », W. II, p. 44.

4. W. II, p. 9.

d'aucune vérité »[1]. Mais d'autre part la philosophie ne peut attendre « *le contenu* qui lui revient en propre » que d'une raison qui « ne crée de concepts, ne construit pas de systèmes, ne juge même pas, mais à l'égal des sens externes, révèle simplement, annonce positivement »[2]. Et de là vient que le Vrai auquel l'homme aspire, « il le sait et il ne le sait pas : il nomme raison ce qui lui permet de le savoir, entendement ce qui ne le lui permet pas, mais l'incite à le chercher »[3].

§ 5 – *Philosophie et non-philosophie : la docte ignorance*

Le rapprochement de ces formules, prises dans toute leur précision prend une valeur décisive en conduisant au cœur de la conception que Jacobi se fait de la philosophie, car il montre que la distinction radicale de l'entendement et la raison rend à la rigueur impossible l'adéquation que la philosophie ne peut manquer de rechercher entre sa forme et son contenu. Et de fait, c'est bien l'expérience personnelle de cette exigence aussi impérieuse qu'impossible à satisfaire dont Jacobi fait la confidence à Hamann : « Dans mon cœur, c'est la lumière, mais dès que je veux la porter dans l'entendement, elle s'éteint. Des deux espèces de clarté, laquelle est la vraie ? celle de l'entendement qui révèle des formes solides, mais qui ne recouvrent qu'un abîme sans fond ? ou bien celle du cœur qui irradie vers le haut une lumière pleine d'espérance et de promesses, mais nous fait éprouver le manque d'une connaissance déterminée ? L'Esprit humain peut-il saisir la vérité si ces deux formes de clarté ne parviennent pas à se rejoindre ? et cette union est-elle pensable autrement que par miracle ? »[4].

Assurément, tant qu'on demeure placé au seul point de vue logique, une complémentarité entre les fonctions des deux facultés, dont l'une révèle tandis que l'autre explique, semble rendue possible par leur simple limitation réciproque. Mais il apparaît déjà qu'une telle limitation implique en fait une soumission de l'entendement à la raison qui est exposée à être incessamment remise en cause par les procédés qui sont propres à l'exercice de cet entendement lui-même : il cherche à transformer la révélation que la raison apporte dans le sentiment en objet de connaissance, il essaie de s'en saisir par ses concepts, et dès lors c'est un effet proprement subversif que produisent son abstraction qui anéantit et sa réflexion qui inverse ; car « l'entendement *de l'homme* reposant entièrement sur ce sentiment repose par conséquent sur la raison, est fondé sur elle et la

1. W. II, p. 38.
2. W. II, p. 58.
3. W. II, p. 101.
4. *Lettre à Hamann,* 16 juin 1783, W. I, p. 367.

présuppose comme instance supérieure »[1]. Or il est « presque inévitable » que l'entendement tende à porter la science à sa perfection et à s'élever avec elle et grâce à elle au-dessus de la raison »[2], parce que son principe d'explication, c'est celui de causalité qui exige que soit trouvée la condition de tout conditionné. Mais lors même qu'on aura pu montrer que ce principe doit son sens à la révélation que la raison procure de l'inconditionné comme seule cause véritable, c'est seulement en passant au point de vue ontologique que l'on peut comprendre en quel sens un entendement *humain* ne pourrait assumer sa fonction propre d'explication sans la présupposition d'une raison qui est véritablement la marque de Dieu sur son ouvrage, en ce sens précis qu'elle *fait* l'être *fini* de la créature : « l'être, la conscience et l'action *de l'être raisonnable fini* sont conditionnés par une double réalité qui lui est *extérieure :* la nature *au-dessous de lui,* Dieu *au-dessus* de lui[3] [...] et la raison immédiatement issue de Dieu se tient entre Dieu et son œuvre visible, la nature, percevant les deux, et témoignant pour les deux avec la certitude de son être propre »[4]. En conséquence « sa réalité, sa véracité et sa dignité reposent uniquement sur le dualisme inextirpable, l'opposition originaire [*Urgegensatz*] du naturel et du supranaturel, ou de la nécessité et de la liberté, ou d'une providence et du destin aveugle – car toutes ces oppositions ne font ensemble qu'une seule et même opposition »[5]. C'est donc en fin de compte « l'antagonisme originaire, fondé dans la nature raisonnable de façon sensible [*sinnlich vernünftigen*] de l'homme, et qu'il est, de ce fait, impossible d'extirper entièrement »[6], qui condamne l'entendement et la raison à une *concordia discors* que l'on pourrait dire « continuée » du fait même qu'elle est inéluctable. C'est parce que l'homme est « en un seul et même être [*in einem und demselben Wesen*] cette conjonction de nécessité naturelle et de liberté en un fait *(Factum)* absolument impossible à concevoir, à la fois un miracle et un mystère de la création »[7] que Jacobi est conduit à assimiler la conjonction de l'entendement et de la raison à celle que Saint Paul concevait entre le charnel et le spirituel. Le premier « ne peut renoncer qu'avec la plus extrême répugnance » à son espérance d'une science parfaite

1. W. III, p. 414 ; trad. p. 437.
2. *Ibid.* p. 411 ; trad. p. 435.
3. W. III, p. 274 ; trad. p. 354.
4. W. III, p. 378 ; trad. p. 416. Ainsi la raison « se tient entre [*steht zwischen*] Dieu et la Nature », alors que l'entendement est « en suspens entre » [*in der Mitteschwebende*] la révélation (sensible) de la sensibilité et la révélation (supra-sensible) de la raison (W. III, p. 436 ; trad. p. 453).
5. *Ibid.* p. 394-395 ; trad. p. 426.
6. *Ibid.* p. 412 ; trad. 436.
7. *Sur l'inséparabilité* ... W. II, p. 317.

qui l'élèverait au-dessus de la seconde, et « lors même qu'il y a renoncé, la même vaine aspiration ne cesse, malgré qu'il en ait, de revivre en lui. Car de même que, selon le mot de Saint Paul, la chair désire contre l'esprit, l'esprit contre la chair et que tous deux sont rivaux, ainsi dans l'homme de son entendement et de sa raison. Et de même que le charnel est ce qui est *manifeste* (et que nul ne conteste son existence et sa puissance), tandis que le spirituel est ce qui est *caché* (et que l'on peut bien contester qu'il existe et se montre plus puissant), ainsi en va-t-il également, dans le domaine spéculatif, de ce que l'entendement *démontre* comme vérité et de ce que la raison se contente de *révéler comme vérité prépondérante*) »[1].

La pérennité de l'entreprise philosophique, et plus précisément la nécessité à laquelle elle se trouve soumise d'être un perpétuel recommencement, se fondent sur cet antagonisme : la philosophie est intimement liée à la vie spirituelle de l'homme, parce que celui-ci est animé d'un besoin permanent de se « ressaisir » en reprenant l'unité qui fait son être, en la regagnant sur la séparation d'avec lui-même à laquelle il ne cesse d'être en proie. Assurément la raison qui le possède le fait « *naître et vivre* dans la croyance », mais « sans l'entendement, il est impossible de *prendre possession* d'aucune vérité »[2]. Or le sentiment de la raison échappe à l'acte de la saisie conceptuelle et se dérobe ainsi aux prises de l'entendement. – « La philosophie naît du surgissement en nous d'une contradiction, c'est-à-dire que nous voyons double, qu'une vérité nous a été soustraite, dont nous voulons reprendre possession. Nous nous trouvons dans la vérité et ce n'est que peu à peu que nous nous apercevons que nous ne la possédions pas du tout »[3]. Voilà pourquoi l'amour du savoir qui définit la philosophie, loin qu'il puisse devenir enfin, comme Hegel estimera que le temps en est venu, « savoir effectivement réel »[4], ne saurait se faire valoir autrement que comme « docte ignorance ». Il est vrai que l'homme est capable de parvenir dans la science à des connaissances « parfaites en leur genre », de les posséder et de les avoir en son pouvoir, « mais avec elles il ne peut rien contre son ignorance radicale »[5]. Leur « vanité » que dénonçait Pascal, tient précisément à ce qu'elles sont seulement la création de l'homme ; elles n'ont « de vérité que dans l'image et de contenu que dans des rapports ». Et si Jacobi ne va pas jusqu'à condamner leur recherche comme « divertissement », du moins reproche-t-il à ce « jeu », si « noble » soit-il, de nous

1. *Choses divines*, W. III, p. 411 ; trad. p. 436.

2. W. II, p. 38.

3. W. IV, p. 168 ; également, p. 167, p. 225.

4. *Phénoménologie de l'esprit*, Préface, § 1, fin : « elle pourra déposer son nom d'*amour du savoir* pour devenir *savoir effectivement réel* ».

5. *Choses divines*, W. III, p. 305 ; trad. p. 373.

« distraire de notre ignorance », et de « tuer le temps au lieu de l'occuper vraiment »[1]. Quant à ces autres connaissances « que nous aspirons seulement à obtenir », celles qui au contraire, ont précisément pour objet « ce qui retient et résout [*anhält und auflöst*] le temps, son intention, son accomplissement et son interprétation [*Absicht, Erfüllung und Auslegung*] – le but de la nature et la fin dernière de l'homme – le sens de Dieu et l'être de la vérité, nous ne les possédons et nous n'en disposons pour en faire réellement usage que juste autant que l'esprit de chacun est capable d'en effectuer en lui la vivante production. Elles sont inséparables de la force actuelle de l'esprit, rien *d'extérieur* ne peut les produire ou confirmer, ni pour nous-mêmes, ni pour autrui ; tout moyen destiné à cette fin ressemble au nœud dans un mouchoir : on le voit, il rappelle, mais on ne saurait dire ce qu'il doit rappeler. C'est en vie qu'il faut les saisir, en vie qu'il faut les maintenir. En être capable est la force souveraine de l'âme – force que ne recèle aucun anneau magique de la philosophie ancienne ou moderne qu'il suffirait d'acquérir et de se passer au doigt [...] c'est à l'homme qu'il revient de l'invoquer et provoquer [*hervorrufen*] en lui-même »[2]. Ce qu'un miracle a fait : le mystère de la création qui a conjoint nature et liberté en un seul et même être, ce fait incompréhensible qu'est l'homme – seul un autre miracle peut le refaire, et, si l'on comprend bien l'aveu fait à Hamann, philosopher c'est avant tout se disposer incessamment de manière active [...] à attendre qu'il se refasse. « Je soutiens que la croyance est contemplation. Le philosophe veut parvenir à connaître à fond, désir et exigence qui viennent à l'homme de ce qu'il arrive à sa croyance d'être déçue par l'événement, de ce qu'il se met soudain à voir double, par exemple la même chose bleue le matin, verte le soir. L'homme cherche à résoudre cette contradiction, mais tandis qu'il la résout, il en surgit de nouvelles. Il les résout à leur tour. Son besoin de philosopher, son plaisir à philosopher croissent à mesure, et plus il voit, plus il est ignorant. En vérité le philosophe se tourmente toute sa vie à résoudre des contradictions, mais, ce faisant, il ne parvient jamais à contempler et c'est à le savoir que toute philosophie parvient en conclusion »[3].

1. *Ibid.* p. 306, et *Lettre à Fichte,* p. 29-30 ; trad. p. 319 : « Prises simplement en tant que telles, nos sciences sont des jeux que l'esprit s'invente en passe-temps. En inventant ces jeux, il ne fait qu'organiser son ignorance, sans même s'approcher si peu que ce soit d'une connaissance du Vrai. En un certain sens, il s'en éloigne plutôt puisque, par cette occupation, il ne fait que se distraire de son ignorance, dont il ne sent plus l'importance ».

2. W. III, p. 307 ; trad. p. 374.

3. *Lettre à Reinhold,* 7 février 1800, *Reinholds Leben und literarisches Wirken,* Iéna, 1825, p. 256.

C'est donc au point précis où s'articulent l'activité qu'exige cette mise en disposition convenable et la passivité qu'impose l'attente d'un tel miracle que se décide la prise de position philosophique de Jacobi. Si elle se désigne comme « non-philosophie », ce n'est pas seulement parce que philosopher consiste primordialement à récuser cette science illusoire où une philosophie égarée prétend trouver le parachèvement de toute science, c'est aussi parce que le savoir, dont s'éprend une philosophie qui s'authentifie par cette récusation même, s'annonce comme celui d'un non-savoir; parce que l'objet du zèle sans défaillance qu'elle met à savoir expliquer et démontrer se laisse pressentir comme ce qui se dérobe à jamais à un savoir de cette espèce : sorte d'intangible étalon-or d'une certitude originaire et suprême, dont celle que toute science peut procurer ne peut être que la monnaie fiduciaire. Il arrive à cette philosophie nouvelle de se concevoir elle-même, telle la philosophie d'Auguste Comte, comme terme d'une loi des trois états qui aurait gouverné l'histoire de cette aventure de la pensée. En son âge « dogmatique », l'ambition qui est propre à tout savoir, d'atteindre la chose elle-même par delà la forme de toute chose, le Vrai par delà toute vérité, l'a d'abord conduite à prétendre être la science du suprasensible, sans qu'elle s'aperçoive que le Vrai, réfractaire au traitement dissolvant que toute connaissance humaine impose à son objet, ne pouvait être sa créature. Elle est entrée en son deuxième âge lorsque la critique de Kant a permis à Fichte de constituer une doctrine de la science : ces deux grands hommes ont été les Huyghens et Newton de l'esprit, dont ils ont exposé « la théorie des mouvements en milieux résistants », en faisant la démonstration complète d'un « système de l'intellect » [*Intellectual-System*] ; ils ont ainsi définitivement barré une fausse route et mis un terme à l'illusion de l'entendement qui espérait « produire l'être et les forces vivantes » à l'aide de signes, lettres et chiffres. Mais à s'en tenir à cette science de la connaissance, l'homme resterait « les deux yeux braqués sur le bout de son nez » : le temps est venu pour lui – et c'est le dernier âge dont Jacobi se flatte d'être le prophète – de porter plus loin son regard désormais guidé vers une contemplation de la transcendance de l'être, et de s'éprendre de la science de son inscience »[1].

Il est vrai cependant que c'est une ère de restriction qui s'ouvre ainsi, en un certain sens au moins, qu'il faut aussitôt reconnaître : « la voie de la

1. « In die Wissenschaft seiner Unwissenheit jetzt sich vergassen », *Lettre à Fichte*, W. III, p. 30-31 ; trad. p. 319-320. On peut remarquer que tout naturellement les trois états de cette histoire correspondent aux trois âges de l'entendement : parvenu à « l'âge mûr » il rejette la conception que « dans son enfance » il se faisait du principe [*Grund*] comme absence de principe [*Ungrund*], comme chaos, pour lui substituer celle d'Un-Tout (W. II, p. 118). Enfin quand il accède à la « connaissance de lui-même, il renonce à la vaine espérance de s'élever à l'omniscience » (W. III, p. 410 ; trad. p. 435).

doctrine de Jacobi, dit-il lui-même, ne convient pas à l'entendement qui, (tout en s'arrogeant le nom de raison philosophante), s'en tient strictement au concevable : elle n'a pour elle que la raison qui révèle immédiatement sans expliquer, la croyance rationnelle naturelle »[1]. Or s'il est incontestable que c'est là le plus puissant des alliés, tout ce que peut faire le discours authentiquement philosophique, c'est « en appeler à cette raison [*auf die Vernunft berufen*], entendant par là un certain quelque chose [*ein gewisses Etwas*], qui, en droit [*von Rechts*], devrait inspirer nos convictions à tous les hommes »[2]. Mais Platon est-il jamais plus grand que lorsqu'il « avoue sans déguisement qu'il est impossible de réfuter le sophiste décidé », pour la raison précise que ce qu'il nie ne peut être « démontré » et que, pour le lui « montrer » il faudrait qu'il eût déjà tourné « toute son âme » du côté où on peut le voir ?[3] Il est de fait que « la raison montre sa force précisément en s'élevant librement au-dessus de tout point de vue particulier et parvient à une conception qui rejette ou détruit l'illusion inhérente à l'individualité finie. Le malheur, c'est que cette prérogative de l'infaillibilité, de l'indépendance à l'égard des préjugés de l'imagination sensible, est limitée dans son exercice par tant de clauses que le philosophe qui, pour ne jamais juger qu'infailliblement, resterait consciencieusement dans ses limites, pourrait, il est vrai, dire son mot sur presque toutes les choses, mais son discours ne pourrait être que mince et bref »[4].

Qui se croirait du même coup autorisé à juger bien long le discours philosophique de Jacobi, devrait cependant se garder de l'accuser d'inconséquence. Car il faut qu'il soit tel, c'est d'abord qu'il se doit d'exprimer « la sainte colère philosophique »[5] contre la méconnaissance de la raison et du Vrai, dont ne cesse de se rendre coupable une philosophie qui ne se targue de devenir ou d'être déjà science que parce que l'entendement philosophant

1. W. II, p. 36-37.

2. W. III, p. 311 ; trad. p. 377. L'expression : « ein gewisses Etwas » est en allemand synonyme de : *« ich weiss nicht etwas »* pour signifier le fameux *« je ne sais quoi »* (Corneille, *Rodogune,* I, 5, *Médée* II, 6 – Pascal, *Pensée* 162 – Leibniz *Méditations,* etc ..., de façon générale, passim dans la « critique » au 17e et au 18e siècle). Que ce « certain quelque chose » soit « quelque chose de certain », c'est précisément là ce qui est essentiel à la « croyance » selon Jacobi : non-savoir au regard de la science qui trouve ce « quelque chose » *incompréhensible,* c'est cependant « la certitude de première main » qui rend possible toutes les autres.

3. W. III, p. 459 ; trad. p. 467, avec un renvoi au livre VII de la *République*. À propos de *Woldemar,* W. von Humboldt remarquait que « dans une théorie de ce genre, le seul moyen de convaincre est de mettre autrui précisément dans la situation où j'ai moi-même pris conscience d'une telle intuition. La flamme qui doit luire ici ne peut être allumée que par la flamme qui brûle déjà », *Allgemeine Literatur Zeitung,* septembre 1794, p. 807-821.

4. W. III, p. 309 ; trad. p. 375 ; également : W. IV, *Vorbericht* p. XLIX *sq.*

5. W. III, p. 312 ; trad. p. 377 : *recht rein philosophischen Grimm.*

s'obstine à oublier sa subordination primordiale. C'est ensuite en conséquence d'une simplicité si absolue de son objet qu'elle exige la réitération infinie de ce discours, à la façon dont l'araignée se voit contrainte de retisser sa toile, ravagée des captures qu'elle permet. L'étude de la croyance nous conduisait déjà à y déceler une anticipation de la thèse bergsonienne logeant au cœur de toute philosophie une intuition si simple que l'auteur ne parvient jamais à la dire ; il n'est nullement fortuit que, pour la désigner, Jacobi use du même terme qu'il applique à la perception, « saisie du vrai » : celui de miracle : « toutes les philosophies sans exception sont redevable d'un miracle ; chacune a son lieu particulier, son lieu saint où se produit le miracle qui lui est propre [1]. Au sein de la sienne c'est une sorte de « miracle continué » [2] qui est attendu d'une subordination des explications et des démonstrations à l'obtention d'une contemplation du Vrai dans l'unicité d'un sentiment. La révélation de ce principe transcendant, tout à la fois présupposé et pressenti par la raison, devient la source d'une transfiguration du mécanisme de la nature en son être sensible par la liberté et la providence en leur être supra-sensible, et elle permet à l'être raisonnable fini tout à la fois de ressaisir l'unité qui fait son être et d'exalter la conscience de sa vie spirituelle. Sitôt cette fin atteinte, si entière est la certitude assurée par l'immédiation du sentiment qu'en remettant les moyens discursifs à leur rang, elle pourrait aller jusqu'à les reléguer à celui d'accessoires superflus s'ils ne conservaient valeur indispensable de truchements : « Combien je voudrais rendre ces propositions et ces conclusions aussi faciles à saisir qu'elles sont évidentes pour moi ! Alors on apercevrait ce qu'il y a de *contraire à la raison* à vouloir exiger une *démonstration* » [3]. S'il faut sans cesse reprendre le discours philosophique, les explications et les démonstrations, c'est parce que le miracle est toujours à refaire : pour mériter de *voir*, de « contempler le pressentiment », il faut savoir se donner la peine de *regarder*. Aussi retrouvons-nous Jacobi parfaitement conscient des exigences d'une rhétorique appropriée à l'originalité d'un tel discours : « Si des tournures, comparaisons et images de toutes sortes ramènent incessamment à la même chose, si je m'interromps et si je me mets en opposition [*contrastire*], à seule fin de me répéter, je puis en conscience en donner l'assurance au lecteur inattentif, ce

1. W. III, p. 55 ; trad. p. 334.

2. *Lettre à F. L. Stolberg* du 29 janvier 1794 : « Si la religion chrétienne est sublime [...] c'est qu'elle enseigne un miracle continuel dont chacun peut avoir l'expérience : la régénération de l'homme par une force supérieure ».

3. W. IV (2), p. 156 ; trad. p 293.

n'est pas par inadvertance et négligence, mais après mûre réflexion et de propos délibéré »[1].

Dès le début de notre étude nous nous refusions à chercher une philosophie de la croyance dans une œuvre qui récuse la philosophie au nom de la croyance, imposant ainsi cette alternative : *ou bien* philosophie – telle qu'elle s'obstine à se concevoir elle-même : une connaissance démontrée, qui se montre en fait un art de perdre le sens en s'inventant une incroyance – *ou bien* croyance, telle qu'elle impose à Jacobi le seul dessein de démontrer qu'elle devrait en principe s'imposer à tous. Il se confirme maintenant que le seul discours qui mérite à ses yeux d'être qualifié de philosophique ne saurait prendre la croyance proprement comme *objet,* du fait même que cette croyance constitue pour parler comme lui, l'Alpha et l'Oméga de ce discours : elle en est l'origine, puisque c'est elle qui lui vaut d'être tenu et qu'il lui doit son sens, elle en est la fin puisqu'il se partage indéfiniment entre son invocation et sa célébration. « Dans la philosophie de Jacobi, dit Schelling dans les *Leçons de Munich,* l'entendement est le principe dont nous pouvons dire qu'il est substantiellement *non-savant* [*substantiell nicht wissende*], mais de ce fait même avide, affamé de savoir. Le sentiment de Jacobi n'est proprement que la faim du savoir. L'entendement, principe positif du savoir, est dans cette philosophie une espèce de demi-vouloir, qui n'a pas la force de supprimer, en sa qualité de sentiment, le sentiment qui est sa seule incitation, à la façon dont le sentiment de la faim se supprime par l'absorption et l'assimilation de la nourriture »[2]. Il se trouve que Jacobi aurait pu estimer qu'il répondait par avance à cette objection en définissant en pleine conscience sa vocation philosophique : « Tout compte fait, mon devoir d'écrivain fut d'exposer mon non-savoir. Je ne suis pas chargé de parler à des gens affamés, mais à ceux qui sont rassasiés; pour leur expliquer comment est possible le phénomène naturel de la faim »[3].

1. W. III, p. 332; trad. p. 389.
2. *Zur Geschichte der neueren philosophie,* S. W. V, p. 189.
3. *Lettre à Ewald,* 10 juin 1791, Roth II, p. 58.

FRIEDRICH HEINRICH JACOBI

DAVID HUME ET LA CROYANCE
IDÉALISME ET RÉALISME
DIALOGUE

> La nature confond les Pyrrhoniens et la raison confond les Dogmatistes. Nous avons une impuissance à prouver, invincible à tout le Dogmatisme. Nous avons une idée de la vérité, invincible à tout le Pyrrhonisme (Pascal)*.

Werke, Zweiter Band, Leipzig, bei Gerhard Fleischer, 1815.

C'est la pagination de cette édition originale – réimprimée anastatiquement par la *Wissenschaftliche Buchgesellschaft,* Darmstadt, 1980 – que nous indiquons en marge de notre traduction.

Les notes et commentaires du traducteur (pp. 259 *sq.*) sont appelés par astérisque * et renvoient toujours à la pagination marginale des *Werke*.

PRÉFACE

POUVANT SERVIR D'INTRODUCTION

À L'ENSEMBLE DES ÉCRITS PHILOSOPHIQUES DE L'AUTEUR *

> Εὖ δ'ἡ παροιμία δοκεῖ ἔχειν, τὸ δὶς καὶ τρὶς τό γε καλῶς ἔχον ἐπανοπολεῖν τῷ λόγῳ δεῖν.
>
> Platon, *Philèbe,* 60 A : « Apparemment le proverbe a raison : c'est deux et trois fois qu'il faut redire ce qui est bien ».

| Le dialogue qu'on va lire se rattache à l'ouvrage sur la doctrine de 3
Spinoza. Il parut au printemps de 1797, un an et demi après la première publication des *« Lettres à Mendelssohn »,* et deux ans *avant* leur deuxième édition augmentée d'importants appendices.

La thèse soutenue par l'auteur dans l'ouvrage sur la doctrine de
Spinoza : *toute* | *connaissance humaine provient de la révélation et de la* 4
croyance, avait suscité un scandale général dans le monde philosophique allemand*. Il était absolument inadmissible qu'il y eût un savoir de première main qui fût la condition première de tout savoir de seconde main *(la science),* un savoir *sans preuves* qui précédât nécessairement le savoir qui *procède de preuves,* qui en fût le fondement, qui le commandât toujours et souverainement.

C'est pour justifier cette thèse contestée et pour exposer dans toute leur absurdité et fallacieuse indigence les reproches qui me furent adressés à son propos : d'être un ennemi de la raison, un prêcheur de la croyance aveugle, un contempteur de la science et spécialement de la philosophie, un enthousiaste, un papiste – que le dialogue qui suit a été écrit.

Lorsqu'il parut, entre le système demeuré prédominant de l'école leibnizo-wolfienne (c'est surtout à ses adeptes qu'il avait affaire) et la doctrine *nouvelle* de Kant en pleine ascension, l'auteur occupait, avec ses

5 convictions qui s'écartaient de l'une et de l'autre, | une position intermédiaire; or comme à l'époque ce dialogue a joué un rôle dans la façon de penser des contemporains et s'est imposé comme une publication non dépourvue d'importance au point de vue philosophique, il peut donc de nos jours encore, en des circonstances assurément différentes mais qui demeurent comparables, se maintenir et prolonger son action en raison de la vérité qu'il recèle et de son importance historique.

À cause de cette importance historique que je voulais conserver intacte, je me suis interdit, dans la présente réédition de mon œuvre, de lui apporter telles améliorations qui l'eussent soustraite à son temps et altérée dans sa valeur de document historique[1].

Et pourquoi donc me faudrait-il prétendre dissimuler que je pouvais, il y a trente ans, être dans l'erreur, alors que je n'y suis plus aujourd'hui? Est-ce que par hasard je me tiendrais pour exempt maintenant de toute erreur, et me croirais à ce jour à ce point possesseur de la vérité que désormais ni moi
6 ni personne n'auraient plus rien ni à y ajouter, ni à en ôter? | Des sots peuvent bien se vanter publiquement d'être riches et satisfaits de manière pleine et entière; ils peuvent même vouloir persuader et parvenir à persuader les naïfs qu'en vérité ils ne se sont jamais trompés, mais que s'ils paraissaient si souvent se contredire, cela tient uniquement à ce qu'il est impossible que l'esprit supérieur se fasse comprendre d'un seul coup et se révèle tout entier aux esprits plus simples : nous préférons nous vanter d'avoir seulement pris sans cesse plus profondément conscience de la distance qui nous sépare d'une connaissance et d'une science du vrai satisfaisante pour l'esprit, grâce à notre zèle opiniâtre à poursuivre cette science, mais en même temps, et précisément de ce fait, d'être seulement devenu toujours plus assuré de la réalité du vrai, et, en lui, du bien et du beau en soi.

Mais peut-être cet écrit lui-même, indépendamment de la signification qu'il a eue pour son temps et de ce qu'il lui a apporté, a-t-il dans sa forme originelle une valeur permanente, que d'importantes modifications ne pourraient qu'amoindrir, même si celles-ci passaient à mes yeux et à ceux
7 de beaucoup pour des améliorations. La voie d'accès | à la philosophie peut bien être unique pour tous : celle de l'explication de soi-même, cette voie unique n'en est pas moins différente selon la richesse et la profondeur de chaque âme. L'écrivain qui par une longue et profonde réflexion est parvenu à des vues nouvelles est souvent, au moment de la première production qu'il livre sans mesure ni examen critique, au plus haut point instructif pour les esprits qui ont de l'affinité avec lui. Il arrive ordinairement qu'il ne se comprend pas encore *tout à fait* à ce moment; mais pour

1. Quelques notes ajoutées se distinguent des notes primitives par le signe [a].

cette raison même, les autres peuvent d'autant plus librement en tirer profit et même peut-être se mieux comprendre *d'après* lui qu'il ne sera plus tard à même de se comprendre *à partir* de lui-même *.

Ce que l'auteur trouve à reprendre aujourd'hui à ce dialogue : « Idéalisme et Réalisme », en sa qualité d'œuvre antérieure, c'est que la distinction entre *entendement* et *raison* n'y est pas encore faite avec rigueur et précision, comme c'est le cas dans ses œuvres ultérieures. Tant qu'il n'y parvint pas, il demeura lui-même prisonnier de l'ambiguïté du mot : raison, qu'il se devait avant tout de dissiper pour atteindre son but, et incapable de donner aucun statut philosophique correct à sa conception
fondamentale | d'une puissance de la croyance surpassant le pouvoir de la 8
science démonstrative.

Il semble à première vue qu'une distinction rigoureusement tranchée entre entendement et raison ne puisse souffrir aucune difficulté, puisque nous ne manquons pas de la faire constamment, sans qu'elle nous égare jamais, à chaque fois que nous distinguons de manière générale l'homme de l'animal. Jamais personne n'a parlé d'une *raison* animale ; mais nous connaissons et désignons tous une simple *intelligence* animale. Nous reconnaissons également dans la simple intelligence animale divers degrés. Quelle supériorité n'accordons-nous pas au chien, au cheval, à l'éléphant sur le taureau ou le porc ! Cependant aucun de ces degrés n'approche l'animal de la raison, mais tous, supérieurs et inférieurs, en sont dépourvus dans la même mesure, c'est-à-dire purement et simplement *.

Mais comment se fait-il qu'il puisse y avoir une *intelligence* simplement animale, qui paraît même parfois surpasser l'intelligence humaine, et qu'il ne puisse y avoir absolument aucune *raison* simplement animale ? Un examen approfondi de cette question doit apporter la solution du problème.

| L'animal ne perçoit que le sensible ; l'homme doué de raison perçoit 9
en outre le supra-sensible * et ce qui lui permet de percevoir le supra-sensible, il l'appelle sa *raison*, à la façon dont il appelle son *œil* ce qui lui permet de voir. L'organe permettant de percevoir le supra-sensible manque à l'animal et, en raison de cette lacune, la notion d'une raison simplement animale est une notion impossible. L'homme possède cet organe et c'est seulement grâce à lui et uniquement en s'en servant qu'il est un être raisonnable. Si ce que nous appelons raison n'était que le produit d'une puissance de réflexion s'appuyant sur la seule expérience sensible, tout discours concernant les choses supra-sensibles serait simple verbiage ; la raison, comme telle, serait *sans fondement,* une fiction qui fabule. Mais si elle assume une authentique fonction de révélation, alors elle rend possible

un entendement humain, qui surpasse l'intelligence animale, qui possède un *savoir* de Dieu, de la liberté, de la vertu, du vrai, du beau, et du bien.

Chez l'homme, il n'y a rien au-delà de l'entendement et de la volonté
10 éclairés par la raison, même pas la raison elle-même ; car la conscience de | la raison et de ses révélations n'est *possible* que dans un *entendement.* Avec cette conscience l'âme vivante devient un être *raisonnable,* un être *humain.*

À *Dieu* nous n'attribuons pas davantage la raison que nous ne lui attribuons la sensibilité. *Lui* qui se suffit entièrement à lui-même n'a besoin d'aucun organe. Il a le privilège de *l'être en soi et du savoir de soi parfaitement indépendants :* le pur entendement suprême, la pure volonté toute puissante.

Ces idées, qui pour l'auteur ne sont devenues parfaitement claires et ne se sont transformées en connaissance précises que plus tard, au cours de maintes luttes pour les défendre, demeuraient à l'époque où il publia le *Dialogue* sur l'idéalisme et le réalisme, encore voilées par la brume des conceptions régnantes. Avec tous les philosophes de son temps, il appelait raison ce qui n'est pas la raison : la simple faculté des concepts, jugements et raisonnements, qui plane au-dessus de la sensibilité, incapable de tirer immédiatement de son propre fonds la moindre révélation. Quant à ce qui
11 est réellement et vraiment la raison : la | faculté de pré-supposer le vrai, le bien et le beau en soi, avec la pleine confiance en la validité objective de cette présupposition, il la présentait, sous le nom de faculté de croire, comme une fonction *supérieure* à la raison ; ce qui devait fournir l'occasion de méchants malentendus et, d'une manière générale, l'empêtrer lui-même dans d'inextricables difficultés d'expression et d'exposition de sa véritable façon de penser*.

En dépit de cette défectuosité, l'écrit qui en souffrait trouva audience ; divers esprits parmi les meilleurs, parvinrent, grâce à l'approfondissement d'une réflexion personnelle, à se convaincre que la nouvelle doctrine, bien loin de prétendre déprécier le crédit de la raison, se proposait seulement de le restaurer complètement.

C'est que, depuis Aristote, un effort croissant s'était produit dans les écoles philosophiques, pour subordonner la connaissance immédiate en général à la connaissance médiate, la *faculté de percevoir,* qui est à l'origine et au fondement de tout, à la *faculté de réfléchir,* conditionnée par l'abstraction, le modèle à la copie, l'être au mot, la raison à l'entendement,
12 et même pour ramener et réduire entièrement celle-là à celui-ci. | Rien ne devait plus désormais avoir valeur de vérité qui ne se laissât *démontrer,* deux fois montrer : tour à tour dans l'intuition et dans le concept, dans la chose et dans son image ou dans le mot, et *c'est seulement dans celui-ci, dans le mot, que devait se trouver vraiment la chose et qu'elle devait être*

réellement connaissable. Or comme ce redoublement, *accordant préséance au second sur la première,* se révélait conforme à l'entendement, mais non à la raison, celle-ci fut déclarée incapable de tenir le sceptre au royaume de la science véritable ; on le remit à l'entendement, mais on laissa cependant, chose tout à fait étrange, le titre royal et l'ornement de la couronne à la raison. Pour désigner les dissidents rationalistes *de fait*, loyalistes de l'authentique raison originaire, les partisans de la nouvelle dynastie, les rationalistes qui ne l'étaient que *de nom,* inventèrent le sobriquet : philosophes du *sentiment* ou philosophes du *cœur*[1].

| Ainsi jadis le pouvoir des rois mérovingiens passa peu à peu entre les 13
mains de leurs maires du palais *(majores domus).* Ceux-ci non plus ne régnèrent pas sous leur propre nom, mais sous celui d'autrui, jusqu'au moment où par d'incessants empiétements, ils en vinrent finalement au stade où la question de conscience pût être posée au Saint Père : à qui la dignité royale revenait-elle en propre, à l'héritier incapable ou à celui qui se montrait capable de gérer réellement le royaume ? C'est alors que le Pape Zacharie trancha en faveur de ce dernier*.

À vrai dire on n'en vint pas à un verdict aussi formel et éclatant en ce
qui concerne la raison et | l'entendement ; le *mot :* raison, titre royal, ne fut 14
pas banni de la langue philosophique ; on le conserva et on lui laissa même, tout au moins en apparence, la signification de *faculté distincte de l'entendement et supérieur à ce dernier ;* mais en réalité cette signification s'éclipsa dès lors qu'on représenta aux esprits que la raison serait contre la raison si elle prétendait se fier à elle-même tout simplement (c'est ce qu'on appela : *aveuglément*), s'attribuer un savoir sans preuve (*sans fondement,* déclara-t-on) et s'ériger en autorité souveraine sur l'entendement.

Né chez Aristote*, cet égarement avait pris depuis dans les écoles philosophiques successives les formes les plus diverses jusqu'à Kant qui enchaîna Protée et le contraignit à se révéler sous sa vraie forme[2].

1. L'histoire de la pensée scientifique est bien consolante pour ceux qui sont l'objet d'avanies de ce genre. Lorsque Newton publia sa théorie de la gravitation, la clameur universelle l'accusa de vouloir réintroduire dans la science, les *« qualitates occultae »* que Descartes avait si heureusement chassées, et l'aveugler ainsi à nouveau, elle qui venait de devenir clairvoyante[a]. C'est seulement après un demi-siècle que la clameur s'apaisa.

Tant s'était profondément enracinée dans tous les esprits la doctrine de l'homme qui, après analyse complète de sa conscience, n'avait plus rien trouvé qui subsistât de façon certaine sinon l'étendue et la pensée, l'une et l'autre dépourvues de substrat.

2. « Aristote commença par séparer complètement les formes de la réflexion des autres *connaissances matérielles* et livra ainsi la faculté de la réflexion à elle-même, pour la mettre par là à l'épreuve. Aussitôt commença à se manifester l'erreur de ne chercher la loi de la vérité que dans la distinction de la connaissance d'entendement. Depuis, on s'est sans cesse préoccupé plus ou moins spontanément de *philosopher à l'aide de la seule faculté de réflexion.* La forme logique des définitions, raisonnements et preuves, qui ne nous sert qu'à

15 | C'est de façon incompréhensible que ce grand réformateur* a été depuis peu maintes fois accusé d'avoir, en plaçant, comme il le fit le
16 premier, | la raison au-dessus de l'entendement, mis tout sens dessus-dessous en philosophie et d'y avoir provoqué une confusion des langues digne de la tour de Babel. C'est exactement le contraire qui est vrai. La confusion de langage existait avant et tenait à ce qu'on ne fondait l'entendement *en vérité* que sur la seule sensibilité, conformément à l'affirmation aristotélicienne : *nihil est in intellectu, quod non antea fuerit in sensu ;* mais on n'en prétendait pas moins pouvoir acquérir une connaissance même des choses supra-sensibles en continuant simplement à abstraire, à réfléchir et à mettre sens dessus-dessous. Cette faculté d'élever ainsi les connaissances sensibles, sans y rien ajouter, au supra-sensible, on l'appelait *raison* et on soutenait qu'en vertu de cette raison, avec elle et grâce à elle, on atteignait effectivement le vrai en soi et qu'on parvenait à en acquérir une *science* certaine.

Kant apparut, explora la tour de Babel, et établit sans conteste qu'elle ne pouvait aucunement permettre d'atteindre une *cîme* qui perçât la nuée de
17 la sensibilité et qui touchât ce qui est au-delà des phénomènes. Ou, sans | image, il montra « que ce qu'on faisait passer pour connaissance du supra-sensible n'était que des idées formées par négations et dont la validité objective devait toujours demeurer invérifiable »*.

Mais alors ? Si, après les explications et les démonstrations de Kant, il était tout à fait impossible de parvenir à une connaissance véritable et effective du *vrai en soi* qui fonde les phénomènes, sa doctrine tout comme celle d'Aristote, ne devait-elle pas, en stricte logique, soit déboucher sur un pur matérialisme, soit ne pas même laisser à la connaissance une *ombre* de consistance et de vérité quelconque ?

reconsidérer notre connaissance, devait fournir une voie d'accès suffisante à la philosophie ; autant vouloir se mettre à faire de l'astronomie en se servant du télescope *sans avoir un ciel à observer*. Mis à part, jusqu'à une période récente, quelques rares philosophes discrédités comme rêveurs et fous, la faute commune à *tous les philosophes de cette longue période* est de tenter, à l'aide de la simple forme logique, de déduire de la Logique le système de la Métaphysique, et voilà pourquoi toute la période de l'aristotélisme, de la scolastique et de la philosophie moderne jusqu'à Wolf, n'est à proprement parler qu'une préparation du wolfianisme comme *métaphysique parfaitement logique*. Même les noms modernes les plus illustres, ceux de Leibniz et de Spinoza, s'inscrivent dans cette liste. De fait, chez eux, si on ne s'en tient pas à l'exposé de leurs thèses et qu'on examine dans leurs œuvres mêmes leur façon de procéder, on trouve partout ce même espoir de réussite par le strict emploi de la méthode logique et de l'édification ordonnée des théorèmes par définitions et axiomes. Grâce à cette méthode logique, qu'on appela finalement application de la méthode mathématique à la philosophie, chacun espérait ici se tirer d'affaire ». – Fries : *Nouvelle Critique de la raison*, tome I, p. 201-201.

Elle le devait assurément, si une force jusqu'alors inconnue en philosophie n'avait surgi pour l'en empêcher. L'idéalisme *transcendantal* apparut et arrangea tout. La raison, théoriquement absorbée dans l'entendement, put ainsi resurgir sous sa forme pratique par delà l'entendement, instituer et commander une *croyance* supérieure à tout savoir, croyance à ce qui dépasse les sens et l'entendement, et même la raison.

| Le défaut de l'antidote kantien contre le matérialisme découlant 18
nécessairement de ses discussions et démonstrations, c'est de n'être que trop efficace. Il épure la sensibilité à tel point qu'après cette purification elle perd entièrement la qualité de *faculté de percevoir*. Nous apprenons que par les sens nous n'apprenons absolument rien de vrai ; donc rien non plus par l'entendement qui ne doit *(ainsi le veut la doctrine)* se rapporter qu'à cette seule sensibilité, et qui serait absolument vide et sans aucune fonction sans la matière qui ne lui est fournie *que par elle*. En sorte que l'idéalisme transcendantal ou criticisme kantien, qui devait commencer par rendre possible la véritable science, laisse au contraire la science se perdre dans la science, l'entendement dans l'entendement, toute connaissance sans exception dans un *abîme* universel, dont il serait impossible de sortir si la raison, qui n'était morte qu'en apparence, ne resurgissait alors spontanément du sépulcre qu'on lui avait bâti, en le forçant, et ne s'élevait au-dessus du monde et de tout ce qu'il contient, plus éclatante que jamais, clamant d'une voix triomphante : voyez, je fais toutes choses nouvelles !

| Le dialogue sur l'idéalisme et le réalisme, qui parut un an avant la 19
Critique de la Raison Pratique de Kant, ne prenait en considération que la première partie, simplement théorique, du système. Il lui reprochait de conduire au nihilisme et même d'y conduire avec une telle énergie destructive qu'après lui on ne pouvait imaginer aucun secours qui pût restituer ce qui était perdu à jamais.

Que *toute* philosophie qui, refusant à l'homme une faculté de percevoir *supérieure,* indépendante de l'intuition *sensible,* entreprend de s'élever du sensible au supra-sensible, du fini à l'infini en se contentant de réfléchir incessamment sur ce qui peut être objet d'intuition sensible et les *lois qui permettent de l'imaginer dans l'entendement,* que *toute* philosophie ainsi entendue, et par conséquent aussi notamment *la philosophie de l'immortel Leibniz,* doive finalement se perdre tant par le haut que par le bas dans un néant pur et simple de la connaissance, c'est une idée qui, chez l'auteur du dialogue sur Idéalisme et Réalisme, n'avait pas encore acquis la clarté et la
plénitude qui lui | donnèrent par la suite, quand il y fut parvenu, le courage 20
de fonder toute sa philosophie sur la ferme *croyance* sortie tout droit d'une docte ignorance à laquelle elle *s'identifie* en vérité* ; croyance qui réside en chaque homme si assurément que chaque homme, en vertu de sa raison,

présuppose nécessairement un vrai, un bon et un beau en soi qui ne sont pas un simple non-néant, et ne devient homme qu'avec cette présupposition et grâce a elle.

Lorsque Leibniz ajoute au mot connu d'Aristote déjà cité plus haut : *Nihil est in intellectu, quod non antea fuerit in sensu,* la restriction : *nisi ipse intellectus,* cela lui permet certes de dépasser assez heureusement le matérialisme grossier et le simple sensualisme; mais nullement de dépasser effectivement le monde des sens, qu'il a lui-même dissous et réduit à néant, pour accéder au supra-sensible vraiment réel.

Mais à quoi bon s'élever au-dessus du néant uniquement dans le vide où des fictions se substituent aux phénomènes pour nous jouer? S'élever
21 dans ces conditions | ce n'est pas vraiment s'élever, c'est voler en rêve, sans bouger de place. Kant effaça ce rêve, et ce faisant, dépassa Leibniz et tous les autres prédécesseurs depuis Aristote*. Il dissipa le rêve, puisque (il nous faut insister une fois encore là-dessus en raison de l'importance du fait), contre le faux rationalisme qui n'était tel que de nom, qui prenait la veille pour le rêve et le rêve pour la veille et qui, en fait, faisait tout marcher sur la tête, il démontra de la façon la plus nette qu'une faculté qui ne produirait que des concepts et ne *réfléchirait que sur elle-même et sur le monde des sens, l'entendement,* s'il déborde le domaine de la sensibilité ne peut étendre sa prise que dans le vide pour y saisir sa propre ombre se déployant à l'infini de tous les côtés [1].

Mais alors, professer cela revient à soutenir : *« Non seulement tout*
22 *supra-sensible est fiction et son concept | vide de contenu ; mais encore, et précisément de ce fait, tout sensible également en fin de compte »* [2] : donc, *en bonne logique,* cette thèse coupant tout net l'homme de toute connaissance du vrai, *il faut,* ou bien l'accepter comme valable, ou bien s'y opposer au nom d'une faculté *supérieure,* à laquelle se fait connaître d'une façon qui échappe au sens et à l'entendement ce qu'il y a de vrai *dans* les phénomènes et *au-delà**.

C'est bien sur une telle faculté supérieure que s'appuie en fait la philosophie kantienne; et pas uniquement à la fin seulement, comme il pourrait paraître, pour lui demander cette indispensable *« clé de voûte de l'édifice philosophique »,* s'encastrant de force, *« sans laquelle il s'effondrerait et s'écroulerait dans l'abîme d'un scepticisme ouvert par l'architecte lui-même »* [3], mais bien dès le *début,* où cette faculté supérieure pose effective-
23 ment le fondement et la pierre angulaire de l'édifice | avec la présupposition absolue d'une chose en soi qui se manifeste à la faculté de connaître non

1. Voir *Crit. de la Raison Pure,* p. 790, 791 ; en outre p. 306, 309.
2. Voir *Crit. de la Raison Pratique,* préface p. 4, 8, 9 et passim.
3. Voir *Crit. de la Raison Pratique,* préface p. 4 *sq.*

dans les phénomènes, ni *par leur moyen,* mais uniquement avec eux, d'une manière qui échappe aux sens et à l'entendement, *radicalement positive ou mystique*.

Aussi est-il déjà expressément fait mention dans la première partie, purement théorique, de la critique kantienne de la raison « d'une faculté de connaissance dont l'homme est doué, qui éprouve un besoin beaucoup plus élevé que celui d'épeler simplement les phénomènes selon l'unité synthétique, pour pouvoir les lire comme expérience ; ainsi donc la raison humaine (car c'est elle la faculté de connaissance dont il s'agit) « s'élève naturellement à des *connaissances* trop hautes pour qu'un objet que l'expérience est capable de donner puisse jamais y correspondre, *mais qui n'en ont pas moins leur réalité* et ne sont nullement de simples chimères »[1]. Bien vrai ! – Mais il est non moins vrai que la doctrine kantienne
est sur ce point en contradiction avec elle-même, | car elle subordonne tout 24
aussi incontestablement de *façon implicite* l'entendement à la raison qu'elle subordonne de *façon explicite* la raison à l'entendement, ce qui a pour effet d'introduire en réalité une confusion qui peut sans abus être comparée à celle de la tour de Babel[2].

Comment a-t-il pu arriver à un penseur aussi profond que Kant de se tromper en pareille façon et de se mettre ainsi en désaccord avec lui-même sans s'en rendre compte lui-même, je l'ai montré dans mon écrit *« Sur les choses divines et leur révélation »* d'une façon qui, j'en suis sûr, ne diminue en rien la gloire de cet homme vraiment grand. Renvoyant à cet
écrit, | je me contenterai ici de rappeler ce qui suit au sujet de cette 25
distinction *qualitative* entre raison et entendement qui m'est personnelle et me met en désaccord avec Kant*; non dans l'intention de forcer à comprendre des lecteurs qui ne veulent pas comprendre, mais pour faciliter la tâche de ceux dont le désir sincère est seulement de bien comprendre tout en se sentant le désir de tirer ce point au clair pour leur propre compte.

1. Voir *Crit. de la Raison Pure*, p. 370 *sq*.

2. Fries, dans sa *Nouvelle Critique de la Raison,* remarque à ce sujet « que Kant a supposé à vrai dire partout une connaissance propre à la raison immédiate, au-dessus de toute erreur, mais qu'elle ne lui est jamais apparue clairement. – Que sa raison *spéculative* n'est manifestement rien d'autre que la simple faculté de raisonner ou de réfléchir, faculté ne pouvant servir qu'à *reconsidérer,* qui est à soi seule naturellement incapable de rien fournir à la connaissance. – Que même dans la raison *pratique* Kant ne voit jamais *immédiatement* que ce qui relève de la faculté de réflexion. Que pour cette raison, même sa philosophie pratique et sa croyance demeurent quelque chose de fort obscur ; qu'on ne saisit pas de façon bien définie pourquoi cette raison pratique a plus de pouvoir que la raison spéculative ». (Voir *Nouvelle Critique de la Raison,* première partie p. 203-206 – voir également p. 199 *sq.*)

Kant a parfaitement raison de remarquer, dans l'introduction de la logique transcendantale, que « des deux propriétés de notre esprit : sensibilité et entendement, aucune n'est préférable à l'autre, car des pensées sans contenu sont vides, tandis que des intuitions sans concepts sont aveugles ; par suite la conjonction des deux aptitudes est nécessaire, s'il doit y avoir une connaissance humaine [1].

J'ajoute :

De même que l'entendement ne doit pas être préféré à la sensibilité, ni
26 la sensibilité à l'entendement, | de même la raison ne doit pas non plus être préférée à l'entendement, ni l'entendement à la raison *.

Sans l'entendement nous n'aurions rien dans nos sens ; on n'y trouverait aucun pouvoir de liaison (il est indispensable à l'existence vitale des *animaux* les plus inférieurs eux-mêmes) : il n'y aurait pas même d'être sensible.

Tout de même, sans entendement nous n'aurions rien non plus dans la raison : il n'y aurait *même pas* l'être raisonnable.

Néanmoins l'homme est supérieur à l'être simplement animal, uniquement parce qu'il possède la raison. Si nous faisons abstraction de cette propriété qui distingue *essentiellement* et *exclusivement*, on peut parfaitement justifier l'affirmation souvent répétée qu'il y a beaucoup moins de différence entre un orang-outang et un habitant de la Californie ou de la Terre de Feu qu'entre ce dernier et un Platon, un Leibniz ou un Newton.

Ce qu'implique cette affirmation ressort encore plus clairement si on
27 l'expose | de la façon suivante : la différence entre l'animal supérieur : l'éléphant par exemple ou le castor, et l'animal inférieur, l'huître ou le polype, est, si l'on compare terme à terme leurs degrés d'existence, singulièrement plus grande que celle qui sépare les hommes dits incultes et les animaux dits supérieurs.

Il en est bien ainsi, et l'homme ne diffère en effet des animaux que par le *degré* et non selon *l'espèce* et *l'essence,* s'il n'a sur eux aucun autre privilège que celui de pouvoir examiner en réfléchissant ; d'une réflexion qui ne porte que sur la seule et même matière sensible et diverse que celle qui est également fournie à l'animal supérieur par ses organes sensoriels. En ce cas l'avantage que présente l'entendement de l'homme sur celui de l'animal est comparable à celui que possède un œil armé d'un microscope ou d'un télescope sur un œil qui en est démuni [2]*.

1. Voir *Crit. de la Raison Pure,* p. 74, 76.

2. « Tout ce que découvre l'œil armé du télescope (dans la lune) ou du microscope (dans les infusoires) n'est jamais vu que par nos yeux ; car ces moyens optiques n'apportent pas plus de rayons lumineux ni d'images produites par ceux-ci dans les yeux qu'il ne s'en serait

| Je suis dès lors convaincu que la question : l'homme diffère-t-il de 28
l'animal selon *l'espèce* ou en *degré* seulement, du fait d'une possession moindre ou plus grande des mêmes facultés ? – ne fait qu'un avec la question : la raison humaine n'est-elle qu'un *entendement* qui plane au-dessus des intuitions sensibles, mais au fond ne fait que s'y rapporter, ou est-ce une faculté supérieure qui révèle positivement à l'homme le vrai, le bon et le beau en soi, loin de ne faire que l'abuser au moyen de vaines images (Idées) sans portée objective ?

La première thèse : l'homme diffère de l'animal, la raison de l'entendement non pas en *espèce,* mais en *degré* seulement, non pas de façon *qualitative* mais de façon *quantitative* seulement, fut, au fond, celle de tous les philosophes *non-platoniciens* d'Aristote à Kant, quelles que soient par ailleurs les divergences entre leurs doctrines respectives, si radicales puissent être *en apparence* leurs oppositions mutuelles.

| Kant dans le dernier chapitre de sa *Critique de la Raison Pure,* qui est 29
remarquable et bien digne d'attention, met en balance les *rationalistes* et les *sensualistes* aristotéliciens et trouve autant de partialité et d'inconséquence chez les uns que chez les autres*. J'approuve entièrement ce verdict ; avec Kant, j'accorde l'avantage, en tant que *système,* au sensualisme pur et sans mélange d'Épicure, non seulement sur le sensualisme mitigé de Locke, mais même sur le platonisme mutilé de Leibniz, que cette mutilation reconduit au spinozisme (voyez les *Lettres sur la doctrine de Spinoza,* Appendice VI)[1].

dépeint sur la rétine sans ces instruments artificiels ; ils ne font que les grossir jusqu'à nous en rendre conscients », Kant : *Anthropologie,* p. 17.

1. Mais quoi, est-ce une raison parce que j'accorde, approuve, reconnais et soutiens cela, pour qu'on doive m'attribuer justement (voir Tennemann, *Abrégé d'histoire de la philosophie,* Leipzig, 1812) la qualification de *misologue,* la pire qu'on puisse imaginer pour un chercheur en philosophie ? Cette épithète, je la dois à mon adhésion à la doctrine authentique et non émasculée du vieux Platon : mais on n'ose pas attribuer ce qualificatif à Platon lui-même, ni l'accuser d'avoir donné libre carrière à la superstition et à l'enthousiasme ; tout en admettant que son système intellectualiste n'est pas simplement logique, mais mystique ! (voir *Critique de la Raison Pure,* p. 882).

Même Kant ne mérite pas qu'on lui attribue ce qualificatif et qu'on le mette au nombre des détracteurs et contempteurs de la science, bien qu'il ait été le premier à démontrer jusqu'au bout l'impuissance de la science à élever sa théorie du domaine du sensible au domaine du supra-sensible « et à atteindre réellement la fin propre en laquelle doivent finalement s'unir tous les efforts de la raison ».

« Je dus d'abord, dit-il supprimer le savoir pour faire place à la croyance. » Avoir fait cela, et « avoir terrassé une fois pour toutes la témérité et la présomption d'une raison méconnaissant ses limites et sa vraie destination, qui se vante de *pénétrer et de savoir, là où précisément s'arrêtent sa pénétration et son savoir* », tel est à ses yeux son mérite personnel, son honneur de philosophe, tout son titre de gloire. – Sans cette « suppression du savoir portant sur tout ce qui est au-delà du monde des phénomènes », il nous serait impossible, selon

Ce qui me sépare de la doctrine kantienne n'est rien d'autre que ce qui la
30 sépare d'elle-même et la met en désaccord avec elle-même; | elle présuppose, et en même temps refuse d'admettre, l'existence dans l'esprit humain de deux sources de connaissance distinctes l'une de l'autre, comme je l'ai montré plus haut : elle présuppose tacitement et inconsciemment; elle refuse d'admettre explicitement, ouvertement et absolument*.

31 | Ouvertement et explicitement la doctrine kantienne procède de l'affirmation suivante qu'elle maintient jusqu'au bout en la confirmant partout : hormis l'intuition sensible (empirique et pure) il n'y a pas d'autre source de connaissance permettant à l'entendement de produire des concepts ayant valeur objective et qui étendent vraiment sa connaissance.

L'entendement lui-même est bien *désigné* comme seconde source de connaissance, mais il n'en est pas vraiment une, puisque, par lui, des
32 objets ne sont pas *donnés,* mais seulement *pensés*. Penser, c'est juger. | Mais le jugement présuppose le concept, et le concept l'intuition. On ne peut pas penser sans savoir qu'il y a quelque chose hors de la pensée, quelque chose à quoi la pensée doit être conforme et qui doit la *rendre vraie*. S'il y a des intuitions *a priori*, dont dépend l'expérience réelle elle-même, il peut également y avoir des concepts et des jugements *a priori* qui ne dépendent pas de l'expérience réelle, c'est-à-dire qui l'anticipent. Mais en l'absence de tout donné, que ce soit dans l'intuition pure ou dans l'intuition empirique, l'entendement qui (selon Kant, *Critique de la Raison Pure,* p. 677) naît de la faculté fondamentale de notre esprit : l'imagination, ne peut se développer et parvenir à une existence réelle. Par conséquent, il est *conditionné* par la sensibilité, et ne s'y rapporte avec sa pensée *qu'à titre d'instrument exclusivement* (*Critique de la Raison Pure,* p. 33)*.

Mais l'entendement en produisant, à partir de concepts des concepts de *concepts* et en s'élevant ainsi progressivement à des Idées, peut aisément en

l'expresse affirmation de Kant (voir Préface de la *Critique de la Raison Pure* et surtout Préface de la *Critique de la Raison Pratique*), « même *d'admettre* (donner valeur problématique) Dieu, la liberté et l'immortalité, si instamment la raison exigeât-elle de l'admettre pour son nécessaire usage pratique. En ce cas, la raison spéculative ou théorique conserverait sa *primauté;* à son présupposé devrait céder le présupposé de la raison pratique, c'est-à-dire que la liberté, jugée impensable, devrait le céder au mécanisme de la nature, jugé, lui, parfaitement pensable, bien plus, qui apparaît comme la nécessité même. – En un mot, Dieu, la liberté et l'immortalité devraient être niés décidément et sans restriction ».

Si Kant, qui professait cela, ne doit pas pour autant mériter l'amer reproche « d'avoir par misologie juré la guerre à toute spéculation et à toute théorie », je demande pourquoi alors il doit m'être adressé à moi qui n'ai jamais fait que m'élever contre la possibilité de tirer une métaphysique de la seule logique, et qui n'ai jamais risqué une affirmation sans m'efforcer très sérieusement à la fonder philosophiquement ?

venir à s'imaginer que, grâce à ces *fantasmes purement logiques* qu'il élève au-dessus des intuitions sensibles, il a non seulement le pouvoir, mais même la mission décisive de survoler le monde sensible et véritablement de se survoler lui-même, et d'atteindre dans son vol | une science 33
supérieure, indépendante de l'intuition, une science du suprasensible.

Cet égarement de l'entendement, dit Kant, est « produit par une illusion qui est à ce point nécessairement fondée dans la constitution du pouvoir humain de connaître que même la critique la plus pénétrante ne peut l'extirper : elle peut seulement empêcher qu'elle ne trompe » (*Critique de la Raison Pure*, p. 670).

Voilà à quoi tend toute la partie *théorique* de la philosophie kantienne : à dénoncer un rationalisme *inauthentique* qui s'illusionne lui-même et falsifie la science.

Démasquer complètement cette auto-illusion, c'était la *détruire* complètement et pour toujours.

C'est ainsi que pour la première fois *« du moins une place nette fut faite »* pour le rationalisme *authentique*. C'est l'œuvre vraiment grande de Kant, son immortel mérite.

Mais le bon sens de notre sage l'empêcha de se dissimuler que cette place vide | ne manquerait pas de se transformer aussitôt en un gouffre 34
capable d'engloutir toute connaissance du vrai en soi – si un Dieu n'intervenait pour l'empêcher[1].

C'est ici que se rejoignent la doctrine de Kant et la mienne et puisque, à partir de ce point, elles aboutissent dans ce qui suit à des résultats comparables, il semble qu'elles devraient pouvoir se rencontrer en ce qui précède également et s'unir en une seule et même doctrine. Mais c'est impossible, en raison de l'incompatibilité des premiers présupposés sur lesquels elles se fondent respectivement : la mienne sur le présupposé *qu'il y a perception, au sens le plus strict du mot*[2], et qu'il faut tout simplement admettre sa réalité et sa véracité, quelque miracle incompréhensible qu'on y voie ; celle de Kant, sur le présupposé exactement inverse, invétéré dans les *Écoles, qu'il n'y a pas* perception, au sens propre du mot ; que l'homme ne reçoit de ses *sens* que des représentations qui *peuvent* bien se rapporter à des objets existant en soi indépendamment de ces représentations, mais qui ne contiennent absolument rien | de ce qui appartient aux objets eux-mêmes, 35
en tant qu'il existent indépendamment de ces représentations ; que son *entendement* ne fait que réfléchir ces représentations, tout de même que ce qu'on nomme *raison* ne fait à son tour que réfléchir l'entendement ; que,

1. Voir les Préfaces déjà plusieurs fois citées de la *Critique de la Raison Pure* et de la *Raison Pratique*.

2. Pris à la lettre, le mot allemand : *Wahrnehmung* = saisie du vrai (N. d. T.).

par suite, la saisie d'un supra-sensible ou d'un vrai en et par soi lui est impossible et doit le demeurer toujours.

Sur la base de la *présupposition* que les représentations du sens externe non seulement *peuvent* se rapporter, mais même se rapportent indubitablement, *à quelque chose* qui existe indépendamment d'elles, nommé chose en soi, on appelle ces *représentations* des *phénomènes* et dès lors, à partir de cette *dénomination* (et uniquement à partir de cette seule dénomination), la nécessité de la présupposition elle-même, s'ensuit, à raison de l'absurdité manifeste qu'il y aurait à parler de phénomènes sans admettre qu'il y a quelque chose qui apparaît (*Critique de la Raison Pure*, Préface, p. XXVI, XXVII*). Mais il faut croire qu'il n'est pas absurde de parler de phénomènes tout en prétendant d'autre part qu'en eux et par eux il ne se manifeste à la faculté de connaître strictement rien de ce réellement
36 vrai et vraiment réel qui se cache derrière ces phénomènes; | pas absurde d'attribuer le nom de *phénomènes* à des représentations qui ne représentent ainsi qu'elles-mêmes, à ces êtres absolument fantomatiques, encore qu'en fait il ne s'y représente rien d'autre que l'esprit singulièrement étrange qui produit des fantômes aussi vains.

Et à vrai dire, Kant prétend que cet esprit lui-même ne peut même pas se représenter, puisque nous demeurons ignorants des raisons pour lesquelles nous devons nécessairement produire en nous ces purs fantômes fondamentaux que sont l'espace et le temps, et des raisons qui font que, pour produire ce que nous nommons : *connaissances*, nous sommes justement liés à douze concepts fondamentaux, et précisément à ceux-ci et non pas à d'autres (*Critique de la Raison Pure*, p. 145- 146).

Ainsi la voie suivie par la doctrine kantienne conduit nécessairement à un système de la subjectivité absolue, mais convient précisément pour cette raison à l'entendement qui explique, nommé entendement philosophant, et qui, en fin de compte, loin d'expliquer, ne fait que détruire; *en face* de lui, il ne trouve, pour le dissuader de suivre une telle voie, que la raison, qui n'explique pas, mais qui révèle de façon positive et tranche de façon absolue, c'est-à-dire la *croyance rationnelle naturelle*. La voie de la doctrine de Jacobi, puisqu'elle conduit tout aussi nécessairement à un
37 système de l'objectivité absolue, | ne convient pas à l'entendement qui s'en tient uniquement à ce qui est concevable (tout en se qualifiant de raison philosophante), et cette voie n'a pour elle que la raison qui n'explique pas, qui révèle immédiatement, la croyance rationnelle naturelle[1].

1. Ou bien toutes les connaissances sont, en fin de compte, objectives, c'est-à-dire qu'elles sont des représentations de quelque chose qui existe indépendamment du sujet qui se représente, en sorte qu'on doit les trouver également dans l'entendement divin, à ceci près qu'elles n'y sont pas sous une forme finie et limitée, mais sous une forme infinie qui englobe

Si la doctrine kantienne se contentait de s'opposer carrément à la croyance naturelle considérée comme tout à fait trompeuse, elle resterait, de ce côté du moins, exempte de contradiction, et il n'y aurait pas lieu de la combattre. Mais elle a incontestablement son point de départ dans la croyance naturelle à un monde matériel existant indépendamment de nos représentations, et ce n'est qu'après coup qu'elle l'élimine par la théorie de l'idéalité absolue de tout ce qui est spatial et temporel[*]; de sorte que, | 38
selon la formule que j'ai déjà employée, si l'on ne part pas de la croyance naturelle prise comme principe ferme et fixe, on ne peut entrer dans le système, mais si l'on s'y tient, il est impossible d'y demeurer et de s'y établir. Kant en vint même plus tard à ne pas même se contenter de la croyance naturelle : « C'est un scandale pour la philosophie et pour la raison humaine en général, dit-il, qu'il faille simplement admettre à titre de croyance l'existence des choses hors de nous, d'où nous tirons pourtant toute la matière de nos connaissances, même pour notre sens interne (auquel nous devons le Moi) – et que s'il plaît à quelqu'un d'en douter, nous ne puissions lui opposer aucune preuve suffisante »[1].

Pour guérir ce mal de la philosophie, il inventa une démonstration qui, chose assez étonnante, réfutait les idéalismes antérieurs incomplets ou demi-idéalismes de Descartes, Malebranche et Berkeley au moyen d'un idéalisme total et complet : *l'idéalisme universel* de Kant. Mais déjà | 39
depuis les *Prolégomènes,* cet idéalisme universel et complet, qui volatilise le monde spirituel aussi bien que le monde corporel, ne devait plus être appelé *idéalisme,* mais : philosophie critique[2][*].

De façon générale, tout idéalisme se fonde sur l'argument suivant : la matière de nos représentations ne peut être que *sensation,* c'est-à-dire modification de nous-mêmes, car il est tout à fait impossible que des objets existant en soi et hors de nous emménagent dans l'âme, comme des meubles dans une pièce, par l'œil, l'oreille ou la main qui palpe, ou que leurs propriétés viennent à être transportées par ces voies dans notre faculté de représentation. Ainsi – *une fois admis qu'à notre représentation correspondent réellement des objets extérieurs à notre représentation* – nous sommes simplement affectés par ces objets, sans qu'avec ces affections et grâce à elles nous parvienne une connaissance quelconque de ce que peuvent être les objets eux-mêmes.

d'un coup tous les rapports; ou bien il n'y a absolument aucune connaissance vraiment objective, pas de monde, pas de Dieu. Voir la première partie de la quinzième lettre dans le recueil d'*Alwill,* où ressort peut-être de façon plus intuitive et plus compréhensible que nulle part ailleurs dans mes écrits ce que signifie pour moi l'objectivité absolue. Je renvoie en particulier aux p. 134, 135.

1. *Critique de la Raison Pure,* deuxième édition, Préface, p. XXXIV, note.

2. Voir *Prolégomènes,* p. 71.

L'idéalisme kantien se contente d'admettre que des objets correspondent aux représentations et se veut, de ce fait, négation de l'idéalisme ; car
40 dit-il, | l'idéalisme consiste à affirmer qu'il n'y a d'autres êtres que les êtres
pensants et que les autres choses que nous croyons percevoir dans l'intuition ne sont que des représentations *dans* les êtres pensants (des images),
auxquelles ne se trouve en fait correspondre aucun objet existant au-dehors
de ceux-ci (de ces êtres pensants)[1]. Pour ma part, poursuit-il, (c'est-à-dire
par la négation transcendantale de l'idéalisme,) je n'ai soutenu absolument
rien de tel, mais tout justement le contraire : à savoir que sans le *Toi*, le
41 *Moi* serait impossible[2]*. « En prouvant que même | l'expérience interne du
Je suis, n'est possible qu'en supposant l'expérience externe, je retourne
avec plus de raison le jeu de l'idéalisme » (*Critique de la Raison Pure*,
p. 274 *sq.*, p. 519).

Soit. Mais en fait qu'a-t-on gagné au juste à retourner ainsi le jeu, si le résultat obtenu est seulement d'opposer au *Cogito ergo sum* de Descartes, un *Cogito ergo es* identiquement constitué ? Rien d'autre, à vrai dire, que ce que nous avons déjà montré et que nous répétons ici volontiers une fois encore : aux idéalismes antérieurs, qui étaient inconséquents parce qu'ils n'étaient que des demi-idéalismes, on a substitué un idéalisme universel complet et de ce fait parfaitement conséquent, qui englobe les deux mondes.

Ce qui doit ici surprendre le plus, c'est l'affirmation qu'il y aurait
scandale pour la philosophie et la raison humaine commune à ne pouvoir
42 fournir la preuve de l'existence | d'objets correspondant à nos intuitions
sensibles, subsistant hors de notre faculté de représentation, indépendamment de celle-ci ; et cela au moment même où il n'y a pas, où il ne doit pas
y avoir – toujours si l'on en croit le criticisme – le moindre scandale pour la
philosophie et la raison humaine commune à ce que nous soyons contraints

1. *Prolégomènes à toute métaphysique future*, p. 62 *sq.*

2. Cette proposition : « sans *Toi*, pas de *Moi* », qui vaut pour tous les êtres finis, je l'ai clairement énoncée pour la première fois il y a quelques années dans les *Lettres sur la doctrine de Spinoza ;* elle s'est trouvée transformée dans la deuxième édition de la *Critique de la Raison Pure* en une réfutation formelle de l'idéalisme. Plus tard, le profond penseur qu'est Fichte la retourna au profit de son idéalisme qui renchérit sur celui de Kant; il lui opposa la démonstration parfaite de l'égale impossibilité qu'une impression devienne une représentation ou ce qu'on nomme *phénomène* et que la représentation du phénomène représente l'objet lui-même – ce qui existe en soi indépendamment de la représentation. – Mais alors la théorie devrait aboutir à la proposition : tout Toi est un Moi ; ou bien : il n'y a que le Moi absolu. En ce cas la conséquence ultime serait à nouveau : tout ce qui est, est néant; car que pourrait bien être une subjectivité absolue, un sujet qui serait uniquement tel de part en part ? Cela n'a pas échappé à cet homme pénétrant. Ainsi montre-t-il dans la seconde partie de sa philosophie, la partie pratique, que la première, en son résultat ultime ne saurait être vraie (qu'on se reporte à ce sujet surtout à la *Destination de l'homme* de Fichte).

de nous reconnaître incapables de vérifier ou de *prouver* scientifiquement la réalité des objets des concepts rationnels, autrement dit la valeur objective des *Idées :* existence de Dieu, liberté, substantialité et immortalité de l'esprit personnel. Donc point de scandale pour la philosophie et la raison humaine dans cet aveu non déguisé d'une impuissance, dont la reconnaissance est inséparable de la conviction que voici : la philosophie, comme science dépassant effectivement la vanité du monde sensible, est impossible ; science pour laquelle, ne l'oublions pas, au dire maintes fois répété du criticisme lui-même, nous devrions, si elle pouvait être acquise, sacrifier allègrement toutes les autres sciences, qui ne font que l'annoncer comme celle qui viendra « nous procurer les principes pour nos espérances
les plus hautes et des aperçus sur des fins ultimes | où *doivent finalement* 43
converger tous les efforts de la raison » (*Critique de la Raison Pure*, p. 491) ; une science – pour finalement tout dire en un mot – à laquelle on ne peut renoncer sans qu'on renonce du même coup à la raison, convaincue de n'être pas une faculté capable de révéler vraiment, mais uniquement d'égarer, bonne à toujours mettre sur la voie de la science de vains mirages, ne cessant de singer l'entendement et de se jouer de lui.

Le criticisme prévient le scandale et coupe court à l'étonnement en suppléant au manque de preuve de la validité objective des Idées que la partie théorique du système met en pleine lumière, par l'introduction dans la partie pratique d'une croyance, non pas une croyance *tout court,* mais une *croyance rationnelle* qui, comme telle, s'élève de plein droit au-dessus de tout savoir d'un entendement qui (selon le criticisme) ne se rapporte qu'à l'expérience sensible. Mais cette supériorité de plein droit de la croyance sur le savoir, surtout d'un savoir certain qui lui est directement
opposé, serait impossible si | l'idéalisme transcendantal n'avait déjà au 44
préalable supprimé tout savoir, entendu comme *savoir vrai et objectif.* Dès lors voici quelle est la véritable situation : le criticisme commence par ruiner la métaphysique d'un point de vue théorique pour l'amour de la science ; après quoi – tout menaçant alors de s'engloutir dans le gouffre béant et insondable d'une subjectivité absolue – d'un point de vue pratique, il ruine à son tour la science pour l'amour de la métaphysique.

Mais dans l'esprit qui l'anime, la théorie de la croyance que Kant substitue à la métaphysique antérieure qu'il a ruinée, témoigne d'autant de vérité que de grandeur. Il y a en l'homme des tendances, et il a en lui une loi, qui lui ordonne sans relâche de *se montrer plus fort que la nature qui l'entoure et le pénètre.* Il faut donc que brûle en lui l'étincelle de toute-puissance qui est la vie de sa vie ; sans quoi le mensonge est la racine de son être. En ce dernier cas, la connaissance de soi devrait, en le désespérant, l'abîmer en lui-même. Mais si la vérité est en lui, alors la liberté y est

aussi, et c'est le *savoir* le plus véridique qui jaillit de son *vouloir*. Sa
45 conscience morale lui révèle | que la toute puissance, ce n'est pas une nature qui ne fait que se métamorphoser éternellement selon des lois d'une nécessité implacable, mais qu'au-dessus de la nature il existe un Être *tout puissant,* dont l'homme est l'image.

C'est en prenant Dieu pour modèle que l'homme crée, au-dedans de lui-même, un cœur pur et un esprit certain ; au-dehors, le bon et le beau : la *liberté créatrice* n'est donc pas une notion fictive ; sa notion, c'est celle d'une faculté de *providence* et de *miracle,* telle que l'homme la découvre par lui-même dans sa personnalité raisonnable, telle qu'elle doit être en surabondance en Dieu, si la nature provient de lui et non pas lui de la nature ; image nocturne de la fantaisie que fait évanouir le grand jour de la science.

La toute-puissance sans providence n'est qu'un destin aveugle, et on ne saurait séparer la liberté de la providence ; car que serait la liberté sans le savoir et le vouloir, et que serait une volonté que l'action précéderait ou qui ne ferait qu'accompagner l'action ?*

46 | Or, bien qu'un sentiment invincible – témoignage de la perception par la raison – nous contraigne à accorder à l'homme liberté et providence, nous n'en avons pas moins peine à éviter de les lui refuser ensuite dans la réflexion et même d'en nier partout l'existence. C'est que toutes deux étant tout à fait inconcevables par l'entendement, paraissent, de ce fait, impossibles. Seule se laisse concevoir une prévision fondée sur l'expérience, qui ne diffère pas essentiellement d'une attente des cas semblables qu'on trouve également chez les animaux, pas une *providence au sens propre du terme.* Seule se laisse concevoir une liberté que *domine* la loi cosmique de la connexion causale, activité qui imite mécaniquement et qu'entraîne un mécanisme général *(peu importe qu'il soit dynamique ou atomistique),* pas la liberté qui produit elle-même et avec *intention,* qui est à la *source d'actes et d'œuvres,* la seule liberté qui soit digne de ce nom.

La reconnaissance d'une liberté et d'une providence réelles et vraies, non seulement chez l'Être suprême, mais chez tout être raisonnable et l'affirmation que ces deux propriétés se supposent mutuellement, voilà ce
47 qui distingue ma philosophie | de toutes les philosophies existantes, d'Aristote à nos jours.

Ce que j'ai exposé dans mes divers écrits pour justifier la reconnaissance philosophique du miracle de la providence et de la liberté, aucun de ceux de mes contemporains qui pensaient autrement ne l'a jugé digne d'une discussion et d'un examen en règle ; car tous estimaient sans doute au fond d'eux-mêmes que la liberté que j'avais désignée n'était rien d'autre que le misérable hasard, l'absolue contingence et celui qui, à n'en pas douter, fondait sa philosophie sur cette absurdité manifeste, non seulement ne mériterait aucune attention, mais serait à bon droit moqué. – Mais qu'à ceux qui en jugeaient ainsi il ne restât d'autre fondement qu'une nécessite aveugle, l'absurdité d'un mécanisme infini de la nature, voilà ce qu'ils se refusaient à reconnaître ou tout au moins à avouer.

Les choses en étaient là il y a trente ans; elles y sont encore*. On ne veut, ni admettre avec moi la merveilleuse efficacité de la providence (que j'appelle liberté) comme principe suprême, comme le commencement absolu, ni, avec Spinoza | et d'autres philosophes après et avant lui, se 48
déclarer, de façon explicite et tout à fait conséquente, partisan du fatalisme[1]. On ne veut pas de la première solution, parce que l'entendement, qui s'appuie entièrement sur le principe de causalité, ne peut voir dans le contraire du nécessaire qu'un hasard sans règle; on ne veut pas de la seconde, parce que la proposition : « tout événement et toute action se produisent selon une nécessité générale de la nature », a contre elle la conscience morale et tous les sentiments humains, puisqu'avec elle disparaît toute attribution et imputation des œuvres et des actes, aussi bien que la personnalité elle-même[2].

| En ce péril, je n'ignore pas à quel étrange remède on recourt ici et là*. 49
On admet qu'à *l'origine* la raison est aveugle, et en cet état on la qualifie *d'absolue ;* on l'identifie alors à la nécessité, ce qui permet dès lors à cette dernière de se présenter comme *secrètement* rationnelle et ainsi d'écarter aussitôt l'inconvenant *destin* aveugle, la nécessité *privée de raison.*

« Si, dit-on, comme chacun en convient, et comme toutes langues en témoignent, le concept de rationnel et celui de nécessaire sont des concepts équivalents; si le premier n'est que le reflet du second, la représentation qui se révèle dans la réflexion, alors les concepts de nécessaire et de libre ne sauraient être des concepts qui s'opposent, qui s'excluent réciproquement. Il est dès lors évident que les concepts de liberté, de rationalité et de nécessité coïncident dans l'unique concept de l'inconditionné* ou de la

1. À Spinoza, dit Enésidème (Schulze)[a] (*Encyclopédie des sciences philosophiques,* p. 62), il faut au moins reconnaître le mérite de s'être expliqué franchement sur l'illusion de croire que l'homme est libre et peut agir moralement bien et mal, ainsi que sur son intention d'entreprendre avec *l'Éthique* une transformation, rendue nécessaire par son système, de l'éthique en une *physique* (voir *Epistolae ad B. d. S. et auctoris responsiones ;* ep. LXII – *Tractatus theologico-politicus,* cap. XVI).

2. « Si tout ce qui *devient,* de l'être le plus grand au plus petit, dans le monde spirituel aussi bien que dans le monde corporel, est déterminé par l'être absolu, les représentations de la *liberté* et de la *spontanéité* de notre esprit, d'un *mérite* et d'une *faute* qui s'attachent à son acte, sont un mensonge, dont nous nous leurrons nous-mêmes et dès lors la conduite de tout monstre humain est *divine :* seul un esprit *sot* ou *borné* peut y trouver à reprendre », (*Encyclopédie des sciences philosophiques* de Gottl. Ernst Schulze, p. 61, 62).

50 substance éternelle | des choses et de l'éternelle force originaire dans cette substance; dès lors c'en est fini du rêve puéril de beaucoup, qui le poursuivent ici et là : le libre n'est plus suspendu comme créateur *au-dessus* de la nature, mais il ne fait que la fonder, au titre de seul être véritable ».

Je ne veux pas poser la question : ce libre, qui selon leurs propres termes n'est pas suspendu comme créateur au-dessus de la nature, mais qui ne fait que le fonder au titre de seul être véritable, l'être inconditionné, et qui ne fait qu'un avec l'existence éternelle des choses et avec la force primitive éternelle que recèle cette existence, tout comme il ne fait qu'un également avec la raison, mais avec la raison *absolue* seulement, qui, à son tour, ne fait qu'un avec la nécessité; tous deux aveugles, mais celle-ci conduisant celui-là et lui ouvrant la marche d'un pas assuré dans le grand œuvre de la genèse de l'être à partir du néant, – je ne veux pas poser la question : comment est-il possible de penser que quoi que ce soit naisse ou se développe à partir de ce libre, puisqu'à son éternité immuable, créer répugne tout aussi décidément qu'être créé? – mais je me contenterai de cette seule remarque : cette doctrine prétend que la *puissance* est mani-
51 festement | le principe originaire; une puissance à laquelle aucune autre n'est supérieure, et que par conséquent la connaissance, la sagesse et la bonté (à supposer même qu'elles fussent enfermées en germe dans leur fondement : *l'être total*) sont du moins hors d'état de *dominer* et de *guider*. Mais une force à laquelle aucune autre n'est supérieure et que la connaissance, la sagesse et la bonté ne régissent pas, c'est le destin aveugle, et on aura beau le nommer et baptiser *raison et liberté absolues,* elle n'en deviendra absolument pas pour autant un être vraiment raisonnable, disposant de la liberté; bref, *le destin n'en deviendra pas un dieu pour autant.*

Ce qui fait de Dieu un *vrai* Dieu, par opposition au destin, s'appelle : *providence*. C'est seulement où *elle* se trouve qu'il y a raison, et où il y a raison, *elle* se trouve également. C'est elle-même qui est l'esprit et ce n'est qu'à ce qui relève de *l'esprit* que répondent les sentiments qui en annoncent l'existence, ceux de *l'admiration*, du *respect,* de *l'amour*. Nous pouvons
52 bien juger qu'un objet est beau ou parfait, sans savoir au préalable | comment il est devenu tel, si c'est avec l'aide de la providence ou non, mais la force qui le créa, nous ne pouvons l'admirer si elle l'a produit sans pensée, sans intention et sans dessein, selon les lois d'une simple nécessité naturelle. Même la splendeur et la majesté du ciel, qui imposent à l'homme dès l'enfance l'attitude de l'adoration, ne subjuguent plus l'esprit de celui qui connaît la mécanique qui meut les corps, qui les maintient dans leurs mouvements, qui les a même formés. L'objet peut bien être infini, ce n'est

plus devant celui-ci qu'il s'étonne, mais uniquement devant l'intelligence humaine qui, chez un Copernic, un Gassendi, un Kléper, un Newton et un Laplace, s'est montrée capable de s'élever au-dessus de l'objet, de mettre un terme au miracle grâce à la science, de dépouiller le ciel de ses divinités, de désenchanter l'univers [1].

| Mais cette admiration, la seule qui s'adresse à la faculté humaine de 53
connaître, s'effacerait à son tour si un Hartley*, un Darwin, un Condillac
ou | un Bonnet de l'avenir réussissait à nous mettre sous les yeux une 54
mécanique de l'esprit humain qui serait aussi universelle, intelligible et évidente que la mécanique céleste de Newton. Il ne nous serait dès lors plus possible d'honorer vraiment et de façon réfléchie ni l'art, ni la science supérieure, ni une vertu quelconque, de les trouver sublimes, de les considérer avec vénération [2].

1. « Newton a procuré la solide idée fondamentale, parfaitement intelligible, qui permit de transformer la théorie, encore pleine de mystère, de Képler en une mécanique céleste tout à fait claire, telle que nous la possédons aujourd'hui dans les œuvres immortelles de Laplace – où non seulement nous apprenons à saisir à partir d'une seule loi fondamentale (celle de la gravitation) toutes les données pour le passé et pour le futur, mais même nous pouvons suivre le maître avec pleine confiance dans ses hypothèses sur la constitution première du système des planètes.

À quoi on a beau jeu de répliquer : vous expliquez tout à partir de votre toute puissante gravitation, mais quelle est donc l'origine de cette dernière ? À quoi je réponds : cela même nous le savons fort bien ! *C'est la fille héritière de l'antique destin aveugle : grandeur, nombre et mesure sont à son service, son héritage est un monde sans Dieu, qui n'a nul besoin de Dieu.*

Si le grand astronome Lalande niait la divinité, s'il ne pouvait trouver Dieu dans le ciel, le doigt de Dieu dans les mouvements des astres, il nous faut donner raison à la démarche de son intelligence. Il n'y a dans cet ordre éminent et dans cette finalité rien d'autre que le produit d'un strict mécanisme des lois naturelles nécessaires, là-haut c'est un aveugle destin dépourvu d'esprit qui est le maître absolu du monde.

Mais moi, j'en appelle à la vérité de la parole de Jean : c'est en *esprit* seulement que nous devons honorer la divinité. C'est seulement en ce que notre science est pour l'esprit que nous pouvons trouver sa *dignité*. Seul celui qui croit en outre à des fins peut nommer finalité l'ordre du monde. La véritable signification de l'acheminement du cours du monde à ses fins réside bien plus simplement dans le *sentiment* de l'homme. – Ce n'est pas sous la mesure et le nombre que se cache l'esprit infini ! Jouer avec les nombres est un jeu facile – la joie qu'on y trouve n'est *que la joie qu'éprouve l'esprit captif* à entendre tinter ses chaînes » (cf. les *Leçons d'astronomie populaire* de J. F. Fries, p. 225, 227, 18, 16).

2. Dr. Hartley looked forward to an aera, « when future generations shall put all Kinds of evidences and inquiries into mathematical form : reducing Aristotles ten categories and bishop Willkin's forty summa genera, to the head of quantity alone, so as to make mathematics and logic, natural history, natural philosophy and philosophy of all other kinds coincide omni ex parte ». V. Account of the life and writings of Thomas Reid, by Dugald Stewart, Edinburgh, 1803, p. 126. [Le docteur Hartley anticipait le temps « où les générations futures mettraient toutes les espèces de preuves et de recherches en forme mathématique, réduisant les dix catégories d'Aristote et les quarante *summa genera* de l'évêque Wilbein au

Susciter une émotion esthétique et même faire naître dans l'esprit un plaisir allant jusqu'au ravissement, assurément les actes et les œuvres des héros du genre humain en auraient encore le pouvoir en ce cas – la vie d'un Socrate et d'un Épaminondas, la science d'un Platon et d'un Leibniz, les figurations poétiques et plastiques d'un Homère, d'un Sophocle et d'un Phidias ; tout comme le spectacle du ciel étoilé est encore capable d'émou-
55 voir même le disciple le plus savant d'un Newton ou d'un Laplace | et de réjouir son âme ; seulement, il ne faudrait alors pas s'enquérir de la raison d'une telle émotion, car la réflexion ne manquerait pas de répondre : tu es simplement joué comme un enfant, souviens-toi une fois pour toutes que l'admiration n'est jamais que la fille de l'ignorance.

Ce n'est pas une science qui élimine tout miracle, mais une croyance coexistant avec la science et qui lui soit invincible, croyance en un être qui ne peut faire que miracle et qui créa aussi l'homme miraculeusement, croyance en Dieu, en la liberté, la vertu et l'immortalité, c'est cette croyance qui est le bien le plus précieux de notre espèce ; elle est la marque distinctive de l'humanité ; elle est, pourrait-on dire, l'âme raisonnable elle-même, et de ce fait non seulement plus antique que tous les systèmes inventés et les arts enseignés par les hommes, mais même, en tant que force immédiatement émanée de Dieu, elle leur est à tous essentiellement supérieure. La croyance est la silhouette du savoir et du vouloir divins dans l'esprit fini de l'homme. Si nous pouvions transformer cette croyance en
56 un savoir, | alors s'accomplirait la promesse que, dans le Paradis, le serpent fit à Ève pleine de convoitise : nous deviendrions comme Dieu.

Dans l'état d'intelligence encore inculte où bien souvent des peuples entiers demeurent longtemps, le savoir et la croyance, la confiance en ce qu'on voit et la confiance encore plus ferme et plus intime en ce qu'on ne voit pas, se montrent à ce point mêlés qu'à partir de cet état de confusion, on peut donner une explication suffisante de tous les phénomènes étranges dans l'histoire de l'humanité : le fétichisme sous sa forme fruste et raffinée, le culte des animaux et des astres, les innombrables espèces de l'idolâtrie et de la superstition, la multitude des systèmes absurdes et contradictoires. L'animal dépourvu de raison, incapable de religion, est également incapable de superstition et d'idolâtrie.

chef unique de la quantité, de manière à faire coïcider *omni ex parte* mathématiques et logique, histoire naturelle et histoire civile, philosophie naturelle et toutes autres espèces de philosophie », – p. 1, *Compte rendu de la vie et des écrits de Thomas Reid,* par Dugald Stewart.]

Dès que les perceptions du sensible commencent à se distinguer avec *clarté* dans la conscience humaine des *aperceptions*[1] du supra-sensible, commence la *philosophie*. Cette distinction se fait même déjà chez l'enfant confusément lorsque, dès le berceau il s'essaie à balbutier et, comme disent les mères, il sourit aux anges; mais | des siècles s'écoulent avant qu'ap- 57
paraisse un Anaxagore, qui ouvre à l'entendement si longtemps demeuré attaché dans son développement scientifique à la seule nature, une voie nouvelle, celle de la connaissance d'un esprit qui domine la nature, d'une *intelligence créatrice*.

La science appliquée à la seule nature peut bien effacer peu à peu, par ses seuls moyens propres, la superstition, qui est fausse croyance[2], mais elle ne peut empêcher que la croyance authentique se perde également, en même temps que la superstition[3]. Pourtant cette vraie croyance ne disparaît pas, mais elle se dresse à côté de la science, en face d'elle, mais plus haut; il apparaît une théorie qui s'élève au-dessus de la théorie de la nature, | qui 58
limite le concept de nature par le concept de liberté, mais qui par là même étend vraiment l'entendement: *la philosophie au sens où l'entend Platon**.

Comme tout autre système de connaissance, la philosophie aussi tient sa *forme* du seul entendement, qui est la faculté des concepts en général. Sans concepts aucune récognition n'est possible, aucune conscience des *connaissances*, par suite également aucune distinction et comparaison, séparation et connexion, il est impossible de peser, de soupeser et d'évaluer, en un mot de *prendre réellement possession* d'aucune vérité. Au contraire le *contenu* de la philosophie, tel qu'il lui appartient en propre, ne peut lui être procuré que par la raison, « c'est-à-dire la faculté de connaître ce qui est indépendant de la sensibilité et lui est inaccessible »[4]. La raison ne crée pas de concepts, ne construit pas de systèmes, ne juge même pas, mais *à l'égal des sens externes*, elle révèle simplement, elle annonce positivement.

1. Nous essayons de rendre ainsi l'a-peu-près que fait Jacobi en jouant sur la ressemblance des mots : *Wahrnehmung* et *Vernehmung* (N. d. T.).

2. *Aberglauben* = *Afterglaube* (N. d. T.).

3. « Les progrès en physique rendent, pour que celle-ci ne devienne pas arrogante et qu'elle ne *détrône pas la raison en la remplaçant par l'entendement*, la métaphysique nécessaire. – Mais le but de la métaphysique est d'assurer le passage du monde sensible au suprasensible, – et son but *final* est de répondre à la question : quelles propriétés la pensée doit-elle accorder à l'être auquel le monde doit être rapporté comme à un principe suprême ? Et quelle est la nature du rapport qui les lie l'une à l'autre ? » – voir *Encyclopédie des sciences philosophiques* de G. E. Schulze, p. 71, 52, 47.

4. *Principes de logique générale* de Schulze, § 2, remarque 1.

59 | Avant toute autre chose il faut tenir ferme là-dessus ; de même qu'il y a une intuition sensible, une intuition que procurent les sens, de même il y également une intuition rationnelle que procure la *raison*. Toutes deux se tiennent l'une en face de l'autre comme deux sources propres de connaissance et la seconde se laisse tout aussi peu dériver de la première, que celle-ci de celle-là. Elles sont toutes deux exactement dans le même rapport avec l'entendement*, et, de ce fait, également avec la démonstration. À l'encontre de *l'intuition sensible* aucune démonstration n'a de valeur, *puisque toute démonstration n'est qu'une reconduction du concept à l'intuition sensible* (empirique ou pure) qui la vérifie ; relativement à la connaissance de la nature, cette intuition est le début et la fin, ce qui vaut inconditionnellement, l'absolu. Pour la même raison aucune démonstration ne vaut contre l'intuition *rationnelle, l'intuition de la raison,* qui nous donne à connaître des objets au-delà de la nature, c'est-à-dire nous donne la certitude de leur réalité et de leur vérité.

Il nous faut user de l'expression : *intuition de la raison,* parce que la
60 langue n'en possède aucune autre pour signifier la manière | dont il est donné à l'entendement de connaître uniquement dans des *sentiments* transcendants ce qui est inaccessible au sens et pourtant comme quelque chose de vraiment objectif, qu'il n'a pas fait qu'inventer.

Si quelqu'un prétend qu'il sait, c'est à bon droit que nous demandons d'où il sait. Inévitablement, il faut alors qu'en fin de compte il se réclame de l'une de ces deux choses : ou bien de la *sensation* du sens, ou bien du *sentiment* de l'esprit. De ce que nous savons par le sentiment de l'esprit, nous disons que nous le *croyons*. C'est ainsi que nous nous exprimons tous. À la vertu, donc à la liberté, donc à l'esprit et à Dieu, il n'est possible que de *croire*. La sensation qui fonde le savoir dans l'intuition sensible (ce qu'on appelle *proprement* le savoir) est tout aussi peu supérieure au sentiment, qui fonde le *savoir dans la croyance,* que l'espèce animale est supérieure a l'espèce humaine, le monde matériel au monde intellectuel, la nature à son créateur[1].

61 | Et dans ces conditions nous n'éprouvons aucune crainte à reconnaître que notre philosophie procède du sentiment, du sentiment *objectif* et *pur ;*

1. « Le sens commun n'est pas en mesure d'apercevoir *comment* la partie supérieure de l'homme, la raison, s'oppose à la sensibilité et comment ce qui est proprement la *pensée* au plus profond de l'esprit ne commence pas avec une transformation des représentations sensibles en concepts, mais *au moment où l'esprit s'élève au-dessus de la représentation sensible* et, précisément à cause de cela, avec un *sentiment* dont l'origine est toute différente de celle de toute représentation sensible. Le terme ambigu de : *sentiment* est ici un pis-aller en l'absence d'un autre terme que nous cherchons en vain dans un langage qui n'a pas été inventé par les philosophes » (*Annonces savantes de Gœttingen,* 1809, fasc. 207).

qu'elle reconnaît son autorité comme souveraine, et qu'en se présentant comme doctrine du supra-sensible, elle se fonde sur cette seule autorité.

Nous prétendons que la faculté des sentiments est en l'homme une faculté supérieure à toutes les autres; la seule qui le distingue spécifiquement de l'animal, l'élève au-dessus de lui non pas simplement en degré, mais en nature, c'est-à-dire *incomparablement;* nous prétendons que cette faculté ne fait qu'un avec la raison, ou, comme il serait également permis de s'exprimer : ce que nous nommons raison et que nous mettons au-dessus du *simple* entendement appliqué à la seule nature, provient uniquement et exclusivement de la faculté des sentiments. De même que les sens informent l'entendement dans la sensation, de même la raison
l'informe dans le sentiment |. Les représentations de ce dont nous ne 62
sommes informés que dans le sentiment, nous les appelons les *Idées*.

L'intelligence, dans une certaine mesure, les animaux aussi la possèdent*, et il faut que tous les êtres vivants la possèdent, puisque, sans la conscience associative qui est la *racine* de l'intelligence, ils ne pourraient être des individus vivants; quant à la faculté des sentiments, identique à la raison, quant à cet organe incorporel qui procure les perceptions du supra-sensible, ils en sont complètement dépourvus.

Quand nous disons d'un homme qu'il est dénué de tout sentiment, nous ne nous contentons pas simplement de le mettre par là *au rang* de l'animal, mais nous le ravalons bien plus bas encore que celui-ci, car il nous faut admettre que ce ne peut être que de son plein gré qu'il s'est rendu tel, puisqu'en tant qu'homme, la nature l'avait doué de sentiment. Aussi pouvons-nous aimer les animaux et entrer réellement avec eux en une sorte de relation amicale, bien qu'ils soient tout à fait inaptes à connaître le bien, le vrai et le beau; mais l'homme qui, lui, n'est pas inapte à cette connaissance et qui n'a pu lui devenir étranger que *contre nature,* c'est ou
bien | avec dégoût si nous y voyons un monstre répugnant, ou bien avec 63
effroi et aversion, si nous y voyons un être satanique, que nous serons inévitablement amenés à le considérer.

Donc, encore une fois, c'est la présence ou l'absence de la faculté des sentiments qui distingue l'homme de l'animal. Où la raison fait défaut il n'y a pas non plus de sentiments, qui donnent à la conscience la représentation immédiate et objective de quelque chose qui lui est extérieur; où il y a de tels sentiments, la raison aussi est infailliblement présente; et l'on voit se révéler et se manifester activement liberté, vertu, connaissance de Dieu, sagesse et art.

Contre la doctrine des intuitions de la raison ou des sentiments purs et de leur objectivité, on voit se coaliser et s'insurger tous ceux qui, une fois pour toutes, ne veulent pas entendre parler d'un *esprit assuré* qui conduise *immédiatement* en toute vérité, mais entendent s'en tenir à une *lettre assurée**, sans laquelle, prétendent-ils, l'esprit ne serait nulle part bon à rien, et dont la perfection va même jusqu'à rendre l'esprit superflu ou encore commence par produire pour l'inspirer ensuite le *seul* esprit qui soit proprement *assuré.* C'est cette lettre qu'ils appellent la *science.*

64 | Ce que vous nommez l'esprit *assuré,* nous déclarent ces gens, c'est l'esprit incertain, un feu follet, un séducteur. Mettez les esprits à l'épreuve ! autrement dit : mettez-les à l'épreuve de la lettre, pour voir s'ils l'admettent, s'ils peuvent s'y prêter parfaitement, ne vous fiez à aucun dès lors qu'il recule devant cette épreuve et se dérobe au lieu de comparaître en personne. Donnez-lui congé, récusez-le, et contentez-vous de vous enquérir avec un zèle toujours accru de *l'être* qui existe seulement dans le mot, selon le *mot,* qui existe seulement grâce à la lettre, par elle et avec elle.

Tout n'est pas à rejeter dans le propos de ces gens, et il nous faut y démêler équitablement le vrai du faux. « Sans verbe, point de raison – point de monde ». *« Au commencement était le Verbe »,* proclame une voix sainte, qui pourtant n'en reste pas a cette proclamation, mais poursuit ainsi : et le Verbe était en Dieu, et Dieu était le Verbe. Or ils se trompent, ces gens qui ont parlé contre nous, en ceci qu'ils font naître le père du fils, le mot de la lettre, car il est bien évident, disent-ils, que le mot est composé
65 de lettres | et que par suite il faut bien que celles-ci aient préexisté à celui-là. Selon eux, le mot ainsi créé commence par produire l'entendement, après quoi, et en tout dernier lieu, celui-ci produit la raison. Dès lors tout est à l'envers* : il n'y a plus d'esprit qui soit en lui-même, mais uniquement des âmes de corps ou des êtres corporels vivants et il n'y a plus d'âme que chaque fois et toutes les fois qu'il y a corps.

L'entendement est incapable d'écarter cette façon de se représenter les choses à l'envers, s'il n'est pas et ne veut pas être plus qu'une faculté de réfléchir les intuitions sensibles, et, ordonnée à ce seul fondement, une faculté de séparer et de réunir en concepts, jugements et raisonnements ; car la réflexion qui le constitue lui-même a pour qualité essentielle d'inverser. Dans la réflexion ou l'entendement les espèces apparaissent avant les individus qui les constituent, et les genres avant les espèces ; dans la réflexion, de façon générale, tout particulier prend naissance dans le sein d'une généralité qui le procrée, en sorte que la réalité, le réel même, ne fait absolument que venir ensuite comme une propriété qui s'ajoute à la chose,
66 un *complementum possibilitatis**, un concept dépourvu de contenu, | un vain mot. Voilà pourquoi l'entendement exclusivement tourné vers le monde sensible s'est lui-même défini comme la faculté *de connaître le particulier dans le général* au moyen de… *concepts,* et en se coiffant de cette couronne prend le titre de : raison. Formant des concepts sans cesse

plus étendus, cette raison finit par atteindre le concept infiniment étendu de l'Un-Tout, la non-pensée d'un être infini absolument indéterminé, à la fois simple et double : je veux dire, d'un côté une matière infinie absolument indéterminée, d'où procède physiquement une infinité d'êtres matériels finis déterminés, tous les corps avec leurs diverses propriétés ; et d'un autre côté, une pensée infinie absolument indéterminée, qui ne se connaît pas dans son infinité, d'où procèdent les âmes destinées aux corps, en leur nécessaire association. *Nécessaire,* puisque la matière infinie et l'esprit infini ne constituent ensemble qu'un seul et même être. Dans un tel *système* (de l'identité absolue de l'être et de la conscience), toute âme née de
l'être de tous les êtres | se présente, et il n'en peut être autrement, comme le **67**
concept *immédiat* ou la *vie* d'un corps, naissant, se développant et disparaissant avec lui ; sans pourtant disparaître en telle façon qu'on ne puisse en dire aussi qu'ils sont tous deux, en même mesure et au même point de vue, impérissables bien que mortels, ou encore immortels bien que périssables : car dans l'Un-Tout, qui représente l'identité de l'être et du néant, du repos absolu et du mouvement absolu, il n'y a ni passé ni présent, ni futur, mais en lui tout est également éternel, que ce soit *a parte ante* ou *a parte post**.

Voici quelle est, selon Platon, l'origine de cette doctrine de l'Unité du Tout : partant du visible et du tangible, du *corporel,* considéré comme fondement à titre de seul existant véritable, la poursuite de la recherche amène à découvrir que ce corporel, que les sens permettent de percevoir, n'est pas l'existant, mais que tout n'est que mouvement et *que hors de là il n'y a rien d'autre.* Or, fait dire Platon à Socrate dans le Théétète, voici qui n'est pas méchant propos du tout : « rien (de ce que peuvent percevoir les
sens externes) n'est en soi-même | quelque chose de déterminé, et il n'est **68**
aucune chose, à laquelle tu puisses à bon droit attribuer fût-ce une seule propriété ; car si tu qualifies une chose de grande, elle se montre également petite, de lourde, également légère, et ainsi de tout le reste, car précisément rien n'est *un,* ni déterminé, ni possédant une certaine nature, mais tout ne fait jamais que *devenir.* Et sur ce point tous les philosophes, à l'exception de Parménide, sont d'accord entre eux : Protagoras aussi bien qu'Héraclite et Empédocle, et d'accord avec les poètes les plus éminents dans les deux ordres de poésie : Épicharme dans celui du comique, et, dans celui du tragique : Homère, qui, en disant, « je regarde Okeanos le père et Thétys la mère »[1], veut signifier que *tout est né du flux et du mouvement*[2].

1. *Iliade* XIV, 201.

2. Platon, *Théétète* (op. Bipont. T. II, p. 69 *sq.*, et dans la traduction de Schleiermacher, 2e partie, tome I, p. 206 *sq.*

Mais avec un tel amendement, montre aussitôt Platon ou le Socrate platonicien, cette grossière doctrine de l'être qui réduit ce dernier au
69 corporel, | n'est en fin de compte nullement amendée ; car de même que dans le premier cas on ramenait tout au corporel comme au seul être véritable, de même maintenant dans le second cas tout est réduit à un devenir mouvant, qui exclut l'être de partout et ne laisse subsister qu'un discours, mais un discours trompeur et faux qui, bien plus, ne peut même pas être *tenu* en vérité. Car ils s'enfuient aussi ces *mots,* fluents comme tout le reste, noms et substantifs ; il ne reste que les verbes, encore perdent-ils également leur temps présent, auxquels ils ne sont jamais, tout comme ils ignorent de façon générale le « est » ou le « être ». Mais dès lors que nulle part rien n'est ni ne devient, aucune connaissance non plus n'est ni ne devient et c'en est fini de toute doctrine.

Pour s'en être avisé, les philosophes ultérieurs ont retourné la thèse qui remontait à Homère et même au-delà, la thèse immémoriale selon laquelle : *« tout n'est que mouvement et hors de là il n'y a rien d'autre »,* lui opposant alors la thèse exactement inverse : nulle part le mouvement n'est rien en *vérité,* il n'y a en *vérité* partout qu'un être immobile, un être unique,
70 qui seul est. Ainsi de même que les philosophes antérieurs | admettaient un devenir éternel sans être, de même ces philosophes postérieurs admettent au contraire un être éternel sans devenir ; et de même que dans le premier cas le discours se dérobait et la doctrine se condamnait elle-même au silence par manque de substantifs, de même ici encore le discours se dérobe par manque de verbes, dont seul survit le temps présent, autant dire : aucun.

Or c'est ici qu'entre en scène la *véritable* doctrine de l'Un-Tout et qu'elle s'interpose de façon secourable. Elle unit le devenir sans être et l'être sans le devenir et déclare : c'est bien ainsi ! voyez, cela va et cela se tient !

Que cette doctrine de l'Un-Tout doive nécessairement être tenue pour la seule à être vraie par un entendement tourné vers le seul monde sensible et n'usant pour s'élever au-dessus de ce dernier que des concepts qu'il a tirés de ce monde et de concepts de concepts, Platon n'en a pas non plus disconvenu ; sa fausseté remarque-t-il, ne peut être aperçue que grâce à une faculté de connaître supérieure, à un œil fait uniquement pour l'intuition du supra-sensible et qui regarde fixement dans sa direction : « De même, poursuit-il, que l'œil corporel, si son mouvement n'était pas indépendant,
71 devrait se détourner avec tout le corps | de l'obscurité pour regarder la lumière du jour, ainsi cette faculté de connaître également doit être détournée *avec l'âme tout entière* des choses changeantes jusqu'à ce qu'avec

l'intuition elle puisse s'élever à l'immuable et à la lumière la plus sublime de l'immuable, que nous appelons le Bien »[1].

On ne prétend pas par là qu'il n'y a dans le changement rien à connaître de ce qui est immuable, mais simplement que *nous devons déjà avoir connu l'immuable pour pouvoir le reconnaître dans le changement*. Si le changeant ne contenait rien d'immuable il ne pourrait même pas exister comme changeant, il ne pourrait en aucune façon même simplement *apparaître*. Voilà pourquoi pour l'entendement qui est uniquement tourné vers le monde sensible et livré à ses seules ressources de pensée pour progresser, ce monde finit nécessairement par se transformer en l'Un-Tout du néant. Mais jamais personne n'amènera le partisan de l'Un-Tout à avouer que c'est là ce qui lui arrive, ou que | le terme où mène sa science est **72**
cette transformation de tout être en simple mot. Comment il esquive cet aveu, et d'où vient qu'il est impossible au philosophe de l'attraper et de l'acculer, c'est ce qui se trouve exposé de façon incomparable dans le Sophiste de Platon. J'ai déjà précédemment renvoyé à ce chef-d'œuvre du divin Platon, et j'y renvoie ici plus instamment de nouveau[2].

Mais il est temps que, prêtant l'oreille à l'avertissement socratique, je revienne à mon propos, « afin qu'une nouvelle vague ne vienne pas toujours submerger le premier discours »*.

Nous sommes partis de la question : la raison humaine n'est-elle qu'un entendement qui s'élève au-dessus des intuitions sensibles et qui ne se rapporte vraiment qu'à celle-ci ? Ou bien est-ce une faculté qui loin de simplement *leurrer* l'homme par de vaines images dépourvues de référence objective, lui révèle *réellement* le vrai, le bien et le beau en soi ?

| Nous avons montré que la première thèse est admise dans toutes les **73**
philosophies depuis Platon, chez Aristote et après lui, jusqu'à Kant, aussi bien dans celles qu'on qualifie de rationalistes : Leibniz, Wolf et Sulzer, que dans celles qui se désignent comme simplement sensualistes : Locke, Condillac et Bonnet.

Nous avons pu étayer cette thèse sur la preuve donnée par Kant, qui montre de façon irréfutable qu'un entendement, comme faculté formant des concepts, qui ne réfléchit que le monde sensible et lui-même, s'il essaie de s'étendre au-delà du domaine de la sensibilité, ne peut rencontrer que le vide et courir après son ombre qui s'étend de toutes parts à l'infini.

Par conséquent, poursuivions-nous, « tout suprasensible est fiction et son concept vide de contenu »[3] ; ou alors il faut reconnaître que la véracité du suprasensible et sa connaissance chez l'homme proviennent d'une

1. Platon, *République* VII (op. Bipont, T. VII, p. 135).

2. Voyez *« Des choses divines »*, le troisième appendice.

3. Expressions de Kant, *Critique de la Raison Pratique*, Préface.

74 faculté supérieure, | à laquelle se manifeste d'une manière qui échappe aux sens et à l'entendement, le vrai *dans* les phénomènes et au-delà de ceux-ci.

Appuyés sur cette *alternative,* nous avons persisté à admettre deux facultés de percevoir différentes en l'homme : une faculté de percevoir au moyen d'organes perceptifs visibles et tangibles, donc corporels; et une autre au moyen d'un organe invisible qui ne se manifeste aux sens en aucune façon, et dont l'existence se révèle à nous uniquement au moyen de sentiments. Cet organe, œil spirituel pour des objets spirituels, les hommes – *tous les hommes, au fond* – l'ont appelé : *raison ;* de sorte que par ce mot *raison,* ils n'ont jamais entendu rien d'autre que cet organe justement. Seuls quelques-uns d'entre eux, qui se nommaient philosophes, essayèrent de se passer de cet organe, second œil de l'âme, en se figurant qu'avec un seul œil, le vrai, qui n'est qu'un, se laisserait voir avec plus d'acuité et de sûreté qu'avec deux. En fait, ils se crevaient le seul œil de l'âme qui soit tourné vers le supra-sensible, tout en trouvant que, de ce fait, tout était pour eux beaucoup plus clair et plus distinct qu'auparavant.
75 Ce qu'on | avait pris, disaient-ils, pour un second œil réel n'était qu'un œil *apparent,* à la vérité uniquement une double vision anormale de l'œil qui est seul à voir *réellement.* Il suffisait de les considérer pour voir comment, après l'opération, le seul œil *véritable* s'était placé au milieu de leur front, et comment désormais, du prétendu second œil on ne trouvait même plus trace. Ces Polyphèmes ne trouvèrent audience et crédit qu'auprès de trop de gens, qui demandèrent alors à être guéris de leur double vision anormale et de leur faux œil. Il n'y eut que Socrate, et après lui son disciple Platon, pour s'opposer à cette sagesse borgne, montrant sur les modes les plus divers que l'âme humaine, pour parvenir à la connaissance de l'unique vérité, a besoin des deux yeux dont elle a été gratifiée et doit par conséquent en prendre grand soin en veillant à les garder toujours bien ouverts; qu'elle vienne à fermer ou à supprimer celui qui regarde du côté du supra-sensible, *l'autre ne lui procure qu'une science dénuée de tout fondement, de péné-*
76 *tration et de fin ultime*[1]. Mais | le propos du divin Platon fut supplanté par celui de beaucoup d'autres, « car il est tout aussi impossible d'inculquer la connaissance du vrai aux âmes qui ne sont pas dotées de l'organe qui est le seul à y être approprié, que de révéler la vue à un aveugle en lui tendant un miroir »[2].

Ce qui veut dire : si les purs sentiments du beau et du bien, de l'admiration et de l'amour, du respect et de la vénération ne parviennent pas à convaincre un homme que, dans et par ces sentiments, il perçoit quelque chose qui ne dépend pas d'eux, qui est inaccessible aux sens externes et à

1. Voir tout le sixième livre de la *République* de Platon.
2. Platon, *République* VII, op. Bipont, T. VII, p. 35.

un entendement qui n'est tourné que vers leurs intuitions, alors il est vain de discuter avec lui.

Il y a longtemps qu'on a montré que l'on ne saurait venir à bout de l'idéaliste, *celui de l'espèce inférieure et qui ne l'est qu'à moitié à la façon de Berkeley**, qui prétend, en dépit du sentiment naturel, qu'il ne *perçoit* pas un monde matériel qui existe réellement hors de lui, mais qu'il a seulement des *sensations*, thèse qui, selon lui, est clairement démontrable. Il faut montrer pareillement, qu'on ne saurait de même venir à bout de
l'idéaliste de l'espèce supérieure | et qui l'est totalement à la façon de 77
Hume, qui récuse, en dépit du sentiment de raison, la véracité des idées qui procèdent immédiatement de ce sentiment, à la cîme desquelles se trouvent les concepts, ineffaçables et inséparables l'un de l'autre, de liberté et de providence.

Nous avons déjà précédemment montré comment l'homme, en dépit de ses sentiments les plus profonds et les plus intimes, est d'une part puissamment provoqué et incité à récuser liberté et providence, mais d'autre part n'en est pas moins puissamment détourné et empêché, et comment il en vient alors à inventer un étonnant artifice pour gagner un lieu philosophique intermédiaire entre le oui et le non. Mais ce qui rend ces artifices si trompeurs que non seulement les gens inexperts et les apprentis, mais les inventeurs eux-mêmes au premier chef sont trompés et aveuglés, voilà ce qu'il nous reste maintenant à mettre en lumière, à titre d'indispensable complément de notre travail.

Il y a deux faux-semblants* grâce auxquels le sensualisme ou le matérialisme, à la faveur de multiples changements de forme et de nom, mais en demeurant toujours identique au fond – puisqu'il n'admet pas la
suprématie d'un règne de la liberté | sur le règne de la nécessité, d'une 78
toute puissance sur le destin – a tenté de dissimuler sa partialité et sa faiblesse, de manière à ce qu'il puisse sembler que la notion de liberté et la conviction du suprasensible ne lui étaient pas étrangères à lui non plus.

Le premier de ces faux-semblants tient à ce qu'on prétend atteindre, grâce aux abstractions répétées de l'entendement, le concept de l'inconditionné.

C'est que dans l'abstraction on laisse tomber les rapports et caractères particuliers qui conditionnent un objet des sens ; on ne retient que le général, qui apparaît alors, par comparaison avec le particulier, moins limité, qui n'est plus lié aux conditions singulières du particulier ; et dès lors on s'imagine que, grâce à une abstraction de *toutes* les bornes, il faut bien que le concept de l'absolu se donne à l'entendement[1]. Mais en fait cet

1. Voir *Tradition, mysticisme et saine logique, ou de l'histoire de la philosophie* de J. Fries (*Étude*, tome VI).

79 abstrait n'est nullement le concept de *liberté,* comme concept propre | de *l'inconditionné ;* ce n'est que la vaine fiction d'un *tout sans* aucun contenu, et de ce fait sans *aucune borne ;* un concept du parfaitement indéterminé, puisque précisément dans l'abstraction on a éliminé toute détermination singulière. Au point de vue de son contenu, ce concept suprême, auquel l'entendement aboutit par le progrès de l'abstraction, est le concept *de la pure négation, du pur néant*[1]. Si on le considère comme le principe inconditionné d'où procède toute chose conditionnée, alors ce principe est proprement un *manque* absolu de principe, un *devenir* parfaitement *indéterminé,* où ce qui est devenu déterminé est censé trouver son origine ; un tout *dépourvu* de tout caractère, comme principe d'un monde réel *pourvu* de caractères déterminés infiniment divers.

Ce concept purement négatif n'acquiert aucun contenu positif du seul
80 fait que je lui lie le concept d'un temps infini | et d'un mécanisme infini de la nature – série causale nécessaire – qui s'y manifeste : car il n'y a ici ni commencement ni fin, ni *quoi* ni *pourquoi ;* bien plus, le concept de mécanisme infini de la nature lui-même doit apparaître à l'entendement, s'il réfléchit mieux, comme impossible ; le philosophe ne peut alors qu'opposer à cette impossibilité dans *le concept, l'existence* manifeste dans la réalité sensible, l'existence irrécusable du lien causal comme loi du monde, encore qu'il continue de demeurer absurde justement de l'admettre sans commencement ni fin et de partir de la proposition : *rien n'est inconditionné* sauf le lien causal lui-même, le simple devenir procédant du devenir.

Or d'où vient qu'on se contente de ce faux-semblant et qu'on espère donner un fondement scientifique à une absurdité ? – Voici notre réponse : le concept de liberté, comme vrai concept de l'inconditionné, plonge des racines inextirpables dans l'esprit humain et contraint l'âme humaine à aspirer à une connaissance de l'inconditionné située au-delà du condi-
81 tionné. Sans la conscience de ce concept, personne ne saurait | que les *bornes* du conditionné sont des bornes ; *si la raison n'éprouvait pas le sentiment positif* d'un monde supérieur au monde des *sens, jamais l'entendement ne serait sorti du cercle du conditionné* et il n'aurait même jamais acquis le concept *négatif* de l'inconditionné. Toutefois il est absurde de placer une simple négation à la cîme de toute pensée philosophique ; mais le sentiment de la raison surmonte cette absurdité qui est le fait de l'entendement[2], et comme l'abstraction peut progresser

1. Voir dans le *Nouveau musée de philosophie et de littérature,* de Bouterwek[a] (tome I fasc. 1), l'article : *qu'appelle-t-on penser ?* et fasc. 2, l'article : *De l'objet idéal du désir raisonnable.* – Comparer : *Des choses divines,* l'appendice A[b].

2. Voir les deux articles déjà cités de Bouterwek.

jusqu'au plus général, jusqu'au plus *indéterminé,* on prend *l'absolument indéterminé* pour le *véritable inconditionné,* pour le concept de liberté lui-même et on cherche ses racines dans l'entendement, méconnaissant la source véritable : la perception de la raison.

Le second faux-semblant se rattache étroitement au premier *.

La perception des sens, sur laquelle, dans le sensualisme, l'entendement est exclusivement dirigé, vient au secours de ce faux concept de
l'inconditionné. | Si nous considérons l'origine et le devenir réel de la 82
nature, il semble que le tout, que nous nommons : *univers,* renvoie à un développement à partir d'un chaos primitif, à partir d'un désert et d'un vide originels.

Car il est de fait que nous ne cessons de voir un *inachevé* imparfait toujours précéder *l'achevé* plus parfait, l'informe précéder la forme, une irréflexion la réflexion, un désir sauvage la loi, l'immoralité grossière la moralité, et en constituer en quelque sorte le principe. Ce concept de chaos correspond à l'absolument indéterminé de l'entendement ; ils s'impliquent tous deux mutuellement : le vide du concept de l'entendement est pour ainsi dire rempli de matière, mais seulement d'un néant de matière, d'une matière sans aucune détermination matérielle, *qui est censée être* proprement la simple possibilité, mais non la réalité des propriétés déterminées perçues par les sens.

Au fond, ce chaos n'est de nouveau rien d'autre qu'une pure *négation* de toutes les propriétés *matérielles* et par conséquent un *néant des sens,* comme la précédente négation de tous caractères convenant aux concepts
est un *néant de l'entendement.* Pourtant, | comme le devenir suppose dans 83
l'intuition sensible un *non-être,* mais que d'autre part rien ne pourrait devenir à partir d'un pur néant, ce qu'il y a d'inadmissible dans cette hypothèse se trouve dans une certaine mesure dissimulé par le fait que l'imagination interprète ce non-être comme un être imparfait, simplement en puissance, à partir duquel naît consécutivement l'être parfait en acte. On comprend dès lors que partout le meilleur doive sortir du pire, le supérieur de l'inférieur. Cette hypothèse est manifestement tout aussi absurde que celle de la production de l'être à partir du néant ; elle ne tire son semblant de vérité que d'une *nouvelle* absurdité *.

C'est qu'on fait de l'absolument imparfait le parfait absolu, puisque l'absolument imparfait c'est l'Un, à partir duquel tout devient, mais ne subsiste pas de soi-même et, de ce fait, se révèle périssable. En conséquence, l'absolument imparfait est le seul impérissable, le seul être vraiment réel et éternel, *natura naturans ;* non pas Dieu (personne), mais le dieu (chose).

84 En cet être unique – qui est un non-être, | mais éternellement producteur – de même que se meut la *matière* première universelle de toute matière, en elle-même privée de toute nature, *indifférente*, de même se meut en lui un *esprit* premier universel de tous les esprits, privé de toute pensée, *indifférent**. Cet esprit de tous les esprits, tout dépourvu de conscience qu'il soit, est l'esprit le plus parfait, l'esprit κατ' ἐξοχὴν car c'est à partir de lui que se développent, au moyen de l'organisme, tous les esprits ; c'est en lui seul qu'est donnée leur possibilité, c'est à partir de lui qu'ils naissent tous ensemble les uns avec et après les autres (à la façon dont les corps naissent de la matière universelle, et en même temps qu'eux).

Selon une récente découverte, cet esprit de tous les esprits, tout dépourvu de conscience qu'il soit, s'occupe, uniquement pour soi, également de *science* et *d'art ;* mais il ne s'agit que d'une science et d'un art *uniquement pratiques,* qui ne se connaissent pas, les seuls qui soient dignes de sa sublimité – bien qu'ils ne pré-voient pas, ils n'en pour-voient pas moins.

Il se peut cependant (autre découverte récente) – il se peut cependant que
85 l'être originaire et total devienne | – *lors d'une prochaine semaine de Création* – d'esprit simplement matériel qu'il était encore, un esprit *formel* avec un savoir et un vouloir conscients d'eux-mêmes, un esprit *pourvu d'entendement.* Alors seulement Dieu sera *vraiment* devenu, c'est-à-dire sera *parfaitement* réalisé, alors il sera aussi un *être personnel, qui se possède et se connaît lui-même.*

Car il est bien possible également – ajoutons-nous – que ce que ces récents inventeurs ou voyants situent dans un *avenir lointain :* la réalisation parfaite de Dieu ainsi que son existence *personnelle, la possession et la connaissance de soi-même* – possible que cela aussi ait déjà eu lieu une fois dans le passé, et même plusieurs fois, depuis un temps immémorial. Peut-être (vont-ils jusqu'à dire eux-mêmes) le fond initial de la nature, l'obscur, agissait-il seul depuis longtemps et ébauchait-il, à l'aide des forces divines *qu'il recelait,* une création pour lui, mais qui finalement retombait toujours au chaos – l'indice en pourrait bien être les séries de générations qui, *avant la création,* ont disparu et ne sont pas revenues* – jusqu'à ce que fût prononcée la parole de l'amour et qu'avec elle prît naissance la création *durable.*

86 Il y eut ainsi probablement autrefois des avortements et des monstres, | de nombreuses alternances d'avances et de reculs ; pourquoi donc n'y aurait-il pas eu également maints enfantements à terme et parfaitement viables ?

Question préalable : qui vous prouve et vous assure que vous ne vivez plus présentement dans une création transitoire, dans une *création avant la création,* mais bien dans une création désormais réellement instaurée et durable ? Le principe qui, avec l'aide des forces divines qu'il recèle, ébauchait création sur création *avant la création,* rien n'empêche de le considérer aujourd'hui encore comme simplement en train de se livrer une nouvelle fois à une tentative du même genre et de ne faire que nous jouer et abuser, comme il fait avec le dieu qui sommeille en lui. Dans la mesure où vous le reconnaissez et où vous déclarez que l'absence de règle et le *chaos* continuent à se tenir et à s'agiter au principe de la création de l'univers, *comme s'ils étaient capables de faire un jour à nouveau irruption,* nous posons la question : *pourquoi* ne devraient-ils pas effectivement faire un jour à nouveau irruption ?

Vous répondez : cela ne se peut et n'aura pas lieu, car dès lors que la création a réellement commencé, le chaos ne sert plus que de *base* nécessaire à cette création durable. | La base de la réalité en toutes choses, 87
assurez-vous, c'est à ce point l'absence de règle et le chaos que le monde retomberait au néant s'il perdait cette base *, si la forme et l'ordre mettaient fin une fois pour toutes à l'absence de règle. Ainsi on comprend parfaitement, ajoutez-vous à la réflexion, qu'il n'est pas possible que la forme et l'ordre soient à l'origine, qu'il y ait le parfait dès le commencement ; il est tout aussi impossible qu'il y ait dès l'origine un dieu parfait, complètement achevé, qu'un monde parfait, complètement achevé.

Mais comment donc serait-ce possible à la fin ? Si le parfait ne pouvait *être* au commencement, *alors,* il est sûr et certain qu'il ne peut non plus *devenir* à la fin seulement.

Il le faut pourtant, répliquez-vous : même l'Écriture distingue des périodes de la révélation de Dieu et place dans un avenir lointain le temps où Dieu sera tout en tout, *c'est-à-dire sera entièrement réalisé ;* la crise de l'expulsion du mal hors du bien connaîtra alors son terme et du coup adviendra l'actualisation parfaite de Dieu.

Mais alors plus de devenir ? Car qu'est-ce qui devrait dès lors encore devenir ? Par suite, plus de *vie* non plus, | car la vie n'existe, comme vous 88
dites, que dans le *devenir* et uniquement avec lui, la vie *qui se sent elle-même,* qui ne subsiste et ne se conserve elle-même *que dans la lutte ;* car c'est encore la raison pour laquelle, poursuivez-vous, Dieu s'est librement rendu sujet à la souffrance et au devenir, s'est soumis à un *destin* que tout vivant doit avoir, dès l'instant où, pour *devenir un Dieu personnel,* il sépara le monde de la lumière et celui des ténèbres.

Donc cela, nous posons encore et toujours la question, tout cela ne sera plus tel après la *crise* dans cet avenir lointain ? Ce qui était nécessaire pour que Dieu devienne un être personnel ne sera plus nécessaire pour qu'il le *demeure ?* Il ne sera plus nécessaire, maintenant qu'il en a bien terminé

avec le monde et avec lui-même, qu'il recommence à nouveau du début le monde et lui-même, qu'il retourne à nouveau à l'abîme, qu'il s'y sépare une nouvelle fois d'avec lui-même, librement quoique sans conscience, *afin que la créature devienne possible et lui-même personnel grâce à la*
89 *création ;* en un mot, | *il ne sera plus réellement et sérieusement nécessaire* qu'il recommence et de nouveau mène à terme toute l'œuvre d'évolution de lui-même à travers le méchant monde ?

À cette question, ils ne répondent que par de durs reproches* : nous sommes incapables, disent-ils, de saisir *le cercle à partir duquel tout devient* – et dans ce cercle, l'universel : *Ni ... Ni ...*, qui se retrouve partout, le fondement divin ; de ce fait, incapables également de saisir l'indifférence au commencement, l'identité à la fin, la lutte au milieu et de façon générale, poursuivent-ils, il ne vaut pas la peine de s'entretenir avec de fades théistes qui rêvent d'un Dieu parachevé, d'un Dieu qui serait *dès le commencement* parfaitement réel, doué d'entendement et de volonté, qui devrait être en même temps un Dieu *vivant et personnel,* ce qui pourtant est en tout état de cause *absolument* impossible ; encore que peut-être cela demeure possible – où plutôt certain – à *la fin.*

Or ces gens irrités ont en fait parfaitement raison sur ce point ; nous ne saisissons pas *le cercle à partir duquel tout devient,* ni n'entendons leur langage, qu'il faut à bon droit qualifier de *langage circulaire,* car chaque
90 phrase et chaque mot signifient une fois ce que ce mot ou cette | phrase expriment pour la compréhension commune et une autre fois exactement le contraire ; bien plus, et c'est pour nous le plus fâcheux, également les deux à la fois. Et c'est dans ce dernier cas qu'intervient proprement le : Ni ... Ni ..., où nous soupçonnons que se trouve la clé tant du système que de sa terminologie.

Que *Ni ... Ni ... précède* toutes les choses, et qu'il en soit sorti ou jailli immédiatement non seulement le monde réel, mais même le dieu réel (bien qu'il ne soit pas encore aujourd'hui *parfaitement* réalisé), où le monde se résoudra un jour, comme le réel dans l'idéal ; bien plus, que ce *Ni ... Ni ...* soit Dieu lui-même, le Dieu *tout entier* (tel qu'il était *avant la création*) avant qu'il se soit scindé lui-même en deux principes également éternels, bref le Dieu *parfait a parte ante :* voilà ce qu'ils professent expressément. Mais ce Dieu parfait *a parte ante,* pas encore scindé en deux principes éternels, par suite *encore tout entier,* qui est *l'Alpha* et se nomme de son vrai nom : le *fondement* premier ou *l'absence de fondement* doit être bien
91 distingué | du Dieu parfait *a parte post,* qui est *l'Omega* et n'existera que dans un futur lointain, mais porte dès maintenant le nom *d'Esprit,* et qui est considéré comme s'il était déjà parfaitement réalisé, car il équivaut au signe : moins.

C'est que dans le cercle, à partir duquel tout *devient,* en *vérité* il n'y a rien qui devienne ; en vérité, il n'y a ni *avant,* ni *après ;* rien qui soit en *vérité* passé, rien qui soit en *vérité* futur ; pas de premier ni de dernier, tant au point de vue de *l'être* qu'au point de vue du *temps.* En conséquence il ne faut pas nous étonner si ceux qui parlent en cercle disent : l'Esprit finira par tout se soumettre et sera alors *au-dessus de tout* – au moment même où ils disent : même alors il y aura et il restera *au-dessus de l'Esprit* l'absence originelle de fondement ; mais alors il ne sera plus l'absence de différence, *l'indifférence,* mais l'amour, dont l'Esprit n'est que le souffle. – Car l'Écriture, estiment-ils, en témoigne également en ces termes : le *Père* finira par tout soumettre au *Fils ;* mais alors le Fils lui-même sera également soumis à celui qui lui aura tout soumis, afin que Dieu soit tout en tout.

| Que celui qui a des yeux pour lire lise de ses propres yeux l'incroyable, 92
sous la forme authentique où il se propose à la lecture : car la façon dont le pour et le contre s'entrelacent mutuellement dans le merveilleux discours en cercle* ; la façon dont les contradictions les plus manifestes s'embrassent ici fraternellement et jurent de demeurer éternellement unies entres elles, voilà qui ne se laisse pas résumer.

Mais à ces gens qui parlent en cercle s'applique presque miraculeusement ce que Platon nous a transmis concernant une espèce de philosophes, qu'il appelle Éphésiens ou encore *Fluents :* « Avec eux – charge-t-il Théodore de dire à Socrate – engager un entretien sérieux est aussi malaisé que si on le tentait avec des gens qui, piqués par des bêtes malfaisantes, ne peuvent tenir en place un moment ; car vraiment, comme il est dit dans leurs écrits, *ils s'écoulent, eux aussi*... Leur demandes-tu quelque chose, les voici qui tirent comme d'un carquois *de petites sentences énigmatiques et les décochent.* Demandes-tu un éclaircissement sur leur
sens, tu te verras frappé d'une autre | en *termes modifiés.* Mais tu 93
n'aboutiras jamais à rien avec l'un d'eux, non plus qu'il n'y parviennent entre eux »[1].

Donc nous abandonnons ces rhéteurs, et de nouveau nous nous tournons vers ceux qui admettent, il est vrai, *avec* nous que l'être le plus parfait existe nécessairement dès le commencement, mais en même temps

1. Éd. Bipont, II, p. 129. Dans la traduction de Schleiermacher, 2e partie, tome I, p. 260. – Voici également la réponse de Socrate : « Peut-être, Théodore n'as-tu vu ces hommes que lorsqu'ils faisaient la guerre, mais ne t'es-tu jamais trouvé avec eux lorsqu'ils étaient en paix ; car ils ne sont pas de tes amis ; mais ces choses, je suppose que c'est à loisir qu'ils les exposent à leurs disciples, qu'ils cherchent à former à leur image. Théodore : Tu es étonnant, quels disciples ? Chez eux aucun ne devient disciple de l'autre, mais ils poussent d'eux-mêmes, chacun reçoit l'inspiration d'où qu'elle lui vienne et chacun tient toujours l'autre pour négligeable ».

soutiennent *contre* nous, pour les raisons déjà alléguées plus haut, que nécessairement cet être le plus parfait n'est pas un être conscient de lui-même*; il *n'agit* pas sciemment et volontairement selon des fins qu'il se propose, mais il se contente de *produire* nécessairement des effets selon des lois qui résident en lui et qui lui sont prescrites par sa *nature,* un être tout à fait *impersonnel.*

94 | Or à propos de ces gens, il nous reste une question à poser : comment entendent-ils réussir à faire parler *en leur faveur* ce qui témoigne le plus fortement *contre eux ?*

Leur soumet-on à titre d'exemple en vue de triompher d'eux, ces vieilles conceptions tout aussi sublimes que simples : *« celui qui a fait l'œil ne devrait-il pas voir ? Celui qui a agencé l'oreille, ne devrait-il pas entendre ? Celui qui a disposé ce cœur, ne devrait-il pas aimer ? Celui qui a enfanté de cet esprit, ne devrait-il pas savoir et vouloir et agir spirituellement ? »**. Les voici qui assurent que personne ne se pénètre plus joyeusement et plus intimement qu'eux de ces pensées. – Ne mettons-nous pas, disent ils, la force primitive et l'essence véritable de toute vue et de toute ouïe, de tout entendement, cœur et esprit, dans cet être originaire et total, *qui seul existe véritablement* et que nous appelons divinité ? – Cela ne vous suffirait-il pas ? – Mais alors, dites-nous comment quiconque *exerce une réflexion profonde sur lui-même* pourra-t-il bien admettre que l'entendement divin soit, comme l'entendement humain, fondé sur
95 l'expérience sensible et se développant mécaniquement par abstraction | et réflexion ? Comment quelqu'un qui *réfléchit* ainsi *profondément* pourra-t-il bien soutenir qu'il peut parfaitement se représenter son imagination humaine, simplement reproductrice, tout aussi bien comme une force qui est elle-même source de *création,* capable d'appeler à la réalité des êtres véritables ? – Considère seulement avec plus d'attention, poursuivent-ils en s'animant, la façon dont l'intelligence s'éveille en toi et l'avantage qu'elle te procure, et tu rougiras d'attribuer à l'être originaire, que tous nous nommons Dieu, une telle intelligence, à cette seule différence près qu'en lui l'entendement serait déjà tout à fait complet, et n'aurait pas à le devenir, comme c'est le cas pour toi : la seule idée en est déjà absurde.

Considère bien, exhortent-ils, ce qu'il en est de l'intelligence humaine. Ne faut-il pas qu'elle existe déjà dans l'embryon pour qu'elle puisse se manifester ultérieurement grâce au simple développement de l'organisme ? Mais dans son état primitif, l'intelligence comme telle, ou la raison, ne sait rien d'elle-même*. Par conséquent le concept d'une *raison* qui existe
96 réellement mais *qui s'ignore elle-même,* | loin d'être contradictoire est au contraire nécessaire : cette raison impersonnelle qui s'ignore, est proprement la raison authentique, la *raison absolue, substantielle,* telle

qu'elle existe et subsiste en Dieu; – l'absence d'une raison formelle en Dieu, loin d'être une privation est une plénitude : il *est* tout raison, c'est pourquoi il n'en a pas. Ce qui agit immédiatement *sans conscience,* tel est précisément l'esprit. C'est pourquoi, même chez l'homme également, c'est ce qui, en lui, produit *sans conscience* et comme par une inspiration étrangère, que vous nommez plus proprement l'esprit, le *génie,* le *divin.*

Ainsi parlent ces gens et toute une bande d'approbateurs convaincus les applaudit à grand bruit. Les jeunes gens saisissent, comprennent et se gorgent de cette connaissance. Mais ils se sentent avant tout convaincus par l'argument final, l'Achille de ce discours : tout ce que l'homme produit qui mérite admiration, il le produit sans conscience et comme par une inspiration étrangère ; tout le monde est d'accord pour nommer le principe d'inspiration : *génie, divin ;* | divin qui n'est rien d'autre que la simple force 97
agissante de l'esprit universel qui s'ignore.

Il ne nous resterait plus qu'à nous taire, en présence de ces jeunes gens et de leur maître, s'il en était bien tout à fait foncièrement comme ils le prétendent. Mais nous voyons les choses autrement, et c'est cette autre façon de voir que nous nous proposons de tenter d'exposer.

Avant tout, souvenez-vous de ce que la Sainte Écriture dit d'une création après la création, au Paradis.

Au premier homme, dit la tradition sacrée, une épouse naquit en songe. Tandis qu'il dormait, prit forme en lui la mère du genre humain, le modèle de la beauté, de l'amour, de la douceur, de la bienfaisance. Dès qu'elle fut, Adam s'éveilla ; elle se tenait devant lui, la Femme, chair de sa chair, os de ses os, prise de lui, hors de lui et en lui, un second Moi.

Intérieurement, en esprit, Adam avait déjà vu auparavant *la beauté,* car elle l'emplissait de nostalgie, et il avait douloureusement éprouvé qu'il était seul. | C'est alors que tomba sur lui ce profond sommeil, *un sommeil* 98
du Seigneur. – Et Dieu créa la Femme en la tirant d'une de ses côtes et referma l'endroit avec de la chair.

Ce n'est pas en dormant, *dans les ténèbres de l'inconscience,* qu'il créa, lui, le créateur originaire : il savait et voulait. – En disant auparavant : Que la lumière soit ! c'est sur la terre seulement qu'il l'avait fait descendre, la terre qui en elle-même était déserte et vide et sur laquelle tout doit d'abord sortir continuellement des ténèbres, en sorte qu'on ne peut dire d'aucun de ses enfantements : *« Au commencement était le Verbe ».* Mais en aucune façon on ne doit pour cela s'imaginer de façon puérile que la nuit est la mère de toutes choses *, et que l'esprit, tel l'entendement qui s'éveille à partir de l'expérience sensible, ne vient que plus tard, partout avec les années seulement, tel un fruit tardif. Intervient ici une différence dans la façon de considérer les choses, comparable à celle qui fait dire aux peuples primitifs : avant, ou après tant de *nuits*, et aux peuples plus évolués : avant, ou après tant de *jours*. L'entendement sensible présuppose la nuit et compte *à partir d'elle* en la prenant pour unité; c'est à partir du jour que procède la raison ou l'esprit.

99 | Expliquons-nous plus clairement. *Avant l'acte,* l'entendement humain ne sait rien de l'action qu'exerce l'esprit qui le gouverne en l'homme; c'est seulement pendant et après l'exécution qu'il s'en aperçoit; reconnaissant que cette action ne provient pas de *lui,* qui ne fait que réfléchir, il finit par y voir, après mûr examen, une opération aveugle. Nous disons bien : après mûr examen seulement, car au départ il était effectivement enclin à concevoir l'intelligence comme initiatrice et la volonté comme précédant partout l'action. Mais c'est seulement lorsqu'il se fut posé à lui-même la question : comment est-il *possible* que l'intelligence ait l'initiative et que la volonté précède partout l'action – comment la *véritable* providence et la véritable *liberté* sont-elles possibles? que, de lui-même, il obtint la réponse nette : les deux sont absolument impossibles *.

De même, antérieurement l'entendement s'était déjà posé la question : comment la perception est-elle possible au moyen des organes des sens ? Et il s'était non moins nettement répondu : il n'y a que *sensation ;* d'où l'impossibilité d'une *perception* proprement dite.

100 Ainsi l'entendement s'inventa une double | incroyance, d'abord il ne crut pas en un monde matériel, ensuite il ne crut pas non plus en un monde immatériel, spirituel, et cet art de perdre toute vérité – car c'est là ce qu'il inventa – il le nomma : *philosophie*.

Tout de même qu'au ciel nocturne la lune, grâce à sa lumière d'emprunt, surpasse en éclat l'armée des étoiles qu'elle obscurcit, mais que son éclat s'efface dès que le soleil monte à l'horizon, parce qu'apparaît la vraie lumière qui seule lui permettait de briller, ainsi s'éteignent pour un temps les perceptions de la raison qui rayonnent dans l'ombre devant le jour imparfait de l'entendement; mais sa lumière lunaire pâlit quand point l'empire de la connaissance rationnelle et on s'aperçoit que sa lueur provenait de la source de lumière qui était précédemment dérobée à notre horizon [1].

101 | Toute philosophie prend sa source dans une ardente aspiration, qui habite l'homme, à une connaissance qu'il appelle connaissance du *vrai,* sans qu'il puisse bien se définir la signification exacte de ce terme qui en a

1. « Quand une vérité unique resplendit telle le soleil, c'est le *jour*. Mais quand, au lieu de cette vérité *unique,* vous en voyez autant que de grains de sable au bord de la mer, une *petite lumière* ne tarde pas à surpasser en éclat toute cette armée de soleils : c'est une nuit, dont s'éprennent *poètes et larrons* », J.G. Hamann : *Croisades,* p. 190 [a].

plus que tout autre. Il le sait et il ne le sait pas. Il nomme : raison ce qui lui permet de le savoir : entendement, ce qui ne le lui permet pas, mais l'incite à le chercher.

Ce vrai, la raison le présuppose tout simplement comme le sens externe présuppose l'espace, le sens interne le temps, et elle consiste tout entière dans le pouvoir de le présupposer, de sorte que là où cette présupposition n'a pas lieu, la raison également est absente. Aussi certainement que l'homme possède la raison et que ce qu'il nomme ainsi ne le trompe pas, le vrai doit donc lui être présent et être connu de lui, de quelque manière, même si c'est de manière aussi profondément intime.

L'entendement, partant de l'intuition sensible, et se développant avant tout en s'appuyant sur elle, ne peut supposer préalablement à cette intuition la notion du vrai que lui impose la raison, ni l'élever au-dessus de cette
intuition ; | il s'enquiert du *substrat* de ce concept, sans lequel il est **102**
impossible d'avérer la réalité, et cherche alors ce substrat sur le terrain des phénomènes où doit se trouver, selon lui, *l'en-soi* des êtres et de leurs diverses propriétés. Mais finalement, comme nous l'avons déjà amplement montré, on ne trouve sur ce terrain qu'une négation du néant, un quelque chose qui se présente comme un simple non-néant, et qui se présenterait comme pur néant, si la raison qui demeure malgré tout souveraine ne l'en empêchait de force[1]. Car il est vrai que l'homme en sa folie peut bien renier la raison et refuser d'y croire, mais de la réduire au silence complet et d'empêcher qu'elle se manifeste en lui, il en est incapable.

| Xénophane, que même un sceptique a nommé le penseur sans **103**
outrecuidance, se plaignait de ce que « même en son âge avancé, il ne puisse jouir d'aucun *savoir**. Où qu'il tournât le regard, que tout se perdît dans l'Un, et que partout ne lui apparût qu'un être identique »[2].

1. « Le raisonnement de Descartes : *je pense, donc je suis,* est au regard de la logique, un jeu de mots, puisque le : je suis, ne veut logiquement rien dire d'autre que : *je suis pensant,* ou : *je pense,* et pourtant que chacun se demande si ce raisonnement si souvent critiqué n'exerce pas sur lui une influence coïncidant avec la force persuasive du raisonnement le plus serré et qui indique tout autre chose que le *vide* logique de ce qu'on appelle un jugement identique », *Idée d'une apodictique,* I, p. 41, 42 (Bouterwek).

2. « Tennemann – *Histoire de la philosophie,* première partie, p. 164. – Un de mes amis a traduit ainsi les vers cités :

Si seulement un sens intelligent m'avait été donné en partage !
Mais c'est un sentier plein d'embûches qui m'égare, m'attirant de ci de là
Or je suis avancé en âge et toutes recherches me laissent insatisfait
Car où que je dirige mon esprit, tout se perd pour moi
Dans l'Un et l'Identique ; car tout étant, toujours
Partout revient au même : *une* nature.

En termes voisins, Fénelon, penseur non moins pénétrant et profond que sublime, se plaignait qu'à ses yeux tout se perdît dans le *multiple,* et le multiple à son tour dans le *néant.*

> Je ne me retrouve pas, dit-il, dans cette foule de pensées qui se succèdent en moi et pourtant ces pensées sont tout ce que je puis trouver de moi. Je suis une telle foule de pensées de toutes sortes, *dont aucune n'est*
> 104 *l'autre,* | que je m'y anéantis moi-même et du coup, il ne m'est même plus possible d'apercevoir cette unique pensée qui est le vrai, dont j'ai le savoir et que je cherche. Pour me la représenter tant soit peu à partir de mon trouble savoir, il me faut diviser cette pensée unique et en faire une multiplicité et une diversité qui est à mon image; et ce faisant, elle m'échappe, comme je m'échappe à moi-même. – Oh! qui me délivrera des nombres, des compositions, des connexions et des séries qui me paraissent toujours plus vaines au fur et à mesure que je me plonge en moi et plus éloignées de ce que je pressens être l'unique vérité. C'est plein d'éclat et de promesses que se présentent le divers et le multiple, pleins d'unité et fondés sur l'unité; mais ce fondement d'unité ne se manifeste pas; il ne cesse de fuir et de moquer mes recherches, tandis qu'au contraire nombre et quantité ne cessent de croître et d'augmenter. Les séries également s'effacent avec ce qu'elles ordonnent et se perdent dans le néant. Tu veux saisir ce qui est? Ce n'est déjà plus! Ce qui suit
> 105 immédiatement? C'est déjà fini! Ce qui suivra? | Il suivra, mais ne sera point! – Il ne sera pas, et pourtant il formera un tout avec ce qui le précédait, et qui n'est déjà plus[1].

Dans ce vide, dans cet abîme d'un néant manifeste de la connaissance qui engloutit tout, il est inévitable que l'homme sombre, s'il veut transformer en savoir *extérieur* le savoir uniquement *intérieur* qui surgit pour lui des profondeurs insondables de son esprit, et s'il prétend se hausser jusqu'au supra-sensible assurément, mais uniquement *à l'aide des sens,* avec le seul appui conceptuel d'un entendement qui ne se fonde en fin de compte que sur l'intuition sensible.

Le *« est »* de l'entendement exclusivement *réflexif* est un *« est »* exclusivement *relatif* et n'exprime plus que la simple similitude à *autre chose* dans le concept, et non pas le *« est » substantiel* ou *Être.* Ce dernier, l'être réel, l'être tout court, ne se donne à connaître que dans le sentiment, où se manifeste l'esprit certain.

Nous avouons que nous sommes incapables *d'expliquer sous quelle forme* dans le sentiment – celui qui est objectif et pur – l'esprit certain de
106 lui-même | devient présent à l'homme et le rend capable de connaître *ce qui n'est semblable qu'à soi-même :* le vrai immédiatement dans le seul vrai, le

1. *De l'existence de Dieu,* P. II, chap. 2.

beau immédiatement dans le seul beau, le bien immédiatement dans le seul bien, et d'avoir ainsi conscience d'un savoir qui n'est pas simplement un savoir dépendant, *soumis* à des preuves, mais un savoir indépendant *supérieur à toutes preuves,* un savoir vraiment souverain ; sous quelle forme primordiale se présente ce savoir qui nous habite au plus profond de nous-mêmes, celui de la liberté et de la providence qui règnent *en* nous et *au-dessus de nous,* comme des forces qui dominent la nature. Nous nous contentons de mettre en lumière des faits, et c'est en nous appuyant sur ces faits que nous justifions notre doctrine avec une rigueur scientifique.

Jusqu'à quel point l'auteur y est effectivement parvenu dans de précédents écrits, il faut l'examiner en lisant ces écrits eux-mêmes. L'article reproduit dans ce même deuxième tome des œuvres complètes sous le titre : *De l'inséparabilité du concept de Providence et de liberté du concept de raison,* confronte de façon très concise le | système des convictions de **107**
l'auteur ou la justification de sa croyance devant l'entendement philosophant, et donne l'exposé peut-être le plus accessible de ce à quoi il prétend en affrontant les autres doctrines, et de ce à quoi il ne prétend pas ; c'est la raison pour laquelle il y renvoie spécialement ici *.

Dans ma hâte à conclure, je me contenterai ici de mettre encore à la suite, en de courts paragraphes, quelque chose de ce que je souhaite ajouter à ce que j'ai déjà dit, laissant au lecteur le soin de développer et de coordonner. L'exposé aphoristique et ce que feu mon ami Hamann appelait son *style de sauterelle,* atteint mieux son but bien souvent que le discours le plus artistement ordonné *.

De même que la réalité qui se révèle aux sens externes n'a pas besoin de garantie, puisqu'elle est elle-même le plus vigoureux défenseur de sa vérité, de même la réalité qui se révèle à ce sens profondément intime que nous nommons : raison, n'a pas non plus besoin de garantie : elle est pareillement à elle seule le meilleur témoin de sa vérité. C'est nécessairement que l'homme croit | ses sens, nécessairement qu'il croit sa **108**
raison, et il n'y a pas de certitude supérieure à la certitude qu'on trouve en cette croyance.

Quand on essaya de prouver scientifiquement la véracité de nos représentations d'un monde matériel existant au-delà de ces représentations et indépendant de celles-ci, l'objet que les démonstrateurs voulaient sonder se déroba à leurs yeux, il ne leur resta que la subjectivité, la *sensation :* ils trouvèrent l'idéalisme.

Quand on voulut prouver scientifiquement la véracité de nos représentations d'un monde immatériel et existant au-delà de ces représentations, de la substantialité de l'esprit humain et d'un libre créateur de cet univers, distinct de l'univers lui-même, d'une providence régnant avec conscience, c'est-à-dire *personnelle,* c'est-à-dire seule authentique, l'objet se déroba également aux yeux des démonstrateurs ; il ne leur resta que des fantasmes logiques ; ils trouvèrent… le nihilisme.

Toute réalité, aussi bien corporelle qui se révèle aux sens, que
109 spirituelle qui | se révèle à la raison, est garantie à l'homme uniquement par
le sentiment ; il n'y a pas de garantie extérieure et supérieure à celle-ci[1].

Un de nos plus pénétrants penseurs a défini les sentiments, les sentiments *objectifs et purs* dont il est exclusivement question ici, comme des jugements provenant immédiatement de la raison et il les a appelés jugements fondamentaux de la raison[2]. Nous lui empruntons volontiers cette dénomination et nous l'adoptons. On dit bien aussi communément de
110 l'œil, de l'oreille, de la langue qui goûte, qu'ils jugent | et même qu'ils
apprécient, encore que chacun sache bien que le sens percevant se contente de révéler, tandis que les jugements relèvent de l'entendement réfléchissant. C'est l'évidence qui nous fait dire que la sensibilité sans aucune intelligence, c'est-à-dire sans la conscience qui réfléchit et associe, manifestant ainsi son activité spontanée, est une absurdité. Il en va de même pour la raison. La raison sans entendement est, comme nous l'avons montré dès le début de cet écrit et comme nous l'avons en outre prouvé dans la suite, un non-sens, exactement comme une *science* et un *art* uniquement pratiques et inconscients d'eux-mêmes *.

Mais il y a une chose à laquelle ici il faut prendre garde, c'est que la proposition : là où il y a raison, il y a aussi nécessairement entendement, ne vaut pas si on la retourne sous la forme : là où il y a entendement, il y a aussi nécessairement raison. Sont doués d'entendement, dans la mesure où leur organisation les met, grâce à la sensation, en rapport avec les autres êtres de la nature, tous ces êtres que nous appelons vivants, ou, puisqu'ils possèdent la vie et manifestent une spontanéité, *animés,* mais que dans leur ensemble nous qualifions de *bêtes,* parce qu'ils sont en même temps
111 *dénués de raison.* Toutes les espèces animales, | aussi bien celles qui sont
le plus généreusement dotées de sens et d'organes que celles qui en sont le

1. « La source suprême de tout assentiment est une confiance *immédiate* dans les verdicts de notre conscience. Si cette confiance venait à être perdue, tout assentiment serait également tout à fait supprimé. » Voir : *Principes de logique générale* de G. F. Schulze, § 108, ainsi que ceux qui précèdent et ceux qui suivent.

« La conviction, comme *sentiment,* prend toujours la place du dernier argument ». – Voir : *Idée d'une apodictique,* tome I, p. 31. – De même Schulze : « Dans la simple *inférence* d'un jugement à un autre, on fait abstraction de la vérité du jugement ; c'est du raisonnement effectif que relève la conscience de la vérité ». Voir les *Annonces savantes de Gœttingen,* 1802, fasc. 142.

2. Voir Fries : *Nouvelle critique de la raison,* première partie, p. 75 *sq.*, la théorie du sentiment p. 341 *sq.*

plus chichement dotées pour conduire leur vie, les plus *différenciées* et les plus *rudimentaires,* toutes sont, *exactement au même degré,* dépourvues de raison ; à toutes fait défaut la *perception* de l'esprit qui produit la pensée et, avec la pensée, le mot. Aussi, de même que l'animal dépourvu de raison est incapable de ces sentiments et concepts que nous nous accordons tous à nommer sentiments et concepts moraux et religieux, de même il est également incapable de *science ;* mais ce n'est nullement parce qu'il est privé de la science que ces sentiments et concepts lui font défaut. La raison n'est pas fondée sur la faculté de penser, ce n'est pas une lumière qui ne luirait que plus tard dans l'entendement, c'est la faculté de penser qui est fondée sur la raison, qui, là où elle se trouve, éclaire l'entendement et l'éveille à la *contemplation,* d'où suit la recherche, la connaissance distincte, la *science**.

Il est non seulement antérieur à toutes les théories scientifiques et à tous
les systèmes philosophiques, | le voyant et le *juge* intimes, la raison 112
prophétique, l'esprit créateur, *l'esprit qui est en soi certain,* mais au surplus il leur demeure *supérieur* à tous. Aucune œuvre logique ne peut remplacer cet esprit et rendre superflue sa réelle présence immédiate dans le sentiment qui en témoigne. On a souvent remarqué, et déjà dans l'antiquité, que les théories et les philosophies du vrai, du bien et du beau – les éthiques, esthétiques et métaphysiques – ne se multiplient que lorsque l'appréhension vivante du vrai, du bon et du beau s'est affaiblie, que le goût est devenu incertain, l'art décadent, que les vertus et les mœurs contaminées par la perversion sont corrompues. *L'esprit* puissant et sûr de lui est comme effacé de la réalité vivante, et c'est alors qu'on interroge les *morts*. On ouvre les cadavres pour trouver d'où leur venait la vie. Vaines tentatives ! Où le cœur ne bat plus et n'anime plus, où les sentiments restent silencieux, c'est en vain que l'entendement avec tous ses artifices s'efforce de tirer du sépulcre le voyant doué de pouvoir merveilleux. Ce
n'est pas même | une ombre, c'est une fantasmagorie qui apparaît, 113
illusionne, révélation mensongère.

Vénérable est la science là où elle peut être et où elle est réellement; vénérable est l'art parvenu à la maîtrise, en pleine possession de lui-même, éprouvé ; mais plus vénérable et plus magnifique encore le pressentiment qui éclaire la voie à leur théories ; plus vénérable et plus magnifique l'esprit qui les met à l'épreuve et détermine leur valeur, qu'ils peuvent bien *servir,* mais non produire.

Méprise-t-on le langage et l'écrit, la lettre et le mot sous prétexte qu'on dit : ils sont à notre *service ?* Méprise-t-on la nature parce qu'on dit : au-dessus d'elle il y a un dieu, son créateur, et sans cet être *au-dessus d'elle,* elle ne serait qu'un fantôme ? *

Comme le Verbe du Créateur tirant le monde du néant s'élève au-dessus
de l'écho de ce Verbe qui se répercute éternellement dans l'apparence infinie
que nous nommons univers, ainsi la force créatrice qui habite l'homme dès
114 l'origine, | s'élève au-dessus de celle qui, en lui, se contente de reproduire
d'après l'expérience.

Mais ils disent – ces gens auxquels nous avons précédemment prêté l'oreille – que cette force *créatrice* que nous avons mise à juste titre si haut, en vérité infiniment supérieure à celle qui n'est que reproductrice, et qu'on nomme chez l'homme : *génie,* et chez l'être premier : *providence,* agit nécessairement *sans conscience,* bien qu'elle soit douée de *sagesse,* et d'*amour,* et de *science,* et d'*art ;* et, en outre et surtout, de *liberté* aussi : car ce qu'un être accomplit sans intention, par nécessité de sa nature, est la seule chose qu'il accomplisse avec une parfaite liberté.

Nous répondons à ces gens qu'ils disent ce qu'ils ne pensent pas, car il est impossible de penser : une *providence* aveugle, un *dessein sans dessein,* une *libre nécessité,* que par conséquent, invertissant le sens et les mots, ils ne font que se livrer avec le discours à un jeu frivole et trompeur, qui rebute les gens sincères.

Spinoza également s'y entendait déjà à interpréter le destin aveugle et
115 sans conscience comme *providence* et | pouvait dès lors, fort de cette
interprétation, parler lui aussi d'abondance de *décrets* de son Dieu et de son
gouvernement du monde, de ses *commandements et directives,* généraux et
particuliers, à usage interne et externe ; de son *assistance* et d'autres choses
du même genre [1].

De même que depuis trente ans j'ai lutté en la démasquant contre cette tromperie, devenue toujours plus irrémédiable de nos jours, que cet homme, au reste si véridique, a introduite, je continuerai à la combattre jusqu'à mon dernier souffle, sans me soucier de la colère de ses adorateurs, qui en s'irritant davantage n'aboutissent, par leur travestissements et subterfuges, qu'à faire sans cesse mieux voir en quoi consiste leur façon de faire.

116 | J'ai déjà très précisément défini autrefois, et je l'ai maintes fois répété
depuis, quel combat je menais et quel combat je refusais ; je le définis une
nouvelle fois. Je ne fais pas la guerre, mais au contraire je conserve de
loyales relations pacifiques, avec le naturalisme *à la manière de Spinoza,*

1. *Tractatus theologico-politicus, chap.* III, p. 32 ; chap. IV, p. 48. – C'est à tort qu'on prétend de nos jours avoir *clarifié* le spinozisme ; on n'a au contraire fait que l'obscurcir et le corrompre ; et alors que les écrits de ce penseur pénétrant et rigoureux offrent toujours à toute saine intelligence un aliment consistant, les œuvres modernes qui en dérivent, pleines de duperie et de tromperie, substituent le bavardage à la doctrine ; on fait tomber le vénérable père en enfance et on lui fait raconter des histoires.

parfait et pur, le franc fatalisme *non déguisé* qui se reconnaît lui-même pour ce qu'il est, et avoue délibérément qu'il rejette sans réserve le concept de liberté, comme contraire à la raison. Ce franc fatalisme manifeste, ou naturalisme parfait, s'il demeure conséquent avec lui-même en tirant sans broncher les conséquences qu'il faut, peut braver toute attaque d'une philosophie qui soutient la liberté et la providence : à l'intérieur de ses limites, *le concept de nature,* il est invincible. – Je ne fais la guerre qu'au fatalisme qui est tout à fait en désaccord avec lui-même, soit qu'il ne se connaisse pas lui-même pour ce qu'il est, soit qu'il ne l'avoue pas franchement, mêlant ensemble nécessité et liberté, providence et *fatum,* qui prétend, étonnant hybride, être également informé des choses supra-sensibles et même d'un Dieu secourable, clément et compatissant, comme
le | Dieu des chrétiens. Contre ce fatalisme injustement envahissant, je me **117**
range, et même comme allié, au côté du fatalisme pur et loyal, correct et non envahissant de Spinoza ; au côté du fatalisme conséquent et dont la tenue est scientifique, contre le fatalisme inconséquent, absolument fantastique du *Ni … Ni …*

Ainsi Lessing prit jadis la défense de l'ancienne orthodoxie, rigide mais conséquente, contre une nouvelle orthodoxie, très souple, mais tout à fait inconséquente : « Ce n'est pas l'orthodoxie (l'ancienne précisément), dit-il, mais une certaine orthodoxie, louche et incohérente, qui est si écœurante ! Si écœurante, si répugnante, si révoltante ! – C'est le moins que j'en puisse dire pour exprimer ce que j'éprouve. – Ce qui compte, ce n'est pas le nom, c'est la chose ; et qui a le courage d'enseigner ou d'insinuer la chose devrait aussi avoir assez de franchise pour vouloir ne pas éviter le nom »[1].

| Ce que trouve l'homme qui se prend à examiner avec le sens interne la **118**
nature qui se présente à ses sens externes et qui tente de saisir, de concevoir, de pénétrer avec son entendement son être infini, c'est au terme de ses efforts, non pas un fondement qui lui explique cette nature et l'univers, mais uniquement une ténébreuse absence de fondement. L'entendement encore dans l'enfance s'imagine que cette absence de fondement est un chaos, à partir duquel un hybride de nécessité et de hasard fait naître progressivement une matière à – former, puis formée, des dieux et des mondes, des animaux et des hommes. L'entendement parvenu à maturité rejette l'absence de fondement et le chaos, parce qu'il s'est haussé à l'idée claire que la conception d'un univers qui de toute éternité se développe progressivement est une conception tout à fait absurde, permettant de rejeter au néant absolu quiconque la soutient. C'est alors qu'entre en scène la doctrine d'une perfection toujours égale de l'univers, d'un être infini

1. Voir les *Contributions* de Lessing, 3e partie, p. 516, 2e partie, p. 412.

circulant en lui-même d'éternité en éternité, qui, sans but, par la seule
119 nécessité de sa nature fait, à l'infini, ici naître, | là disparaître infini sur infini, sans que se produise nulle part ni jamais une naissance ou une mort qui en soit vraiment une – la doctrine d'une nature qui n'est en rien force créatrice, mais uniquement une éternelle force de changement.

L'entendement qui se contente de s'absorber dans la nature ne peut parvenir à un concept plus élevé que celui qu'on vient d'indiquer et qu'il n'est pas besoin de développer davantage en ce lieu : le concept de Ἓν καὶ πᾶν; l'entendement ne peut trouver dans la nature ce qui n'y est pas : son créateur, et il est ainsi amené à formuler l'arrêt que voici : la nature existe par elle-même, se suffit à elle-même, elle est vivante de part en part, mieux : elle est la vie même; *elle seule existe, hors d'elle et au-dessus d'elle, il n'y a rien.*

On en resterait à cette sentence, si l'homme n'était que sens et entendement réfléchissant. Mais il vit en lui un esprit qui provient immédiatement de Dieu, qui constitue l'être propre de l'homme, et qui permet seul à son entendement même de devenir intelligent, c'est-à-dire de devenir un entendement *humain*. Cet esprit est présent à l'homme en sa conscience la plus haute, la plus profonde, la plus intime, en même façon que *Dieu*, qui l'en gratifie, lui est présent à lui-même; son cœur le lui rend plus présent
120 que | ses sens externes ne lui rendent présente la nature. Aucun objet sensible ne peut s'imposer et se prouver aussi irrésistiblement à l'esprit, à titre d'objet vrai, que ces objets supra-sensibles : le vrai, le bon, le sublime et le beau – visibles aux seuls yeux de l'esprit – se démontrent et s'avèrent à cet esprit. Aussi pouvons-nous bien risquer ce langage audacieux : nous croyons en Dieu parce que nous le voyons, bien qu'il soit invisible aux yeux du corps; car il est de fait qu'il nous est rendu manifeste en tout grand homme. Il est vrai que la manifestation n'est pas le Dieu; le plus souvent, elle risque même de nous égarer; mais le sentiment que le phénomène a éveillé en nous ne nous a pas trompés, et la vision intérieure que nous avions était une vision du vrai [1].

> « Rien n'est plus semblable à Dieu, dit Socrate chez Platon, que celui qui est le plus juste parmi nous. » [2]

121 | Toute action purement morale, vraiment vertueuse, est au regard de la nature, un miracle, et révèle *Celui* qui *seul* peut accomplir des miracles, le créateur, le seigneur tout puissant de la nature, le souverain de l'univers.

1. Pour ne pas simplement répéter ici en d'autres termes ce que j'ai déjà dit ailleurs, je renvoie à l'exposé de ce point qui se trouve dans la première section de l'écrit : *Des choses divines.*

2. Platon, *Théétète*, loc. cit. p. 122; dans la traduction Schleiermacher, p. 263.

On peut en dire autant de toute création géniale. Un entendement uniquement tourné vers la nature, n'admettant à juste titre aucun miracle dans son domaine, doit nier la réalité de créations authentiques et seules vraiment géniales de façon tout aussi nécessaire qu'il doit nier la réalité d'actions authentiques et seules vraiment vertueuses. En faveur de la réalité des unes et des autres, seul l'esprit témoigne, l'esprit intérieur, qui ne nous révèle partout que *mystères impénétrables,* donc aucune *science.* Celle-ci cesse nécessairement là où l'effet de la liberté se manifeste.

Par conséquent lorsqu'on nous demande si, en supposant liberté et providence, une intelligence à l'origine, bref un *Dieu* créateur, nous comprenons mieux l'existence de l'univers qui se meut sous nos yeux que lorsque nous concevons ce même univers, non pas comme une œuvre, mais
comme un | être qui circule éternellement en lui-même, sans commen- 122
cement ni fin, qui, comme *natura naturans,* est sans conscience de soi, sans entendement ni volonté, alors que, comme *natura naturata,* c'est un être tout à fait conscient de lui-même, intelligent, et qui se détermine par concepts, sans pourtant pouvoir être, ni jamais devenir un esprit absolu
suprême[1] – à cette question nous répondons | décidément : non. Mais ce 123
que nous comprenons parfaitement, c'est que providence et liberté, si elles n'étaient pas à l'origine, n'existent dès lors non plus nulle part, et que par conséquent l'homme ne serait que le jouet d'une illusion de la part de son

1. Il en est pourtant qui se sont imaginés pouvoir penser cela. Voici une trentaine d'années vivait en Allemage du Nord un gentilhomme qui s'adonnait à la spéculation. Il adressa ses pensées imprimées sur quelques feuillets à plusieurs personnes dont l'activité intellectuelle lui était connue par des écrits publiés ou d'autre façon. C'est ainsi que je les ai eues, moi aussi, en ma possession. Je regrette de ne plus les avoir aujourd'hui sous la main. Autant qu'il me souvienne l'idée principale de cet homme était la suivante : Dieu dans l'univers n'est pas toujours le même être, mais il est tout à fait possible que, dans le cours des choses, tel ou tel être accède à cette dignité. Il considérait *l'existence divine dans le monde* comme une place qui peut être gagnée, puis perdue. J'ai depuis trouvé quelque chose de semblable dans un écrit inédit de Diderot. Dans la première partie, c'est Diderot qui s'entretient avec d'Alembert; dans la seconde c'est Mademoiselle de Lespinasse avec le docteur Bordeu, qu'elle avait mandé parce que d'Alembert était tombé dans un sommeil inquiétant et tenait en rêve d'étranges discours. Du dialogue avec le docteur Bordeu, je me contenterai de citer le passage suivant qui rejoint tout à fait notre propos :

« Mademoiselle de Lespinasse – Et qu'est-ce qui vous a dit qu'il ne réside pas dans quelque coin de l'espace une grosse ou petite araignée dont les fils s'étendent à tout [...] une araignée à réseaux infinis ?

Mademoiselle de Lespinasse – Comment cette espèce de Dieu là ...

Bordeu – La seule qui se conçoive ...

Mademoiselle de Lespinasse – [...] pourrait avoir été, venir et passer ?

Bordeu – Sans doute ; mais puisqu'il serait matière dans l'univers, portion de l'univers, sujet à vicissitudes, il vieillirait, il mourrait ».

Cette citation suffit au but que je lui assignai.

esprit, de son cœur et de sa conscience, qui lui imposent ces notions comme les plus vraies. Une fable, un mensonge, voilà ce que serait l'homme en ce cas; fable et mensonge de l'homme que Dieu, le Dieu de Socrate et de Platon, le Dieu des chrétiens.

C'est en ces termes que s'exprimait mon tout premier discours: je termine comme je débutais.

IDÉALISME ET RÉALISME
DIALOGUE

Νᾶφε, καὶ μίμνας ἀπιστεῖν, ἄρθρα ταῦτα τῶν φρένων

[Fragments trochaïques d'Épicharme – en partie cité par Lucien, *Hermotine,* 47, en entier par Polybe (XVIII, 40, 4) : « Sois prudent, et songe à te défier ; tels sont les articles du bon sens ».]

| Lui : En robe de chambre ! Êtes-vous souffrant ? 127

Moi : Un léger refroidissement. J'ai gardé le lit jusqu'à midi ; je ne pouvais manger ; aussi n'ai-je pas bougé de mon fauteuil.

Lui : Quel livre divertissant aviez-vous donc là ?

Moi : Un livre divertissant ? Qu'est-ce qui vous fait dire cela ?

Lui : Votre air quand je suis entré.

Moi : Je lisais des réflexions sur la croyance.

Lui : Celles de la Revue mensuelle de Berlin dans son numéro de Mai ?

| Moi : Sont-elles si divertissantes ? Voyez le livre : Les Essais de 128
Hume*.

Lui : Donc *contre* la croyance ?

Moi : *Pour* la croyance ! Avez-vous lu Hume naguère ?

Lui : Les Essais, pas depuis plusieurs années.

Moi : Pas depuis plusieurs années ? Vous vous êtes occupé de la philosophie kantienne et après ce qu'on trouve dans la préface des *Prolégomènes,* vous ne vous êtes pas saisi sur le champ de votre Hume pour le relire de bout en bout ? C'est impardonnable !

Lui : Vous savez ce qui m'est arrivé avec Kant. Et la compréhension de chaque système philosophie implique-t-elle si absolument toute son histoire détaillée ? Ce serait sans fin.

| Moi : Sans *commencement,* voulez-vous dire. 129

Lui : Je comprends votre sourire. – Mais laissons cela, et faites-moi faire connaissance avec Hume professeur de croyance.

Moi : M'y voici bien obligé. Depuis le temps que je me mordais la langue pour ne pas trahir mon secret prématurément, et voici qu'il m'échappe, je ne sais comment.

Lui : Joli secret, qui se trouve dans un livre imprimé !

Moi : Justement, c'est bien le meilleur de l'affaire qu'il se trouve dans un livre imprimé très célèbre, traduit en plusieurs langues, et qu'il soit cependant un secret.

Lui : Vos secrets, vous ne les garderez cependant pas toujours pour vous seul. Quand paraît la nouvelle édition des Lettres sur Spinoza avec les Appendices ? *

130 | Moi : Difficilement avant la prochaine Foire de Jubilate.

Lui : Et elle devait déjà paraître lors de la précédente Foire !

Moi : Si seulement je l'avais laissé paraître alors telle qu'elle était, sans appendices !

Lui : N'êtes-vous pas une fois de plus en accord avec la sentence de Sénèque que je vous ai souvent entendu citer : *Quae ego scio, populus non probat : quae populus probat, ego nescio ?* J'ai été un jour bien tenté d'écrire en face du grand N. B. marqué dans votre Sénèque à ces mots, le proverbe allemand : « qui est trop fin est sot ! ». En vérité ce n'est pas sans raison qu'on vous a reproché de négliger des moyens termes souvent indispensables. *Ab hoste consilium.* « Trop tranchant ne tranche rien. » Si vous ne voulez pas suivre un bon conseil, suivez du moins l'exemple *heureux*. Voyez-vous, on peut lier de façon assez libre pourvu qu'on lie de
131 façon assez minutieuse, et | qu'on prenne soin avant tout que les liens viennent se ranger en bon ordre. Par amour de la symétrie, il est convenable de mettre également de *faux liens*. Pourquoi lésiner sur le ruban ?

Moi : Vous avez raison ; ce que vous recommandez offre une solidité qui saute aux yeux.

Lui : Voilà ce qu'il en est. Si seulement vous vouliez le bien prendre à cœur. En vérité c'est bien votre faute si on vous affuble d'un nez de cire.

Moi : Parce que je ne protège le mien d'aucun masque de carton selon une coupe conforme à l'ordonnance des bals masqués.

Lui : Laissez seulement bien voir votre vrai nez à vous. Il ne doit certainement pas être difficile, pour vous, de dépouiller de toute ambiguïté les thèses sur lesquelles vous avez été surtout attaqué.

Moi : C'est en effet très facile, si facile …

132 | Lui : Que vous en êtes dégoûté.

Moi : Comme d'une tâche inutile. Rappelez-vous un apologue de jeunesse de Lessing, où une créature mécontente réclame des yeux, et à peine les a-t-elle obtenus, s'écrie : « Il est impossible que ce soient là des yeux »[1].

Lui : Dites ce que vous voulez, quiconque se comprend soi-même, et pourvu qu'il ne perde pas patience, parvient aussi à se faire comprendre des

1. *Œuvres diverses* de Lessing, Berlin, 1784, deuxième partie, p. 94. Édition antérieure 1770, première partie, p. 125.

autres, même si toutes les gazettes et tous les journaux savants se conjurent pour entraver la vérité.

MOI : Quant P. Claudius fit *boire* les poulets sacrés qui ne voulaient pas manger, il perdit la bataille [1].

| LUI : Comme de raison. Mais qui vous engage à porter la main sur les **133**
poulets sacrés à la vue d'un peuple qui, plus que tous les autres peuples civilisés d'Europe, fixe un regard dévot sur ce que présage de fatal leur appétit ? Poursuivez votre chemin sans souci de ces superstitions et laissez les morts enterrer leurs morts.

MOI : Cher ami, j'ai mes quarante trois ans sur les épaules et le destin m'a secoué de ci de là d'une poigne assez rude. Des milliers d'hommes peuvent me surpasser en dons de l'esprit, mais à coup sûr bien peu seulement en constance et en zèle dans les luttes pour la lumière et la vérité.
| Les plus célèbres des sources de la connaissance humaine, et aussi celles **134**
qu'on ignore [2], je me suis dirigé vers elles sans relâche et de plus d'une j'ai

1. Cicéron, *de Natura Deorum*, livre II § 3. Un ami à qui j'avais communiqué ce dialogue en manuscrit ajouta à cette citation le passage suivant du discours Pro Roscio Amerino : « Anseribus cibaria publice locantur, et canes aluntur in capitolio, ut significent, si fures venerint. At fures internoscere non possunt. Significant tamen, si qui noctu in capitolium venerint : et, quia id est suspiciosum, tametsi bestiae sunt, tamen in eam partem potius peccant, quae est cautior. Quod si luce quoque canes latrent, cum deos salutatum aliqui venerint ; opinor, iis crura suffringantur, quod aeres sint etiam tum, cum suspicio nulla sit ». [« On donne pâture aux frais de l'État à des oies ; et on nourrit des chiens au Capitole, pour qu'ils signalent la venue des voleurs. Mais ils sont incapables de distinguer les voleurs. Ils n'en signalent pas moins si l'on vient de nuit au Capitole, et le fait étant suspect, tout bêtes qu'ils soient, leurs erreurs vont dans le sens de la prudence. Et s'il arrive que les chiens aboient le jour également, quand on vient rendre hommage aux dieux, je pense qu'on leur cassera les pattes pour s'être montrés si agressifs, lors même qu'il n'y avait rien de suspect. »]

2. Alius error est eorum, qui omnium sec tarum, atque haeresium veterum, postquam excussae fuissent et ventilatae optimam semper obtinuisse, posthabitis aliis, existimant. Itaque putant, si quis de integro institueret inquisitionem et examen, non posse non incidere in aliquas ex rejectis opinionibus, et post rejectionem amissis et obliteratis : quasi vero multitudo, aut etiam sapientes, multitudinis deliniendae gratia, non illus saepe probarint, *quod populare magis atque leve sit, quam quod solidum, adque alte radices agens. Tempus siquidem simile est fluvio, qui levia atque inflata ad nos devehit, solida autem et pondus habentia submergit*. Baco de augmentis scientiarum. [« Une autre erreur est celle des gens qui, après avoir examiné et passé au crible toutes les sectes et hérésies anciennes se flattent toujours d'avoir retenu la meilleure, une fois les autres écartées. Aussi estiment-ils, au cas où on entreprend une recherche et un examen complet, qu'il est impossible qu'on ne tombe pas sur quelques-unes des opinions écartées, perdues et oubliées après rejet : comme si en vérité la foule, ou même les sages pour agréer à la foule, n'ont pas, en bien des cas, approuvé *ce qui est populaire et léger plutôt que ce qui est solide et bien planté. Le temps est pour ainsi dire semblable à un fleuve qui charrie jusqu'à nous les choses légères et flottantes, tandis qu'il engloutit celles qui sont solides et pesantes*. »]

découvert l'origine à l'endroit où elles se perdent dans des veines invisibles. J'ai touché de près d'autres chercheurs et plus d'un des meilleurs esprits de mon temps. J'ai eu l'occasion et j'ai été forcé de mettre et de faire mettre mes forces à l'épreuve plus d'une fois. Aussi serait-ce une sorte de miracle si, tel un novice, un pédant recroquevillé sur soi ou de quelque autre aussi sotte façon, je pouvais me surestimer. Mais c'est bien pourquoi
135 | il est impossible que je me trompe à ce point; que je me juge inférieur à bien d'autres qui, n'ayant cependant qu'une petite part de mon chétif savoir, se croient déjà tant; inférieur à ceux qui s'avisent de prétendre me convertir à l'aide de leurs plus vains sophismes à des erreurs que j'ai depuis longtemps rejetées. Et il faudrait, bien sûr, que je consente à trouver naturel, convenable, tout à fait dans l'ordre, d'être, tel un coursier à vendre, conduit au marché, chevauché par un philistin borgne ou fripon pour accepter que tout venant me regarde dans la bouche et me découvre tous les vices possibles; en attendant que des gamins espiègles m'arrachent les crins de la queue et me piquent avec des épingles. Peut-être est-ce simple manque d'habitude, mais je sens que c'est un peu plus que je n'ai envie de supporter. – Vous hochez la tête?

LUI: Moins de fierté, ou moins de susceptibilité! Nommez-moi l'honnête homme qui n'a pas dû subir un tel sort? Et quel honnête homme s'en est donc jamais trouvé mal?

136 | MOI: Oh! Le mal ne me fait pas peur du tout. Le danger stimule. Mais j'ai horreur des écœurements, horreur du dégoût, qui survient lorsqu'on a dû mépriser quelqu'un du fond de son âme, cracher devant des *hommes* parce qu'ils ont impudemment frappé au visage leur propre sentiment du droit et de la vérité et embrassé le mensonge bassement et sans conscience[1]. Pourquoi dois-je assombrir le peu de jours qui peuvent me rester encore à vivre?

LUI: Parce qu'un homme ne laisse pas inachevé ce qu'il a commencé.

MOI: Bien. Pour être bref: que dois-je achever, où dois-je reprendre?

137 | LUI: Voilà ce que vous demandez à l'heure où l'on clame à grands cris que vous professez une croyance aveugle et que vous rabaissez la raison!

MOI: Qu'est-ce qu'une croyance aveugle? Est-ce autre chose qu'une approbation qui ne s'appuie que sur l'apparence, sans fondement ni évidence propre? Quelque chose vous arrête?

LUI: Non, il n'y a rien à redire à votre définition.

1. « En vérité le mentir est un maudit vice. Nous ne sommes hommes et nous ne tenons les uns aux autres que par la parole. Si nous en connaissions l'horreur et le poids, nous le poursuivrions à feu, plus justement que d'autres crimes », *Essais* de Montaigne, L. I. chap. IX p. 79.

Moi : Bien ! Et c'est une telle croyance que je suis soupçonné, dites-vous, d'avoir professée n'est-ce pas ?

Lui : Assurément ! Mais pour l'amour du ciel où voulez-vous en venir avec ces questions ! Je vous ai envoyé, il y a quelques jours, l'exposé préalable du jésuitisme. Avez-vous le livre sous la main ?

Moi : Le voici.

| Lui : Voyez ici, page 173, il est dit expressément « que vous recom- 138
mandez une *croyance absolue, aveugle,* enlevez ainsi au protestantisme ses appuis les plus solides : l'esprit de recherche et l'emploi de la raison sans aucune restriction ...

Moi : Lisez : « *ses appuis les plus forts à l'hyper-cryptojésuitisme, c'est-à-dire à l'esprit de perfidie sans borne et à la pratique de la restriction mentale, du persiflage et de la hâblerie.*

Lui : ... et soumettez *ainsi* les droits de la raison et de la religion aux décisions d'une *autorité humaine* ». – Dans la remarque relative à ce passage, on trouve encore plus clairement : « que votre théorie de la croyance et de la révélation favorise le catholicisme et dénigre l'usage de la raison dans la recherche en matière d'examen des vérités religieuses – que, par une altération artificieuse | du sens ordinaire du terme, vous voulez 139
convertir à la reconnaissance d'une *autorité humaine* » – cela vous suffit-il ?

Moi : Tout à fait. Mais maintenant montrez-moi donc dans mon œuvre ce qui pourrait, je ne peux pas dire justifier, mais seulement excuser un tel grief ; quelque chose qui permettrait ne serait-ce que de l'insinuer avec une légitimité raisonnable. Le seul mot : croyance, mis à part, vous ne trouverez rien. Et celui qui a écrit cette accusation est incapable de rien relever que ce seul mot. Mais il savait que dans mon livre se trouvent des choses qui ne lui plaisent pas et il n'hésita pas, confiant en la force politique de son parti, à inventer contre moi une accusation tout à fait dénuée de fondement avec la conscience claire et distincte que c'était pure invention. À cette accusation il lia par un : donc ... – vide de sens une seconde accusation pour rendre la chose encore un peu plus perfide. – Est-ce vrai ou non ?

Lui : Il faut reconnaître que c'est vrai.

| Moi : Donc vrai que dans mon livre il n'y a pas le moindre, pas le plus 140
lointain motif de m'accuser de professer une croyance aveugle ? Également vrai que je suis pourtant soupçonné par le public de soutenir cette doctrine ? Comment me mettre en devoir à présent de me disculper de l'accusation de croyance aveugle devant un public qui croit *si aveuglément ?* Il suffit qu'on renouvelle aussitôt les mêmes accusations mensongères contre moi pour que le soupçon demeure.

LUI : Pas si vite, mon cher ! Revenons à la définition que vous donniez tout à l'heure de la croyance aveugle. Vos adversaires diraient probablement que cette définition restreint trop la notion de croyance aveugle, que tout assentiment, toute affirmation qui ne reposent pas sur des fondements rationnels, peuvent et doivent être appelés ainsi.

MOI : Vraiment, mes adversaires voudraient soutenir de telles choses ?

LUI : Pourquoi pas ? *

141 | MOI : Vous avez raison : Pourquoi pas ? – Eh bien, répondez-moi donc : croyez-vous que je suis assis ici présent devant vous et que je cause avec vous ?

LUI : Je ne fais pas que le *croire,* je le *sais*.

MOI : *D'où* le savez-vous ?

LUI : Parce que j'en ai la sensation *.

MOI : Vous avez la *sensation* que je suis ici assis devant vous et que je cause avec vous ? Ceci m'est tout à fait incompréhensible. Quoi ? Moi, assis ici, vous parlant, je suis pour vous *une sensation ?*

LUI : Vous n'êtes pas ma sensation, mais la cause extérieure de ma sensation. La sensation, liée à sa cause, me donne cette représentation que j'appelle : *vous*.

142 MOI : Ainsi vous avez la sensation d'une cause *en tant que cause ?* | Vous éprouvez une sensation et dans cette sensation une autre sensation au moyen de laquelle vous sentez que cette sensation-ci est cause de cette sensation-là, et tout cela ensemble produit une représentation ; une représentation qui contient un quelque chose que vous nommez l'objet ? Encore une fois, je ne comprends rien de tout cela. Et maintenant dites-moi seulement d'où vous savez que la sensation d'une cause en tant que cause est la sensation d'une cause *extérieure,* la *sensation* d'un objet réel *hors de vous ?*

LUI : Je sais cela d'après l'évidence sensible. La certitude que j'ai là-dessus est une certitude immédiate, comme celle de ma propre existence.

MOI : Vous vous moquez de moi ! Le philosophe de l'école kantienne, le réaliste *simplement empirique*[1] peut bien parler ainsi, mais pas le réaliste *proprement dit,* que vous voulez certainement être. *La validité de l'évi-*
143 *dence sensible | est précisément ce qui fait question.* Que des choses nous apparaissent *comme* extérieures à nous, ne requiert assurément aucune preuve. Que néanmoins ces choses ne soient pas de simples phénomènes en nous, de simples déterminations de notre propre moi, et que par suite elles ne soient rien d'autre que *des représentations de quelque chose hors de nous ;* que tout au contraire, en tant que représentations en nous, elles se rapportent à des êtres réellement extérieurs, existant en soi, et qu'elles

1. Voir *l'Appendice sur l'Idéalisme transcendantal.*

soient tirées de ceux-ci, là-dessus non seulement des doutes sont permis, mais on a même souvent démontré que ces doutes ne peuvent être levés par des raisons strictement rationnelles. Ainsi votre certitude immédiate des objets extérieurs serait, tout aussi bien que ma croyance, une *certitude aveugle.*

LUI : Ne dites-vous donc pas vous-même dans votre troisième lettre à Mendelssohn : « nous apercevons *d'autres choses réelles avec la même certitude avec laquelle nous nous apercevons nous-mêmes* »* ?

MOI : Après avoir remarqué immédiatement avant | que, selon les stricts 144
concepts philosophiques, ce savoir n'est qu'une croyance, car ce qui n'est pas susceptible d'une preuve rigoureuse peut seulement être cru, et, pour faire cette distinction, le langage ne nous fournit aucun autre terme. Bien sûr, on ne s'exprime pas de cette manière dans la vie courante ; mais il n'est pas non plus question dans la vie courante de cette distinction qui doit être précisée ici ; au contraire il en est bien question en philosophie, où précisément cette distinction est, en matière de recherche sur la raison humaine et ses fonctions *(provincia sua),* de la plus haute importance, et sa détermination de très grande conséquence. Tel était le cas entre Mendelssohn et moi. Mendelssohn m'avait, *sans le moindre motif,* imputé des sentiments chrétiens qui n'étaient ni chrétiens, ni miens ; il marquait au contraire le caractère *judaïque* des siens en disant : « Ma religion ne connaît aucun devoir de lever de tels doutes autrement que par des motifs rationnels ; elle n'ordonne aucune croyance en des vérités éternelles. J'ai ainsi une raison de plus de rechercher *la conviction* ».

| Sans repousser par une réfutation qui m'eût embarqué dans des affaires 145
où je ne voulais pas me laisser embarquer, cette sortie sarcastique qui appelait aisément l'accusation : je cherche seulement à m'esquiver par une porte dérobée –, je me contentai de faire la réponse suivante : « *Si* tout *assentiment* qui ne naît pas de motifs rationnels est croyance *(car cette opposition de la connaissance rationnelle et de la croyance était mise en avant par Mendelssohn lui-même),* alors, la conviction qui naît de motifs rationnels elle-même doit venir de la croyance et recevoir d'elle seule sa force »*. – Je m'exprimais de cette manière dans un écrit privé adressé à un philosophe illustre, que je devais tenir pour informé de la proposition précédente sur laquelle je m'appuyais et de sa justesse admise. La justice exigeait, puisque cet *écrit privé* était publié comme un document authentique, qu'il fût également lu et jugé comme un écrit privé (qui ne devait aller que du cabinet d'un savant au cabinet d'un autre savant et qui n'était nullement adressé au public) et que l'on | n'oubliât pas les 146
conditions particulières dans lesquelles se trouvait dit ce qui était dit. Dès

lors, selon l'extension que Mendelssohn avait donné à la notion de vérités éternelles, ma thèse…

Lui : Mon cher, je crains que nous ne nous éloignions et que nous ne nous égarions. Il faut nous garder de cette faute.

Vous dites : ce qui n'est susceptible d'aucune preuve stricte peut seulement être cru, et pour désigner cette différence dans la façon de tenir pour vrai, le langage n'a pas d'autre mot que le mot : *croyance*. Or cette différence, comme vous le soutenez également, a déjà été reconnue depuis longtemps et à maintes reprises. Comment se fait-il qu'on a pu se passer de l'unique mot dont dispose le langage ? Car l'emploi que vous faites de ce mot est assurément inusité ; on ne le trouve nulle part pris dans un tel sens.

Moi : Nulle part ? Ouvrez seulement le compte rendu des Essais de
147 Reid* sur les facultés intellectuelles de | l'homme, dans la livraison d'Avril de cette année (1786) du Journal universel des Lettres ; vous y trouverez ce mot employé exactement dans ce sens ; et vous le trouverez de même partout où on philosophe sur cette question. Encore une fois le langage n'a aucun autre terme[1].

Lui : Quoi ? Dans le Journal universel des Lettres ?

Moi : Tenez, lisez, page 182 : « Il (Reid) distingue "*conception*" … et "*perception*" ; qui sera peut être rendu le mieux par "*sensation*" ; car c'est, selon sa définition, la représentation d'une chose *liée à la croyance en son objet extérieur* ».

Lui : Je ne peux manquer de rire à vous voir en main une preuve extraite de ce même journal qui vous a fait les reproches les plus sensibles précisément sur l'emploi de ce mot.

148 | Moi : J'ai extrait et rassemblé les plus singuliers de ces reproches. Ils se trouvent ici dans mon Hume. Voulez-vous que nous parcourions un peu la feuille ensemble ?

Lui : Bien volontiers.

Moi : « Journal universel des Lettres n° 36 et n° 125 : « Nous ne *croyons* pas que nous avons un corps et qu'existent en-dehors de nous d'autres corps et d'autres êtres pensants ; mais : nous nous sentons nous-mêmes, nous *sentons* nos corps et d'autres corps hors de nous et nous *concluons* à l'existence d'êtres pensants hors de nous. Logique et sens commun ont depuis des temps immémoriaux fait une différence entre croyance et sensation. La négliger, c'est embrouiller tout à fait inutilement une des notions premières de la théorie de la raison. Ce que les autres appellent sensation, conviction sensible, le nommer aussi croyance, c'est altérer arbitrairement l'usage commun du langage, faire un méchant jeu de mots
149 pour donner l'illusion qu'on a dit quelque chose de nouveau. | Mais la

1. Mendelssohn lui aussi s'en sert. Voir *Heures matinales*, première édition, p. 106.

κενοδοξία est pire que la παραδοξία. Il faut désigner les choses connues avec des mots connus, il ne faut pas refondre de sa propre autorité une monnaie qui a cours ; ne pas faire naître un conte sinon bleu du moins vain, ne pas donner lieu à une fausse interprétation, ni donner motif au soupçon qu'on veut subrepticement tout ramener à des croyances aux thèses positives de la religion ». – Voyez-vous quelque chose d'important que j'aurais omis ?

LUI : Rien d'important ; simplement je ne trouve pas les répétitions insistantes, mais il me semble que leur vigueur se trouve convenablement compensée par le rapprochement condensé des jugements. Je suis curieux de voir comment vos raisons seront accueillies, si vous les exposez.

MOI : Mes raisons ? J'ai quelque chose de mieux, une chose qu'on ne peut si décidément accabler que des raisons, ou carrément récuser : j'ai une
autorité[1]. Tous les reproches amers | que je viens de lire, mon bon David 150
Hume doit ici les prendre en charge sans exception *. À lui de voir comme il trouve moyen de s'accorder avec la logique et l'entendement humain, de revenir aux premières règles de l'usage de la raison ; à lui de voir comment il peut écarter le reproche de κενοδοξία, de jeux de mots, de hâblerie, de conte bleu ou frivole, mais par dessus tout, le soupçon – de « vouloir subrepticement tout ramener à des croyances aux thèses positives de la religion » : car il n'y a pas une seule de ces attaques qui ne le concerne directement lui aussi, puisque non seulement il se sert du mot *croyance* dans le sens où je l'ai moi-même employé, mais même il s'y arrête tout
spécialement pour prouver que c'est le mot propre à exprimer la chose, | le 151
seul dont on puisse se servir à bon droit en cette occasion[2].

1. Descartes désirait dédier son *Traité de l'Homme* à la Sorbonne et écrivait au père Mersenne : « Il me faut à tout prix chercher à m'appuyer sur l'autorité, puisque la vérité vaut si peu par elle-même ». – Que la Sorbonne ne fût pas pour Descartes lui-même une autorité, il est inutile de le rappeler. Voici ses propres termes : « Fateor enim tibi, quorundam cavillationibus eo me adductum fuisse, ut aliena dehinc autoritate, quantum potero, munitum me velim, quandoquidem veritas sola tantopere algeat ». Ep. P. II, Ep. 43. [« Car je vous avoue avoir été si dégoûté des subtilités de certains que je souhaite me trouver, si possible, défendu désormais par l'autorité d'un maître, puisque la vérité toute nue est à ce point transie », *Lettre à Mersenne,* 30 Septembre 1640 (A. T. III, p. 184) : « Les cavillations du P. Bourdin m'ont fait résoudre à me munir dorénavant le plus que je pourrai de l'autorité d'autrui, puisque la vérité est si peu estimée étant seule ».]

2. On m'a encore spécialement reproché, comme quelque chose d'absolument inouï, d'être allé jusqu'à dire de notre propre corps, qu'on ne pouvait également que *croire* à son existence. Ce reproche est extrêmement étrange puisque la même affirmation se trouve chez Descartes et chez nombre de philosophes après lui. Bilfinger dit dans ses *Dilucidationes philosophicae,* § CCXLII : « Scio, ridere homines, si quis postulet, ut *probant, hoc* corpus esse *suum corpus.* Rideant sane, si quis *dubitabundus* querat. Idea enim illius notae tam est omnibus communis et clara, ut nemo hic falli possit. Sed *philosophi* est, *distincte* nosse quod *alii clare* norunt : hoc est, posse criteria illa, quibus omnes homines sua discernunt corpora,

152 | Lui : Votre secret se dévoile. De grâce, expliquez-vous donc complètement là-dessus.

Moi : Sans me faire longtemps prier, après en avoir déjà tant révélé.

En premier lieu, à titre de préliminaire, voyez dans le chapitre sur la philosophie Académique ou Sceptique, le passage que voici[1] : « il semble
153 indéniable que les hommes sont déterminés par un instinct ou | un caractère fondamental de leur être à croire leurs sens ; et que, sans aucun raisonnement et même avant tout usage de la raison, nous supposons toujours l'existence d'un monde extérieur qui ne dépend pas de notre perception, mais qui existerait même si nous, et toute autre créature douée de sensibilité, étions absents ou annihilés. L'espèce animale elle-même est gouvernée par cette opinion et reste fidèle à cette *croyance* aux objets extérieurs dans toutes ses pensées, desseins et actions ... Cette table même que la vue nous fait nommer blanche et le tact dure, *nous croyons qu'elle existe réellement,* indépendamment de notre perception, et qu'elle est

enumerare. *Unde* nosti, hoc corpus esse corpus tuum ? Absit ut *philosophus* respondeat *cum infantibus :* Je le sais parce que je le sais ». [« Je sais bien que les gens se mettent à rire si on leur demande de prouver que *ce corps est leur propre corps.* Qu'ils rient assurément si celui qui le leur demande en *doute.* Car une idée de ce genre est à ce point commune et claire pour tous les hommes, qu'ici personne ne peut se tromper. Mais le propre du *philosophe* est de connaître *distinctement* ce que les autres connaissent *clairement :* en l'espèce, de pouvoir énumérer les critères permettant à tous les hommes de discerner leur corps. *D'où* sais-tu que ce corps est ton corps ? À Dieu ne plaise que le *philosophe* réponde *comme les enfants :* je le sais parce que je le sais ».] Là-dessus, il prouve aux § 247 et 248, de façon irréfutable, me semble-t-il, qu'on ne peut pas douter de l'existence réelle des choses qui nous apparaissent à l'extérieur de notre corps, sans mettre en même temps en doute l'existence de notre corps. Un passage tout à fait digne de remarque en cette matière se trouve dans l'*Histoire naturelle* de Buffon (tome II, p. 432 *sq.*, première édition in-quarto) que je regrette de ne pouvoir citer ici en entier. – J'en extrais les lignes suivantes qui se trouvent au milieu du passage (p. 434) : « Cependant nous pouvons croire qu'il y a quelque chose hors de nous, mais nous n'en sommes pas sûrs, au lieu que nous sommes assurés de l'existence réelle de tout ce qui est en nous ; celle de notre âme est donc certaine, et celle de notre corps paraît douteuse dès qu'on vient à penser que la matière pourrait bien n'être qu'un mode de notre âme, une de ses façons de voir ». – Donc Buffon lui aussi croit seulement qu'il a un corps.

1. Comme la traduction courante de Hume ne me satisfait pas et qu'on pourrait douter de l'exactitude de la mienne, je joindrai à chaque fois le texte anglais. Mon édition est celle de 177, Londres, petit 9° : « It seems evident, that men are carried, by a natural instinct or prepossession, to repose faith in their senses : and that, without any reasoning, or even almost before the use of reason, we always suppose an external universe, which depends not on our perception, but would exist, though we and every sensible creature were absent or annihilated. Even the animal creation are governed by a like opinion ; and preserve this belief of external objects, in all their thoughts designs, and actions ... This very table, which we see white, and which we feel hard, is believed to exist, independent of our perception, and to be something external to our mind, which perceives it ... », Hume, *Enquiry concerning Human Understanding,* Sect. XII[a].

quelque chose d'extérieur à l'être sentant qui en a la représentation». Maintenant relevons les principaux passages essentiels. Vous vous souvenez bien du célèbre doute de Hume à l'égard de la certitude des conclusions que nous avons coutume de tirer d'un lien nécessaire de la cause à l'effet.

| LUI : Si je me souviens bien, voici en bref ses raisons. L'apparence 154
sensible ne nous révèle rien des forces internes des choses. Adam, lorsqu'il regarda pour la première fois un lac transparent ne pouvait pas savoir qu'il étoufferait s'il y plongeait; il ne savait pas davantage non plus que tel corps avait le pouvoir de le nourrir, pas plus qu'il ne savait que tel autre n'avait pas ce pouvoir. Nous n'osons jamais non plus, à partir de perceptions singulières, lorsque nous voyons pour la première fois un phénomène suivre immédiatement un autre, décider que le premier est une cause et que le second est un effet de cette cause. Ce lien est noué seulement dans l'imagination par la manifestation répétée de cette même consécution. Et combien de fois n'est-il pas arrivé qu'un tel lien, après avoir tenu pendant des siècles, soit rompu soudain par une découverte inattendue? Preuve suffisante que nous saisissons seulement la succession, et non pas le *lien* dans cette succession. Même dans les mouvements de notre propre corps nous connaissons seulement par expérience lesquels de ces mouvements résul-
tent d'une certaine détermination | de notre volonté et lesquels n'en résul- 155
tent pas. Je me lève de ma chaise quand je veux; mais je ne m'endors pas, je n'ai pas faim et soif quand je veux; le *medius terminus* propre du succès ou de l'échec nous est dans les deux cas inconnu. Et comme ici, dès que nous revenons au point en question, partout ce *medius terminus* fait défaut.

Le lien des phénomènes, leur *connexion* même, puisqu'elle ne se manifeste pas dans l'intuition, peuvent encore moins être trouvés par des *raisonnements*. Car les propositions générales simplement comparatives expriment seulement une somme indéterminée de perceptions singulières, qui doivent s'être produites auparavant; mais les propositions absolument générales n'expriment que de simples rapports de concepts, ou ce qu'il y a d'identique en eux : de sorte que le principe incontestable, *idem est idem,* est leur éternel *medius terminus,* d'où le *Facit* d'un *Esse* simple et direct ne peut en aucune façon résulter.

| MOI : Parfait : Maintenant, écoutez[1] : «Rien n'est plus libre que 156
l'imagination de l'homme et | bien qu'elle ne puisse excéder le fonds 157

1. « Nothing is more free than the imagination of man; and though it cannot exced that original stock of ideas, furnished by the internal and external senses, it has unlimited power of mixing, compounding, separating and dividing these ideas, to all the varieties of fiction and vision. It can feign a train of events, with all the appearance of reality, ascribe to them a particular time and place, conceive them as existent, and paint them out to itself with every

[*suite de la note 1 page 187*] circumstance, that belongs to any historical fact, which it believes with the greatest certainty. Wherein, therefore, insits the difference between such a fiction and belief? It lies not merely in any particular idea, which is annexed to such a conception as commands our assent, and which is wanting to every known fiction. For as the mind has authority over all its ideas, it could volontarity annex this particular idea to any fiction, and consequently be able to believe whatever it pleases, contrary to what we find by daily experience. We can in our conception, join the head of a man to the body a horse; but it is not our power to believe that such an animal has ever really existed. It follows, therefore, that the difference between *fiction* and *belief* lies in some sentiment or feeling, which is annexed to the latter, not to the former; and which depends not on the will, nor can be commanded at pleasure. It must be excited by nature, like all other sentiments; and must arise from the particular situation, in which the mind is placed at any particular juncture. When ever any object is presented to the memory or senses, it immediately, by the force of custom, carries the imagination to conceive that object, which is usually conjoined to it; and this conception is attended with a feeling or sentiment, different from the loose reveries of the fancy. In this consists the whole nature of belief. For as there is no matter of fact which we believe so firmly, that we cannot conceive the contrary, there would be not difference between the conception assented to, and that which is rejected, were it not for some sentiment, which distinguishes the one from the other. If I see a billard-ball moving towards another, on a smooth table, I can easily conceive it to stop upon contact. This conception implies no contradiction; but still it feels very differently from that conception, by which I represent to myself the impulse, an the communication of motion from one ball to another.

Were we attempt a definition of this sentiment, we should, perhaps, find it a very difficult, if not an impossible task; in the same manner as if we should endeavour to define the feeling of cold or passion of anger, to a creature who never had an experience of these sentiments. Belief is the true and proper name of this feeling; and no one is ever at a loss to know the meaning of that term; because every man is every moment conscious of the sentiment represented by it. It may not, however, be improper to attempt a description of this sentiment; in hopes we may, by that means, arrive at some analogies, wich may afford a more perfect explication of it. I say then, that belief is nothing but a more vivid, lively, forcible, firm, steady conception of an object, than what the imagination alone is ever able to attain. This variety of terms, which may seem so unphilosophical, is intended only to express that act of the mind, which renders realities, or what is taken for such, more present to us than fictions, causes them to weigh more in the thought, and gives them a superior influence on the passions and imagination. Provided we agree about the thing, it is needless to dispute about the terms. The imagination has the command over all its ideas, and can join and mix and vary them, in all the ways possible. It may conceive fictitious objects with all the circumstances of place and time. It may set them, in a manner, before our eyes, in their true colours, just as they might have existed. But as it is impossible that this faculty of imagination can ever, of itself, reach belief, it is evident, that belief consists not in the peculiar nature or order of ideas, but in the manner of their conceptions, and in their feeling to the mind. I confess, that it is impossible perfectly to explain this feeling or manner of conception. We may make use of words, which express something near it. But its true and proper name, as we observed before, is belief; which is a term, that every one sufficiently understands in common life. And in philosophy we can go no farther than assert that *belief* is something felt by the mind, which distinguishes the ideas of the judgment from the fictions of the imagination. It gives them more weight an influence; makes them appear of greater importance, inforces them in the mind; and renders them the governing principle of our actions. », Hume, *Enquiry concerning Human Understanding*, Sect. V, p. 71 à 75, au tome 3 de l'édition de ses *Essays* que j'ai citée.

d'idées fournies par les sens externes et internes, | elle a un pouvoir illimité 158
de mêler, de composer, séparer et diviser ces idées | pour produire toutes les 159
variétés de la fiction et de l'illusion. Elle peut inventer une suite d'événements avec toutes les circonstances de la réalité, leur assigner un temps et lieu déterminés, les concevoir comme existant réellement, en détailler le tableau et les pourvoir de tout ce qui possède une vérité historique à laquelle nous croyons avec la plus grande certitude. En quoi consiste donc la différence entre une telle *fiction* et une *croyance ?* Elle ne réside pas simplement dans une représentation particulière qui serait liée à la représentation de ce qui s'impose à nous comme réel et vrai, mais qui ferait défaut à la fiction reconnue. Car puisque l'âme a autorité sur toutes ses idées, elle pourrait lier arbitrairement cette idée particulière avec une fiction quelconque et par suite croire tout ce qui lui plairait; ce que l'expérience quotidienne dément. Dans notre imagination nous pouvons unir la tête de l'homme au corps d'un cheval, mais il n'est pas en notre pouvoir de croire qu'un tel animal ait jamais existé.

Il s'ensuit que la différence entre | les *fictions* et ce à quoi nous *croyons,* 160
réside dans une certaine sensation ou un certain sentiment qui s'attache à ceci, mais qui n'est pas lié à celles-là; un sentiment qui ne dépend pas de notre volonté et qui ne peut être provoqué à plaisir. C'est la nature qui doit le faire naître, comme tous les autres sentiments; et il doit naître de la situation particulière où l'âme se trouve placée en une conjoncture particulière quelconque. À chaque fois que tel ou tel objet se présente aux sens ou à la mémoire, par la force de l'habitude l'imagination est immédiatement conduite à l'idée qui est liée habituellement à cet objet; et cette représentation est accompagnée d'un sentiment qui la distingue des rêveries vides de l'imagination. *C'est en cela que consiste toute la nature de la croyance.* Car puisque nous ne pouvons saisir aucun fait tel que la représentation de son contraire soit impossible, il n'y aurait aucune différence entre une représentation que nous acceptons comme désignant le
réel et une autre que nous rejetons comme telle, | si cette différence n'était 161
donnée au moyen d'un certain sentiment. Si je vois sur une table unie une bille de billard se mouvoir vers une autre, je puis former aisément la représentation que cette bille s'arrêtera au moment du contact. Cette représentation n'a en elle-même rien de contradictoire; mais elle est assurément d'une tout autre espèce que celle qui me représente le choc et la communication du mouvement d'une bille à l'autre qu'il entraîne.

Entreprendre de donner une définition de ce sentiment serait une tâche très difficile sinon impossible; ce serait exactement comme si, nous adressant à quelqu'un qui n'aurait jamais éprouvé le froid ou la colère, nous voulions lui faire saisir ce sentiment et cette passion. *Croyance* est le nom

véritable et propre de ce sentiment, et personne ne peut jamais se trouver embarrassé par le sens de ce mot, car chacun est à tout moment conscient du sentiment désigné par ce mot. Cependant ce ne peut être une mauvaise chose de tenter une *description* de ce sentiment dans l'espoir d'arriver par
162 ce moyen à certaines analogies | qui pourraient nous en donner une vue plus approchée. Je dis donc que la croyance n'est qu'une représentation plus forte, plus vivante, plus puissante, plus ferme, plus soutenue d'un objet, que celle que la seule imagination est capable d'atteindre. Cette multiplicité de qualifications qui peut sembler très peu philosophique n'a d'autre intention que celle d'exprimer cet acte de l'âme qui rend le réel, ou ce que nous tenons pour tel, plus présent, lui donne plus de poids dans l'entendement, plus d'influence sur les passions et l'imagination que les fictions. Il est inutile que nous discutions sur les mots si nous nous accordons sur la chose. L'imagination a tout pouvoir sur ses représentations; elle peut les mêler et les faire varier de toutes les manières possibles; elle peut produire des objets fictifs avec toutes circonstances de lieu et de temps; elle peut nous les mettre sous les yeux avec toutes les couleurs de la vérité exactement comme ils auraient pu exister. Mais puisque cependant l'imagination ne peut avec cette faculté amener à elle
163 seule la croyance, il est clair que la croyance | repose non pas sur une nature spéciale ou un ordre spécial des idées, mais sur la *manière* dont elle les perçoit et dont elles sont ressenties par l'âme. Je reconnais qu'il est impossible de tirer parfaitement au clair ce sentiment ou cette espèce de perception. Il y a des mots qui expriment quelque chose de semblable; *mais le mot vraiment approprié est : Croyance,* mot que chacun comprend dans la vie courante. Et la philosophie ne peut aller plus loin, mais doit s'en tenir au fait que la croyance est quelque chose de *senti* par l'âme par quoi les affirmations du réel et sa représentation se distinguent des fictions de l'imagination. C'est ainsi que ses représentations acquièrent plus de poids et d'influence, prennent de l'importance, pénètrent l'âme et *deviennent principe directeur de nos actions*. » Eh bien, que dites-vous de cette leçon ?

Lui : Ce que tout le monde devra dire. Non seulement le même emploi du mot croyance, mais même votre thèse que la croyance est l'élément de
164 toute connaissance | et de toute activité se trouve ici claire comme le jour. Il semble que Hume mette encore davantage de contenu sous cette thèse et lui donne une application plus étendue que vous.

Moi : Assurément. Tout à l'heure, je vous donnerai le livre à emporter chez vous pour que vous lisiez à loisir et attentivement le chapitre entier ainsi que les deux suivants. Le mot incriminé : « *croyance* » y revient sans cesse et vous trouverez que sans croyance nous ne pourrions franchir la porte ni nous mettre à table ou au lit.

LUI : Il ne manquerait plus maintenant que vous soyez aussi à même de justifier également l'emploi du mot : « *révélation* », concernant la perception des choses hors de nous, en vous autorisant de Hume ou, à défaut, d'un homme célèbre au nom tout aussi valable.

MOI : Ce que l'usage commun du langage justifie devrait-il encore avoir besoin d'un exemple ou témoignage? Nous disons couramment en
allemand | que les objets se *révèlent* à nous par les sens. On s'exprime de **165**
même en français, anglais, latin et dans plusieurs autres langues. Chez Hume cette façon de s'exprimer ne peut se trouver employée avec la vigueur particulière que je lui ai donnée; entre autres, parce que partout il laisse indécise la question de savoir si nous percevons les choses réellement en-dehors de nous ou simplement comme si elles étaient extérieures. Voilà pourquoi il dit aussi dans le passage que je vous lisais à l'instant : « le réel ou ce que nous tenons pour tel ». Et d'après toute sa façon de penser il devait en philosophie spéculative, plutôt pencher vers l'idéalisme sceptique que vers le réalisme. Le franc réaliste, par contre, qui, sur le témoignage de ses sens, admet comme indubitables les choses extérieures, considère cette certitude comme une conviction fondamentale, et ne peut faire autrement que de penser que c'est sur cette expérience fondamentale que doit se fonder tout usage de l'entendement pour la connaissance du monde extérieur, un tel franc réaliste, comment doit-il nommer le moyen par lequel lui est impartie la certitude d'objets extérieurs comme choses existant indépendamment de ses propres représentations? Il n'a rien sur
quoi son jugement puisse s'appuyer | sinon la chose elle-même; rien que le **166**
fait que les choses se tiennent réellement devant lui. Peut-il s'exprimer là-dessus avec un mot plus convenable que le mot « *révélation* »; n'est-ce pas ici au contraire qu'il faut chercher la *racine* de ce mot et *la source de son emploi ?*

LUI : Il semble en effet qu'il en soit ainsi.

MOI : Il s'ensuit tout naturellement que cette révélation mérite d'être qualifiée de *vraiment miraculeuse*. Car si on explicite comme il faut les raisons qu'on a de soutenir que notre conscience ne peut avoir absolument aucun autre contenu que de simples déterminations de notre propre moi, alors s'impose dans toute sa force l'idéalisme, comme seul compatible avec la raison spéculative. Mais si le réaliste demeure néanmoins un réaliste et conserve la croyance que, par exemple, ceci que nous appelons une table n'est pas une simple sensation, pas seulement un être existant en
nous, mais bien un être hors de nous, indépendant de notre représentation, | **167**

qui est seulement *perçu* par nous, alors j'ai le droit de m'enquérir hardiment auprès de lui d'un qualificatif plus convenable pour la révélation dont il se targue, quand il soutient que quelque chose hors de lui se manifeste à sa conscience. Nous n'avons absolument d'autre preuve de l'existence en soi d'une telle chose hors de nous que l'existence de cette chose elle-même et nous devons trouver absolument incompréhensible que nous puissions apercevoir une telle existence. Nous n'en soutenons pas moins cependant, comme il a été dit, que nous la percevons ; nous soutenons avec la plus entière conviction que des choses existent réellement hors de nous : que nos représentations et idées se forment d'après ces choses que nous avons devant nous, et non à l'inverse que les choses que nous ne faisons que nous *imaginer* avoir devant nous se forment d'après nos représentations et idées – Je demande : sur quoi se fonde cette conviction ? En réalité, sur rien, sinon justement sur une révélation que nous ne pouvons qualifier autrement que de *vraiment miraculeuse*.

LUI : Mais du moins n'est-elle pas du tout *immédiate ?*

168 | MOI : Immédiate à notre point de vue, puisque nous n'en connaissons pas le *proprement* médiat. Mais de là aller nier qu'elle se produise cependant par un moyen naturel, ou, comme l'idéaliste, rejeter le fait lui-même comme contraire à la raison : je me refuse à tenir ces deux solutions pour conformes à l'esprit philosophique authentique. Il arrive trop souvent que nous opposions aux expériences les plus intimes, des conclusions tirées d'expériences lointaines très imparfaites et que nous bâtissions inexplicablement sur de telles conclusions. Leibniz avait bien raison de dire : « Les hommes cherchent ce qu'ils savent déjà et ne savent pas ce qu'ils cherchent » [1]*.

LUI : Je suis tout à fait de votre avis. Un passage de Hume me vient justement à l'esprit où il parle lui aussi, à propos des représentations sensibles, de révélation. Cela ne vous rappelle rien ?

169 MOI : Vous voulez sans doute parler d'un passage qui | se trouve dans ce même chapitre dont je vous lisais tout à l'heure un extrait. Il ne concerne sans doute pas le point présent de notre entretien. Voyez plutôt.

LUI : C'est bien cela : « Recourir à la véracité de l'Être Suprême (comme Descartes) pour prouver la véracité de nos sens, serait un détour tout à fait étrange. Si la véracité de DIEU intervenait le moindrement en cette affaire, nos sens seraient tout à fait infaillibles ; car il est impossible que Dieu soit trompeur. Sans compter que le monde extérieur une fois mis en doute, il sera malaisé de découvrir encore des preuves de l'existence de Dieu ou d'un

1. *Nouveaux Essais*, p. 138.

quelconque de ses attributs »[1]. Certes, ce passage ne concerne pas le point que je croyais; mais il en concerne un autre, car il évoque la difficulté essentielle que soulève de manière générale la question de déterminer jusqu'à quel point nous avons raisonnablement le droit de croire ou non au témoignage de nos sens. | Qu'ils nous trompent souvent, c'est patent, et si **170**
on réfléchit à la multitude de leurs illusions, il paraît très pardonnable de soupçonner que tout notre monde sensible, avec notre entendement qui s'y rapporte tout entier, n'est rien de plus qu'une illusion d'optique. C'est encore Bonnet* qui m'a le mieux satisfait là-dessus avec les réserves qu'il exprime dans le xve chapitre de son Essai analytique.

MOI : Ce que Bonnet dit à cet endroit est réellement très bien pensé. Mais beaucoup plus pénétrant et approfondi, quoique également incomplet, ce que vous devez vous souvenir d'avoir lu dans Sophyle, de mon ami Hemsterhuis.

D'après Sophyle nos représentations des objets sont « le résultat des relations qui se trouvent entre nous et les objets et tout ce qui nous sépare des objets ». Ainsi entre nous et les objets visibles il y a la lumière, nos yeux, le trajet des nerfs. Posons | maintenant par exemple pour l'objet le **171**
nombre 4; pour l'ensemble de tout ce qui est entre nous et l'objet, le nombre 3; et pour la représentation de l'objet le nombre 12. Assurément on ne saurait poser 12 = 4. Mais si le nombre 4 n'était pas 4, 4 multiplié par 3 ne serait pas 12. La représentation = 12 n'est ainsi ni la pure représentation du nombre 4 posé pour l'objet, ni celle du nombre 3 posé pour l'ensemble de ce qui se trouve entre lui et moi, ni celle de l'opération de totalisation et de position du résultat, mais elle est la représentation 12. Si je considère maintenant par exemple une boule, l'objet extérieur, avec tout ce qui se trouve entre lui et moi (l'impression globale et son appréhension en moi), donne cette représentation que j'appelle une boule. Si je considère une colonne, l'objet extérieur avec tout ce qui se trouve entre lui et moi donne cette représentation que j'appelle une colonne. Mais comme ce qui se trouve entre moi et la boule est la même chose que ce qui se trouve entre moi et la colonne, | je dois conclure que la différence que je saisis entre la **172**
boule et la colonne se trouve dans ces objets mêmes. – Vous saisissez la fécondité des conclusions à tirer de cette remarque.

Voilà donc comment Hemsterhuis montre qu'il doit y avoir une analogie véritable entre les choses et les représentations que nous en avons; et que, dans les rapports entre nos représentations, sont donnés très exactement les rapports entre les choses elles-mêmes, ce que l'expérience confirme également, car autrement une invention de l'art, qu'il faut essayer

1. Hume, *Inquiry concerning Human Understanding,* Sect. XII dans la troisième partie de ses *Essais,* p. 215.

d'exécuter uniquement d'après un idéal, serait bien difficile à réaliser et à réussir.

LUI : Effectivement ce mode de représentation ne manque pas de séduction. Dites-moi : Hemsterhuis soutient bien aussi que notre conviction de l'existence réelle des choses hors de nous est une conviction *immédiate ?*

MOI : Du moins il se contente de faire allusion à la tentative de la produire au moyen du seul entendement.

173 LUI : Je sais que Bonnet s'engage dans cette voie, | et fait également de notre Moi le résultat d'une opération de l'entendement d'abord aidé de l'imagination.

MOI : Où cette même voie n'est-elle pas suivie? Mais le réaliste, en la prenant, doit nécessairement tomber dans le piège de l'idéaliste.

LUI : Aidez-moi à sortir d'un piège où je me sens pris à l'instant. Je croyais avoir compris que notre conviction de l'existence *propre* des objets de nos représentations ne pouvait être qu'une conviction immédiate; et maintenant, il me semble bien à nouveau qu'elle repose sur un raisonnement. Je produis à ma guise une partie de mes représentations et je les lie comme il me plaît : ici je me sens un être actif. Il y a quantité d'autres représentations que je ne puis produire à ma guise ni lier comme il me plaît : ici je me sens un être passif. La comparaison entre ces deux sortes de représentations, volontaires ou involontaires dans leur formation et enchaî-
174 nement, me conduit | à la conclusion que ces dernières doivent avoir une cause hors de moi : par conséquent au concept et à la conviction de l'existence réelle d'objets en-dehors de moi, indépendants de mes représentations.

MOI : Procédez-vous ainsi en fait ? Ainsi cette table, ici ; là, cet échiquier avec ses pièces mises en place, votre serviteur, qui cause avec vous : est-ce seulement par un raisonnement à partir de représentations que nous devenons pour vous des objets réels ? N'est-ce donc qu'après coup, au moyen d'un concept surajouté, que, cessant de nous tenir pour de simples déterminations de votre Moi propre, vous faites de nous quelque chose d'existant hors de vous ?

LUI : Assurément non. Mais n'en demeure-t-il pas moins vrai que nous acquérons la conviction de l'existence réelle des objets hors de nous en raison du fait que leurs représentations nous sont données sans que nous y soyons pour rien ; que, tant que nous avons les sens en éveil, nous sommes absolument incapables de les récuser, en raison *du fait* qu'en l'occurrence nous nous sentons passifs ?

175 | MOI : Mais la conscience également nous vient sans que nous y soyons pour rien ; il nous est également impossible de la récuser et en l'occurrence

nous ne nous sentons pas moins passifs qu'à l'égard des représentations que nous nommons représentations des choses extérieures. En quoi consiste donc la différence entre les états de passivité dans les deux cas ?

LUI : J'y suis ! L'objet contribue tout autant à la perception de la conscience que la conscience à la perception de l'objet. J'éprouve que je suis et que quelque chose existe hors de moi dans le même instant indivisible ; et dans cet instant, mon âme ne subit pas plus l'objet qu'elle ne se subit elle-même. Aucune représentation, aucun raisonnement, ne médiatise cette double révélation. Rien n'entre *en l'âme* entre la perception de ce qui est réel hors d'elle et celle de ce qui est réel en elle. Il n'y a pas encore de représentations ; elles apparaissent seulement après coup, dans la réflexion, comme des ombres des choses qui étaient présentes. Aussi nous pouvons toujours les ramener au réel, d'où elles sont prises et qu'elles *présupposent ;* | et nous devons les y ramener chaque fois que nous voulons **176**
savoir si elles sont vraies.

MOI : Vous y êtes ! Mais, je vous prie, appliquez fortement encore une fois toute votre attention et concentrez votre être dans le point d'une perception simple, afin que vous preniez conscience une fois pour toutes et soyez inébranlablement convaincu pour toute votre vie que, même dans la perception la plus primordiale et la plus simple, le *Moi* et le *Toi,* conscience interne et objet externe, doivent être aussitôt dans l'âme ; tous deux dans le même clin d'œil, dans le même instant indivisible, sans avant et après, sans une opération quelconque de l'entendement, sans le moindre commencement de formation en ce dernier du concept de cause et d'effet.

LUI : Mon cher, j'ai maintenant saisi cela de façon si certaine que jamais plus un doute ne peut s'élever là-dessus en moi. C'est exactement comme si je m'éveillais au clair midi d'un rêve profond.

Maintenant aidez-moi, si possible, à sortir encore d'un rêve.

| Je vois parfaitement que par la simple perception des choses **177**
extérieures nous n'éprouvons rien qui puisse nous conduire au concept de cause et d'effet. Mais comment parvenons-nous à ce concept ? On a déjà tant écrit et on écrira encore tant sur ce sujet ! Mendelssohn dans ses *Heures matinales* fonde le concept de cause et d'effet sur la perception de ce qui se succède immédiatement de façon constante ; par conséquent, sur l'expérience et l'induction. Mais cela se ramène, si on analyse correctement la chose, à une simple attente de cas semblables ; celle-ci a une liaison habituelle dans l'imagination ; et ainsi David Hume aurait gain de cause.

Je demande : sommes-nous forcés de lui laisser cette victoire ? Un sentiment invincible m'a jusqu'à présent empêché de me soumettre, bien que dans toutes les liaisons d'antécédents et de conséquents du monde je ne perçoive rien de plus que la constance de la suite immédiate. Aidez moi à sortir de cet embarras, si par hasard vous ne vous y trouvez pas vous-même.

178 | MOI : Je ne me trouve pas dans cet embarras, mais je m'y suis trouvé jadis, et je veux vous raconter fidèlement comment j'en suis sorti.

Si je reviens un peu plus en arrière que vous pourriez le juger nécessaire, consolez-vous en considérant que notre attention a bien besoin d'un léger rafraîchissement, et que le lui accorder nous permettra de progresser mieux et plus rapidement.

Aussi loin qu'il me souvienne, il a toujours été dans ma nature de ne pouvoir m'accommoder d'une idée dont l'objet extérieur ou intérieur ne m'était pas intuitivement donné par sensation ou sentiment. Vérité objective et réalité ne faisaient qu'un dans mon esprit, tout de même que représentation claire du réel et connaissance. Toute démonstration que je ne pouvais vérifier point par point de cette manière, toute explication qui ne se laissait comparer intuitivement avec aucun objet, qui n'était pas génétique, à tout cela j'étais aveugle et fermé. Ainsi j'ai considéré le point mathéma-
179 tique, la ligne et la surface mathématique comme de pures | billevesées ou, selon une expression de *Voltaire, comme de mauvaises plaisanteries*[1], jusqu'au moment où elles m'ont été définies non plus *avant* le corps mais seulement après lui et dans l'ordre inverse la surface comme l'extrémité, la fin ou la limite du corps ; la ligne comme l'extrémité de la surface ; le point comme l'extrémité de la ligne. Je ne compris pas davantage la nature du cercle jusqu'à ce que je saisisse son engendrement à partir du mouvement d'une ligne dont une extrémité est fixe, l'autre mobile[2].

LUI : Et la nature du corps lui-même ?

MOI : Nous y viendrons. Pour le moment je *raconte* simplement.

Cette idiosyncrasie philosophique me valut bientôt une foule de rencontres désagréables. On me reprochait constamment ma bêtise, et très
180 souvent ma frivolité, mon obstination et ma malignité. | Mais ni les paroles blessantes, ni les traitements les plus durs ne pouvaient me guérir de mon mal. On y gagna seulement de me faire prendre moi-même une très mauvaise opinion de mes aptitudes intellectuelles, qui m'accabla d'autant plus qu'elle était liée à l'aspiration la plus ardente à des vues philosophiques.

Ma destinée prit un tour très heureux lorsque je vins à Genève. Mon professeur de mathématiques, le bon vieux Durand, me conseilla de suivre le cours d'algèbre de Le Sage et m'introduisit auprès de lui. Le Sage* ne

1. En français dans le texte (N. d. T.).

2. Voir l'*Euclide* de Simon, remarque sur la première définition, et B. de Spinoza, *Opp. posth.*, p. 387, 589.

tarda pas à se prendre d'amitié pour moi et je m'attachai à lui de mon côté avec le plus profond respect et la plus affectueuse confiance.

Un matin que je me risquais après l'heure du cours à demander conseil à l'excellent homme sur une question scientifique, il s'informa en détail de la façon dont je partageais mes heures et employais mon temps. Il s'étonna lorsqu'il m'entendit dire que je ne suivais aucun cours de philosophie, mais que j'en faisais simplement pour moi-même. Je l'assurais que j'avais la compréhension si lourde et si lente | que, même chez le professeur le plus 181
clair, je restais à la traîne, par suite, je perdais le fil et ne faisais que gaspiller mon temps. « Vous êtes malin[1] ! », dit Le Sage en riant. – Je devins rouge comme une pivoine et je multipliais en bégayant les protestations d'avoir parlé sérieusement. Je l'assurais que j'étais par nature l'homme le moins doué du monde et que c'était seulement par un travail obstiné que j'avais quelque peu surmonté ma sottise. Je fus riche en explications et exemples pour confirmer la vérité de mon dire et rendre évident que je manquais totalement de dispositions heureuses, de sagacité, d'imagination, de tout. Le Sage fit différentes questions auxquelles je répondis avec la sincérité d'un enfant, puis il saisit ma main dans les deux siennes et les serra d'une étreinte que je ressens encore.

Le soir de ce même jour j'entendis monter au quatrième étage de mon escalier tournant, et avec un coup léger frappé à ma porte les mots : « est-il permis ? ». Une voix connue. Je me hâtai d'ouvrir, et devant moi se tenait Le Sage.

| LUI : Le cœur me bat lorsque je me représente l'état où vous deviez être. 182
Ces sortes d'apparitions n'ont lieu qu'à cet âge et en de telles circonstances ; elles appartiennent au temps des patriarches et de l'innocence, où les dieux visitaient encore les demeures des mortels.

MOI : Représentez-vous un jeune homme au cœur aussi enflammé que tendre, plein de timidité et de défiance en soi, et plein d'enthousiasme pour toute sommité de l'esprit

De ce soir-là commença une nouvelle époque de ma vie. Le Sage me montra sur différents exemples que ce que j'avais seulement cru ne pas pouvoir comprendre était en majeure partie soit des mots vides, soit des erreurs ; il m'exhorta à poursuivre ma route rassuré, et en tout cas, si je l'en croyais, faute de mieux, à reprendre courage. Je manifestai le souhait de recevoir de lui, avec deux ou trois autres étudiants au plus, un enseignement privé sur l'*Introductio ad Philosophiam de Gravesande**. Il promit | de mettre cela en train au plus tôt, ce qu'il fit. Grâce à mon 183
affectueux protecteur, je parvins bientôt aux relations les plus avantageuses, tout en étant guidé et surveillé par lui-même comme si j'étais son

1. En français dans le texte (N. d. T.).

propre enfant; ceci sans que je m'en aperçoive à l'époque, car il savait cacher avec la plus douce tendresse sa sollicitude paternelle sous les manifestations et les conduites d'une intimité presque fraternelle.

Ainsi s'écoulèrent pour moi deux des plus heureuses et assurément des plus fructueuses années de ma vie.

Je m'étais inscrit à la Faculté de Médecine, et je priai mon père de m'envoyer à Glasgow : c'est alors que tout d'un coup mes projets furent dérangés et les desseins de mes protecteurs et amis annulés.

Mon retour en Allemagne coïncida avec le moment où l'Académie de Berlin mettait au concours la question de l'évidence dans les sciences métaphysiques. Aucune question n'aurait pu accaparer mon attention à un plus haut degré. J'attendis avec impatience la parution des traités. Ce
184 moment | arriva et fut pour moi remarquable à double titre.

L'écrit couronné* ne remplissait pas les attentes que le nom du philosophe à ce moment déjà célèbre avait suscitées en moi. D'autant plus grande fut ma surprise lorsque dans le second traité, qui n'avait pu obtenir qu'un accessit, je trouvai des indications et des explications qui n'auraient pas pu être plus conformes à mes exigences. Ce traité m'aida à achever de développer les idées où se trouvait cachée la cause de mon *manque de docilité* si durement incriminé, tout le secret de mon idiosyncrasie. Dans l'écrit couronné, j'avais été particulièrement étonné de trouver un exposé si prolixe de la preuve de l'existence de Dieu à partir de son idée, et sa solidité affirmée avec une si grande assurance. La disposition d'esprit dans laquelle me mit la lecture de ce chapitre fut de la plus étrange espèce.

LUI : Comment, vous connaissiez encore si peu cette preuve ou sa démonstration ?

185 | MOI : Je les connaissais l'une et l'autre. Mais comme cette preuve m'avait également choqué sous toutes ses formes par son caractère subreptice, et qu'un examen réitéré n'avait fait que confirmer mon jugement, la tardive inquiétude dont je vous parle vint troubler cette quiétude de façon tout à fait inopinée.

LUI : La preuve faisait donc cette fois davantage impression sur vous ?

MOI : Non pas. Je sentais seulement la nécessité de me mettre à l'étudier à fond pour prouver son vice à l'évidence, et pour me rendre parfaitement intelligible à moi-même ce qui faisait sa force aux yeux d'autrui.

LUI : Je ne vous comprends pas bien.

MOI : Vous allez comprendre tout de suite. J'avais pour principe constant, lorsque je rencontrais des thèses qui me paraissaient sans fondement ou erronées, soutenues par un bon esprit, d'admettre que le fait
186 même qu'il les soutenait prouvait | qu'il avait mûrement examiné la question, à plusieurs reprises et sous différents aspects, que dès lors, il ne

suffisait pas que je sache que mon point de vue opposé était fondé sur une réflexion tout aussi mûrie, pour en conclure aussitôt, des vérités ne pouvant ainsi se contredire, que la thèse contredisant à l'opinion que je tenais pour vraie ne pouvait être qu'une erreur. Il en fallait bien davantage pour me tranquilliser. L'essentiel était pour moi non pas de rendre *absurde* la thèse adverse, mais de la rendre *raisonnable*. Il fallait que je découvre le fondement de l'erreur, que je montre sa possibilité chez un bon esprit et que je puisse me mettre dans la manière de penser de celui qui se trompe, au point d'être en état de me tromper avec lui et de sympathiser avec sa conviction. Avant d'en être arrivé là, je ne pouvais me persuader d'avoir bien saisi l'homme avec qui je combattais. Raisonnablement, je préférais douter de moi-même, je supposais la bêtise de mon côté et présumais chez l'autre un esprit plus profond et une foule de raisons en réserve. Jamais je | 187
ne me suis départi de ce procédé et j'espère le conserver jusqu'à la fin de ma vie. – Maintenant je pense que vous comprendrez facilement la disposition d'esprit dans laquelle me mettait la lecture des passages critiques dans le traité de Mendelssohn.

LUI : Parfaitement. Vous voyiez toujours debout la vieille preuve qu'un siècle avant *Descartes* remettait à neuf, que *Leibniz* vérifiait plus sérieusement et acceptait, et sur laquelle continuaient encore à s'appuyer avec une parfaite confiance d'excellents penseurs. Vous conformer ici à vos principes était une entreprise devant laquelle vous deviez déjà quelque peu reculer en tremblant.

MOI : Je m'y attaquais sans tergiverser, en suivant sans trêve le fil historique, suivant mon habitude. Et c'est à cette époque que je me familiarisai avec les écrits de Spinoza. J'avais lu dans Leibniz que le spinozisme était le *cartésianisme outré**. Les *Principia Philosophiae Cartesianae* de Spinoza m'étaient connus, et je me souvenais de l'Appendice contenant les *Cogitata Metaphysica,* | et de l'emploi très différent de celui de Descartes 188
qu'on y trouvait de la preuve de l'existence de Dieu à partir de son concept. Je ne possédais pas les *Œuvres posthumes,* mais je trouvai par chance chez un ami dans les œuvres de Wolf *l'Ethique* dans une traduction mise en tête de la réfutation wolfienne. Ici la preuve cartésienne rayonna pour moi dans sa pleine lumière : je saisis à plein pour quel Dieu elle valait et pour quel autre elle ne valait absolument pas. Je rassemblai mes considérations sur ce sujet en un mémoire auquel je m'étais efforcé de donner la plus grande clarté et rigueur. Je le montrai dès qu'il fut achevé à un homme très perspicace qui avait étudié assidûment la métaphysique avec Wolf et Meier*, donc juge tout à fait compétent. Aussi représentez-vous ma contrariété : ni mon mémoire, ni tous les commentaires que j'ajoutai oralement, ne purent détourner mon ami de sa croyance à la preuve

cartésienne. La même chose m'arriva avec un autre savant, élève de Daries et esprit très philosophique qui habitait une ville voisine. L'échec de ces
189 | deux tentatives m'affecta de manière désagréable et je songeai au moyen de m'expliquer encore plus clairement. À ce moment me tomba sous les yeux la XVIIIe partie des Lettres de Littérature, contenant la critique de l'ouvrage de Kant : *« L'unique fondement possible d'une démonstration de l'existence de Dieu »*. Le ton qui voulait être aimable, pas très avenant, avec lequel on y parlait de cette œuvre ne m'empêcha pas de prêter à celle-ci la plus vive attention. Les phrases et les passages cités m'en disaient
190 assez[1]. Mon désir | de posséder l'ouvrage lui-même était si vif que, pour plus de sûreté, j'écrivis pour l'avoir à deux endroits différents.

Je n'eus pas à regretter mon impatience. Déjà la première partie : *« De l'existence en général »* me parut révéler le même homme à qui j'étais si fort obligé pour son mémoire honoré d'un accessit sur l'Évidence.
191 | Mon ravissement ne fit que croître à la lecture jusqu'à me donner de violents battements de cœur; et avant d'être arrivé à mon but, la fin de la troisième partie, j'avais dû m'interrompre plusieurs fois pour attendre que je fusse de nouveau capable d'une calme attention.

LUI : Vous me rappelez *Malebranche,* qui éprouva des battements de cœur semblables lorsqu'il tomba à l'improviste sur le Traité de l'Homme

1. *Lettres concernant la Littérature moderne,* XVIIIe partie, p. 69 *sq.*

« L'existence n'est prédicat ou détermination d'aucune chose; mais elle est la position absolue d'une chose, et elle se distingue par là de tout prédicat, qui, en tant que tel n'est jamais appliqué à une autre chose que d'une manière purement relative. – L'existence ne peut donc être considérée comme un rapport à une chose; mais elle est la chose elle-même, elle est le sujet, auxquels sont attribuées toutes les qualités qui sont désignées par le nom de la chose. – Aussi ne doit-on pas dire : Dieu est une chose existante; mais à l'inverse, une certaine chose existante est Dieu, ou : lui conviennent toutes ces qualités que nous désignons sous le nom de *Dieu.*

La possibilité interne présuppose toujours une existence. S'il n'y avait aucun donné matériel à penser, aucune possibilité interne ne pourrait non plus être pensée. Si donc toute existence était supprimée, il n'y aurait absolument rien de posé, et ainsi d'une manière générale, rien de donné non plus. Il n'y aurait donc aucune matière à rien de pensable, et par suite toute possibilité interne disparaîtrait également. – La possibilité interne doit donc présupposer une existence et toute possibilité interne a, *quoad materiam* son fondement réel dans l'existence de la chose.

Puisque tout possible suppose quelque chose de réel, par quoi la matière de tout pensable est donnée, il doit y avoir une certaine réalité dont la suppression même supprimerait toute possibilité en général. Ce dont la suppression anéantit toute possibilité, est absolument nécessaire. Donc *quelque chose* existe de façon absolument nécessaire.

Ce qui contient le dernier fondement d'une possibilité interne doit contenir celui de toutes choses en général et ce fondement ne peut être partagé entre plusieurs substances différentes. »

de Descartes. Fontenelle fait là-dessus une jolie remarque : « L'invisible et inutile vérité n'est pas accoutumée à trouver tant de sensibilité parmi les hommes, et les objets les plus ordinaires de leurs passions se tiendraient heureux d'y en trouver autant »[1].

MOI : Vous me faites en tous points trop d'honneur avec cette comparaison ; il y avait dans mon cas trop | d'intérêt personnel en jeu ; je pourrais 192
dire d'autres exemples qui me font peut être plus d'honneur. – Essayons donc de répondre maintenant à votre question sur la *cause et l'effet*.

De ce que je vous ai dit tout à l'heure sur ma méthode philosophique, que je voulais seulement bien vous faire saisir sur le vif, vous pouvez facilement juger qu'il n'y en a pas de plus mauvaise pour progresser rapidement. Il me fallait des semaines où d'autres ont besoin d'heures ; des mois, où des jours leur suffisent ; des années où ils n'ont besoin que de mois. Mais avancer aussi lentement a ceci de bon que le peu de progrès va effectivement plus loin et qu'on n'a pas le désagrément en voulant trancher, d'être induit en erreur et de s'égarer encore dix ou vingt fois en revenant au point de départ. En revanche l'autre inconvénient, c'est qu'il est torturant jusqu'au désespoir de demeurer sur les passages difficiles jusqu'à ce que se découvrent des marques assurées de la bonne voie.

C'est un passage de ce genre que j'abordai, lorsqu'il me fallut comprendre la possibilité de l'apparition d'une chose réelle dans le temps à
partir de la possibilité du développement d'une | idée confuse en idée claire, 193
et déduire le *principium generationis* du *principium compositionis*. Si j'avais bien saisi le principe de raison, était-il dit dans mes livres, je devais également être à même de concevoir clairement le lien nécessaire de la cause et de l'effet dans le temps, ou l'origine de la consécution réelle.

Le principe de raison s'explique et se prouve facilement ; il n'énonce rien de plus que le *« totum parte prius esse necesse est »* d'Aristote ; et ce *« totum parte prius esse necesse est »* ne signifie, sous ce rapport à son tour rien de plus que *« idem est idem »*.

Trois droites, qui enferment un espace, sont la raison, le *principium essendi, compositionis,* des trois angles qui se trouvent dans un triangle. Mais le triangle n'existe pas avant les trois angles : ils se mettent à exister ensemble dans le même instant indivisible. Et il en va de même partout où nous percevons un lien de principe à conséquence ; nous ne faisons que prendre conscience de la diversité que renferme une représentation. Mais
comme ceci se produit successivement et prend un certain temps, | nous 194
confondons ce devenir d'une représentation avec le devenir des choses elles-mêmes et nous croyons pouvoir expliquer la succession réelle des

1. *Œuvres* de Fontenelle, tome V, p. 430.

choses exactement comme la succession idéale des déterminations de nos concepts peut s'expliquer par leur liaison nécessaire en une représentation unique. – Je ne sais pas si je me fais bien comprendre ?

LUI : Je crois vous comprendre.

MOI : Vous ne devez pas *croire*. Νᾶφε, καὶ μίμνας ἀπιστεῖν.

Je veux essayer d'être encore plus clair.

Représentez-vous un cercle et érigez cette représentation en concept clair. Si le concept est déterminé avec précision et ne renferme rien d'inessentiel, le tout que vous vous représentez aura une unité idéale, et toutes les parties, liées nécessairement les unes aux autres, résulteront de cette unité. Cela étant, lorsque nous parlons d'une liaison nécessaire du *successif* et qu'alors nous croyons nous représenter la liaison elle-même
195 dans le *temps,* | nous n'avons *en vérité,* rien d'autre dans la pensée que la relation même que nous avons dans le cas du cercle, une relation où toutes les parties sont déjà réellement unies en un tout et *existent simultanément.* La succession, le *devenir objectif,* nous les laissons de côté ; comme si cela se *concevait* de soi-même, à la façon dont cela se manifeste de soi-même de façon sensible aux yeux ; or c'est précisément cela, ce qui rend possible l'événement, le principe de *ce qui se produit, l'intérieur* du temps, bref le *principium generationis,* qui constitue proprement ce qui devait être expliqué. – Êtes-vous maintenant certain que vous me comprenez ?

LUI : Je veux vous mettre à même d'en juger en reprenant vos thèses principales. D'un espace enclos par trois lignes suit l'idée de trois angles qui y sont impliqués, et le triangle est également du point de vue temporel réellement antérieur *dans le concept,* ou subjectivement, aux trois angles. Mais dans la nature, ou *objectivement,* les trois angles et le triangle existent simultanément. Et de même, cause et effet sont, dans le *concept de la*
196 *raison,* | partout ensemble et l'un dans l'autre. Ce concept de la raison est tiré de la relation de prédicat à sujet, de la partie au tout, et ne contient absolument rien d'une production ou d'un résultat qui existeraient objectivement ou hors du concept[1].

MOI : Fort bien. – Mais est-ce que cela ne va pas nous forcer à admettre que dans la nature tout est simultané, et que ce que nous appelons succession est une simple apparence ?

LUI : Vous avez déjà exposé cette thèse paradoxale dans votre première Lettre à Mendelssohn[2]. Mais, à ce qu'il me semble, elle ne peut ni être attribuée à Spinoza, ni avoir été admise par vous sérieusement.

1. Cf. « *Des choses divines et de leur révélation* », Appendice C [a].

2. « Au fond, ce que nous appelons succession ou durée est simple illusion; car puisque *l'effet réel* coexiste avec sa cause réelle, *complète,* et n'en diffère que dans la représentation, il faut que succession et durée soient en *vérité* seulement une certaine

| Moi : Cette thèse assurément paradoxale n'appartient pas à Spinoza et 197
je ne l'ai moi-même soutenue qu'à titre de simple conséquence. Depuis quinze ans et plus je l'ai soutenue contre maints philosophes, et aucun n'a pu dénoncer une faute dans le raisonnement. Mais Mendelssohn fut le premier qui ne fit aucune difficulté à en admettre la validité.

Lui : Si je ne me trompe, il blâma simplement que vous ayez écrit : illusion au lieu de : apparence ?

Moi : Simplement cela en effet[1]. Mais je ne sais toujours pas pourquoi une apparence qui ne contient rien d'objectif et ne s'en présente pas moins comme quelque chose d'objectif – je ne sais pas pourquoi, dis-je, une telle apparence vide ne devrait pas être qualifiée d'illusion ? L'image objective | 198
qu'elle propose est, *du moins en tant qu'objective,* proprement un faux-semblant, et non pas une apparence.

Lui : Pour ma part, je ne comprends pas comment le phénomène objectif de la succession devrait être une façon purement subjective d'intuitionner le divers dans l'infini. Quand vous couperez tout à l'heure par le milieu cette pomme que vous êtes en train de peler, nous allons apercevoir les pépins ; et si vous plantez en terre l'un de ces pépins, au printemps prochain, il en sortira une pousse quelques mois après. Eh bien, je serais curieux de savoir comment cette succession de phénomènes réels pourrait être conçue *à partir d'une certaine manière d'intuitionner le divers dans l'infini.* La succession objective que je perçois dans les choses est assurément encore quelque chose de tout à fait différent de la succession de l'acte de percevoir *en moi.* Et même, mise à part cette évidente distinction : *qu'est-ce qui rend donc la succession dans la pensée si peu que ce soit plus concevable que la succession dans d'autre phénomènes ?*
Si les objets étaient tous simultanés, c'est-à-dire | présents d'un coup en 199
des rapports immuables au sujet pensant, ils ne constitueraient également en lui *qu'une seule* représentation immuable.

Moi : Vous faites la moitié du chemin à ma rencontre. Ainsi *le successif lui-même* est l'inconcevable, et le principe de raison suffisante, bien loin de nous l'expliquer, pourrait nous égarer en nous amenant à nier la réalité de toute succession. Car s'il n'en va pas autrement avec le *« principium generationis »* qu'avec le *« principium compositionis »,* il faut considérer tout effet comme objectivement contemporain de sa cause. Si cet effet est à

manière d'intuitionner le divers dans l'infini », *Lettres sur la doctrine de Spinoza,* p. 17 de la première édition [a].

1. Dans les *Remarques.* – « Ce que vous dites ensuite de la *succession* et de la durée reçoit mon entière approbation, à ceci près, que je n'en dirais pas que ce sont de *simples illusions.* Ce sont des déterminations nécessaires de la pensée finie ; donc des apparences qu'il faut bien distinguer de la simple illusion », *Mendelssohn aux amis de Lessing,* p. 44.

son tour cause, sa suite immédiate doit encore être contemporaine, et ainsi indéfiniment. Par conséquent nous ne pourrions de cette manière absolument pas parvenir à un concept qui nous explique le phénomène de la succession, du temps, ou de l'écoulement. Car vouloir insérer entre la cause A et l'effet B un hybride d'être et de non-être, ce serait, me semble-t-il, faire du non-sens le *vehiculum* de l'entendement.

200 | LUI : Vous augmentez ma perplexité au lieu de m'aider à en sortir. Car si le concept de cause et d'effet et la représentation du successif sont deux choses tout à fait différentes, il est tout aussi peu possible que ce concept ait été tiré de cette représentation qu'il n'est possible que cette représentation ait été expliquée par ce concept. Mais alors je vois l'idée de cause et d'effet, comme *principium fiendi, generationis,* s'évanouir complètement devant moi, et il ne me reste plus qu'à demander avec étonnement comment ces mots ont bien pu s'introduire dans le langage.

MOI : En effet, ils n'auraient pas pu s'introduire dans le langage d'êtres qui ne seraient capables que *de voir intuitivement et de juger*. Mais sommes-nous de tels êtres ? Nous pouvons *également agir,* mon cher !

Si nous recherchons les sens premiers des mots, il n'est pas rare que nous en tirions une lumière qui nous permette d'élucider des concepts devenus très obscurs. L'homme qui ne spéculait pas avait depuis longtemps parlé avant que des philosophes commencent à discourir, et que
201 certains | d'entre eux en arrivent à inverser l'emploi du langage et à forcer les choses à se régler sur les mots, de même que précédemment les mots avaient dû se régler sur les choses. Dans le cas présent, nous pouvons encore abréger notre démarche et sans nous attacher au langage, remonter à la constitution première du concept dont nous sommes informés sans équivoque. Nous savons en effet que les anciens peuples et les peuples primitifs contemporains n'ont pas et n'ont pas eu ce concept de cause et d'effet, qui est apparu tôt ou tard chez des peuples plus civilisés. Ils voient partout des êtres vivants et ne connaissent nulle force qui ne se détermine d'elle-même. Toute cause est à leurs yeux une telle force vivante, se manifestant elle-même, spontanée, personnelle ; tout effet, *acte*. Et sans l'expérience vécue en nous-mêmes d'une telle force, dont nous avons constamment conscience, que nous mettons en œuvre à notre gré de tant de façons, et que nous pouvons déployer sans l'amoindrir, – sans cette expérience fondamentale, nous n'aurions pas la moindre représentation de cause et d'effet.

202 | LUI : Je pense que vous n'avez pas oublié ce que Hume dit de cette expérience fondamentale ?

MOI : Tout aussi peu que j'ai oublié les démonstrations de mes Lettres à Mendelssohn et Hemsterhuis, d'où il ressortait que la faculté pensante n'avait jamais que le rôle de spectateur, et ne pouvait en aucune façon être une source d'actions extérieures.

LUI : Ce qu'on trouve dans vos lettres ne s'identifie pas avec ce que dit Hume. Restons-en à Hume.

MOI : Soit. Que dit donc Hume ?

LUI : La thèse essentielle est que toute notre connaissance ne vient que de l'expérience et, par suite, seulement *après l'action ;* qu'à telle ou telle représentation succède tel ou tel mouvement de nos membres, ou bien que l'une et l'autre sont en liaison. Il ne nous vient pas plus à l'idée d'accélérer ou de ralentir les mouvements de notre cœur par un acte de volonté, | ou de 203
vouloir changer la couleur de notre visage, que l'idée ne nous vient de vouloir par un tel acte changer la direction du vent ou la forme d'une montagne. Nous ne sommes même pas capables de chercher à faire un tel emploi de ce que nous appelons notre volonté, car nous ne savons pas où nous devons nous mettre en quête de cette force, ni comment, à supposer que nous l'aurions dénichée, la conduire à destination. Qu'on cherche seulement à vouloir danser comme un Vestris * peut vouloir danser. Mais là où la volonté a l'action à sa portée, nous ne savons jamais comment elle en est venue là, et si nous remontons progressivement en suivant ses traces, nous tombons dans les ténèbres les plus épaisses. Car assurément personne ne soutiendra, par exemple, que c'est sa volonté qui, *directement,* remue sa main ou son pied. La volonté devait au préalable mettre en mouvement muscles, nerfs, quantité de parties solides et liquides ; ce qu'elle fait donc pour le moins sans savoir *ce qu'elle* fait. – Après de telles considérations, qu'il est aussi facile de multiplier que d'étendre, comment pourrions-nous encore soutenir que nous | avons conscience d'une force qui produit des 204
actes, et en conclure à la connaissance d'une *cause*[1] ?

MOI : Hume n'a pas à se plaindre de vous ; c'est vraiment la substantifique moëlle de ses objections qui, en peu de mots, vous est venue sur les lèvres. Mais ces objections prennent ma thèse de biais. Comme vous savez, *Hume* lui-même avoue dans ce même ouvrage que la représentation de force ne nous vient que du sentiment de notre *propre force* et même du sentiment de son application à *surmonter une résistance*[2]. Par conséquent le sentiment d'une force et la perception du succès de son application, voilà ce qu'il accorde. Mais il ne considère pas cela comme une expérience complète de la cause et de l'effet, car il nous manque de sentir COMMENT cette force entraîne ce succès. Ses doutes sont dans l'esprit de l'idéalisme *universel* ou *jumeau,* auquel il ouvrait la voie. C'est ainsi que | je puis 205
parfaitement mettre en doute le fait que ce soit en vertu de ce qui m'apparaît

1. *Enquiry concerning Human Understanding,* Section VIII.

2. *Enquiry concerning Human Understanding,* même section, p. 99, note C.

comme une force en moi que j'étends la main, je remue le pied, je suis le fil de notre entretien présent et je participe à son orientation : car je ne suis à même de saisir ni la nature de ce que je tiens pour la cause, ni son lien avec le résultat; je puis douter de cela exactement comme du fait que je perçois *quelque chose* hors de moi. Si vous êtes capable de vous laisser troubler par de tels doutes, je ne vois plus ce que je pourrais faire pour vous. Mais je pense que votre *croyance* triomphe de cela aussi facilement que la mienne.

Vous remarquiez tout à l'heure que la doctrine de Spinoza sur ce point diffère encore beaucoup de la doctrine sceptique de Hume, et vous aviez là-dessus tout à fait raison. Car même si, selon Spinoza, les représentations ne font *qu'accompagner* les actions, cependant elles s'impliquent les unes les autres, elles sont liées ensemble inséparablement dans le même être et la même conscience indivisibles. Assurément la volonté n'est pas *avant* l'action et sa cause efficiente; mais l'action n'est pas non plus *avant* la
206 volonté et *sa* cause efficiente : c'est le même individu qui veut | et agit en même temps, dans le même instant indivisible. Il veut et agit selon sa nature et conformément aux exigences et aux moyens de sa nature particulière; toutes choses qui se manifestent dans sa conscience avec plus ou moins de clarté ou de confusion. Or, à quelque degré que l'individu puisse être déterminé de l'extérieur, il ne peut l'être qu'en conséquence des lois de sa propre nature et par conséquent, dans cette mesure, il se détermine lui-même. Il doit absolument être quelque chose pour soi, car autrement il ne pourrait jamais être quelque chose pour autrui, ni assumer telle ou telle détermination fortuite; il doit pouvoir agir lui-même, car autrement il serait impossible qu'une action quelconque se produisît et se poursuivît grâce à lui ou même apparût seulement en lui.

LUI : Vous vous êtes vaillamment comporté et je vais sans doute devoir vous demander la paix. Que notre conscience ne présente *rien d'autre que des moments qui s'impliquent mutuellement, d'activité et de passivité, d'action de réaction,* qui supposent un principe réel, déterminé en soi et
207 spontané, voilà qui est remarquable; et ainsi donc le concept de | cause et d'effet repose positivement sur un fait dont la validité ne peut être niée si on ne veut pas tomber dans le vide de l'idéalisme. – Cependant on n'a pas encore ainsi établi que le concept de causalité relève absolument du concept de la possibilité des choses en général. En le faisant découler de l'expérience, il faudra bien que vous renonciez du même coup à son universalité et à sa nécessité absolues.

MOI : Cela dépendra de ce que vous entendez par l'absolue nécessité d'un concept. S'il vous suffit pour qualifier un concept de nécessaire que son objet soit si bien donné à titre de prédicat absolument universel en toutes choses singulières que la représentation de ce prédicat doit être commune à tous les êtres finis doués de raison et fonder *chacune* de leurs expériences, alors je crois pouvoir vous prouver que le concept de cause et d'effet est un concept nécessaire, *fondamental,* et que la loi de la connexion causale est une loi fondamentale régissant nécessairement la nature entière.

| LUI : Si seulement vous le pouviez ... ! 208

MOI : Faites la preuve avec moi.

Vous savez, nous en sommes déjà tombés d'accord, que pour nos consciences humaines (et je puis aussitôt ajouter : pour la conscience de tout être fini), il est nécessaire qu'en dehors de la chose sentante il y ait en outre une chose réelle qui soit sentie. *Nous devons nous distinguer de quelque chose.* Donc deux choses réelles, extérieures l'une à l'autre, dualité.

Là où deux êtres créés qui sont extérieurs l'un à l'autre, se trouvent l'un à l'égard de l'autre dans un rapport tel que l'un agit sur l'autre, *il y a un être étendu**.

Avec la conscience de l'homme et de toute nature finie, se trouve donc posé un être étendu ; et à la vérité pas simplement de manière idéale, mais réelle. Par suite, partout où il y a des choses extérieures les unes aux autres qui agissent l'une sur l'autre, il doit y avoir aussi un être étendu existant réellement ; et la représentation d'un tel être étendu doit être *commune à toute nature finie sentante,* | *et elle est une représentation objectivement* 209
vraie.

M'accordez-vous ces quatre propositions ?

LUI : Je vous les accorde.

MOI : Poursuivons donc.

Nous sentons la diversité de notre être lié dans une unité pure que nous nommons notre *Moi.*

Ce qui est indivisible dans un être définit son individualité, ou en fait un tout réel ; et tous les êtres dont nous voyons la diversité liée en une unité indivisible, et que nous ne pouvons discerner que selon cette unité, (que nous admettions ou non que le principe de leur unité soit pourvu de conscience), sont appelés *individus.* En font partie toutes les natures organiques. – Nous ne pouvons décomposer ou partager aucun arbre, aucune plante, comme tels, c'est-à-dire | leur *être organique, le principe de leur* 210
diversité et unité particulières.

L'art humain ne peut produire d'individu ou de *tout réel* quelconque, car il peut seulement, par assemblage, faire *naître le tout des parties, mais il ne peut faire naître les parties du tout.* D'autre part, l'unité qu'il produit est purement idéale et ne réside pas dans les choses produites, mais hors d'elles, dans le but et le concept de l'artiste. L'âme d'une telle chose est l'âme d'un autre[1].

211 | Nous percevons quelque chose de tant soit peu analogue à
212 l'individualité dans l'étendue corporelle | en général, puisque l'être étendu, *en tant que tel*, ne peut jamais être partagé, mais offre partout aux regards la même unité qui lie en elle de façon indissoluble une pluralité[2].

Si des individus, outre l'action immanente par laquelle chacun se maintient dans son être, ont aussi le pouvoir de produire des actions qui leur soient extérieures, ils doivent, si l'effet doit suivre, entrer en contact direct ou indirect avec d'autres êtres.

Un être absolument pénétrable est une chimère.

Un être relativement pénétrable ne peut, pour autant qu'il est pénétrable à un autre être, ni toucher celui-ci, ni être touché par lui.

1. « Tout ce que nous appelons organe, est un total, que nous avons ou modifié ou composé de parties, pour que ce total réponde à un but déterminé, à une fin proposée, qui n'est pas ce total, mais son usage ou son effet. Une lime est faite pour limer ; une pendule pour marquer les heures ; un poème pour plaire ou pour instruire. Ainsi tout ce qui est l'ouvrage des hommes, ou d'un être borné, est un moyen pour produire un effet déterminé, et non pas pour produire une substance. L'homme a entrevu dans le mécanisme des animaux et des plantes, des moyens pour produire la génération, et l'accroissement des individus : il a cru voir quelque analogie entre ces moyens, et les ouvrages de sa propre industrie ; et il appelle ces moyens organes ; ce qui pouvait se faire en quelque façon. Mais il reste cette différence remarquable, que l'ouvrage de l'homme n'est une chose que pour tel effet déterminé ; tandis que l'ouvrage de la nature est une chose pour être cette chose, pour être telle indépendamment de ses effets. Lorsque par abstraction vous ôtez à la montre la faculté de mesurer le temps, la montre n'est plus un tout, mais un amas confus de pièces hétérogènes : tandis qu'un arbre est toujours un arbre, quelque abstraction que vous fassiez des effets qu'il pourrait produire au-dehors. La nature produit des substances pour être ; et l'homme ne produit que des moyens pour modifier des effets », *Aristée ou de la divinité*, p. 56. Leibniz dit exactement la même chose en divers endroits. J'insère ici les passages suivants, essentiellement pour préparer ce qui sera abordé sur ce sujet dans la suite du dialogue. À cet égard, le troisième passage extrait de la lettre à Rémond est le plus remarquable.

« L'unité d'une horloge dont vous faites mention, est tout autre chez moi que celle d'un animal : celui-ci pouvant être une substance douée d'une véritable unité comme ce qu'on appelle Moi en nous ; au lieu qu'une horloge n'est autre chose qu'un assemblage », Leibniz, *Opp.* II, P. I, p. 68.

« Par le moyen de l'âme ou de la forme, il y a une véritable unité qui répond à ce qu'on appelle Moi en nous ; ce qui ne saurait avoir lieu ni dans les machines de l'art, ni dans la simple masse de la matière, quelque organisée qu'elle puisse être ; qu'on ne peut considérer que comme une armée ou un troupeau, ou comme une montre composée de ressorts et de roues », *id.* T. II, P. I, p. 53.

« Une véritable substance, telle qu'un animal, est composée d'une âme immatérielle, et d'un corps organique ; et c'est le composé de ces deux qu'on appelle *Unum per se* », *ibid.* T. II, P. I, p. 215 [a].

2. Comparez Link sur la *philosophie de la nature* (1806), P. II, 12, 75, 113, 124.

La conséquence immédiate de l'impénétrabilité lors du contact, nous l'appelons résistance.

Donc là où il y a contact, il y a impénétrabilité | de part et d'autre; par suite aussi résistance; action et réaction. 213

La résistance dans l'espace, *action* et *réaction,* est la source du *successif;* et du *temps* qui est la *représentation* du successif.

Par conséquent là où il y a des êtres singuliers *se manifestant à eux-mêmes* qui se trouvent ensemble en communauté, en aucun cas il ne peut manquer d'y avoir aussi les concepts d'étendue, de cause et d'effet et de succession. Leurs concepts sont donc chez tous les êtres pensants finis des *concepts nécessaires :* ce que j'avais à montrer. – Si ma déduction ne vous suffit pas, je suis prêt à entendre vos raisons.

LUI : Je ne trouve rien à objecter à votre déduction. Car là où plusieurs choses singulières se trouvent en relation, il doit y avoir action et réaction, il doit y avoir succession des déterminations, ou alors il n'y aurait pas plusieurs choses séparées, mais seulement une seule et unique chose; et, inversement, où il n'y aurait qu'une chose singulière, | il n'y aurait aucune action et réaction, et aucune succession des déterminations. 214

MOI : C'est cela même. Par conséquent nous aurions mis au jour les concepts de réalité, de substance ou *d'individualité,* d'étendue corporelle, de succession et de cause et d'effet en tant que tels, qui doivent être communs à tout être fini manifeste à lui-même, et possèdent également *dans les choses en soi* leur objet indépendant du concept, par suite une signification vraiment *objective.*

Or des concepts de cette espèce, caractérisés par le fait qu'ils doivent être intégralement donnés *en toute expérience,* et de façon à ce point *primordiale* qu'en l'absence de ce qu'ils ont d'objectif, aucun concept ne pourrait avoir d'objet, et qu'à défaut de les concevoir toute connaissance serait impossible. – De tels concepts, dis-je, on les a de tout temps nommés : concepts absolument universels ou nécessaires, et les jugements et raisonnements qui en découlent, on les a nommés : *connaissances a priori.*

Donc nous n'avons pas besoin, *pour que ces concepts fondamentaux et ces jugements* | *deviennent indépendants de l'expérience,* d'en faire de simples préjugés de l'entendement; préjugés dont il faut nous *guérir* en apprenant à reconnaître qu'ils ne se rapportent à rien qui revienne aux objets *en soi,* par suite, qu'ils n'ont aucune véritable signification objective : je dis, nous n'avons pas besoin de cela, puisque les concepts fondamentaux et les jugements ne perdent rien de leur universalité ni de leur nécessité s'ils sont empruntés à ce qui doit être commun à toutes les expériences et leur servir de fondement : ils gagnent au contraire un bien plus haut degré d'universalité inconditionnée s'ils peuvent être dérivés de l'être et de la communauté des *choses singulières en général.* Au titre de simples préjugés de l'entendement humain, ils vaudraient uniquement pour l'homme et sa sensibilité particulière; et en vérité dans des conditions qui leur enlèveraient, à mon sens, toute valeur[1].

216 | LUI : Là-dessus je me sens complètement d'accord avec vous du fond du cœur. Si nos sens ne nous apprennent absolument rien de la nature des choses; rien de leurs relations et rapports mutuels; pas même qu'elles existent réellement en-dehors de nous, et si notre entendement se rapporte seulement à une telle sensibilité ne représentant *rien des choses mêmes, objectivement tout à fait vide,* pour fournir des intuitions *tout à fait subjectives,* selon des règles *tout à fait subjectives,* des formes tout à fait subjectives, alors je ne sais pas ce que j'ai à faire d'une telle sensibilité et
217 d'un tel entendement, | sinon à vivre en les possédant, mais, au fond, d'une manière qui ne diffère en rien de celle d'une huître. Je suis tout, et hors de moi il n'y a au sens *propre,* rien. Et moi, mon tout, je suis donc en fin de compte également une *vaine illusion* de quelque chose; la forme d'une forme; un fantôme exactement comme les autres phénomènes que j'appelle choses, comme toute la nature, son ordre et ses lois. – Et un tel système devrait être vanté hautement et à pleins chœurs comme s'il était le salut longtemps attendu qui devait venir au monde? Un système qui extirpe jusqu'à la racine toute prétention à la connaissance de la vérité, et ne laisse subsister pour les objets les plus importants que la croyance la plus *aveugle* et la plus totalement vide de connaissance qu'on ait encore jamais imposée à l'homme. Le mérite de mettre un terme à tout doute de cette manière ressemble au mérite de la mort à l'égard des inconvénients inhérents à la vie.

MOI : Ne soyez pas si méchant! Le système contre lequel vous vous
218 emportez, s'il est enseigné comme | vous l'avez compris, aura peine à gagner beaucoup de partisans.

1. Cette déduction des concepts et des principes *a priori* ou universels et nécessaires m'a été procurée pour les conceptions principales et fondamentales par l'*Éthique* de Spinoza (v. *Opp. Posth.*, p. 74-87). Je l'ai opposée à la déduction kantienne des catégories selon laquelle ces concepts et jugements proviennent d'un *pur* entendement, préconstitué, qui ne fait que transposer ensuite dans la nature le mécanisme de sa pensée, qui n'est fondé qu'en lui-même et ne se livre ainsi qu'à un jeu logique de connaissance, où l'entendement humain en général, bien loin de trouver aucunement son compte est au contraire simplement joué tout comme chez Hume. – Voir *Principes de Logique générale* de Schulze; le compte-rendu de cet ouvrage dans les *Avis Littéraires de Gœttingen,* fac. 142, et, dans les *Contributions* de Reinhold, fasc. III, le traité *sur la tentative du criticisme pour amener la raison à l'intelligence* [a].

LUI : Pouvez-vous dire que je l'ai mal compris ? Je suis pour l'essentiel redevable à votre enseignement de l'idée que je m'en fais.

MOI : Bon. C'est justement parce que vous avez bien compris, à ce que je crois, l'idéalisme transcendantal, que vous devez vous contenter d'assister tranquillement à son développement, et vous réjouir cordialement avec moi de tout le bien que la *Critique de la Raison Pure* ne doit pas manquer de dispenser.

LUI : La critique d'une chose qui n'est pas !

MOI : Ce sont celles qui ont le plus besoin de critique. Je veux dire : une pensée absolument sans fondement ne peut prendre naissance dans une âme humaine et le langage ne peut avoir trouvé de terme pour la désigner. Tout mot se rapporte à un concept ; tout concept, à l'origine, se rapporte à une
perception | par le sens externe ou interne. Les concepts les plus purs, ou, 219
comme Hamann les a nommés quelque part, les *enfants de la spéculation virginale,* ne font pas exception en ce domaine ; ils ont sûrement un père, comme ils ont une mère, et ils sont venus à l'existence d'une manière tout aussi naturelle que les concepts des choses singulières et leurs dénominations qui étaient *nomina propria* avant de devenir *nomina appellativa*.

LUI : Ainsi vous seriez capable de me représenter réellement la raison *pure,* en *l'homme* s'entend.

MOI : Puisque vous êtes vous-même un être raisonnable, pourquoi pas ? Suivez seulement mes instructions. Videz votre conscience en l'épurant de tout contenu matériel ; il ne doit rien demeurer qui provienne ou relève seulement de l'expérience ; restituez tout cela complètement et en bloc à la sensibilité ; séparez-vous en complètement pour que puisse revenir le moment de l'épreuve.

| LUI : Risquons-la ! Et maintenant ? 220

MOI : Vous le demandez ? Si vous avez bien éliminé tout contenu matériel de votre conscience, il est impossible qu'à l'instant même une force naissant d'elle-même et se suffisant à elle-même, qu'une raison *pure* ne se manifeste pas à vous irrésistiblement.

LUI : Sans doute ! Mais *cette* raison pure, ne devrait-on pas pouvoir prouver qu'elle est nécessairement présente partout où une simple spontanéité s'accompagne de conscience ? Chez les créatures que nous appelons animaux elle réside seulement dans un autre organisme et, du fait des propriétés différentes de ces organismes et des moyens de subsistance dont ils ont besoin, elle reçoit autant de directions, d'applications, et de formes différentes ; toute différente, par exemple, en mon chien d'arrêt que voici, qu'en vos loches que voilà.

221 MOI : Je puis vous l'accorder, sans | rien y perdre pour autant[1].
222 Souvenez-vous des passages de Leibniz que j'ai cités dans ma dernière | lettre a Mendelssohn * ; lisez l'analyse du concept de raison par Sulzer ; ou, mieux encore, rentrez en vous-même et cherchez en creusant toujours davantage ce que nous appelons raison. Vous trouverez que vous devez, soit tenir le principe de la raison pour identique au principe de la vie, soit en faire un simple accident d'une certaine organisation. En ce qui me concerne, je considère le principe de la raison comme identique au principe de la vie et je ne crois à aucune absence de raison *intrinsèque ou absolue*[2].

1. Depuis cet endroit jusqu'à la fin du dialogue l'erreur, signalée dans la préface, qui consiste à ne pas distinguer entre entendement et raison ressort de façon toujours plus sensible. Dès l'instant que l'auteur, unanime avec les philosophes de son temps et avec ceux du temps passé depuis Aristote, acceptait que raison et entendement ne soient en vérité sous deux noms différents pas autre chose que le simple pouvoir de réflexion, la force spontanée de représentation, se manifestant en formant des concepts et des concepts de concepts, en jugeant et en raisonnant, il ne lui restait pour la faculté de certitude immédiate, pour cette faculté de révélation, qu'il appelle maintenant raison, pas d'autre mot que le mot *« sens »*, auquel s'attache dans l'emploi qu'on en fait la même ambiguïté, impossible à lever complètement, qu'aux mots raison et entendement, sensation et sentiment. Mais il n'avait pas prévu en s'exprimant ainsi qu'on lui reprocherait de faire se confondre comme équivalentes toutes les connaissances et, à l'exemple des philosophes de l'école de Locke, de faire provenir, lui aussi, des sens toute la vie de l'esprit. L'accord de ses conceptions fondamentales avec celles de l'anti-sensualiste résolu et, de ce fait, universellement reconnu tel, qu'est Leibniz, que révèle avec éclat cette deuxième partie du dialogue, devait le préserver du risque d'une telle interprétation, et en fait, il réussissait bien à s'en préserver. C'est seulement pour son propre compte que l'auteur ne fut pas satisfait, puisque Leibniz ne faisait au fond que jouer le même jeu que Locke, tous les deux voulaient amener la raison à l'intelligence ; Locke en « sensualisant » suivant la juste expression de Kant, les idées de l'entendement, Leibniz en intellectualisant les phénomènes. Ainsi la doctrine originale de l'auteur demeurait implicite dans le dialogue. Le système de ses convictions était, dans le fond de son âme, déjà à l'époque tout à fait identique à ce qu'il est aujourd'hui, mais il n'était pas encore parachevé en une philosophie qui fût également communicable à autrui. Effrayé par la clameur véhémente qui s'éleva dans les écoles contre ses déclarations dans l'ouvrage sur la doctrine de Spinoza, il était en outre plutôt disposé à se renfermer qu'à se montrer plus expansif. De là le dénouement insuffisant du dialogue, qui est seulement interrompu, plutôt qu'achevé. En ce qui concerne l'ensemble, je me réclame de ce qui a été dit là-dessus dans la préface. Quiconque a lu cette préface avec quelque attention, pourvu qu'il fût allé jusqu'à la fin, sera capable de se retrouver parfaitement dans tous les propos tenus dans le dialogue lui-même et de se dire en toute certitude ce que je considère aujourd'hui encore comme vrai et dans quelle mesure, ce que j'en rétracte à présent et jusqu'à quel point, ce que j'en rejette comme erroné et irrecevable.

2. Vita est principium perceptivum. – Perceptio nihil aliud est quam illa ipsa representatio variationis externae in interna. Quum ergo ubique dispersae sint per materiam Entelechiae primitivae, ut facile ostendi potest ex eo quod principia motus per materiam sunt dispersa : consequens est etiam animas ubique dispersas esse, pro *organis operantes ;* et proinde *etiam* corpora brutorum *organica anima* praedita esse. – Sensio est perceptio quae aliquid distincti involvit, et cum attentione et memoria conjuncta est. Sed aggregatum

confusum multarum perceptionum parvarum nihil eminentis habentium, quod attentionem excitet, stuporem inducit. Nec ideo tamen anima, aut vis sentiendi in ea foret inutilis, etsi nunc ab exercitio suspensa esset; quia cum tempore massa iterum evolvi et ad sensionem apta reddi posset, ut stupor ille cesset, prout oriuntur perceptiones magis distinctae, quando etiam corpus fit perfectius et magis ordinatum. Leibniz, *Opp.* II, P. I, p. 227 et 232). – On a cru que les pensées confuses diffèrent *toto genere* des distinctes, au lieu qu'elles sont seulement moins distinguées et moins développées, à cause de leur multiplicité. Cela a fait, qu'on a tellement attribué au corps certains mouvements qu'on a raison d'appeler involontaires, qu'on a cru qu'il n'y a rien dans l'âme qui y réponde; et qu'on a cru réciproquement que certaines pensées abstraites ne sont point représentées dans le corps. Mais il y a erreur dans l'un et dans l'autre, comme il arrive ordinairement dans ces sortes de distinctions; parce qu'on n'a pris garde qu'à ce qui paraît le plus. (cf. aussi *Opp.* II, P. I, p. 87). – Natura ubique organica est, et a sapientissimo autore ad certos fines ordinata, nihilque in natura incultum censeri debet, etsi interdum non nisi rudis massa nostris sensibus appareat. Ita igitur eximus omnes difficultates, quae ex natura animae prorsus ab omni materia separatae nascuntur[a], ita ut revera anima animalve ante nativitatem aut post mortem ab anima aut animali vitam praesentem vivente, non nisi rerum habitu et perfectionum gradibus, non vero toto entium genere differat. Idemque de geniis sentio, esse mentes corpore valde penetrante, et ad operandum apto, praeditas; quod fortasse pro lubitu mutare possunt, unde etiam animalia appellari non merentur. Itaque omnia in natura sunt analogica, et facile ex erassis subtilia intelligi possunt, quum utraque eodem modo se habeant. Solus Deus substantia est vere a materia separata, quum si actus purus, nulla patiendi potentia praeditus, quae ubicunque est, materiam constituit; ut una sit extra alteram, adeoque penetratio excludatur. (cf. aussi *Opp.* II, P. I, p. 228)

a. Non sine veritatis specie in systemate Leibnitii et Chr. Wolfii contra animae immortalitatem objicitur : Anima est substantia representativa hujus mundi pro situ corporis organici in mundo. Tolle corpus, typum illum, secundum quem mundus repraesentatur tollis repraesentationem. Sine repraesentatione nulla spiritualitas, nulla immortalitas. Hanc ipsam objectionem autem nullo negotio removeri, si cum Leibnitio defendatur, nunquam deesse spiritibus finitis corpora, quis non intelligit? – *ibid.*) – Sane aliquando cogitavi innumeras quidem animas sensitivas esse in seminibus humanis, ut omnium animalium; sed eas solas habere rationalitatem, et si nondum se exserentem, quarum corpus organicum in id destinatum esset, ut aliquando sit humanum, quod jam in ea perspici posset a satis perspicaci (p. 288) Itaque statuo animas quidem in animalculis seminalibus inde ab initio rerum latentes non esse rationales, donec per conceptum ad vitam humanam destinentur (p. 229).

[« La vie est un principe perceptif. – La perception n'est rien d'autre que cette représentation de la variation externe à l'intérieur. Donc les entéléchies primitives étant dispersées à travers la matière, comme cela se peut aisément montrer de ce que les principes du mouvement sont dispersés dans la matière, il s'ensuit que même les âmes sont dispersées dans la matière, *agissant à la façon des organes ;* et de là vient que *même* les corps des bêtes sont doués d'une âme organique. – La sensation est une perception qui implique quelque chose *de distinct* et elle est liée à l'attention et à la mémoire. Mais l'agrégat confus de multiples perceptions n'ayant rien d'éminent qui excite l'attention, entraîne l'insensibilité. Ce n'est point à dire pourtant que l'âme ou la force sentante qui est en elle soit inutile, encore qu'elle soit pour le présent suspendue d'exercice, puisque, avec le temps, la masse peut se développer à nouveau et redevenir propre à la sensation au point que l'insensibilité prenne fin à mesure que naissent des perceptions plus distinctes alors que le corps également devient plus parfait et mieux ordonné.

223 Nous attribuons à un homme | un plus haut degré de raison dans l'exacte
224 mesure où il manifeste un plus haut degré de | puissance représentative. Mais la puissance représentative ne se manifeste que comme réaction, et
225 correspond exactement à | l'aptitude à recevoir de la part des objets des impressions plus ou moins parfaites ; ou encore, la spontanéité de l'homme est fonction de sa réceptivité. Je vous renvoie une nouvelle fois, spécialement en ce qui concerne ce dernier point, à l'analyse du concept de raison de Sulzer.

LUI : Je connais ce traité, et je me souviens entre autres que Sulzer fait dépendre l'extension de la raison de l'extension du goût, et découvre son véritable fondement dans l'attention provoquée par la clarté des représentations. Or cette clarté des représentations, qui est une cause de l'attention, doit nécessairement avoir pour cause la perfection des impressions ; ce qui par conséquent revient, bien entendu, à faire de la raison, comme caractère distinctif de la supériorité de l'homme sur l'animal, le simple caractère de sa sensibilité particulière.

La nature est partout organique et ordonnée à des fins déterminées par un auteur très sage et il faut penser que dans la nature il n'y a rien d'inculte, même si parfois elle n'apparaît à nos sens que comrne une masse brute. Nous levons donc ainsi toutes les difficultés qui naissent d'une nature de l'âme entièrement séparée de toute matière [a], en sorte qu'en fait l'âme ou l'animal avant la naissance ou après la mort ne diffère en vérité pas du tout au tout de l'âme ou de l'animal vivant dans la vie présente, mais seulement par l'état des choses et les degrés des perfections. Et je pense de même des génies qu'ils sont des esprits doués d'un corps tout à fait pénétrant et propre à opérer, que peut-être ils peuvent changer à leur guise, d'où vient qu'ils ne méritent plus d'être appelés animaux. C'est pourquoi toutes choses dans la nature sont analogiques et *les choses subtiles se peuvent aisément comprendre à partir de celles qui sont grossières, car les unes et les autres* se comportent de même façon. Dieu seul est une substance vraiment séparée de la matière, car il est acte pur, dénué de la puissance passive qui, *où qu'elle se trouve, constitue la matière*. En vérité toutes les substances créées ont une antitypie qui fait que naturellement l'une est extérieure à l'autre et lui est même impénétrable.

a. Dans le système de Leibniz et de Chr. Wolf l'objection suivante contre l'immortalité de l'âme ne manque pas d'une apparence de vérité : l'âme est une substance représentative de ce monde selon la place du corps organique dans le monde. Ôte le corps, qui est le type selon lequel le monde est représenté, la représentation disparaît du même coup. Sans représentation, pas de spiritualité, pas d'immortalité – Or qui ne voit qu'il n'y a aucun moyen de lever cette objection si on ne soutient avec Leibniz que les corps ne font jamais défaut aux esprits finis ? – Jusque là que j'en suis venu à penser qu'il y a dans les semences humaines tout comme dans celles des animaux, d'innombrables âmes sensitives, mais que seules possèdent la rationalité, lors même qu'elle ne se montre pas encore, celles dont le corps organique a été destiné à devenir un jour humain, comme cela se pourrait discerner si l'on était assez perspicace – Aussi je prétends que les âmes latentes depuis le début des choses dans les animaux spermatiques ne sont pas rationnelles tant qu'elles ne sont pas destinées à la vie humaine par la conception.]

MOI : C'est bien ce que soutient Sulzer en termes fort clairs. | Et où se 226
trouve, depuis Aristote, la philosophie que ses principes n'auraient pas conduite à cette même thèse ? La philosophie qui n'en aurait pas fait, sous une forme ou sous une autre, sa doctrine et le modèle de ses hypothèses favorites ? Sauf à bien souvent faire ensuite de cette raison, fille de la sensibilité, je ne sais quelle espèce de naissance miraculeuse, qu'il faut munir de dons et pouvoirs tout spéciaux pour nous élever très haut au-dessus de la sphère de nos sensations. – Mais je ne blasphème pas au moins ce que vous aussi vous adorez ?

LUI : Là-dessus vous pouvez être tranquille. Vous avez dû remarquer que lorsque je veux désigner ce qu'il y a de plus éminent chez un homme, je parle de son *sens*. *On n'a jamais plus d'intelligence que l'on n'a de sens.*

MOI : L'usage courant du langage, qui est ordinairement plus avisé que la philosophie quand elle prétend s'en moquer, enseigne la même chose ; spécialement dans notre langue allemande dont Leibniz disait : *ignorat*
inepta. Les caractères les plus essentiels aussi bien | de l'intelligence que de 227
l'inintelligence sont tirés du sens. Non-sens s'oppose à sens pour signifier le manque total d'intelligence. Faible, obtus, léger, et leurs contraires : fin et profond, qui en français qualifient l'esprit, qualifient en allemand le sens[1].

LUI : Vous oubliez : *insensé,* mot dont la signification vient à l'instant de me frapper de façon extraordinaire. Nous qualifions un homme d'insensé lorsqu'il prend ses imaginations pour des sensations ou des réalités. Par conséquent nous lui dénions la raison parce qu'à ses représentations, qu'il prend pour des choses, manque la *chose* ou *vérité sensible ;* parce qu'il *considère* comme réel ce qui n'est pas réel. Et par suite, toute connaissance rationnelle d'une créature devrait être en fin de compte confrontée avec sa connaissance sensible ; elle devrait tenir de cette dernière sa propre *validité*.

MOI : À mon avis, il suffit à quiconque en doute de penser à ses rêves. Chaque fois que nous rêvons, nous sommes en quelque manière insensés.
Le principe de toute connaissance, de tout sentiment du vrai, de tout | 228
enchaînement correct, *la perception du réel,* nous abandonne et au moment même ou elle nous abandonne ou cesse de prévaloir, nous pouvons accorder ensemble, de la façon la plus extravagante, des choses, (c'est-à-dire des représentations, que nous prenons pour des choses, comme il arrive en rêve) ; car nous ne faisons jamais qu'accorder les choses d'après les déterminations objectives de l'ordre dans lequel elles nous apparaissent ; et

1. La traduction ne peut être ici que transposition approximative ; les mots allemands sont tous formés sur le radical : *Sinn* = sens : *Schwachsinn* (imbécillité), *Stumpfsinn* (stupidité), *Leichtsinn* (frivolité), *Scharfsinn* (sagacité), *Tiefsinn* (profondeur d'esprit) (N. d. T.).

l'ordre objectif dans lequel elles nous apparaissent en rêve résulte essentiellement de déterminations purement *subjectives*. Mais de façon générale nous tenons ce qui nous apparaît comme objectif pour réel, ou *nous croyons ce que nous voyons, et nous ne pouvons pas faire autrement ;* c'est pourquoi dans les rêves, ou l'existence réelle n'exclut pas la *coexistence* de ce qui n'est que représenté, nous croyons nécessairement les choses plus incohérentes. Partout la raison se conforme à ce qui apparaît, elle s'accommode de l'illusion, comme elle s'accommode de la vérité, elle rêve avec l'âme et veille avec le corps.

LUI : Mais d'où nous vient donc, lorsque nous sommes éveillés, la
229 certitude que nous ne rêvons point ? En quoi | la veille se laisse-t-elle
sûrement distinguer du rêve et le rêve de la veille ?

MOI : Ce n'est pas la veille qui se laisse distinguer du rêve, mais bien le rêve de la veille.

LUI : Où voulez-vous en venir avec ce jeu de mots ?

MOI : Vous ne perdez pas de vue que, pour toute distinction, deux choses au moins sont requises.

LUI : Vous voulez dire que dans l'état de veille nous avons une claire représentation de cet état et en outre de l'état de rêve ; dans le rêve au contraire nous avons ... Non, cela ne va pas.

MOI : Vous ne savez pas, n'est-ce-pas, si en rêve vous avez une représentation de veille plutôt qu'une représentation de rêve ?

LUI : En effet, nous croyons être éveillés lorsque nous rêvons ; nous
avons donc en rêve une représentation de la veille. Nous nous demandons
230 souvent en rêve | si nous ne rêvons pas ; nous avons donc également, même
en rêve, une représentation du rêve. Mais alors la représentation de la veille dans le rêve est une représentation fausse ; et celle du rêve en rêve ne mérite assurément pas de meilleur nom. Débrouillez-moi cela si vous pouvez.

MOI : Ce démêlage est une rude affaire. Cherchons le bout du fil.

Est-ce que vous vous souvenez encore de ce que vous affirmiez avec assurance il y a une heure ne plus pouvoir oublier de toute votre vie ?

LUI : Fort bien !

MOI : J'en doute ! Ce que vous croyiez ne plus jamais pouvoir oublier ni mettre en doute, c'était que la connaissance de la réalité qui nous est extérieure nous est précisément donnée par la représentation du réel lui-même sans que s'interpose aucun autre *moyen de connaissance*. En outre :
que toutes les simples *représentations* des objets extérieurs à nous ne
231 peuvent être que des copies | des choses réelles immédiatement perçues et
même qu'elles peuvent toujours y être amenées comme à leurs sources. N'est-ce pas cela que vous affirmiez avoir saisi parfaitement ?

LUI : Et je l'affirme à nouveau.

MOI : Donc vous maintenez que toutes les représentations d'objets extérieurs à nous sont des copies des choses réelles immédiatement perçues par nous ou sont composées de leurs parties ; bref, tout simplement des *êtres imités des choses réelles* et qui ne peuvent en aucune façon exister sans elles ?

LUI : Assurément.

MOI : Mais nous sommes également tombés d'accord, me semble-t-il, que ces êtres imités des êtres réels ne peuvent en être distingués que par comparaison avec la réalité elle-même ?

LUI : Très juste.

| MOI : Par conséquent il doit y avoir dans la perception du réel quelque 232
chose qui n'est pas dans les simples représentations, autrement, on ne pourrait les distinguer. Mais alors cette distinction concerne précisément le réel et rien d'autre. *Donc dans la simple représentation, le réel lui-même, l'objectivité, ne peut jamais être présenté.*

LUI : Comment ? Les représentations ne sont que des copies des choses réelles, ne sont composées que de leurs parties, et ne doivent malgré cela jamais pouvoir refléter le réel ?

MOI : Je dis bien, les représentations ne peuvent jamais refléter le réel *comme tel*. Elles renferment seulement des aspects des *choses* réelles et non le *réel lui-même*. Le réel peut aussi peu être figuré hors de sa perception immédiate que *la conscience hors de la conscience, la vie hors de la vie, la vérité hors de la vérité*. | Perception du réel et sentiment de la vérité, 233
conscience et vie sont une seule et même chose. Qui n'aurait jamais été éveillé ne pourrait jamais rêver et *il est impossible qu'il y ait un rêve primitif, une illusion primitive*. Cette vérité me semble de la plus grande importance, et c'est pourquoi je vous priais si instamment tout à l'heure de tenir bien ferme ce fondement de la connaissance, qui est celui de la certitude même et sa source unique.

LUI : C'est seulement maintenant que j'éprouve à quel point vous aviez motif de me recommander cela avec autant d'insistance, et combien il est dur de bien s'éveiller d'un rêve long et profond. On se reprend à rêver l'éveil lui-même dans le rêve, et on n'a que plus de peine à vraiment bien revenir à soi.

MOI : Voilà pourquoi, mon cher, | en dépit de tout ce que les magné- 234
tiseurs philosophiques[1] peuvent vanter de leurs pratiques et du sommeil divinatoire qu'elles suscitent, nous préférons nous frotter les yeux pour en éloigner tout sommeil et, au lieu de les rétrécir par artifice, les ouvrir aussi

1. Je laisse de côté le magnétisme *médicinal*, sans avoir à son égard d'opinion favorable ni défavorable, attendu que des hommes sensés, compétents et honorables assurent avoir vu, et que je n'ai pas vu.

grand que nous pouvons; nous préférons amender la veille plutôt que le rêve, et nous ne voulons à aucun prix nous laisser détraquer. Celui qui, à force de représentations et de représentations de ses représentations, cesse de percevoir les choses elles-mêmes, celui-là commence à rêver. Les liens de ces représentations, les concepts qui se forment à partir de celles-ci, deviennent de plus en plus subjectifs et d'autant plus pauvres en contenu objectif. Certes, c'est un grand privilège de notre nature que notre aptitude à recevoir des choses des impressions propres à nous représenter leur multiplicité distinctement, et ainsi à accueillir le mot intérieur, *le concept,* auquel nous donnons ensuite une existence extérieure grâce à un son émis
235 par notre bouche, et | auquel nous insufflons l'âme fugitive. Mais ces mots, nés de semences finies, ne sont pas comparables à ceux de Celui *qui est,* et leur vie n'est pas comparable à celle de l'Esprit qui crée de l'être à partir du néant. Si nous perdons de vue cette différence infinie, nous nous éloignons à l'instant même de la source de toute vérité, nous perdons Dieu, la nature, et nous nous perdons nous-mêmes. – Et il est si facile de la perdre de vue! Car d'abord nos concepts empruntés à la nature sont formés, produits, liés et ordonnés plus ou moins selon les déterminations subjectives de l'attention. Ensuite, de l'habileté accrue à abstraire et à substituer aux choses et à leurs relations des signes arbitraires, résulte une clarté si éblouissante que *les choses elles-mêmes* s'en trouvent obscurcies, et qu'elles ne sont finalement plus vues du tout. Rien ne peut être plus semblable à un rêve que l'état dans lequel l'homme se trouve alors. Car dans le rêve non plus, nous ne sommes pas privés de toute sensation du réel. Mais les représentations plus vives l'emportent sur ces faibles impressions, et la vérité est engloutie dans l'illusion.

236 | Lui : J'aimerais que cette comparaison fût un jour développée par un bon esprit comme elle mériterait de l'être. Mais il y a une différence remarquable entre le rêve vulgaire et le rêve philosophique, qu'il faudrait se garder de négliger; c'est qu'on finit par s'éveiller spontanément du rêve vulgaire, alors qu'au contraire on ne fait que se plonger toujours plus profondément dans le rêve philosophique, et qu'on le parachève en un somnambulisme des plus prodigieux.

Moi : À merveille! Représentez-vous un somnambule qui serait grimpé au sommet d'une tour et rêverait alors non pas qu'il se trouve sur la tour et qu'il est soutenu par elle, mais que la tour est suspendue à lui, que la terre est suspendue à la tour, et que lui-même tient le tout en suspens. – Ô, Leibniz, Leibniz!

Lui : D'où vous vient cette subite exclamation? Car il est impossible que ce soit une *invocation*.

| MOI : Pourquoi ne pourrait-ce être une *invocation ?* Je ne vois guère de 237
penseur qui ait été plus clairement vigilant que notre Leibniz.

LUI : Aucun non plus qui ait plus profondément *rêvé ?* Si vous n'accordez pas cela à l'inventeur de l'harmonie préétablie et des monades, je ne sais vraiment pas ce que je dois penser de votre éloge de la veille.

MOI : L'harmonie préétablie repose sur un fondement qui me paraît très solide et sur lequel je bâtis avec Leibniz. Et je n'ai pas peu de considération pour les monades ou les *formes substantielles,* aussi bien que pour les idées innées. Qu'avez-vous à me fixer ainsi ?

LUI : Je ne puis croire que vous voulez vous moquer de moi, et cependant vous ne pouvez pas non plus être sérieux quand vous parlez du noir et du blanc comme d'une couleur unique. Vous commencez par
déduire la nature de la raison de celle de la sensibilité | et par faire dépendre 238
toute perfection possible de la connaissance de la perfection de l'organisation, et voici que maintenant vous niez avec Leibniz toute influence physique du corps sur l'âme et que vous laissez celle-ci dévider toutes les représentations à partir d'elle-même.

MOI : Si vous aviez étudié la philosophie de Leibniz dans Leibniz lui-même, vous ne me reprocheriez aucune contradiction. Ce grand homme enseigne même expressément, et ne se lasse pas de répéter que tous les esprits créés doivent nécessairement être unis à un corps organique. Je me souviens fort bien entre autres d'un passage dans les *Nouveaux Essais sur l'entendement humain* (p. 171) où il dit « Les sens nous fournissent la matière aux réflexions et nous ne penserions pas même à la pensée, si nous ne pensions à quelque autre chose, c'est-à-dire *aux particularités que les sens fournissent.* Et je suis persuadé que les âmes et les esprits créés ne
sont jamais sans organes et jamais sans sensations, | comme ils ne 239
sauraient raisonner sans caractères » *. – Ce même Leibniz va jusqu'à dire dans la Théodicée (§ 124) : « À quoi penserait une créature intelligente, s'il n'y avait ni mouvement, ni matière, ni sens ? Si un tel être n'avait que des pensées distinctes » (c'est-à-dire s'il connaissait tout d'un seul coup de façon immédiate et parfaite), « ce serait un Dieu ; sa sagesse serait sans bornes. Mais aussitôt qu'il y a mélange de pensées confuses, voilà les sens, voilà la matière. C'est ce qui fait que dans ma philosophie il n'y a point de créature raisonnable sans quelque corps organique, et qu'il n'y a point d'esprit créé qui soit entièrement détaché de la matière ». – Vous trouvez cette même thèse partout répétée dans Leibniz, car elle se rattache de la manière la plus exacte à tous ses principes [1].

1. Parmi les passages les plus caractéristiques, ceux de *Principes de la Nature et de la Grâce,* qui ont été cités dans la troisième *Lettre à Mendelssohn.*

LUI : Mais ce même Leibniz déclare non moins expressément qu'on le
240 comprendrait tout à fait de travers | si on croyait qu'il attribue à chaque âme une portion particulière de matière*, une certaine masse qui lui appartiendrait en propre et serait consacrée à son service. Il dit expressément que même s'il n'y avait aucune âme, les corps n'en agiraient pas moins comme ils agissent présentement; et inversement, que même s'il n'y avait aucun corps, les âmes n'en agiraient pas moins comme elles agissent présentement, c'est-à-dire produiraient les mêmes représentations et déterminations de la volonté[1].

MOI : Vous citez conjointement deux propositions qui ne vont pas ensemble.

En ce qui concerne la première, elle vise seulement à insister sur le fait que chaque substance est pour chaque autre substance en même temps sens et objet, et qu'il n'y a aucune matière particulière pour les organes de l'intuition. Chaque forme singulière est déterminée par la forme du tout, et ce que nous nommons : sens, n'est rien d'autre que la façon dont une
241 substance se rapporte à une autre dans le grand tout[2]. Âme, sens et | objet; désir, plaisir et moyen de plaisir, sont en chaque point de la création indissolublement unis. C'est aussi ce qui fait, selon Leibniz, de l'entéléchie unie à un corps un *Unum per se,* et non pas simplement un *Unum per accidens*[3]. Si quelque partie de la matière n'était liée à aucune structure organique, il y aurait une partie du monde qui serait sans relation avec le restant. Par conséquent chaque partie de la matière, si infime soit-elle, est un *membre organisé* et la matière n'est pas seulement divisible à l'infini
242 mais elle est actuellement divisée à l'infini[4]*. | Pour Leibniz tout de même que pour Spinoza chaque âme représente d'abord, c'est à dire immédiatement, son corps, et en exacte conformité à la nature et à l'organisation de ce corps, l'univers. « Ce n'est pas dans l'objet, dit Leibniz, mais *dans la*

1. *Principia Philosophiae,* § 74, 84.

2. « Les unités de substances ne sont autre chose que de différentes concentrations de l'univers, représenté selon les différents points de vue qui les distinguent », Leibniz, *Opp.* II, p. 75.

3. *Lettre à M. Remond de Montmort,* § III (*Opp.* II, p. 215). – *Nouveaux Essais,* p. 278. Surtout les *lettres à Des Bosses, Opp.* II. p. I, p. 265 [a].

4. *Principia philosophiae,* § 68. – Considérations sur les principes de vie et sur les Natures Plastiques, *Opp.* II, I, p. 39. En conclusion (p. 44) Leibniz dit : Dieu seul est au-dessus de toute la matière puisqu'il en est l'auteur; mais les *créatures* franches ou affranchies de la matière *seraient détachées en même temps de la liaison universelle et comme les déserteurs de l'ordre général.* – P. 275 *(ibid.)* où il s'agit des anges; il dit : détacher ces intelligences des corps et du lieu, c'est les détacher de la connexion universelle et de l'ordre du monde que constituent les relations suivant le temps et le lieu. – À la même page plus haut, où il s'agit de la double façon dont les anges peuvent être unis à des corps, Leibniz dit : *Fatendum tamen est, ambas corporis unitas esse,* ut rationem habeant Entelechiae.

modification de la connaissance de l'objet que les monades sont bornées. Elles vont toutes confusément à l'infini, mais elles sont limitées et *distinguées par les degrés des perceptions distinctes* »[1].

| Je crois maintenant pouvoir passer à votre deuxième proposition. 243

LUI : C'est là que je vous attends.

MOI : Et je me réjouis de vous y retrouver. | Nous nous sommes précé- 244
demment accordés sur ce qui nous a paru être une constante commune à tous les systèmes, les seuls systèmes idéalistes exceptés : à quelque degré qu'un individu puisse être déterminé de l'extérieur, il ne peut être cependant déterminé que selon les seules lois de sa propre nature, et, par suite, dans cette mesure, *il doit se déterminer lui-même*. Nous étions d'accord pour soutenir qu'un tel individu devait être quelque chose en et pour soi, car autrement il ne pourrait jamais être quelque chose pour un autre, ni prendre tel ou tel caractère accidentel ; qu'il devait pouvoir agir en et pour soi, car autrement il serait impossible qu'une action quelconque

1. *Ibidem* § 60 – Les passages suivants tirés de ces mêmes *Princ. Philos.* peuvent mettre davantage en lumière ce sujet.

§ 24 – L'on voit par là que si nous n'avions rien de distingué et pour ainsi dire de relevé, et d'un plus haut goût dans nos perceptions, nous serions toujours dans l'étourdissement. Et c'est l'état des monades toutes nues.

§ 25 – Aussi voyons-nous que la nature a donné des perceptions relevées aux animaux, par les soins qu'elle a pris de leur fournir des organes, qui ramassent plusieurs rayons de lumière ou plusieurs ondulations de l'air pour les faire avoir plus d'efficace par leur union.

§ 60 – On voit d'ailleurs dans ce que je viens de rapporter les raisons *a priori* pourquoi les choses ne sauraient aller autrement : parce que Dieu en réglant le tout a eu égard à chaque partie et particulièrement à chaque monade, dont la nature étant représentative, rien ne la saurait borner à ne représenter qu'une partie des choses; quoiqu'il soit vrai que cette représentation n'est que confondue dans le détail de tout l'univers, et ne peut être distincte que dans une petite partie des choses, c'est-à-dire dans celles qui sont ou les plus prochaines ou les plus grandes par rapport à chaque monade; autrement chaque monade serait une divinité.

§ 64 – Ainsi quoique chaque monade créée représente tout l'univers, elle représente plus distinctement le corps qui lui est affecté particulièrement et dont elle fait l'entéléchie : et comme ce corps exprime tout l'univers par la connexion de toute matière dans le plein, l'âme représente aussi tout l'univers en représentant ce corps qui lui appartient d'une manière particulière.

§ 85 – Quant aux esprits ou âmes raisonnables, quoique je trouve qu'il y a dans le fond la même chose dans tous les vivants et animaux comme nous venons de dire (savoir que l'animal et l'âme ne commencent qu'avec le monde, et ne finissent pas non plus que le monde), il y a pourtant cela de particulier dans les animaux raisonnables que leurs petits animaux spermatiques, tant qu'ils ne sont que cela, ont seulement des âmes ordinaires ou sensitives, mais dès que ceux qui sont élus, pour ainsi dire, parviennent par une actuelle conception à la nature humaine, leurs âmes sensitives sont élevées au degré de la raison et de la prérogative des esprits. [Nous donnons le texte français de la *Monadologie*.]

soit produite ou poursuivie par lui, ou seulement apparaisse en lui. Dites-moi maintenant si vous voulez conserver cette opinion ou non ?

Lui : Je la conserve fermement.

Moi : Ainsi donc vous m'accordez également sans hésitation, et vous m'auriez déjà vraisemblablement accordé dès l'abord, que les objets que
245 nous | percevons hors de nous ne peuvent produire *notre perception elle-même,* c'est-à-dire l'action intérieure de la sensation, de la représentation et de la pensée ; mais qu'au contraire notre âme, ou la force pensante en nous, doit *à elle seule* produire chaque représentation et chaque concept, *comme tels.*

Lui : Sans hésitation. L'objet extérieur est aussi peu capable de produire une détermination quelconque *de la pensée, comme telle,* qu'il est capable de produire la pensée ou la nature pensante. Vraiment on ne proclame pas assez l'absurdité de l'opinion contraire, lorsqu'on se demande, comme Spinoza, si l'âme est une peinture muette simplement décalquée des choses, ou comme Leibniz, si elle a des fenêtres ou d'autres ouvertures par où entrent les choses.

Moi : Alors poursuivons. L'être pensant *comme tel* n'a avec l'être
246 corporel *comme tel* | aucune propriété en commun ; il est donc impossible ...

Lui : ... qu'ils se compénètrent, allez-vous dire, qu'ils échangent réciproquement des déterminations, qu'ils s'en donnent réciproquement et qu'ils s'en prennent l'un à l'autre : *donc ...*

Moi : Je ne comprends pas ce que vous pouvez avoir là-contre, puisque la même suite de pensées et le même résultat vous avaient semblé dans les lettres sur Spinoza, si absolument vrais, et de façon si saisissante.

Lui : Il me semble qu'il y avait cependant une différence considérable. L'étendue corporelle et la pensée sont seulement chez Spinoza des propriétés différentes d'un seul et même être ; chez Leibniz, au contraire, ce sont deux choses tout à fait différentes qui sont entrées en on ne sait quelle harmonie.

Moi : Entre la conception de Spinoza et celle de Leibniz au sujet de l'union de l'être pensant avec l'être corporel étendu, il y a certes une
247 différence. | Mais je crois que vous trouverez après un examen plus approfondi que ce n'est pas Spinoza, mais notre Leibniz, qui l'emporte là-dessus[1]. Les deux choses tout à fait différentes, comme vous dites, qui sont entrées en on ne sait quelle harmonie (Leibniz emploie plutôt les mots *Conformitas* et *Consensus*), ne sont absolument pas, selon Leibniz, l'être

1. Différence et avantage résident dans la notion de *forma substantialis* qui est le véritable germe dont sort tout le système leibnizien. Pour plus de détails là-dessus, voir *Lettres sur la Doctrine de Spinoza,* deuxième Édition, Appendice VI.

corporel. Elles sont, en ce qui concerne l'être créé, tout aussi parfaitement inséparables chez lui que chez Spinoza.

LUI : Mettez-moi cela d'accord avec la claire assertion de Leibniz que je vous ai citée tout à l'heure : même s'il n'y avait pas d'âme, les corps n'en agiraient pas moins comme ils agissent présentement ; et à l'inverse, même s'il n'y avait pas de corps, les âmes n'en agiraient pas moins comme elles agissent présentement.

MOI : | Vous oubliez le PER IMPOSSIBILE* que Leibniz ajoutait délibé- 248
rément. Il se permet assez souvent de semblables « fictions métaphysiques », comme il les a plusieurs fois nommées. Dans le premier exposé qu'il publia de son nouveau système, il s'exprimait même ainsi : « Les perceptions ou idées des choses extérieures se produisent dans l'âme en vertu de ses lois propres *comme dans un monde particulier et comme si n'existaient que Dieu et l'âme* ». Mais lisez donc ses éclaircissements a ce sujet, spécialement ceux qui visent Bayle ; lisez l'écrit à Wagner ; la *Commentatio de Anima Brutorum ;* les lettres tout à fait remarquables à Des Bosses[1]. Du reste, | je ne voudrais pour rien au monde m'engager sur 249

1. Pour stimuler un peu plus le lecteur peu disposé à consulter les textes, j'insère ici deux courts passages des lettres à Des Bosses, et deux autres tirés de la deuxième réponse de Leibniz à Bayle : « Quod anima non volendo, id est qua spiritualis seu libera est, sed ut Entelechia corporis primitiva adeoque non nisi secundum leges mechanicas influat in actiones corporis, jam monui literis praecedentibus. In schedis autem Gallicis de systemate harmoniae praestabilitae egentibus animam tantum ut substantiam, non ut simul corporis Entelechiam consideravi, qui hoc ad rem quam tunc agebam, ad explicandum nimirum consensum inter corpus et mentem non pertinebat ; neque aliud a Cartesianis desiderabatur (*Opp.* II, P. I., p. 269) Porro substantiam compositam, seu rem illam, quae facit vinculum monadum, cum non sit mera modificatio monadum, nec quiddam in illis existens tanquam subjectis (neque enim simul pluribus subjectis inesse eadem modificatio posset) statuerem dependere a monadibus ; non dependentia logica (ita scilicet ut nec supernaturaliter ab iis separari possit), sed tantum naturali, nempe ut exigat illa unire in substantiam compositam nisi Deus aliter velit (*ibid.* p. 300). Substantia composita non consistit for maliter in monadibus, et earum subordinatione, ita enim merum foret aggregatum, seu ens per accidens » (*ibid.* p. 320). [« J'ai déjà averti dans mes lettres précédentes que ce n'est pas en voulant, c'est-à-dire en tant qu'elle est spirituelle ou libre, mais à titre d'entéléchie primitive du corps et par conséquent selon les lois mécaniques que l'âme influe sur les actions du corps. Dans les écrits en français où je traite de l'harmonie préétablie, j'ai considéré l'âme uniquement comme substance, et comme si elle n'était pas en même temps l'entéléchie du corps, pour la raison que cela n'importait pas au point dont je traitais alors, c'est à savoir l'explication de l'accord entre l'âme et le corps et que les cartésiens n'exigeaient rien d'autre. – En outre, j'établirais que la substance composée qui constitue le lien des monades, n'étant pas une simple modification de monades ni rien qui existe en elles comme sujets (car il ne se peut faire que la même modification soit inhérente à plusieurs sujets), dépend des monades ; non pas d'une dépendance logique (c'est-à-dire telle qu'elle ne puisse en être séparée que par miracle), mais d'une dépendance naturelle seulement, c'est-à-dire telle qu'elle en exige la venue dans la substance composée, à moins que Dieu n'en dispose autrement. – La substance

250 rien de tout cela dans une chicane philosophique. | Leibniz a cherché à adapter ses idées à tant d'esprits et de systèmes, à seulement, en quelque sorte, insinuer la vérité mêlée à l'erreur, et il était généralement (de gré ou de force) si plein de toutes sortes de considérations, que, tels que se présentent maintenant ses écrits, on peut facilement le mal comprendre avec les intentions les plus honorables par préjugé ou par myopie, mais encore bien plus aisément par malice le faire se contredire. Que chacun profite à sa manière de cet héritage inestimable. Mais vous, lisez les passages que je vous ai cités ; après quoi nous en reparlerons.

LUI : Je consens à cette lecture et à cet ajournement. Mais il y a une
251 chose qu'il faut encore que vous me disiez aujourd'hui : | en quel sens êtes-vous favorable aux idées innées et aux monades ? J'ai une citation *in petto* que je voudrais bien placer.

MOI : Pour vous permettre de la placer au plus vite, commençons par les monades.

Partons à nouveau de thèses sur lesquelles nous nous sommes déjà une fois accordés aujourd'hui, et sur lesquelles nous ne manquerons pas de nous entendre vraisemblablement une nouvelle fois.

Si je pose en même temps sur la table trois, quatre ou cinq objets différents et que je les réunis en une représentation unique selon leur nombre ou sous quelque autre rapport, ma représentation est la représentation d'une totalité ou d'un tout. Mais à ce tout, à cette totalité, ne correspond hors de moi rien qui soit en *lui-même* un tout ou une totalité. L'unité de ma représentation n'est pas du tout une unité vraiment objective ou réelle, mais une unité simplement idéale.

composée ne consiste pas formellement dans les monades et dans leur subordination, car de cette façon ce serait un simple agrégat ou un être par accident ».] – « Tout ce que l'ambition, ou autre passion fait faire *à l'âme de César*, est aussi représenté dans son corps : et tous les mouvements de ces passions viennent des impressions des objets joints aux mouvements internes ; et le corps est fait en sorte, que l'âme ne prend jamais de résolutions que les mouvements du corps ne s'y accordent ; les raisonnements même les plus abstraits y trouvent leur jeu par le moyen des caractères qui les représentent à l'imagination. En un mot, tout se fait dans le corps à l'égard du détail des phénomènes, comme si la mauvaise doctrine de ceux qui croyent que l'âme est matérielle, suivant Épicure et Hobbes, était véritable ; ou comme si l'homme même n'était que corps ou qu'Automate. Aussi ont-ils poussé jusqu'à l'homme ce que les Cartésiens accordent à l'égard de tous les autres animaux ; ayant fait voir en effet que rien ne se fait avec toute sa raison, qui dans le corps ne soit un jeu d'images, de passions et de mouvements. *On s'est prostitué en voulant prouver le contraire, et on a seulement préparé matière de triomphe à l'erreur, en se prenant de ce biais* », (*Opp.* II. P. I., p. 83 et 84) – « La raison du changement des pensées dans l'âme, est la même que celle du changement des choses dans l'univers qu'elle représente. Car les raisons de Mécanique, qui sont développées dans les corps, sont réunies et pour ainsi dire concentrées dans les âmes ou Entelechies, *et y trouvent leur sources* », (*ibid.* p. 86).

LUI : Très juste. Seulement il ne faut pas oublier que les *données* nécessaires à la formation de cette unité, tant pour | la matière *que pour la* 252
forme également, existent réellement hors de moi, et, à ce titre par conséquent le tout ou la totalité sont également réellement *objectifs*. Si maintenant vous n'en posiez que quatre, vous n'auriez pas la représentation de cinq objets ; et si vous placiez les cinq objets dans un ordre différent, vous ne pourriez les unifier vraiment dans l'image où vous les unifiez présentement. Si je ne m'abuse, c'est pour cette raison que Leibniz a qualifié de telles choses de *semimentalia* et les a comparées à l'arc en ciel *.

MOI : Parfaitement ; et votre remarque est à divers égards de la plus haute importance. Elle fixe la véritable différence entre l'idéalisme et le réalisme philosophique. Mais ici il ne s'agit pas des *données* objectives propres à constituer un phénomène, mais du lien dans la chose elle-même ; du lien propre à fonder une *unité* réelle *parfaite et objective*. Or, qu'en l'occurrence ces corps distincts ne soient liés au fond ni dans le nombre cinq, ni dans une quelconque forme, et que par conséquent | ils ne constituent hors de la 253
représentation, absolument pas un tout *pour soi,* vous me l'accorderez sans hésiter ?

LUI : Sans hésiter.

MOI : Il en ira de même pour toutes les œuvres d'art, si admirablement que leur diversité soit composée et rapportée à une fin unique. La forme qui constitue leur unité réside dans l'âme de l'artiste qui les inventa ou du connaisseur qui les juge et non pas en elle-même. En elle-même, elle est tout aussi dénuée de cohésion essentielle que le morceau de matière le plus brut.

LUI : Parfaitement exact. C'est à l'être organique seul que nous pouvons attribuer une telle unité interne, qui soit vraiment objective et réelle.

MOI : Donc si nous voulons changer les cinq objets qui sont posés sur cette table en un tout réel, en un *unum per se,* nous devrions pouvoir en faire un être organique ?

| LUI : C'est cela. 254

MOI : Mais serions-nous à même de produire une telle organisation par un simple *travail d'organisation,* à supposer même que nous disposions de toutes les forces physiques pour diviser la matière arbitrairement et indéfiniment et pour mettre tout aussi arbitrairement et indéfiniment les parties ainsi obtenues en mouvement réciproque ? Croyez-vous qu'il serait possible qu'en sorte un tel tout qui constituerait une essence, un *Compositum substantiale,* un *unum per se ?*

LUI : Je crois cela impossible.

MOI : Par conséquent la pensée de la possibilité d'un être organique impliquera d'abord nécessairement la pensée de ce qui constitue son unité : *le tout antérieur à ses parties ?*

LUI : Certainement ; et je suis ici pour que vous fassiez naître en moi une telle pensée.

255 | MOI : Elle ne m'a pas attendu pour se former en vous, puisque vous êtes vous-même un *Compositum substantiale,* et que vous ne seriez à coup sur jamais parvenu au sentiment de votre propre existence, si vous n'aviez eu d'abord le sentiment de ce qui constitue votre unité. Vous y êtes certainement parvenu en allant non de la périphérie au centre, mais du centre à la périphérie.

LUI : Je ne suis allé ni de la périphérie au centre ni du centre à la périphérie, car mon cercle entier existait d'emblée. C'est bien ce que vous professez vous-même.

MOI : Ne nous attardons pas à élucider sur ce point un malentendu qui est mince et en l'occurrence sans conséquence. Reste que votre corps est composé d'une quantité infinie de parties qu'il reçoit et restitue, en sorte qu'il n'y en a pas une d'entre elles qui puisse lui appartenir essentiellement. Vous n'en avez pas moins le sentiment que ces parties lui appartiennent grâce à une forme invisible qui produit quelque chose
256 *d'analogue à un tourbillon dans un courant**. C'est seulement | en raison de cette forme que vous sentez l'amas des parties, et vous le sentez en un point unique, immuable et indivisible, que vous appelez votre Moi. Ce point serait-il par hasard un simple point mathématique ?

LUI : Impossible !

MOI : Alors c'est un point physique.

LUI : Autant dire absolument une chimère.

MOI : Il faut cependant que notre moi soit quelque chose, pour qu'il conserve son exactitude autrement que nous l'avons précédemment précisé en montrant que de la multiplicité ne peut jamais naître une vraie unité objective. Or ce quelque chose, qui ne saurait être quelque chose de non-réel, est ce que Leibniz appelle la forme substantielle de l'être organique, le *vinculum Compositionis essentiale,* ou la monade. Et c'est *en ce sens* que je suis attaché de toute mon âme à la théorie des monades.

257 | LUI : Vous me surprenez. – Mais, je vous prie, poursuivez, et dites-moi quelle idée vous vous faites de cette forme substantielle de l'être organique.

MOI : Je crois vous l'avoir déjà dit. À proprement parler, je ne puis m'en faire aucune idée, car la particularité de son être est de *se distinguer de toutes les sensations et de toutes les représentations*. Elle est cela même que je nomme au sens propre : *« moi-même » ;* de sa réalité j'ai la

conscience la plus intime et la conviction la plus parfaite, puisqu'elle est la source même de ma conscience et le sujet de tous ses changements. L'âme, pour avoir une *représentation* de soi, devrait pouvoir se distinguer d'elle-même et *devenir extérieure à elle-même*[1]*. De ce qu'est la vie | nous avons 258
assurément la plus intime conscience; mais qui peut se faire une représentation de la vie ?

LUI : C'est vrai.

MOI : Et notre âme n'est rien d'autre qu'une certaine forme déterminée de la vie. Je ne sais rien de plus absurde que de faire de la vie une propriété des choses, puisqu'au contraire les choses ne sont que des propriétés de la vie, qu'elles n'en sont que diverses expressions ; *car la multiplicité ne peut se compénétrer et devenir une que chez le vivant.* Mais là où cesse l'unité, l'individualité réelle, là cesse toute existence et si nous nous représentons comme un individu quelque chose qui n'est pas un individu, c'est que nous attribuons à un agrégat notre propre unité. | Ce n'est pas le 259
Concretum, mais seulement les données à partir desquelles il peut se constituer qui, dans un tel cas, existent réellement en-dehors de nous.

LUI : Ce qui veut dire aussi que vous êtes complètement d'accord avec Leibniz sur le fait qu'il n'y a et qu'il ne peut y avoir dans la nature aucune chose vraiment *réelle,* si ce n'est les êtres organiques ; et que vous soutenez que chaque substance créée ou finie doit nécessairement être composée d'un corps et d'une âme, puisque corps et âme sont à ce point en relation réciproque que l'un ne peut subsister sans l'autre d'une manière qui soit *naturelle*.

MOI : Je suis d'accord également sur ce dernier point avec Leibniz. La matière proprement dite, qu'il nomme *materia secunda* ou masse, est, selon lui, *« le mélange des effets de l'infini »*[2]. | Dans cette matière se 260
trouvent les choses vraiment réelles qui, toutes, sont composées d'un corps

1. « Nous connaissons *notre existence* par l'intuition, et celle des autres par sensation ... L'apperception immédiate de notre existence et de nos pensées nous fournit les premières vérités *a posteriori* ou de fait, c'est-à-dire les *premières expériences ;* comme les propositions identiques contiennent les premières vérités *a priori,* ou de raison c'est-à-dire *les premières lumières*. Les unes et les autres sont incapables d'être prouvées et peuvent être appelées immédiates, celles-là, *parce qu'il y a immédiation entre l'entendement et son objet ;* celles-ci, *parce qu'il y a immédiation entre le sujet et le prédicat* », Leibniz, *Nouveaux Essais sur l'entendement humain, chap.* IX, § 3.

2. *Nouveaux Essais,* p. 12 – « La matière n'est qu'un *amas* d'un nombre infini d'êtres. Je donne de la conception à tous ces êtres infinis, dont chacun est comme un animal, doué d'âme ou de quelque principe analogique qui en fait la vraie unité) avec ce qu'il faut à cet être pour être passif et doué d'un corps organique. Or ces êtres ont reçu leur nature tant active que passive (c'est-à-dire ce qu'ils ont d'immatériel et de matériel) d'une cause générale et suprême » etc. (*ibid.* p. 407).

et d'une âme, c'est-à-dire sont des êtres organiques*. Mais ce n'est pas chaque *portion* de cette matière qui est un être organique.

LUI : On ne peut manquer d'être saisi par la majesté et la grandeur de ce système.

MOI : Comment je puis être attaché aux idées innées, voilà qui n'appellera pas maintenant explication détaillée ; il me suffit de vous rappeler ce que nous avons établi précédemment concernant les concepts absolument universels et de vous dire que ce sont précisément ces concepts qui sont mes *concepts innés*. Ce développement doit maintenant être doublement clair pour vous, puisque mes postulats ont été entre temps érigés en principes de la façon la plus légitime.

261 | Je reprends et je me résume. Tout être créé individué se rapporte à une quantité infinie d'autres êtres individués qui à leur tour se rapportent à cet être individué ; et l'état présent de chaque être individué est déterminé de la manière la plus exacte à chaque instant par sa connexion avec tous les autres.

Toutes les choses vraiment réelles sont des individus ou des choses individuées, et, comme telles, des êtres vivants, *principia perceptiva et activa,* et extérieures les unes aux autres.

Par suite, poser un individu, c'est poser nécessairement en même temps en lui les concepts d'unité et de multiplicité, d'action et de passion, d'étendue et de succession ; c'est-à-dire que ces concepts sont des concepts innés ou naturels à chaque individu.

Ces concepts se distinguent de tous les autres en ceci que leurs objets sont donnés de manière immédiate et *de façon parfaite et identique* en toutes choses. Par conséquent les objets de ces concepts ne nous sont
262 jamais présents *simplement* | en représentation, mais toujours également en
réalité et aucune *altération,* ou quelque soit le nom qu'on lui donne, ne peut jamais les soustraire un seul instant à la perception *immédiate et à la liaison nécessaire dans le concept.* Même la folie la plus complète est impuissante à arracher cette *racine* de l'entendement.

LUI : Conçues de cette façon, je n'ai rien à objecter à vos idées innées. Il est clair que nous ne parvenons à la conscience de notre conscience, au sentiment de nous-mêmes qu'en nous distinguant de quelque chose qui nous est extérieur. Ce quelque chose est une multiplicité infinie dans laquelle nous sommes nous-mêmes compris. Les idées d'unité, de multiplicité et de totalité avec leurs caractères et leurs rapports fondamentaux doivent donc être déjà donnés dans chaque conscience, si faible soit-elle, et, pour l'essentiel, demeurer les mêmes sous tous les changements possibles de l'individu. Mais leur clarté dépend de la clarté de la conscience,

c'est-à-dire du degré auquel nous | nous distinguons intensivement et 263
extensivement des choses qui existent hors de nous.

MOI : D'après ce degré ne devrions-nous pas pouvoir déterminer également partout avec certitude le degré de raison et de vie qui place une espèce de créatures avant les autres ?

LUI : Je crois que nous le pouvons.

La vie et la conscience ne font qu'un. Le degré le plus élevé de conscience dépend du nombre plus grand et de la nature des perceptions *unifiées* dans la conscience. Chaque projection exprime simultanément quelque chose d'extérieur et quelque chose d'intérieur, les deux en relation réciproque. Par suite, chaque perception est en soi déjà un concept. Telle est l'action, telle la réaction. Si l'aptitude à recevoir des impressions est si variée et parfaite qu'un écho articulé se fait entendre dans la conscience, s'élève alors au-dessus de la sensation : le mot, apparaît ce que nous nommons : *raison,* apparaît ce que nous nommons : personne [1].

| Donc l'être raisonnable est différent de l'être non-raisonnable par un 264
plus haut degré de conscience, et, par suite, de vie, et ce degré doit croître dans le même rapport que s'accroît la faculté de se distinguer extensivement et intensivement des autres choses. – Dieu se distingue de toutes choses le plus parfaitement possible, il doit posséder la plus haute personnalité et être seul à avoir une raison *tout à fait pure* [2].

MOI : Il n'est donc guère possible, à moins de se haïr soi-même et sa propre vie, de déprécier la raison. Mais quelle sera la meilleure manière de nous y prendre pour l'aider à se relever de mieux en mieux en nous ? – Le
plus sage ne consistera-t-il pas | à chercher à l'atteindre de façon tout à fait 265
immédiate pour affermir et accroître graduellement ses forces ? – Bref, à nous contenter de nous efforcer sans cesse de rendre la raison raisonnable ? Qu'en pensez-vous ?

LUI : Je pense que c'est la plaie héréditaire, le cancer séculaire de l'humanité, de délaisser la moëlle pour l'écorce, la chose pour l'apparence,

1. Leibniz, *Principes de la nature et de la grâce* : IV-VI.

2. « Deus, *sufficiens sibi,* causa est materiae et aliorum omnium : itaque non est anima mundi (comme notre moi du corps organique); sed autor. Naturale vero est creaturis materiam habere, *neque aliter possibiles sunt, nisi Deus per miraculum suppleat materiae munus* ... Etsi ergo Deus per potentiam possit substantiam privare materiae secunda non tamen potest eam privare materiam prima, nam faceret inde totum purum, qualis ipse est solus », *Opp.* II., P. I., p. 275, 276. Voir également *ibid.* p. 44. [« Dieu en tant qu'il se suffit à lui-même est la cause de la matière et de toutes les autres choses, c'est pourquoi il n'est pas l'âme du monde, mais il en est l'auteur. Or il est naturel aux créatures de posséder une matière et elles ne sont pas possibles autrement, à moins que Dieu ne suppléé par miracle au don de la matière ... Donc, bien que par sa puissance Dieu puisse priver la substance de matière seconde, il ne peut cependant pas la priver de la matière première, car il en ferait ainsi un tout pur, comme il est seul à l'être. »] [a]

l'être pour la forme. Partout la religion a dégénéré en cérémonies et en superstitions, l'union civique en machine politique, la philosophie en verbiage, l'art en industrie : pourquoi de son côté l'usage de la raison ne pourrait-il dégénérer en un simple usage de ses procédés ?

MOI : Les différents noms qui ont maintenant la vogue pour la désigner attestent qu'on a l'intention au moins d'en faire toutes sortes d'usages ; car tous ces noms sont tirés de tel ou tel usage qu'on en fait. Il me semble que
266 je l'entends le plus souvent appeler bien haut : un flambeau ; | c'est en cela que la faible lumière se serait, dit-on, transformée. Et on dit aussi de ce flambeau qu'il est *porté* partout, ce qui n'avait pas lieu non plus tant que la raison n'était qu'une lumière. – Je dois reconnaître que, pour mon compte, je n'ai pas encore vu cette raison qui est devenue un flambeau. *Ma* raison est un *œil,* et non un flambeau. Et, ou je me trompe fort, ou le mot lumière n'a jamais signifié que la vue elle-même, tant qu'on n'avait encore en la raison qu'une simple lumière. – Je ne puis me défendre de toute *défiance* contre le flambeau. Très souvent on l'apporte de quelque part pour qu'un seul objet soit bien clairement vu, surtout pour que tout ce qui se trouve alentour en soit d'autant plus assombri [1].

267 | LUI : Je puis vous résoudre entièrement l'énigme du flambeau. Il ne s'agit pas là d'une vantardise tout à fait vide. C'est ce même flambeau que jadis l'expérience apportait à la raison, où la vérité la recevait de sa main. On disait que le flambeau *n'appartenait* pas à l'expérience. Et ceux qui, par derrière, le lui arrachaient des mains se mettaient à crier à pleine voix que le flambeau *leur appartenait,* et que partout où ils portaient le flambeau, il y avait la raison et la vérité ; partout ailleurs, le mensonge. – Mais on murmure que le flambeau ne veut pas rester allumé, quelque effort qu'on fasse pour l'écraser et le brandir à la ronde dans le vent.

MOI : Oh ! Puisse-t-il revenir aux mains de l'expérience, et qu'avec elle reprenne l'ancienne marche à la raison et à la vérité ! Il est à coup sûr impossible qu'il échappe à l'observateur exact et profond que toute notre connaissance repose sur le positif et que dès que nous l'abandonnons, nous tombons dans le rêve et les fictions les plus vides. Même les concepts et principes que nous qualifions d'*a priori*, sont, comme nous l'avons vu, des concepts positifs et tirés immédiatement du réel qui se présente à nous.
268 Positifs et immédiatement tirés du réel qui se présente à nous, sont, | de façon encore plus frappante, nos concepts et principes *comparativement* universels. Les premiers reposent sur une représentation confuse du *Tout,*

1. Le regretté Lessing avait coutume de caractériser l'esprit du siècle en le comparant à ces crabes que l'on trouve parfois munis d'une seule pince de taille monstrueuse, tandis que l'autre est toute petite. Il disait que pour son compte il préférait être un crabe médiocre aux deux pinces de taille égale.

et leur objet nous est toujours présent, même dans la plus infime partie de la création ; les seconds reposent sur une représentation confuse d'une partie des choses et leurs objets ne nous sont pas présents toujours, et ne le sont même que dans telle ou telle chose particulière. C'est pourquoi pas plus les concepts universels que ceux qui ne le sont que comparativement ne peuvent nous conduire au-delà de ce que nous sentons ou de ce que nous avons senti réellement en nous et hors de nous. *La perception plus parfaite* et le degré supérieur de conscience qui s'y trouve lié, voilà ce qui constitue l'essentiel de ce privilège de notre nature que nous appelons : *raison.* Toutes ses fonctions en découlent d'elles-mêmes. Sitôt qu'on pose une multiplicité de représentations *unies* dans une conscience *unique,* on pose
du même coup que ces représentations, pour une part | en tant que 269
semblables les unes aux autres, pour une part en tant que différentes les unes des autres, doivent affecter la conscience. Car sans cela la conscience serait un miroir mort* et non une conscience ; il n'y aurait pas de vie concentrée en elle. Nous n'avons donc pas besoin, outre l'action originaire de la perception, d'actes spéciaux de distinction et de comparaison, qui ne donnent lieu à aucune pensée. De cette manière je m'explique également la réflexion, la délibération, et leurs effets, à partir de l'action toujours continuée (si je puis m'exprimer ainsi) du principe actif en nous envers (et non pas *contre*) le principe passif, selon les impressions ressenties et leurs rapports. À chaque répétition de leur *consensus* par rapport à un objet donné, la représentation doit acquérir de nouvelles déterminations et croître tantôt en *subjectivité,* tantôt en *objectivité.* De cette manière on rend également compréhensible la découverte de vérités importantes et la naissance d'erreurs ridicules.

Si nous considérons la raison dans son aspect de spontanéité seulement – sans prendre en compte que celle-ci ne se manifeste qu'en réaction – nous
ne pénétrons pas à fond la raison, et nous ne savons jamais bien | en quoi 270
elle consiste. Si nous la caractérisons comme la faculté *d'apercevoir* des rapports, nous présupposons déjà l'aptitude à recevoir de plus parfaites impressions des objets. À défaut de quoi, la faculté vide de saisir des rapports ne peut même pas enrichir notre connaissance de la découverte d'un *idem* ou *non idem* jusqu'alors inaperçu.

Un sens qui appréhende beaucoup et avec précision, en perpétuel effort, très pénétrant – le mot *sens* étant pris dans toute l'étendue de sa signification (comme faculté de percevoir en général) – tel est le don précieux qui fait de nous des créatures raisonnables, et dont la mesure décide de la supériorité d'un esprit sur un autre. La sensation la plus pure et la plus riche entraîne la raison la plus pure et la plus riche. Tout chercheur qui s'observe lui-même a nécessairement fait lui-même l'expérience du fait qu'il ne fait

pas usage dans sa recherche de son pouvoir de distinction, de comparaison, de jugement et de raisonnement, mais du seul et unique pouvoir de son *sens,* pour rendre ses représentations aussi claires que possible. De toutes
271 ses forces il ne cesse de mettre en œuvre son *sens,* | et, ce faisant, rapproche l'intuition de plus en plus du regard de son esprit *. Et dès que jaillit un point lumineux, l'âme se repose un instant, pour s'en laisser pénétrer. Passive, elle reçoit chaque jugement qui se forme en elle. C'est seulement dans l'intuition *arbitraire,* la *considération,* qu'elle est active.

Lui : Mais alors on pourrait dire jusqu'à un certain point que toute la raison pénètre en l'homme de l'extérieur.

Moi : Que ne peut-on dire *jusqu'à un certain point ?* Mais si la raison présuppose un principe vivant, qui peut concentrer un monde en un point indivisible et, à partir de ce point, réagir à l'infini, je ne vois pas comment on pourrait être tenté de dire *si peu que ce soit* que la raison pénètre en l'homme de l'extérieur. La fonction des sens est de recevoir et de transmettre des impressions. – Transmettre à qui ? Où se produit l'accumulation des impressions ? Et qu'apporterait cette simple accumulation ? – Pluralité,
272 relation sont | des *concepts vivants,* qui supposent un être vivant, capable d'accueillir *activement* la multiplicité dans son unité. Mais la sensation la plus obscure exprime déjà une relation. Et ainsi, c'est non seulement des connaissances qualifiées d'*a priori*, mais de toute connaissance en général, qu'il faudrait dire qu'elle ne peut être donnée par les sens, mais que seul le pouvoir actif et vivant de l'âme est capable de la produire. Si on entend par sensibilité autre chose *qu'un moyen qui permet en même temps de séparer et d'unifier,* là où est déjà présupposé l'élément substantiel à diviser et à unir, alors ce n'est qu'un mot vide. Mais si on y voit un moyen de ce genre, elle est l'instrument de l'amour tout puissant ou (passez-moi la hardiesse de l'expression) le *secret tour de main* du Créateur. C'est seulement par ce moyen que le bienfait de la vie, le bienfait de l'existence qui se distingue d'elle-même et, de ce fait, jouit d'elle-même, a pu être octroyé à une multitude d'êtres innombrable et qu'un monde a pu être tiré du néant. – À chaque fois que j'y pense, un frisson me parcourt; chaque fois c'est comme si je
273 recevais dans l'instant | mon âme immédiatement de la main du Créateur.

Lui : Vous me faites souvenir de l'Ancien testament où il est écrit : « Et le Seigneur Dieu créa l'homme à partir d'un morceau de glaise, et il lui insuffla le souffle vivant dans les narines. Et ainsi l'homme devint une âme vivante ». – Il fallut façonner d'abord *l'enveloppe,* le corps, et elle fut façonnée *uniquement* pour être *enveloppe.*

Moi : Les hommes ont différentes façons de se représenter les choses et aucun n'y voit la même chose. Selon ma façon de voir, dans l'être partout

composé de corps et d'âme, dans la vie ainsi multipliée à l'infini par séparation et conjonction, la main généreuse d'un donateur tout puissant est à ce point visible qu'on pourrait la toucher, si j'ose dire. Ce que nous appelons matière confine au néant par son inessentielle divisibilité à l'infini. – Qu'est-ce qu'un corps? Qu'est-ce qu'un corps organique? – Absolument rien, néant total, et sans la moindre | consistance essentielle, 274
si on n'y pense tout d'abord la forme par la *substance,* un règne des esprits, et si on ne part pas de la nature absolument simple de la vie. – Donc tout système, même le plus petit, tel qu'il en peut être contenu à millions dans un ver, exige un esprit qui l'unifie, le meut et assure sa cohésion, *un seigneur et maître de la vie*. Et le système de tous les systèmes, le tout des êtres, serait mû et maintenu dans sa cohésion... par le *néant ?* Il ne serait pas unifié ? – Car s'il est unifié, il faut qu'il soit unifié par *quelque chose ;* et rien n'est vraiment *quelque chose* que *l'esprit.* Mais cet esprit qui fait du tout une unité, qui unifie la foule des êtres pour en faire un tout, il ne se peut que ce soit un esprit *qui ne serait qu'une âme.* La source de la vie n'a besoin d'aucune enveloppe. Elle n'est pas comme la goutte qui a besoin d'un vase pour la mettre à part et la conserver. Cet esprit, c'est le *Créateur ;* et c'est là sa création : il a institué des âmes, créé la vie finie, ménagé l'immortalité.

LUI : Je ne suis pas moins surpris que vous | de voir qu'une vie limitée, 275
telle que nous la percevons partout – réalisée à travers une multiplicité infinie de formes –, renvoie directement à une vie absolue illimitée, et à un libre créateur de la multiplicité par voie de différenciation. Mais vouloir comprendre cet être transcendant, reconnaître, *pénétrer* sa nature, ce serait chercher un Dieu qui nous ferait nous-mêmes *devenir* Dieu. Quelle folie ! Nous sommes frappés d'étonnement et même d'effroi en pensant qu'un être *existant seulement en soi,* tout à fait *parfait,* nous apparaît comme un être *impossible,* à nous, êtres finis et de ce fait nécessairement limités et conditionnés dans notre existence et notre action, êtres *essentiellement imparfaits.* Quel est le créateur qui n'apparaîtrait pas *nécessairement* ainsi à la créature ?

MOI : Les prétentions et les désirs des hommes sont assez étranges. Ils voudraient bien voir avec les seuls yeux, sans lumière, et même ils aimeraient encore mieux voir sans yeux *. Ils sont d'avis que de cette façon on verrait *vraiment, véritablement,* et *naturellement.* | Considérer à partir 276
d'idées de ce genre ce qui est le moins naturel comme le plus naturel, et ce qui l'est le plus comme ce qui l'est le moins, c'est cela qu'on appelle alors la philosophie. Il me souvient qu'un jour dans une société mêlée j'entendis poser cette question : comment l'espèce humaine aurait-elle bien pu se

propager si le péché originel n'avait pas eu lieu ; et Gœthe de répliquer : à n'en point douter, au moyen d'un échange de propos raisonnable [1] !

LUI : Délicieux ! Mais que pensez-vous donc qu'il serait advenu de nos propos raisonnables si, tels que nous sommes, nous nous étions trouvés dans un monde semblable par l'absence de règles au légendaire pays de Cocagne ?

MOI : Pour une bonne part, l'histoire peut fournir une réponse à votre
277 question. Vous y trouvez une grande variété | d'aspects du monde et en même temps vous découvrez qu'à ces manifestations du monde ont toujours exactement correspondu les manifestations de la raison. Si nous pouvions, ne serait-ce que dans une certaine mesure, jouer le rôle de maître de la nature ou agir sur l'ensemble de la société, comme il arrive dans nos maisons et dans certains États, il y a beau temps que ce serait le monde absurde dont vous venez de parler ainsi que son corrélât, la raison absurde. Mais une immuable raison *objective* continue de maintenir par force dans la voie la chancelante et branlante raison *subjective,* en sorte qu'elle ne peut chavirer tout à fait. Ici et là on a paru parfois vouloir tenter d'opposer la force à la force et c'est ce qui ferait que les hommes eux-mêmes seraient sortis de *cette* voie.

LUI : Si tel était notre propre cas, cela ferait un singulier contraste avec l'évangile des philosophes, selon lequel nous sommes en très bonne voie d'être conduits par notre *seule* raison et d'entrer dans l'âge d'or.

278 MOI : Pas que je sache. Mettons-nous d'accord sur | la chose, et vous verrez qu'elle est néanmoins dans une certaine mesure pensable et admissible.

La raison humaine est-elle autre chose que l'âme humaine pour autant que, dans les concepts, elle s'élève au-dessus de ses sensations et perceptions singulières, et se détermine dans ses actes selon des représentations de lois ? Mais l'âme humaine elle-même est ce qui, en distinguant le *Moi* du *Toi* (du non-Moi), exprime distinctement en nous … le *Moi*. Or ce *Moi* étant également la raison, tout *Moi* qui s'accorde avec lui-même en ses concepts, jugements et déterminations du vouloir, s'accorde nécessairement aussi avec sa raison, et il nous faut dire qu'il est alors *uniquement* conduit par sa raison, ou, ce qui est la même chose, uniquement par lui-même. La possibilité d'un tel état de souveraineté absolue de la raison dépend des limitations auxquelles le *Moi* veut bien consentir pour y parvenir. Ces limitations, qui assurément sont comparables à des

1. Ce trait d'esprit improvisé se retrouva plus tard dans ce distique plein de sens :
« À propager le monde tous les échanges de propos raisonnables sont
Impuissants ; ce n'est pas eux non plus qui produisent une œuvre d'art. »
Goethe, *Œuvres,* Première partie p. 403 [a].

mutilations, peuvent être de telle nature que, du coup, le *Moi* se voie à
même de trouver la bonne route et de réussir en ses desseins qui le mènent
aux seuls buts qu'il s'assigne *encore,* | du fait *qu'il se contente toujours de* 279
se réfléchir lui-même, c'est-à-dire grâce à sa seule raison ainsi limitée, sans
recours à aucune autre force et lumière. L'âge d'or annoncé par ces prophètes pourrait donc bien apparaître et apporter avec lui des institutions nouvelles, n'ayant jamais encore existé, *parfaites, immuables, solides,* comme celles … des fourmis et des abeilles. Nous en avons déjà une sorte de modèle en Chine et il a même déjà maintes fois été prôné comme tel par des philosophes européens.

LUI : Vous m'avez très bien éclairé, et maintenant je comprends parfaitement. Il faut tout araser ; ce qui dépasse est nuisible.

MOI : Les temples et les autels, invisibles aussi bien que visibles,
doivent s'écrouler peu à peu, et en fin de compte disparaître complètement.
C'est seulement quand | on ne peut plus rien dire de Dieu et des choses 280
divines que l'âge d'or est réellement arrivé. Pour qu'il en soit de nouveau seulement question, il faudrait pour le moins qu'apparaissent de nouveaux prophètes, qui fassent des miracles et suscitent un étonnement général.

LUI : Mais nos *partisans de l'âge d'or* se transformeraient en songe-creux plutôt qu'en croyants. De tels gens – je veux dire les *précurseurs* de l'âge d'or réel et total, comme il nous arrive d'en rencontrer assez souvent – de tels gens, qui dans leur domaine restreint pensent ordinairement de façon fort claire, et *peuvent* aisément penser très clairement, s'obstinent habituellement à prendre les limites de leur imagination pour les limites de la possibilité, et les *lois de leur imagination pour les lois absolues de la nature et de la raison.* Tout raisonnement qui contredit leur expérience (ce qu'ils nomment ainsi) doit sur le champ céder à celle-ci ; et toute expérience qui contredit leur raisonnement (ils la nient, cette fois) doit céder à ce
dernier. Ce qui n'est pas conforme à leur mode borné de représentation,
n'est pas, ne *peut* pas être, | n'est *pas du tout pensable.* Ils renieraient 281
plutôt leurs sens que leurs opinions préconçues, et de fait, s'ils reniaient ces dernières, c'est l'entendement qu'ils ont qu'il leur faudrait renier.

MOI : Hier, ** de *** m'a fait visite, toujours absolument inconsolable de la perte d'une épouse en effet inestimable. Vous savez qu'il est résolument athée et parfaitement convaincu qu'avec la mort tout est fini pour l'homme. Il redisait à cette occasion ce que je l'ai maintes fois entendu dire : que des faits témoignant en faveur du contraire, ou même des expériences personnelles de cette sorte, le rendraient fou plutôt qu'ils ne lui imposeraient une autre conviction. Là-dessus je lui posai en conscience la question suivante : si, alors qu'il était parfaitement éveillé, sa défunte femme apparaissait devant lui sous sa forme clairement désignée, dans des conditions telles

que son apparition ne l'effrayât pas et si elle lui disait, de la voix qu'il lui
282 connaît : « Sois tranquille, je vis plus heureuse que sur cette terre et nous |
nous reverrons », – je lui demandai, si, en ce cas, il croirait en une vie après la mort.

LUI : À n'en pas douter, il a protesté qu'il n'en croirait pourtant rien et il s'est employé à vous montrer avec quelle vraisemblance plus forte on expliquerait l'apparition par l'imagination, la disposition d'esprit du moment, etc…

MOI : En effet, je lui accordai l'explication s'agissant de tous les autres hommes, moi y compris, tout en la lui refusant pour lui seul. Je lui assurai que personne n'essaierait de le convaincre qu'il n'avait fait que rêver cette apparition, dans le cas où il aurait été parfaitement éveillé, nullement effrayé par la chère apparition, parfaitement présent à lui-même, et qu'il serait du coup devenu certain de sa survie après la mort.

LUI : Reste à savoir cependant s'il s'en serait trouvé réconforté jusqu'à la
283 fin de sa vie. Mais le cas qui nous occupe, puisque quiconque, | dès lors
qu'il y réfléchit, doit sentir la vérité de l'affirmation que vous fondiez sur lui, montre une nouvelle fois de façon éclatante la prépondérance de l'intuition immédiate sur tous les raisonnements qui ne peuvent jamais découvrir l'existence de quoi que ce soit et, par suite, présupposent partout une *conscience* préexistante *de la vérité,* à laquelle ils s'en remettent entièrement. – Mais puisque les morts n'ont pas accoutumé d'apparaître, et que Dieu ne se laisse pas sentir, notre philosophie n'en viendrait-elle pas finalement à la conclusion que ceux qui n'admettent aucune révélation positive, dès qu'ils reviennent dûment à eux, doivent renoncer à la croyance en Dieu et en une vie après la mort ? Car toute croyance doit finalement s'appuyer sur des faits, sur l'expérience personnelle ou celle d'autrui. Mais toute expérience n'est constituée que de sensations.

MOI : Si Dieu ne se laisse pas sentir, s'il ne se laisse éprouver d'aucune manière, vous avez raison. Car, outre les sensations, et les représentations, toute notre connaissance consiste seulement en concepts, jugements et raisonnements ; et nous avons vu que les concepts, jugements et raison-
284 nements qui forment toute la | contexture de notre pensée non seulement
peuvent être ramenés *à la sensation plus parfaite* et à son progrès[1], autrement dit au développement de la conscience, mais qu'ils *doivent* y être ramenés si nous ne voulons pas douter de notre propre raison. Par conséquent ce que nous ne pouvons pas *sentir* de Dieu *ainsi entendu,* nous ne pouvons l'éprouver et nous en apercevoir d'aucune façon. Car, encore un

1. Il est superflu que je rappelle une nouvelle fois qu'une faculté passive ne saurait être pensée en elle-même ; elle ne peut l'être que comme la modification d'un principe actif. « *Substantia incompleta, monstrum in vera philosophia* », Leibniz, *Opp.* II, P. I. p. 276*.

coup, nous n'éprouvons et nous n'apercevons *qu'avec* l'entendement et *avec* la raison, mais jamais *au moyen* de l'entendement et *au moyen* de la raison, *comme si elles étaient des forces particulières* capables de révéler par elles-mêmes. Séparés de la faculté qui révèle, c'est-à-dire le sens, entendu *comme la faculté de percevoir en général,* entendement et raison sont sans contenu ni fonction, simples entités, des êtres imaginaires. Donc dans la réalité et la vérité, où elles sont pourtant la sensation plus parfaite,
elles ne sont pas la vie supérieure, la plus haute manifestation | de la force **285**
de l'être que nous connaissons. La perfection de la sensation détermine la perfection de la conscience *avec toutes ses modifications*. Telle est la réceptivité, telle la spontanéité; tel est le sens, tel est l'entendement. Le degré de notre capacité à nous distinguer intensivement et extensivement des choses extérieures à nous, est le degré de notre personnalité, c'est-à-dire de l'élévation de notre esprit. C'est avec cette propriété la plus précieuse de la raison que nous reçûmes le *pressentiment de Dieu ;* pressentiment de *Celui qui est :* d'un être *qui a sa vie en lui-même.* – C'est de là que le souffle de la *liberté* touche l'âme et que s'ouvrent les champs de l'immortalité.

LUI : C'est un océan de sensations et de pensées que vos derniers mots ont fait naître en moi. Ami…

MOI : Il se fait tard; brisons là. Mais pour que notre dialogue ne s'achève de façon ni trop solennelle, ni trop familière, écoutez encore deux passages
d'un livre que j'ai feuilleté hier pour passer le temps et qui | en un jour de **286**
maladie m'a fait un bien que peu de jours de pleine santé m'ont procuré.

LUI : Faites voir, avant que j'écoute : *Léonard et Gertrude** ? Cela me dit quelque chose.

MOI : Il est étrange que l'un et l'autre nous n'en ayons pas assez entendu parler pour l'avoir lu depuis longtemps. Ce qui peut manquer à l'auteur, ce que son livre a pour une part et pour une part n'a pas, pourquoi il ne me satisfait pas complètement, n'est, à vrai dire, pas en cause. – Allons! N'oublions pas le livre en en parlant.

> « Ce sont les actes qui instruisent les hommes, et ce sont les actes qui les consolent – foin des paroles !
> Quoi qu'on puisse lui enseigner on rend l'homme utile, ou on en fait un homme sur lequel ou sur l'habileté duquel on peut bâtir, uniquement dans la mesure où son savoir et son art sont faits de la sueur de son apprentissage; faute de quoi, les arts et les sciences des hommes sont comme une écume sur la mer, qui, souvent, vue de loin, semble une roche
> qui | sort de l'abîme, mais qui disparaît dès que le vent et les vagues la **287**
> heurtent.
> Décrire la nuit et peindre les couleurs sombres de ses ombres ne sont d'aucun secours à la vue; c'est seulement en allumant la lumière que tu

peux montrer ce qu'était la nuit, en faisant tomber la cataracte, ce qu'était la cécité.

Tant il est vrai que pour tirer les hommes d'erreur, il ne faut pas contredire les paroles des fous, mais effacer en eux *l'esprit* de leur folie.

Nous dévastons l'intimité de notre être, si nous voulons nous échapper des ombres dont Dieu nous a environnés.

Dieu a fait la nuit comme le jour; pourquoi ne veux-tu pas te reposer dans la nuit de Dieu jusqu'à ce qu'il te montre son soleil, que jamais aucun rêve ne fera surgir de derrière les nuages où Dieu le cache.

C'est seulement grâce aux hommes que Dieu est pour les hommes le Dieu des hommes.

L'homme ne connaît Dieu que dans la mesure où il connaît l'homme, c'est-à-dire lui-même. – Et il n'honore Dieu que dans la mesure où il
288 s'honore lui-même, | c'est-à-dire dans la mesure où il agit à l'égard de lui-même et de ses proches selon les penchants les meilleurs et les plus purs qui résident en lui.

Aussi faut-il qu'un homme *élève* l'autre *à la religion* non pas par des images et des mots, mais par son action.

Car il est inutile que tu dises au pauvre : il y a un Dieu, et à l'orphelin : tu as un père au ciel; avec des images et des mots, aucun homme n'apprend à l'autre à connaître Dieu.

Mais si tu aides le pauvre à vivre comme un homme, tu lui montres Dieu; et si tu éduques l'orphelin comme s'il avait un père, tu lui enseignes à connaître le père qui est au ciel qui a formé ton cœur à la nécessité de l'éduquer ».

Lui : Magnifique ! Magnifique ! – Mais, je ne sais comment, il me vient à l'esprit un écrit d'Asmus* où il est question de « pesants pieds podagres », et d'autres « que le manteau cache » ? Et voici les derniers mots qui ont fait sur moi une forte impression :

Parfum aux pieds, homme de Sinope !

FRIEDRICH HEINRICH JACOBI

APPENDICE
SUR L'IDÉALISME TRANSCENDANTAL

| Le traité qui suit* renvoie exclusivement à la *première* édition de la 291
Critique de la Raison Pure, la seule qui fût parue à l'époque. Quelques mois après ce traité, parut la deuxième édition de l'œuvre de Kant, augmentée de cette réfutation de l'idéalisme dont j'ai parlé longuement dans l'Introduction placée au début de ce second tome de mes écrits. Dans la préface de cette deuxième édition (p. XXXVII *sq.*), Kant informe son lecteur des améliorations dans *l'exposition,* qu'il a cherché à apporter dans la nouvelle édition, sans dissimuler que cette amélioration n'est pas allée sans quelque perte pour le lecteur puisque, *pour faire place à une exposition plus claire, il a fallu supprimer ou abréger beaucoup de choses.* – J'accorde une extrême importance à cette perte, et ce disant, je souhaite fort inciter les lecteurs qui ont à cœur la philosophie et son histoire à comparer la première édition de la *Critique de la Raison Pure* avec la seconde revue et corrigée. Les éditions suivantes ne font que reproduire textuellement la seconde. Je recommande de considérer tout particulièrement la section qui se trouve p. 103 *sq.* dans la première édition : *De la synthèse de la récognition dans le concept.* La première édition étant déjà devenue très rare, qu'on prenne bien garde, au moins dans les bibliothèques publiques ainsi que dans les bibliothèques privées de quelque importance, à ce que les exemplaires qui subsistent ne disparaissent pas complètement. De façon générale, on ne sait pas assez quel avantage procure l'étude des systèmes des grands penseurs dans leur toute
première | présentation. Ainsi Hamann me racontait que le pénétrant 292
Christian Jacob Kraus ne cessait de le remercier de lui avoir fait connaître le premier ouvrage philosophique de *Hume : Treatise of human nature* (1739), qui lui avait mis sous leur vrai jour les *Essays* postérieurs.

L'idéalisme transcendantal ou critique, sur lequel s'élève l'édifice kantien de la *Critique de la Raison Pure,* n'est pas, à mon sens, traité avec

assez de soin par certains promoteurs de la philosophie kantienne – ou, pour dire plutôt sans ambages ce que je pense : ils semblent en général à ce point craindre le reproche d'idéalisme qu'ils préfèrent provoquer quelques malentendus plutôt que de s'exposer à ce reproche qui pourrait effrayer. Il n'y aurait là rien qui fût en soi bien blâmable, puisqu'il faut habituellement commencer par apprivoiser les préjugés des gens avant de pouvoir en triompher et il est en général si malaisé de retenir l'attention que presque tout espoir est perdu si une opinion préconçue générale se dresse sur notre route. Mais dans le cas présent la chose est telle que le moindre malentendu
293 fausse à ce point tout l'enseignement qu'il n'est plus du tout | possible de comprendre ce qu'on prétend vous faire admettre. La *Critique de la Raison Pure* elle-même n'encourt guère un reproche de cette sorte ; elle s'explique avec assez de netteté, et il suffit de lire, après les quelques pages de l'Esthétique transcendantale, la critique du quatrième paralogisme de la doctrine transcendantale de l'âme (p. 367-380), pour être à même de se tirer partout d'embarras à l'égard de l'idéalisme transcendantal.

> L'idéaliste transcendantal, dit Kant dans la section qu'on vient de citer (p. 370), peut être un réaliste empirique et par conséquent, comme on dit, *un dualiste,* c'est-à-dire accorder l'existence de la matière sans sortir de la simple conscience de soi et sans admettre quelque chose de plus que la certitude des représentations en moi, par conséquent que le : *cogito, ergo sum.* Car puisqu'il ne donne à cette matière et même à sa possibilité interne que la valeur d'un phénomène, qui, séparé de notre sensibilité, n'est rien, elle n'est chez lui qu'une espèce de représentations (intuition), qu'on appelle extérieures, *non pas en tant qu'elles se rapporteraient à*
> **294** *des objets extérieurs en soi,* mais parce | qu'elles rapportent les perceptions à l'espace dans lequel toutes les choses existent les unes en-dehors des autres, *alors que l'espace lui-même est en nous.* Or, nous nous sommes d'emblée déjà prononcés pour cet idéalisme transcendantal...
> Si on considère les phénomènes extérieurs comme des représentations qui sont produites en nous par leurs objets comme par des choses qui se trouvent en soi hors de nous, on ne voit pas comment on pourrait connaître leur existence autrement que par le raisonnement qui conclut de l'effet à la cause, en quoi il ne peut que toujours demeurer douteux si cette cause est en nous ou hors de nous. *Or on peut, il est vrai, accorder* que la cause de nos intuitions externes est quelque chose qui, dans le sens transcendantal, peut bien être hors de nous, mais ce n'est pas l'objet que nous entendons en parlant des représentations de la matière et des choses corporelles ; car celles-ci ne sont que des phénomènes, c'est-à-dire de simples modes de représentation qui ne se trouvent jamais qu'en nous et dont la réalité repose sur la conscience immédiate tout aussi bien que
> **295** la conscience de mes propres pensées. L'objet transcendantal, | aussi bien au point de vue de l'intuition interne que de l'intuition externe, est

pareillement inconnu. Aussi bien n'est-il pas question de lui, mais de l'objet empirique, qui se nomme extérieur dès lors qu'il est représenté dans l'espace, et un objet intérieur quand il est uniquement représenté dans un rapport de temps; mais l'espace et le temps ne peuvent tous deux être trouvés qu'en nous.

Pourtant puisque l'expression : hors de nous, comporte une ambiguïté inévitable en signifiant tantôt quelque chose qui existe comme chose en soi distincte de nous, tantôt quelque chose qui relève simplement du phénomène extérieur, nous proposons, pour tirer d'incertitude ce concept pris dans le dernier sens, qui est celui où le prend proprement la question psychologique touchant la réalité de notre intuition externe, de distinguer les objets empiriquement extérieurs de ceux qui pourraient être appelés ainsi dans le sens transcendantal, en les nommant – (les objets qui sont seulement empiriquement extérieurs) carrément : choses qui se trouvent dans l'espace...

Mais dans l'espace il n'y a rien que ce qui y est représenté. Car l'espace
n'est lui-même rien | d'autre qu'une représentation et par suite ce qui est **296**
en lui doit être contenu dans la représentation, et rien n'est dans l'espace s'il n'y est réellement représenté. Thèse qui ne manque sans doute pas de paraître étrange : qu'une chose ne puisse exister que dans sa représentation, – mais qui perd ici ce qu'elle a de choquant puisque les choses auxquelles nous avons affaire ne sont pas des choses en soi, mais seulement des phénomènes, c'est-à-dire des représentations.

Si nous ne voulons pas nous égarer dans nos assertions les plus communes, nous devons regarder toutes nos perceptions, qu'elles se nomment intérieures ou extérieures, simplement comme une conscience de ce qui dépend de notre sensibilité, et les objets extérieurs de ces perceptions non comme des choses en soi, mais uniquement comme des représentations, dont nous pouvons prendre conscience immédiatement comme de tout autre représentation, mais qui s'appellent extérieures parce qu'elles dépendent de ce sens que nous nommons le sens externe, dont l'intuition est l'espace, mais qui n'est cependant lui-même autre
chose | qu'un mode intérieur de représentation dans lequel s'enchaînent **297**
certaines perceptions. L'objet transcendantal qui est au fondement des phénomènes extérieurs, tout comme celui qui est au fondement de l'intuition interne, n'est en lui-même ni matière ni un être pensant, mais un fondement, inconnu de nous, des phénomènes qui nous procurent le concept empirique de la première aussi bien que de la seconde espèce.

De l'Esthétique transcendantale, à laquelle j'ai précédemment renvoyé, je ne citerais que le passage que voici sur l'idéalité transcendantale du temps :

Contre cette théorie qui attribue au temps une réalité empirique, mais lui refuse la réalité absolue et transcendantale, des hommes pénétrants m'ont adressé une objection si unanime que j'en conclus qu'elle doit venir de

> façon naturelle à l'esprit de tout lecteur à qui ces considérations ne sont pas familières. Elle se formule ainsi : il existe des changements réels (c'est ce que prouve la succession de nos propres représentations, quand bien même on voudrait nier tous les phénomènes extérieurs ainsi que
> 298 leurs changements). | Or des changements ne sont possibles que dans le temps, par suite le temps est quelque chose de réel. La réponse ne présente aucune difficulté. J'accorde l'argument tout entier. Le temps est assurément quelque chose de réel : c'est *la forme réelle* de l'intuition interne. Il a donc une réalité subjective au point de vue de l'expérience interne, c'est-à-dire : j'ai réellement *la représentation* du temps et de mes déterminations dans le temps. Il ne doit donc pas être réellement considéré comme un objet, mais comme un mode de représentation de moi-même en tant qu'objet. Or si le pouvoir m'était donné à moi ou à un autre être, d'avoir l'intuition de moi-même sans cette condition de la sensibilité, ces mêmes déterminations que nous nous représentons actuellement comme des changements nous donneraient une connaissance où la représentation du temps et par suite celle du changement ne se trouverait pas du tout… Je puis bien dire : mes représentations se succèdent, mais cela signifie seulement que nous en avons conscience comme dans une suite du temps, c'est-à-dire selon la forme du sens interne (*Critique de la Raison Pure,* p. 36 et 37).

299 | Ainsi, ce que nous, réalistes, nous nommons des objets réels, des choses indépendantes de nos représentations, ce n'est pour l'idéaliste transcendantal que des êtres internes *qui ne présentent absolument rien de la chose qui puisse exister hors de nous, ou à quoi le phénomène puisse se rapporter, mais des déterminations simplement subjectives de l'esprit tout à fait vides de quoi que ce soit de réellement objectif.* – « Ces objets sont des représentations, rien que des représentations[1]. – En tant qu'ils sont représentés comme des êtres étendus ou comme des *séries de changements,* ils n'ont hors de nos pensées aucune existence fondée en soi » (p. 491). « Ils – ces objets qui ne sont que phénomènes, qui ne présentent rien, absolument rien, de réellement objectif, mais partout uniquement eux-mêmes –
300 sont le simple jeu de nos représentations qui | en fin de compte reviennent à des déterminations du sens interne » (p. 101).

Par suite,

> Même l'ordre et la régularité dans les phénomènes que nous appelons *nature,* c'est nous-mêmes qui les y introduisons, et nous ne pourrions les y trouver s'ils n'y avaient été mis de façon originaire par nous ou par la nature de notre esprit (p. 125). Bien que nous apprenions beaucoup de

1. C'est la raison pour laquelle Kant appelle les réalistes qui ne sont pas simplement des réalistes simplement empiriques des idéalistes rêveurs ; car ils tiennent les objets, qui sont *de simples représentations,* pour des choses en soi.

lois par expérience, celles-ci ne sont pourtant que des déterminations particulières de lois plus élevées encore, dont les plus hautes (sous lesquelles se tiennent toutes les autres) procèdent *a priori* de l'entendement même, et, loin d'être empruntées à l'expérience, procurent bien plutôt aux phénomènes leur légalité et doivent rendre précisément par là l'expérience possible. L'entendement n'est donc pas simplement un pouvoir de se faire des règles par comparaison : il est lui-même la législation pour la nature, c'est-à-dire que sans l'entendement il n'y aurait nulle part de nature, c'est-à-dire d'unité synthétique du divers selon les règles :
car les | phénomènes ne peuvent, comme tels, trouver place hors de nous, 301
mais ils n'existent que dans notre sensibilité.[1]

Je crois que ce bref extrait suffit à prouver que le philosophe kantien abandonne tout à fait l'esprit de son système lorsqu'il dit des objets qu'ils font *impressions* sur les sens, qu'ils *suscitent* ainsi des sensations, et *parviennent* de cette façon à des représentations : car selon la doctrine
kantienne, l'objet empirique, | qui n'est jamais que phénomène, ne peut 302
exister hors de nous et être quelque chose d'autre encore qu'une représentation ; mais de l'objet *transcendantal,* selon cette doctrine, nous ignorons absolument tout ; et il n'est même jamais question de lui quand on vient à considérer les objets ; son concept est, tout au plus, un concept problématique *qui repose sur la forme de notre pensée qui est tout à fait subjective et relève seulement de notre sensibilité en la particularité qui lui est propre ;* l'expérience ne le donne pas et ne peut en aucune façon le donner, puisque ce qui n'est pas *phénomène* ne peut jamais être un objet de l'expérience ; mais le phénomène, et le fait que telle ou telle affection de la sensibilité est en moi, ne constitue aucun rapport de telles représentations à un objet quelconque. C'est l'entendement qui *ajoute* l'objet au phénomène en liant son divers en une *conscience. C'est lorsque nous avons produit l'unité synthétique dans le divers de l'intuition que nous disons que nous
connaissons l'objet : et le concept de cette | unité est la représentation de* 303
l'objet = X. Mais ce = X n'est pas l'objet transcendantal ; car de l'objet transcendantal nous n'en savons même pas tant, et il est seulement supposé

1. On doit bien se garder de confondre cette assertion kantienne avec celle que développe si souvent Leibniz et qui trouve dans le *Phédon* de Mendelssohn un exposé si beau et si clair, selon laquelle l'ordre, l'harmonie, tout accord d'un divers, ne peuvent, *en tant que tels,* être trouvés dans les choses, mais seulement dans un être pensant qui rassemble le divers et l'unit en une représentation. Car selon cette dernière assertion, l'ordre, l'accord que je perçois ne sont rien moins que simplement subjectifs ; *leurs conditions* se trouvent hors de moi dans l'objet et je suis contraint par la nature de l'objet de lier ses parties de telle manière et non de telle autre. Donc ici l'objet est aussi législateur pour l'entendement relativement au concept que l'entendement forme d'après l'objet ; le concept est donné en toutes ses parties et rapports par l'objet, et il n'y a que *la saisie elle-même* qui réside uniquement en moi.

comme cause intelligible du phénomène en général, à seule fin que nous ayons quelque chose qui corresponde à la sensibilité comme réceptivité[1].

Pourtant, si contraire puisse être à l'esprit de la philosophie kantienne l'assertion que les objets font impressions sur les sens et parviennent de cette façon à des représentations, on ne voit pas bien comment sans cette supposition la philosophie kantienne pourrait trouver accès à elle-même, et parvenir à quelque exposé de sa doctrine. Car du coup le mot : sensibilité est dépourvu de sens, si on n'entend par là un réel *médium* à part *entre* quelque chose *et* quelque chose, et si ne doivent déjà être contenues dans
304 son concept, à titre *de déterminations réelles et objectives,* les notions de | séparation et de conjonction, d'action et de passion, de causalité et de dépendance; et même y être contenues en telle sorte que soient données en même temps qu'elles, à titre de présupposé, l'universalité et la nécessité absolues de ces notions. Je dois avouer que ce scrupule ne m'a pas peu arrêté dans l'étude de la philosophie kantienne, au point que, plusieurs années de suite, je dus reprendre complètement la *Critique de la Raison Pure,* parce que je ne cessais d'être troublé de ne pouvoir entrer dans le système *sans* admettre ce présupposé et de ne pouvoir y demeurer *en l'admettant.*

Y demeurer en admettant ce présupposé est absolument impossible, puisque la conviction de la validité objective de notre perception d'objets hors de nous, comme choses en soi et non comme phénomènes simplement subjectifs, est au fondement de ce présupposé, tout autant que la conviction de la validité objective de nos représentations des *relations*
305 *nécessaires* que ces objets entretiennent entre eux | et *leurs rapports essentiels, comme déterminations objectivement réelles.* Assertions qui ne se laissent en aucune manière concilier avec la philosophie kantienne, puisqu'elle s'emploie entièrement à prouver que les objets, tout comme leurs rapports, sont des êtres simplement subjectifs, simples déterminations de notre propre moi et n'existant absolument pas hors de nous. Car, d'après elle, lors même qu'il est possible *d'accorder* qu'à ces êtres simplement subjectifs, qui ne sont que des déterminations de *notre* propre *être, peut* correspondre comme *cause,* un quelque chose transcendantal, la plus profonde obscurité ne nous en dissimule pas moins où se trouve cette cause, et de quelle sorte est son rapport à l'effet. Au reste nous avons déjà vu que, de près ou de loin, nous ne pouvons parvenir à aucune expérience de ce quelque chose de transcendantal, ni en avoir en aucune façon la moindre perception, mais que tous les objets de l'expérience sont de simples phénomènes, dont la matière et le contenu réel ne sont absolument rien d'autre que notre propre sensation. Quant aux déterminations

1. *Critique de la Raison Pure,* p. 246, 253, 254, 115, 494.

particulières de cette sensation, | je veux dire ses sources, ou, pour parler le 306
langage de la philosophie kantienne, *la façon dont nous sommes* affectés par les objets, là-dessus, nous nous trouvons dans l'ignorance la plus complète. Et en ce qui concerne l'élaboration intérieure ou la digestion de cette matière, qui lui confère sa *forme,* et transforme les sensations en nous en objets pour nous, tout cela repose sur une *spontanéité* de notre être, dont le principe nous est derechef tout à fait inconnu, et dont nous savons seulement que la première manifestation est celle d'un pouvoir aveugle qui enchaîne en avant et en arrière et que nous appelons : imagination. Mais puisque les concepts qui naissent de cette manière, ainsi que les jugements et propositions qui en proviennent n'ont de validité que dans leur relation à nos sensations, toute notre connaissance n'est rien d'autre qu'une conscience de détermination de notre propre moi, liées entre elles, dont on ne peut conclure absolument rien d'autre. Nos représentations générales, concepts et principes, n'expriment que la forme essentielle à laquelle chaque représentation particulière et chaque jugement particulier, | par suite 307
de la constitution de notre nature, doivent se soumettre pour pouvoir être admis et liés en *une* conscience générale ou transcendantale, et recevoir de cette façon une vérité relative ou une validité relativement objective. Mais ces lois de notre intuition et de notre pensée sont, si on fait abstraction de la forme humaine, dépourvues de toute signification et de toute validité, et ne donnent pas la moindre indication sur les lois de la nature en soi. Ni le principe de la raison suffisante, ni même le principe selon lequel rien ne peut naître de rien, ne concerne les choses en soi. Bref, toute notre connaissance ne contient rien, absolument rien qui ait une quelconque signification *véritablement* objective.

Je demande : comment est-il possible de concilier l'hypothèse d'objets qui font impressions sur nos sens et suscitent ainsi des représentations avec une doctrine qui prétend réduire à rien toutes les raisons qui autorisent cette hypothèse ? Qu'on examine ce qu'a exposé le début de cette étude : l'espace et toutes les choses dans l'espace existent, selon le système kantien, en nous et nulle part ailleurs ; | tous les changements et même les changements 308
de notre propre état intérieur, dont nous croyons pourtant être immédiatement assurés par la succession de nos pensées, ne sont que des modes de représentation, et ne prouvent aucun changement objectivement réel, aucune consécution de ce genre ni en nous ni hors de nous ; qu'on examine la thèse selon laquelle tous les principes de l'entendement n'expriment que les conditions subjectives, lois de notre pensée et pas du tout de la nature en soi, mais qui sont dépourvues de tout contenu et de tout usage *véritablement* objectifs ; qu'on examine ces points comme il faut et qu'on se demande si l'on peut admettre conjointement l'hypothèse d'objets qui

font impressions sur nos sens et aboutissent ainsi à des représentations. Il est impossible qu'on y parvienne à moins d'accorder à chacun de ces mots une étrange signification et à leur assemblage un sens tout à fait mystique. Car selon l'usage commun du langage, l'objet devrait désigner une chose *qui existerait hors de nous dans le sens transcendantal :* et comment parviendrions-nous à une telle chose dans la philosophie kantienne ? serait-
309 ce du fait que nous | nous sentons passifs dans les représentations que nous nommons phénomènes ? Mais se sentir passif ou subir n'est que la moitié d'un état, *qui n'est pas pensable d'après cette seule moitié.* Il serait même ici expressément requis qu'il ne soit pas pensable d'après cette seule moitié. Nous sentirions ainsi la cause et l'effet au sens transcendantal et nous pourrions, grâce à ces sensations, conclure à des choses hors de nous et à leurs relations nécessaires entre elles au sens transcendantal. Mais comme tout l'idéalisme transcendantal serait ruiné par là, et perdrait toute application et toute fin, son adepte doit absolument abandonner cette hypothèse, et ne même pas vouloir trouver *vraisemblable* qu'existent des choses qui seraient hors de nous au sens transcendantal, et qu'elles aient avec nous des rapports *que nous pourrions être à même de percevoir de façon quelconque.* À peine veut-il trouver cela ne serait-ce que vraisemblable, à peine veut-il y *croire,* ne serait-ce que de loin, il lui faut aussitôt sortir de l'idéalisme transcendantal et tomber dans une contradiction
310 véritablement *inexprimable* avec lui-même. | Il faut donc que l'idéaliste transcendantal ait le courage de soutenir l'idéalisme le plus énergique qui ait jamais été professé et même de ne pas s'effrayer devant le reproche d'égoïsme spéculatif, car il est impossible qu'il puisse se maintenir dans son système même s'il ne prétend éloigner de lui que ce seul reproche.

Si la philosophie kantienne voulait s'éloigner par la conjecture ou la croyance, ne serait-ce que de l'épaisseur d'un cheveu de l'ignorance transcendantale que professe l'idéalisme transcendantal, non seulement elle perdrait à l'instant même toute consistance, mais il lui faudrait encore renoncer complètement à ce qu'elle donne comme son principal avantage : procurer le repos à la raison, car cette prétention n'a d'autre fondement que la *totale ignorance absolue* que professe l'idéalisme transcendantal ; mais cette totale ignorance absolue perdrait toute force si elle autorisait quelque conjecture et permettait d'en tirer le moindre avantage.

FRIEDRICH HEINRICH JACOBI

QUE LE CONCEPT DE LIBERTÉ ET DE PROVIDENCE EST INSÉPARABLE DU CONCEPT DE RAISON [1]

1. (Première édition en 1799)

| « Est-ce l'homme qui possède la raison ou est-ce la raison qui possède 313
l'homme » ? Cette question qui paraît étrange, voilà dix ans que la soulevais dans le septième Appendice aux Lettres sur la doctrine de Spinoza; d'autres lui ont donné depuis divers tours, ou plutôt ont fait divers emplois de sa tournure. Même Kant s'en est servi dans ses Premiers principes métaphysiques de la doctrine de la vertu, p. 47, où il dit : « Ainsi quand on considère la vertu dans toute sa perfection, on ne se la représente pas comme quelque chose que l'homme possède, mais comme quelque chose qui possède l'homme ».

La différence indiquée dans cette question entre une raison *substantif*, ou *l'esprit même de l'homme*, et une raison *adjectif* qui n'est pas en elle-
même un être, mais qui est seulement la propriété | et la nature d'un être[1], il 314
faut, à mon sens, en faire le fondement de la doctrine de la liberté; faute de quoi cette doctrine ne peut être qu'un vain tissu sophistique de mots trompeurs et d'illusions, qui ne supporte pas un examen approfondi.

Il est de fait que cette distinction se trouve également dans la philosophie kantienne; mais son passage y est éphémère; elle ne fait son apparition que pour disparaître aussitôt; et cela pour la bonne raison que *l'esprit* ne tolère aucun traitement scientifique, parce qu'il ne peut devenir *lettre*. Lui, l'esprit doit donc rester à la porte de sa *science ;* il ne peut *lui-même* être là où clle est. Aussi celui qui se flatte d'épeler l'esprit épelle toujours à coup sûr quelque chose d'autre, qu'il le sache ou non. En d'autres termes : nous faisons nécessairement disparaître l'esprit lorsque nous tentons de le transformer en lettre, et elle *ment* la lettre qui se donne pour l'esprit. Elle ment, car ce qui se donne ce nom, ce n'est jamais *la*

1. Voyez les *Lettres sur la doctrine de Spinoza,* Appendice VII.

315 *lettre de l'esprit ;* | de ce point de vue, il n'y a là que pure illusion, car l'esprit véritable n'a pas de lettre. Il est vrai que la lettre a aussi un esprit et cet esprit se nomme : *science.*

Je ne puis me permettre de développer ici cette considération. Je me hâte de définir ma notion de liberté.

Par le mot de liberté j'entends ce pouvoir qui permet à l'homme d'être lui-même et d'être, en lui et hors de lui, l'unique auteur de son action, opération et production. Dans la mesure où il se regarde, s'éprouve et se considère comme un être libre, il n'attribue qu'à lui seul ses qualités personnelles, sa science et son art, son caractère intellectuel et moral; dans cette mesure il s'en considère lui-même comme l'auteur, le créateur; et c'est seulement dans la mesure où il s'en considère comme l'auteur et le créateur qu'il se nomme libre, lui, *esprit, intelligence* et non pas la nature – d'où pour une part de son être il est issu d'une manière nécessaire, à laquelle pour cette part il appartient, dans le mécanisme universel de laquelle il est impliqué, à laquelle il est entrelacé. Donc il se nomme libre
316 uniquement | dans la mesure où, pour une part de son être, *il n'appartient pas à la nature,* où il n'est pas né d'elle et n'a pas conçu d'elle; uniquement dans la mesure où il s'en distingue, où il s'élève au-dessus d'elle, où il s'en sert et la maîtrise, où il s'en arrache et soumet son mécanisme à son libre pouvoir et le met à son service. *Seul* l'esprit, pas la nature, invente et produit avec intention; lui seul *rêve et aspire.* La production de la *seule* nature est une production aveugle, dénuée de raison, nécessaire, simplement mécanique[1], sans prévision, sans projet, sans libre
317 choix ni intention. Voilà pourquoi aussi dans notre | conscience, raison et liberté se trouvent indissolublement liées entre elles; seulement, ce n'est pas en telle façon que le libre pouvoir soit à dériver de la raison (adjectif), mais bien en sorte qu'il faut dériver la raison du libre pouvoir (substantif).

L'union de la nécessité naturelle et de la liberté dans un seul et même être est un fait *(factum)* absolument inconcevable [*unbegreifliches*], un *miracle* et un *mystère* assimilables à ceux de la création. Celui qui concevrait la création, concevrait ce fait; celui qui concevrait ce fait, concevrait la création et Dieu lui-même.

1. Il m'est déjà arrivé de rappeler et je rappelle une nouvelle fois que lorsque les mots : *mécanisme* et *mécanique,* sans autre précision, interviennent dans mes écrits, il faut entendre par là tout *enchaînement nécessaire.*

En ce sens large, la notion de *mécanique* englobe donc *tout ce qui est conséquence nécessaire dans le temps selon la loi de la causalité ;* y compris par conséquent les effets chimiques, organiques, et psychologiques, en un mot tout ce qui se manifeste uniquement selon le cours de la nature et qui est attribué à ses seules forces. Cf. Kant, *Critique de la Raison Pratique,* p. 173. Surtout : *Manuel des sciences philosophiques* de Bouterwek, lère partie, p. 168-178.

Or de même que d'une part la raison adjectif, dont l'existence réside *uniquement dans le concevable,* s'emploie à contester la *réalité* de ce mystère, la *vérité* de ce miracle, et, dans sa fonction de représentant d'une nécessité qui a déjà tout déterminé de force, qui ne permet à rien de se produire qui ne se soit *déjà produit* et au fond ne s'est *jamais produit* – travaille inlassablement à écarter ce miracle et ce mystère comme illusion imputable à *une ignorance provisoire,* | en faisant reculer pas à pas temps et **318**
événement, de même, d'autre part, *l'esprit* intimement *certain de lui-même* affirme la réalité et la vérité de ce mystère et de ce miracle, et nous force à croire son témoignage avec une puissance de crédit à laquelle ne se hausse aucun syllogisme. Ce qu'il affirme, c'est *l'acte* qui l'atteste, car aucune action, pas même la moindre, ne peut se produire sans contribution du libre pouvoir, sans *la participation de l'esprit.*

Ce que l'esprit ajoute, c'est ce qui *n'est pas mécanique,* ce qui, dans les actions, les œuvres et les caractères des hommes ne naît pas selon une loi universelle de la nature, mais d'une faculté *spécifique*. Si on conteste cette influence, cette *intervention* de l'esprit dans la nature, on conteste partout *l'esprit* et, à sa place, on se contente de mettre *des êtres naturels doués de conscience.* Cette conscience n'apporte dès lors que représentations, et représentations de représentations; des concepts, et des concepts de concepts qui se produisent successivement, dès que la substance est mise en action et agit. *L'aveugle* va devant, montre le | chemin, et *le clairvoyant* **319**
suit. Dès lors c'est le désert qui a inventé ordre et forme; ce qui est dépourvu de sens qui a inventé le sens et la réflexion [*Sinne und Besinnung*], la perception et l'entendement; c'est l'irrationnel qui a inventé la raison; l'inerte le vivant; partout c'est *l'œuvre qui a inventé le maître.*

Or celui qui peut admettre cela et, se fondant sur les conclusions de sa terrestre raison ne rougirait pas de prétendre que Homère, Sophocle, Pindare, les bardes Ossian et Klopstock – Aristote, Platon, Kant et Fichte, tous les poètes et philosophes, quel que soit leur nom, tous les législateurs, artistes et héros, ont produit leurs œuvres et leurs actes de façon aveugle et contrainte *au fond,* en série dans l'enchaînement *nécessaire* de la cause et de l'effet, c'est-à-dire en conséquence du mécanisme de la nature; et que *l'intelligence,* à titre de *conscience simplement concomitante,* n'a eu dans tout cela que le rôle de *spectateur pur et simple* – celui, dis-je, qui peut admettre cela et en faire sa vérité, il n'y a plus à discuter avec lui.

On peut sous la torture logique le contraindre à l'aveu qu'en contestant la liberté | il soutient sans restriction ce qui vient d'être exposé et qu'avec le **320**
mot *liberté,* quelque emploi qu'il en fasse, il n'a jamais en tête (quelque aversion gnostique qu'il puisse d'ailleurs montrer, alléguer, et, même

éprouver devant tout ce qui est corporel et sensible), que le principe matérialiste du mécanisme, une *activité* en soi à l'origine *simplement indéterminée*, actuosité ou agilité.

S'il a lâché cet aveu, il nous faut l'élargir; la justice philosophique n'a plus aucune prise sur lui : car ce qu'il conteste, on ne peut le démontrer de façon strictement philosophique; ce qu'il démontre, on ne peut le contredire de façon strictement philosophique.

Nous déclarons au contraire : il est impossible que tout soit nature et qu'il n'y ait pas de liberté parce qu'il est impossible que ce qui seul anoblit et élève l'homme : le *vrai*, le *bon* et le *beau*, ne soit qu'illusion, tromperie, mensonge. C'est cela, si la liberté n'est pas. Le *véritable* respect est impossible, impossible la *véritable* admiration, la gratitude et l'amour
321 véritables, s'il est impossible que liberté et nature | résident ensemble dans un être unique, et que la première règne où la seconde tisse ses fils. Une machine, un automate (qu'il soit spirituel ou corporel) aucun homme ne peut le respecter, l'aimer, lui manifester de la gratitude, ou même seulement *l'admirer*. En admirant une machine, un automate, nous ne faisons jamais qu'admirer l'art qui s'y cache, *l'esprit*, l'inventeur qui les produisit avec intelligence et intention. C'est à lui seul que se rapportent ces sentiments; de façon exclusive, unique et entière, c'est à un pouvoir qui n'agit *pas* mécaniquement qu'ils se rapportent; à un pouvoir qui détermine et qui produit selon un procédé qui n'est pas *intelligiblement* possible, mais est intelligiblement (c'est-à-dire *naturellement*) *impossible*.

Si, en te moquant, tu me mets au défi de dissocier dans une seule œuvre, une action, un caractère humain, quels qu'ils soient, la part qui revient à la nature de la part qui revient à la liberté et d'indiquer comment il faut distinguer l'une de l'autre, c'est sans moquerie que, pour ma part, je te mets au défi de *ne pas* faire cette distinction dans tous les cas où tu
322 éprouves admiration, respect, gratitude ou amour; | de *ne pas* te représenter à côté de l'activité de la nature un libre pouvoir et de *ne pas* rapporter exclusivement à ce dernier ces sentiments que tu éprouves. Je le sais, tu en es incapable; tu cesses de les éprouver dès que tu écartes de ta pensée le libre pouvoir, dès que tu te rends *réellement* superflue sa présupposition.

Voici ce que je t'accorde sans conteste : le domaine de la liberté, c'est le domaine de l'ignorance. Je me contente d'une ignorance *invincible* à l'homme; et par là je la distingue de celle dont la raison a vocation de réduire sans cesse davantage le royaume et le règne; conquérir entièrement cette dernière pour la soumettre pas à pas à la science, voilà ce qu'elle vise nécessairement, mais elle pleurerait comme Alexandre si elle voyait le danger qu'il y aurait à parvenir un jour à ses fins.

Si la croyance à la liberté se fondait sur cette ignorance que la raison est destinée à extirper en produisant la science, alors la raison ne serait utile à l'homme que le temps qu'elle demeurerait dans l'enfance et s'accommoderait de *l'erreur et de l'illusion ;* au terme de sa croissance, parvenue à
sa parfaite maturité, elle n'engendrerait que la mort. | Cette mort aurait 323
nom : science et vérité; science et vérité seraient le nom de la victoire sur tout ce qui élève le cœur de l'homme en le béatifiant, illumine son visage, adresse en haut son regard : la victoire sur tout ce qui est grand, sublime et beau.

Pour qu'il n'en soit pas ainsi, pour que ce qui en l'homme *vient de Dieu* ne soit pas *illusion* et que *ce qui ne vient pas de Dieu* ne soit pas vérité et raison rendue pure, il faut que l'ignorance qui s'attache à la croyance en la liberté soit une ignorance de toute autre sorte : il faut qu'elle soit *ce lieu du vrai* inaccessible à la science. « Déchausse-toi, car ce lieu est saint. »

NOTES ET COMMENTAIRES

par

Louis Guillermit

I – Sur la Préface

Jacobi composa cette *Préface* à l'occasion de l'édition qu'il entreprit de ses œuvres complètes en 1815. Après avoir un moment songé à remanier entièrement le dialogue (lettre à Weiss, 12 août 1812 – *Nachlass Zöppritz,* II, p. 92) – en particulier pour tenir compte de l'important changement qu'il présente lui-même (*Préface* p. <7-8> – *Dialogue* p. <221, note> – pagination de l'édition allemande) comme étant essentiellement d'ordre terminologique et portant sur le sens des termes : *entendement* et *raison,* mais dont il avoue qu'il ne s'imposa à lui que lorsqu'il fut parvenu à tirer au clair sa propre pensée – il préféra finalement écrire ce long texte, dont le titre précise qu'on peut y voir une introduction à l'ensemble de ses écrits philosophiques. Parmi les raisons de son choix, les unes sont d'ordre *systématique :* il écrit en ce sens à Jean Paul qu'on trouvera dans cette introduction « l'exposition complète du système » de ses convictions (18 avril 1814 – *N. Z.,* II, p. 113) ; les autres révèlent un souci plus proprement *historique :* d'abord celui de conserver au texte inchangé du *Dialogue* sa valeur de document (p. <5>), compte tenu de la vivacité des polémiques où il se trouva engagé, et de faire la preuve de la constance de ses convictions philosophiques tout au long de tant d'années : « mes convictions sont encore tout à fait les mêmes, souligne-t-il en 1811 dans *Choses divines* (W. III, p. 339 ; trad. J. J. Anstett, p. 393) que celles que j'exposais, voici plus de vingt-cinq ans dans mon livre sur la doctrine de Spinoza et dans le *Dialogue* sur l'idéalisme et le réalisme paru peu après » ; ensuite celui de permettre au lecteur d'assister à leur genèse, et de comprendre en quelle façon elles s'organisent en système : « Je veux y exposer comment ma philosophie est progressivement devenue ce qu'elle est maintenant et donner ainsi au lecteur un guide à travers tous mes écrits. La succession de ces écrits mêmes représentera aussi proprement l'histoire de ma formation philosophique et le lecteur attentif pourra ainsi découvrir en quelle mesure ils constituent un système » (*Lettre à Jacobs,* 5 mars 1813, *Auserlesener Briefwechsel,* Roth, II, p. 435).

Comme dans la plupart des textes de Jacobi, on y relève de nombreuses redites et reprises sous une autre forme de thèmes identiques, souvent marquées d'un caractère critique et même polémique évident, où il convient cependant de retrouver dans une certaine mesure le style obligé d'une non-philosophie qui doit presque toujours s'exposer en s'opposant à la philosophie qu'elle récuse. (Sur cette organisation de son discours philosophie, voir la dernière partie de notre Introduction.) En tenant compte de quelques indications fournies par l'auteur lui-même, lorsqu'il reprend en main le fil de son propos (par exemple p. <44> : « Mais il est temps que, prêtant l'oreille à l'avertissement socratique, je revienne à mon propos, afin qu'une nouvelle vague ne vienne pas toujours submerger le premier discours – Nous sommes partis de la question [...] Nous avons montré [...] etc., ou, p. <47> : « Nous avons déjà précédemment montré [...] ce qui nous reste maintenant à mettre en lumière [...] – ou encore, p. <64>, lorsqu'il annonce que « dans sa hâte à conclure », il se contentera « de mettre encore à la suite de courts paragraphes »), on peut dégager ainsi les principaux moments de son exposé :

1 – Après quelques pages indiquant brièvement de quelle façon il entend renouer dans ce texte avec les premières expressions de sa pensée (p. <3 à 7>), il aborde le thème : *raison* et *entendement,* qu'il développe selon deux voies : la comparaison entre *l'homme* et *l'animal,* la référence à *la philosophie de Kant* (p. <7 à 45>).

2 – L'approbation de l'intention qui animait la théorie kantienne de la croyance rationnelle fournit à l'auteur l'élan pour un exposé de ses convictions personnelles sur les deux points de la *liberté-providence* et des rapports de la *croyance* et de la *science.*

Passage charnière, puisque l'exposé de ce dernier point annonce la critique des philosophies démonstratives qui va suivre, tandis que la conclusion reprend la précédente comparaison entre l'homme et l'animal (p. <45 à 63>).

3 – Le préjugé de la discursivité et la doctrine de l'Un-Tout; explication platonicienne de sa genèse, tel pourrait être le titre du développement suivant (p. <63 à 72>).

4 – Résumant ce qu'il estime avoir montré dans les pages qui précèdent, Jacobi annonce qu'il va tenter de ressaisir à sa source l'illusion dont sont dupes tous les philosophes qui croient pouvoir intégrer la liberté à un système de démonstrations nécessaires (p. <72 à 77>).

5 – La dénonciation des deux faux-semblants auxquels ils recourent en prétendant atteindre l'inconditionné grâce aux seules abstractions de l'entendement : le néant, et le chaos – introduit à une critique visant principalement la philosophie de Schelling, critique qui déclare s'inspirer de celle que Platon adressait à l'héraclitéisme (p. <77 à 97>).

6 – Jacobi annonce alors qu'il va exposer sa conviction personnelle : c'est au soleil de la raison, révélatrice de l'être et des valeurs, que l'entendement logique, semblable à la lune, emprunte sa lumière, l'illusion philosophique consistant à faire comme si cette lumière émanait de lui (p. <97 à 107>).

7 – Les dernières pages, explicitement présentées comme des fragments complémentaires, reprennent une dernière fois les thèses les plus importantes concernant la croyance et la nécessité de subordonner l'entendement à la raison pour éviter l'aberration du fatalisme (p. <107 à 123>).

<Exergue> : emprunté à Pascal (*Pensées,* éd. Brunschvicg, p. 508), dont l'œuvre était familière à Jacobi depuis l'époque de son séjour à Genève

(1759-1761). Il la cite souvent en y cherchant l'expression de ses propres convictions (l'opposition du cœur et de la raison ; la vraie philosophie se moque de la philosophie, etc.).

P. <3-5> : Allusion à la célèbre querelle du panthéisme, telle qu'elle prit corps avec les *Lettres à Mendelssohn sur la doctrine de Spinoza* (1786). Voir : H. Scholz : *Hauptschriften zum Pantheismusstreit zwischen Jacobi und Mendelssohn* – éd. de la *Kantgesellschaft*, t. VI, 1906 ; Xavier Léon : Fichte et son temps, Colin, 1922-1927 ; V. Delbos : *Le problème moral dans la philosophie de Spinoza et dans l'histoire du spinozisme*, Alcan, 1893.

P. <6 – 7> : Sur ce privilège des premières œuvres d'un auteur, voir au début de *l'Appendice sur l'Idéalisme transcendantal,* à propos de la première édition de la *Critique de la Raison Pure,* l'exemple du *Treatise* de Hume.

1 – Raison et Entendement (p. <7 à 45>)

P. <8> : La comparaison entre l'homme et l'animal est développée dans : *Des choses divines et de leur révélation* (1811), W. III, p. 395 ; trad. Anstett, p. 427 *sq.* ; voir plus loin, p. <15>, et note.

P. <9> : Sur l'intuition du supra-sensible, Jacobi signale lui-même (dans la *Lettre à Fichte* (1799), W. III, p. 18 ; trad. p. 312) que le meilleur exposé qu'il en ait donné est dans la *lettre à Erhard O.,* mise en appendice à *Alwill* (1792), W. I, p. 229.

On peut y remarquer une insistance particulière à souligner le caractère *naturel* de la croyance : « La croyance à un Être suprême en général, comme source de tout être et de tout devenir et la croyance à un Dieu qui est un esprit, sont toutes deux données à l'homme dans le fait impénétrable de sa spontanéité et de sa liberté. Aussi de façon générale, la croyance à un Dieu est-elle *naturelle* à l'homme ; et celle qui lui est *au plus haut point naturelle,* c'est la croyance à un Dieu vivant », W. I, p. 251.

La comparaison de la raison à l'organe de l'œil se retrouve plus loin, p. <45> et dans le *Dialogue*, p. <266>.

P. <11> : (Sur « les difficultés d'expression et d'exposition » suscitées par la notion de *croyance,* voir notre Introduction.)

La faculté de percevoir – on verra plus loin (p. <34>) que Jacobi prend à la lettre le mot allemand : *Wahrnehmung* (perception) = saisie du vrai.

P. <12> : La comparaison indiquée en note est éclairante : Jacobi estime qu'en accusant sa philosophie du sentiment de retourner à l'obscurantisme en pleine période des Lumières, ses contemporains, obnubilés par leur intellectualisme et leur « logicisme », ne se sont pas moins mépris sur sa véritable pensée que ceux qui ont cru que l'attraction universelle de Newton retournait à l'occultisme, au mépris de l'idéal cartésien des idées claires et distinctes, sans voir que Descartes avait sacrifié l'ontologie à la logique.

P. <13> : Le pape Zacharie (741-752), après avoir déclaré : « Il faut donner le nom de roi à celui qui en a le pouvoir », sacra Pépin le Bref à Soissons en 752 par l'intermédiaire de Saint Boniface.

P. <14> : Jacobi ne manque pas une occasion d'exalter Platon qui avait porté la philosophie à son plus haut point de perfection et de désigner Aristote comme le premier responsable, par le formalisme de la logique qui fait abstraction du contenu de la pensée, de l'égarement de toute la philosophie postérieure, exclusivement soucieuse de démonstration et qui, pour avoir abusivement privilégié la science, a oublié l'être. – La *Nouvelle Critique de la raison* de Fries (1773-1843) avait paru en 1807.

P. <15> : Plus que dans les nombreux autres endroits de son œuvre où il parle de Kant, Jacobi insiste ici sur ses mérites : il a mis un terme à la contradiction fondamentale de la philosophie antérieure que son empirisme n'empêchait pas de prétendre pouvoir atteindre en métaphysique une connaissance du supra-sensible (c'est en somme *l'inconséquence* dont Kant accuse Locke, *K. r. V.*, § 14 – B, p. 127).

Son erreur consistait donc à mal situer l'entendement en l'enchaînant à la sensibilité au lieu de le lier à la raison, où d'autre part elle aurait dû voir une faculté de révéler le supra-sensible, au même titre que la sensibilité est une faculté de révéler le sensible, au lieu d'en faire, comme ce fut le cas, une faculté discursive qui n'était au fond que celle de l'entendement lui-même.

P. <17> : Mais Kant n'a pas su rendre à la raison son pouvoir de révéler l'être. En principe, il s'est ainsi condamné soit à faire de la connaissance le jeu mécanique des forces naturelles (c'est sans doute ce que Jacobi veut dire en visant le matérialisme de la doctrine d'Aristote), soit à la réduire à un pur jeu de représentations sans objectivité. Réservant la question de savoir ce qu'il en fut, Jacobi se contente de dénoncer ce que masque la magie du mot : *Transcendantal,* l'échec à rénover la raison qui ne resurgit apparemment triomphante sous sa forme de croyance pratique au supra-sensible qu'après avoir vu son pouvoir théorique résorbé dans celui de l'entendement. Ce qui ramène l'attention sur l'égale impuissance de cet entendement condamné à ne pas trouver le contact avec l'être, à cause de l'épuration excessive à laquelle a été soumise une sensibilité dont on ne peut plus dire qu'elle perçoit, puisqu'elle ne saisit pas le vrai [*Wahr-nehmung*], les choses en elles-mêmes, mais simplement les phénomènes. Ainsi Kant est accusé d'un double échec : il n'a conçu correctement ni la sensibilité, ni la raison, puisqu'il leur a refusé le pouvoir de révéler l'être, respectivement sous sa forme *sensible* et sous sa forme *supra-sensible*. Selon l'image qui sera appliquée plus loin à Leibniz également, sa philosophie se perd dans le néant de la connaissance « par le haut et par le bas ». (Cette image se trouve chez Bouterwek (*I. Kant, ein Denkmal,* Hambourg, 1805, p. 25-29) : Kant « maintenait l'entendement en suspens entre la réalité absolue – dont il devait être absolument coupé – et la perception sensible, au-dessus de laquelle il devait s'élever [...] Suspendu entre ciel et terre, il ne gagna ni l'un ni l'autre ». Jacobi cite ce texte dans *Choses divines,* W.III, p.360 ; trad. p.406). Cette philosophie est donc un *nihilisme.* – (Il est possible que Jacobi ait été le premier – avant Baader – à employer ce terme auquel Nietzsche devait donner le relief que l'on sait. – Cf. Gerhard Hohn : « F. H. Jacobi et G. W. Hegel ou la naissance du nihilisme et la renaissance du Logos », in *Revue de métaphysique et de morale,* 1970.)

P. <20> : « Fonder toute la philosophie sur la ferme croyance sortie tout droit d'une docte ignorance à laquelle elle s'identifie en vérité » ; c'est peut-être la formule qui résume le mieux l'essentiel de ce que Jacobi appelle encore « ma *non-philosophie dont l'être réside dans le non-savoir* » (*Lettre à Fichte,* W.III, p.9 ; trad. p.307). – La notion de docte ignorance fait évidemment songer à Nicolas de Cues, avec lequel d'autres points de la philosophie de Jacobi peuvent être rapprochés. Cf. A. Hebeisen : *F. H. Jacobi. Seine Auseinandersetzung mit Spinoza,* Berne, 1960, cité par Verra qui relève également (*op. cit.* p.304) une lettre à Kleuker du 6 juin 1791, où Jacobi déclare que son ποῦ στῶ (celui que réclamait déjà l'exergue des *Lettres à Mendelssohn*) est l'inscience socratique. « Je tiens la conscience de notre ignorance pour ce qu'il y a de plus haut en l'homme et le lieu de cette conscience pour le lieu du vrai inaccessible à la science » (*Lettre à Fichte,* W. III, p.5 ; trad. p.304). La révélation de l'existence qui se montre, mais ne se démontre pas, se situe au-delà de toute connaissance et n'offre aucune prise à la discursivité. C'est ce qui nous a paru rendre nécessaire la traduction du terme : *Voraussetzung,* qui revient si souvent, non par : supposition ou hypothèse (que l'accent soit mis sur le sens de conjecture ou sur celui de principe, on reste dans la sphère de la connaissance), mais par *présupposition* qui indique mieux ce qui est « déjà-là » quand commence la connaissance.

L'assimilation de l'échec de Leibniz à celui de Kant peut surprendre si l'on se souvient des longs passages du *Dialogue* où Jacobi prend sa défense jusqu'à s'affirmer lui-même leibnizien. Mais ici c'est à *« l'idéalisme »* de la monade « sans portes ni fenêtres » qu'il s'en prend, la définition de la perception comme « expression du multiple dans l'un » lui paraissant insuffisante pour assurer « la saisie du vrai ». D'autre part, cet *« intellectus »* ne lui paraît sans doute pas pouvoir rejoindre la *« ratio »,* elle-même réduite à la fonction logique d'enchaînement des vérités, de fonction de raisonner (voir par exemple : *Nouveaux Essais* IV – 17 § 1 ; II, 21, § 50 : « la raison est un enchaînement de vérités » – *Disc. prél. à la Théodicée,* § 1 –), alors que, pour sa part, il lui accorde désormais la fonction très positive de révéler le supra-sensible.

P. <21> : Retour à l'aspect positif de la réforme kantienne : elle a eu au moins un mérite, celui de montrer qu'un entendement qui prétend pouvoir dépasser le sensible et se livrer à ses seules ressources propres est voué à fonctionner à vide. L'image du jeu avec son ombre se retrouvera plus loin, p. <36>.

P. <22> : Même reproche que précédemment : Kant ne peut « saisir le vrai » ni *dans* les phénomènes, ni *au-delà ;* autant dire qu'il vide de toute substance et la *science* et la *métaphysique,* reproche qui lui sera en effet adressé plus loin explicitement (p. <44>).

Position si intenable que l'on peut, dans le système kantien, retrouver en quelque sorte « en creux » cette prééminence qu'il n'a pas su accorder à la raison : non seulement lorsqu'il dit que la raison pratique est « la clé de voûte de l'édifice » philosophique, mais déjà dans la partie théorique, où, au prix d'une contradiction (voir *l'Appendice*) il conserve place à la chose *en soi,* son tort étant de soutenir qu'elle ne se manifeste que *dans* et *par* les phénomènes, au lieu d'y voir une révélation qui ne peut être faite ni à l'entendement, ni aux sens, mais au-delà d'eux, à la seule raison.

C'est pour marquer une nouvelle fois le caractère extra-cognitif de cette révélation que Jacobi emploie, selon une synonymie bien faite pour surprendre, les termes de *positif* et de *mystique. Mystique* est souvent pris (cf. *Appendice,* p. <308>), selon un emploi courant à l'époque, au sens d'inexplicable et d'inexprimable, avec une intention péjorative à laquelle Jacobi oppose une vigoureuse fin de non-recevoir : « Y a-t-il une pensée présentant quelque élévation et quelque profondeur, qu'elle soit intellectuelle ou morale qui ne confine pas à la mystique ? Il est mystique, tout à fait mystérieux, le commencement de notre connaissance, la présupposition incompréhensible d'un Être premier qui contient en lui et produit hors de lui tout ce qui est vrai, bon et beau », *Choses divines*, W. III, p. 438 ; trad. p. 454.

Positif se retrouve encore plus fréquemment; par exemple dans le *Dialogue*, p. <267> : toute notre connaissance repose sur le *positif* et dès que nous l'abandonnons, nous tombons dans le rêve [...] concepts et principes sont *positifs* et immédiatement pris du réel ; et dans les *Choses divines* (W. III, p. 332 ; trad. p. 389 *sq.*), il permet de situer à la fois les *idéalistes* (les « intérioristes intégraux » qui aboutissent au nihilisme, à l'égoïsme spéculatif), et les *réalistes* qui ne sont *qu'empiristes,* « ceux qui prétendent n'avoir rien en eux qui n'y soit venu de l'extérieur ». Les premiers sont des adversaires du positif, pris au sens de « ce qui est réellement objectif » [*Realobjectiv*], philosophes extrémistes qui « sont allés si loin dans la purification de leur amour pour la vérité qu'ils ne se soucient même plus du vrai ». Ils l'ont en effet résorbé dans la connaissance même : « transformés en lumière, ils ne voient même plus la lumière ». – Les seconds sont, pourrait-on dire en usant des propres expressions de Jacobi, à ce point extrême « adeptes conséquents d'une théorie complètement et absolument *positive,* de la religion » qu'ils manquent tout aussi bien le véritable *positif,* tel que Jacobi veut l'entendre ; car leur empirisme les amène à faire prévaloir, eux aussi la lettre sur l'esprit : sans la révélation de l'Écriture et des miracles, estiment-ils, les hommes ne sauraient rien du tout de Dieu. – On voit donc comment Jacobi a pu détourner le terme : positif de son sens usuel qui l'oppose, en matière religieuse au rationalisme ou au matérialisme, pour en conserver l'indication d'une révélation du supra-naturel, qui, loin de résulter de la connaissance, de la réflexion et de leurs médiations, leur demeure inassimilable.

P.<25> : Approfondissement de l'idée précédente : Kant a pressenti la vraie fonction de la raison, mais il l'a finalement laissé échapper. Il a en effet, dès la première *Critique*, vu dans la raison une faculté bien supérieure à celle de l'entendement qui ne peut « qu'épeler les phénomènes », et reconnu que ses objets, pour n'être pas présentables dans l'expérience, n'en étaient pas pour cela des chimères sans réalité. Mais il n'en a pas tiré la conclusion. L'explication de cette inconséquence, Jacobi déclare l'avoir fournie dans son écrit *Des choses divines,* auquel il renvoie. On y trouve en effet un long passage (W. III, 339-378 ; trad. p. 394-416), consacré à son « hypothèse principale », en fait « préjugé insurmontable », que l'on peut surprendre dans les pages de l'Antithétique, où celle-ci se trouve illustrée par l'opposition entre le naturalisme épicurien qui encourage le savoir aux dépens de la pratique et le théisme platonicien qui fait l'inverse. Ce qui est vraiment révélateur, aux yeux de Jacobi, c'est que Kant ait pu aussi mal comprendre Platon, comme le confirme le célèbre passage de la *Critique* où il dénonce l'illusion de la colombe qui croit qu'elle volerait mieux dans le vide. « Inébranlablement persuadé que la raison en tant que faculté de connaître se rapporte seulement à l'entendement, ou que, si elle dépasse l'expérience sensible, elle ne peut que se livrer à des actes d'imagination, Kant devait nécessairement voir et juger ainsi. » – Ce qui est le plus surprenant, c'est qu'il n'ait pas vu que « dans son système, l'entendement n'est pas apte non plus à donner des connaissances qui soient véritables », car ses concepts demeurant vides sans intuitions, et celles-ci représentant les phénomènes et non les choses en soi, on ne voit pas comment on pourrait encore parler de connaissance objective. Ainsi, selon l'image proposée par Bouterwek, il resta « en suspens entre la réalité absolue, dont, selon lui, l'entendement devait être absolument coupé, et la perception, entre ciel et terre, il ne gagna ni l'un ni l'autre ». – En niant qu'il en fût ainsi, Kant ne fit que révéler à la fois son inconséquence et le préjugé qui en était cause : il vit bien l'absurdité d'admettre des manifestations phénoménales sans qu'il y eût quelque chose qui s'y manifestât, et d'autre part il maintint que la métaphysique était la science la plus haute et la plus indispensable. « Il supposa donc en fait qu'il y avait dans la raison humaine, à titre de loi de sa vérité supérieure à toute erreur, une connaissance immédiate du réel en général comme de son fondement supérieur, d'une nature *au-dessous d'elle,* comme d'un Dieu *au-dessus.* » Mais le préjugé qui le contraignit à cette inconséquence, c'est qu'il ne put admettre « une connaissance immédiate, un savoir original et premier « excluant toutes preuves ».

P.<26> : Sensibilité, entendement, raison. Jacobi apporte ici une particulière insistance à les mettre à égalité, comme trois fonctions également indispensables en l'homme. Sensibilité et raison ont une fonction de *révélation* (du sensible et du supra-sensible). Mais sans l'entendement nous ne pourrions pas prendre conscience de ces révélations : en l'homme une raison sans entendement serait aussi absurde qu'une science et un art inconscients (p. <110>) ; l'animal, dépourvu de la raison qui lui permettrait de s'élever au supra-sensible, n'en a pas moins besoin du pouvoir de liaison de l'intelligence pour assurer son existence sensible ; Dieu est entendement pur (et volonté) et n'a pas davantage besoin de raison que de sensibilité, organe de révélation de l'être, puisqu'il est lui-même l'Être (p. <10>). « Seul l'entendement se livre à la réflexion philosophique qui se situe entre la perception sensible et la perception supra-sensible et se rapporte aux deux dans la même mesure », *Choses divines*, Appendice A, W. III, p. 436 ; trad. p. 453. Voir plus loin la note sur la p. <99>, et notre Introduction.

P. <27> : Après Platon, depuis Aristote, l'erreur de tous les philosophes a été de ne voir entre la raison (privilège de l'homme) et l'entendement (que possède aussi l'animal) qu'une différence de degré et non de nature. C'était n'accorder à l'homme qu'un avantage comparable à celui que lui procurent les instruments d'optique : lui permettre de mieux percevoir le sensible.

P. <29> : Le dernier chapitre de la *Critique* – c'est-à-dire l'histoire de la raison pure, « titre qui n'est mis là que pour désigner une lacune du système à combler ultérieurement » (A. 852). Mais il y a des raisons précises à l'intérêt que Jacobi pouvait lui témoigner : c'est que *l'histoire* lui permet d'illustrer une *logique* de la philosophie qui n'est autre que celle de l'aberration dont elle est victime depuis Aristote, la même qui lui permettra de se réjouir de l'événement lorsque les philosophies de Fichte et de Schelling vérifieront ses prédictions sur l'avenir inévitable de la philosophie kantienne. De façon comparable, on le verra plus loin (p. <67 *sq.*>) retrouver chez Platon la prédiction d'une logique historique, celle de *l'idéalisme-jumeau,* comme il l'appelle (idéalisme et matérialisme – voir *Dialogue*, p. <204-5 et la note>). Ici, ce qu'il relève, c'est le passage où Kant oppose les *empiristes* (Aristote, Épicure, Locke) aux *noologistes* (Platon, Leibniz) pour les renvoyer dos à dos, non sans remarquer : 1 – qu'Épicure eut du moins le mérite de se montrer conséquent dans son sensualisme, puisque dans ses raisonnements, il ne dépasse jamais les limites de l'expérience ; 2 – que Locke ne le fut pas du tout, puisque, après avoir dérivé tous les concepts de l'expérience, il n'en soutient pas moins qu'on peut démontrer mathématiquement l'existence de Dieu et l'immortalité de l'âme, qui, de toute évidence, sont des objets situés au-delà de l'expérience. Jacobi ajoute que Leibniz « en s'éloignant du système mystique de Platon », comme dit Kant (c'est-à-dire, selon Jacobi, en donnant le pas aux démonstrations en forme et, de façon générale, à la logique sur l'intuition noétique de l'intelligible) s'est montré aussi inconséquent que Locke, comme le prouve le fait qu'il a été, malgré lui, reconduit au spinozisme. Le sixième Appendice aux *Lettres à Mendelssohn* (W. IV (2), p. 125-167 ; trad. p. 262-277) conclut en effet : « on ne peut [...] nier qu'il y ait une analogie dans les formes par lesquelles les choses individuelles se distinguent entre elles chez Leibniz et chez Spinoza, dans la manière dont les choses individuelles sont liées entre elles, se déterminent réciproquement pour l'être, l'acte et la passivité, se conservent ou modifient leur situation ou leur constitution, dans la liberté qui repose sur le désir propre immédiat, sur le *conatus immanens* de toute nature particulière et dans l'esclavage qui repose sur les exigences, pour ainsi dire sur le décret de l'ensemble, sur son harmonie préétablie » – voir également p. 114-115. La note est particulièrement intéressante par la vivacité avec laquelle Jacobi réagit au reproche qui semble lui avoir été le plus sensible : celui de *misologie*. Déjà le *Dialogue* avait été écrit avant tout pour relever l'accusation de *croyance aveugle*. De fait, il n'est pas douteux que lorsque Jacobi *ne fait que* « s'élever contre la possibilité de tirer une métaphysique de la seule logique », il s'efforce « très sérieusement de fonder philosophiquement ses affirmations ». Mais pouvait-il se dissimuler que cette entreprise était elle-même *subordonnée* à l'exaltation d'un spiritualisme qu'il situait lui-même au-delà de toute démonstration, et que, de ce fait, sa non-philosophie s'exposait aux mêmes difficultés qu'une théologie négative et qu'une mystique de l'ineffable ? Et le rapprochement indiqué avec Kant n'était-il pas de ce point de vue d'autant plus dangereux que Jacobi avait lui-même souligné la différence entre leurs façons respectives d'entendre la notion de croyance ?

P. <30> : Sur l'ensemble de l'examen de la philosophie de Kant, qui se poursuit jusqu'à la p. <45>, voir *l'Appendice* du *Dialogue* et notre note sur ce texte. – Que le concept présuppose l'intuition au même titre que le jugement présuppose le concept, c'est là une affirmation qui révèle la manière dont Jacobi *interprète* Kant en lui prêtant un réalisme inavoué. En fait la *Critique*, loin d'admettre une telle présupposition de l'intuition par le concept, souligne au contraire leur rigoureuse indépendance : d'une part, « les apparitions [*Erscheinungen*] pourraient fort bien avoir une nature telle que l'entendement ne les trouve pas du tout conformes aux conditions de son unité [...] elles n'en présenteraient pas moins des objets à notre intuition, car l'intuition n'a nullement besoin des fonctions de la pensée » (A, p. 90-91) et par conséquent, tout se passe comme si Jacobi avait assimilé le cas des concepts purs à celui des concepts empiriques ; réciproquement, « les catégories ne se fondent pas quant à leur origine sur la sensibilité comme les formes de l'intuition, espace et temps » (B, p. 305). L'interprétation n'est pas moins flagrante lorsque Jacobi prête à Kant *l'affirmation* que « l'entendement naît de la faculté fondamentale de notre esprit : l'imagination », puisque le texte dont la référence est indiquée dit seulement : « une maxime logique exige que l'on réduise le plus possible cette apparente diversité (il s'agit des pouvoirs de l'âme : sensation, conscience, imagination, mémoire, esprit, jugement, plaisir, désir, etc ...) en découvrant par comparaison l'identité cachée, et en cherchant à voir si l'imagination liée à la conscience n'est pas mémoire, esprit, jugement, *peut-être même* [*vielleicht gar*] entendement et raison » (B, p. 677). Jacobi cite à nouveau ce texte et le commente dans l'article qu'il publia en 1801 : *Sur la tentative que le criticisme a faite pour ramener la raison à l'intelligence et pour donner une nouvelle fin à la philosophie en général* (W. III, p. 70).

P. <32> : On doit évidemment faire les mêmes réserves sur l'affirmation que l'entendement est « conditionné par la sensibilité et ne s'y rapporte avec sa pensée qu'au seul titre d'instrument [*durchaus nur* als Mittel] « proposée comme « traduction » des premières lignes de l'Esthétique transcendantale, dont la lettre [*als Mittel*] est bien évoquée, mais dont l'esprit est évidemment trahi par l'addition : *durchaus nur*. Partant de l'opposition admise du discursif et de l'intuitif, du médiat et de l'immédiat, Kant dit en effet que quelle que soit la manière et quels que soient les moyens [*Mittel*] qui permettent à la *connaissance* de se rapporter à des objets, c'est à coup sûr *l'intuition* qui lui permet de s'y rapporter de manière immédiate ; et c'est dans ce contexte précis que vient s'inscrire la formule : *und wozu das Denken als Mittel abzweckt,* ce qui veut dire que la pensée, lorsqu'elle assume la fonction discursive de l'entendement et forme les médiations conceptuelles, s'assigne comme destination finale une relation immédiate, ne comportant plus de moyen-terme, avec l'objet, et c'est à ce titre que la théorie du schématisme montrera comment l'on passe du *« penser »* au *« connaître »*. Ainsi le gauchissement que Jacobi impose à la pensée de Kant consiste à conférer à sa formule un sens restrictif et dépréciatif [*durchaus nur*] en ravalant le moyen au rang de simple instrument, entièrement subordonné à la réalisation finale qu'il rend possible. Les lignes suivantes montrent qu'il essaie d'amener la critique kantienne de l'apparence transcendantale à sa propre tentative visant à dénoncer l'égarement d'une philosophie qui se prétend démonstrative. Dans des conditions comparables, on le verra plus loin louer l'esprit de la théorie kantienne de la croyance et de la liberté.

P. <35> : Préface de la seconde édition de la *Critique,* p. XXVI-XXVII : « Néanmoins il faut bien le remarquer, on maintient ici cette réserve qu'il faut à tout le moins que nous puissions *penser* ces mêmes objets comme des choses en elles-mêmes, encore que nous ne puissions les *connaître* comme tels. Car autrement il s'ensuivrait cette proposition absurde qu'il y aurait apparition sans rien qui apparaisse ». Jacobi approuve la conclusion de ce raisonnement dans la mesure où il y trouve la saine affirmation d'un *réalisme ;* mais il reproche à ce raisonnement de ne reposer, à la lettre, que sur un jeu de mots [*erscheinen – Erscheinung*], lui-même rendu possible par l'arbitraire d'une dénomination, l'attribution aux représentations du *nom* d'apparitions. Rappelons que Kant au début de l'Esthétique transcendantale définit l'apparition : « l'objet indéterminé d'une intuition empirique » (A, p. 20) ; qu'en abordant la Déduction il souligne que « sans les fonctions de l'entendement des apparitions peuvent incontestablement être données dans l'intuition [...] des objets peuvent incontestablement nous apparaître, sans qu'ils doivent se rapporter nécessairement à des fonctions de l'entendement » (A, p. 89-90), et qu'il appelle d'autre part *« Phaenomena »* les apparitions en tant qu'elles sont pensées comme objets selon l'unité des catégories » (A, p. 249-9). Le texte que Jacobi relève signifie précisément : bien que l'apparition soit l'objet représenté comme il apparaît, elle n'en est pas moins nécessairement, *selon son être,* cet objet que l'entendement détermine, ce qui explique que Kant puisse appeler *Erscheinung* soit l'apparition sensible, soit l'objet empirique. L'assimilation de la réalité et de la vérité dans la formule de Jacobi : « rien de ce réellement vrai et vraiment réel qui se cache derrière les phénomènes », nous paraît révélatrice de son obnubilation par le problème métaphysique du réalisme et de l'idéalisme qui le rend aveugle à l'objet principal de la préoccupation kantienne dans le cadre d'une Logique transcendantale : la vérité de la connaissance. « La définition nominale de la vérité qui en fait l'accord de la connaissance avec son objet est ici admise et présupposée, *mais* on cherche à savoir quel est le critère universel et sûr de *la vérité de toute connaissance »* (A, p. 58).

La référence à *K. r. V.,* B, p. 145-6, est la suivante : « Quant à cette propriété de notre entendement de ne parvenir à l'unité de l'aperception *a priori* qu'au moyen des catégories, et précisément de cette espèce et de ce nombre, nous sommes aussi peu à même d'en donner la raison, que de dire pourquoi nous avons précisément ces fonctions de juger et pas d'autres, ou pourquoi le temps et l'espace sont pour nous les seules formes possibles d'intuition ». Dans les *Prolégomènes,* § 36, Kant précise : « Mais comment est possible cette propriété particulière de notre sensibilité elle-même, ou celle de notre entendement et de l'aperception nécessaire qui le fonde ainsi que toute pensée ? Là s'arrêtent solutions et réponses, car c'est à cette propriété qu'il faut toujours recourir pour toute réponse et pour toute pensée des objets » ; cf. Descartes, *Regula* VIII, A. T., p. 395 : « rien ne peut être connu avant l'intelligence, car c'est de l'intelligence que peuvent être connues les choses et non inversement ».

P. <37> : Ainsi, pour avoir cédé au préjugé qui veut que l'on *démontre* tout, Kant a désavoué cela même dont il aurait dû reconnaître qu'il ne pouvait se passer : la croyance naturelle à l'existence du monde matériel indépendant de nos représentations, seule croyance dont on puisse dire qu'elle est vraiment rationnelle. De là vient que, selon la formule célèbre de l'Appendice au *Dialogue*, sans elle on ne peut entrer dans le système, avec elle on n'y peut rester. Si puissante est l'emprise de ce préjugé de la démonstration que Kant en est même venu à juger « scandaleuse » (*K. r. V.,* 2. Vorrede, B, XXXIX, note) l'incapacité de la philosophie à démontrer ce dont la croyance naturelle nous assure. Aussi le résultat est-il paradoxal : c'est au profit d'un idéalisme universel et complet que se voient réfutés les demi-idéalismes, problématiques (Descartes) et dogmatiques (Berkeley) : demi-idéalismes en ce sens que la mise en doute de l'existence du monde extérieur du premier, et la négation de la matière, la réduction de *l'esse* au *percipi* du second, trouvaient finalement issue dans le fondement divin. Telle est en effet aux yeux de Jacobi la conclusion véritable du fameux théorème que

Kant avait écrit, en pensant à lui, pour la deuxième édition de sa *Critique :* en prétendant « retourner le jeu de l'idéalisme », il n'a en réalité fait que le *généraliser* en l'étendant de l'expérience externe à l'expérience interne. Que cette dernière ne soit concevable qu'en admettant la première, cela signifie bien, comme Jacobi revendique l'honneur d'avoir été le premier à le dire : « sans un Toi, le Moi est impossible » ; mais précisément, il l'avait dit en faisant de tous deux l'objet d'une croyance naturelle : « c'est par la croyance que nous savons que nous avons un corps et qu'il y a en-dehors de nous d'autres corps et d'autres êtres pensants [...] Nous apercevons d'autres choses réelles avec la même certitude avec laquelle nous nous apercevons nous-mêmes » (*Lettres à Mendelssohn,* W. IV, p. 212 ; trad. p. 187). Mais en réalité Kant ne fait que doubler le demi-idéalisme du *cogito ergo sum* en lui ajoutant un *ergo es,* qui pas plus que le précédent ne sort de la sphère de la représentation. Engagée dans cette voie la philosophie ne pouvait manquer d'aller plus loin encore, comme le montre Fichte en dénonçant l'impossibilité de transformer l'impression sensible en représentation, en phénomène, et en montrant ce qu'avait d'insoutenable l'idée que le phénomène puisse représenter l'en soi dans son existence indépendante de la représentation.

L'idéalisme est alors devenu *« égoïsme spéculatif »,* puisqu'il ne reste plus que le Moi absolu, un sujet qui est sujet de part en part, c'est-à-dire qu'il ne reste plus rien : l'Être est identique au Néant. Conclusion si insoutenable à son tour que Jacobi croit pouvoir se réjouir en constatant que la fin de la *Destination de l'homme* en récuse le début, que les exigences du cœur l'emportent finalement sur celles de la raison.

Donc une fois de plus, par l'absurde, la preuve est faite de l'impossibilité de toute preuve touchant ce qui est l'objet de la croyance. Et puisque l'ambition de démontrer conduit nécessairement à pousser l'idéalisme jusqu'à ses formes extrêmes, Jacobi lui oppose ce qu'il appelle une doctrine de « l'objectivité *absolue »* : toutes les connaissances sont des représentations de quelque chose qui existe indépendamment du sujet qui se représente » (p. <22, note>), ce qui est une manière bien révélatrice de désigner son réalisme, puisqu'elle montre à quel point lui demeure étranger le problème gnoséologique de *l'objectivité* que Kant avait précisément distingué avec soin de celui de la *réalité.*

Dans la 15ᵉ lettre d'*Alwill* à laquelle Jacobi renvoie comme au meilleur exposé de sa conception, il s'attaque à l'idéalisme de Berkeley en des termes très voisins de ceux dont il use contre Kant. La thèse de Berkeley revient à dire que nous ne pouvons percevoir que nos sensations, sans que nous soyons jamais capables de les dépasser vers quelque chose de vraiment objectif. Or il est absurde de supposer quelque chose qui « ne peut être donné en aucune façon dans une intuition réelle », et plus absurde encore de penser que la connaissance se borne à des représentations où l'âme se représente « quelque chose qui n'est ni l'âme, ni les autres choses ».

P.<39> : *Prolégomènes* 1, Remarque III, à la fin : « Pour que cette dénomination de transcendantal ne provoque plus désormais cette erreur d'interprétation, je préfère la retirer et je veux que mon idéalisme soit appelé : *critique* ». L'Appendice des *Prolégomènes* revient sur cette erreur d'interprétation et cite cet exemple de jugement sur la *Critique :* « Cet ouvrage est un système d'idéalisme transcendant (ou comme il le traduit : supérieur) ». C'est cette confusion du terme *transcendant* avec le terme *transcendantal* qui amène Kant à préférer qualifier son idéalisme de critique. En disant que cet idéalisme prétendait réfuter les demi-idéalismes de Descartes, Malebranche, Berkeley, il se peut que Jacobi ait songé au passage de la Remarque II où Kant présente sa thèse de l'idéalité de l'espace et du temps comme une simple extension (mais « pour des raisons importantes ») aux qualités « *premières* (« l'espace en général avec tout ce qui lui est inhérent ») de « ce qui était généralement admis et accordé bien avant l'époque de Locke, mais surtout depuis », concernant les qualités *secondes*, à savoir que « ces prédicats (la chaleur, la couleur, le goût, etc...) n'appartiennent pas aux choses extérieures en elles-mêmes, mais à leurs phénomènes seulement et n'ont en-dehors de nos représentations aucune existence propre ».

P.<40> : Le passage cité des *Prolégomènes* se trouve dans la Remarque II. Celui de la *K. r. V.*, B, p. 274 se trouve dans le célèbre théorème réfutant l'idéalisme ; B, p. 519 désigne le début de la 6e section de l'Antinomie qui définit l'idéalisme *transcendantal* et le distingue de l'idéalisme *empirique*.

2 – *Science et Croyance* (p. <45 à 63>)

P. <45> : Jacobi aborde ici un thème auquel il revient souvent et dont il avait fait le titre d'un opuscule paru en 1799 (*Werke*, II, p. 311-323) : *« l'inséparabilité du concept de liberté et de providence du concept de raison »*, qu'il cite plus loin, p. <106> – c'est précisément ce qu'il en dit à cet endroit qui nous a conduit à en donner la traduction – : « Par le mot de liberté, je désigne ce pouvoir qui permet à l'homme d'être lui-même et d'être seul auteur, en lui et hors de lui, de son action, de son œuvre et de sa production » (p. 315). Tandis que cette liberté est opposée à la nécessité, la providence est opposée « à la fatalité aveugle, au hasard, car ce n'est pas à la nécessité que s'oppose le hasard, mais à l'intention » (*Choses divines*, W. III, p. 394, note ; trad. p. 426). – Sur la notion de *mécanique :* « J'ai déjà rappelé précédemment et je rappelle une fois de plus que là où interviennent dans mes écrits les mots : *mécanisme* et *mécanique*, sans autre précision, il faut entendre par là tout *enchaînement nécessaire*. En ce sens large, la notion de mécanique *englobe donc tout ce qui est conséquence nécessaire dans le temps* selon la loi de causalité ; par suite, même les effets chimiques, organiques et psychologiques, en un mot tout ce qui se manifeste uniquement selon le cours de la nature et qui est attribué uniquement à ses forces » (W. II, p. 316, note).

P. <47> : « Les choses en étaient là il y a trente ans; elles y sont encore », cf. *Choses divines :* « Mes convictions sont encore entièrement les mêmes que celles que j'ai exposées, il y a plus de vingt-cinq ans dans mon ouvrage sur la doctrine de Spinoza et dans le dialogue qui lui fit bientôt suite, sur l'idéalisme et le réalisme. À l'époque l'accord était encore général sur le dessein de la philosophie, sa fin dernière et l'on ne se divisait que sur la voie la meilleure et la plus courte à suivre pour parvenir au but fixé. – Il n'en est plus ainsi; de nos jours, on est presque unanime à assurer et à croire que pour gagner la couronne de vérité, il faut prendre une direction entièrement opposée à la direction antérieurement suivie », W. III, p. 339-340; trad. p. 393.

P. <48 (note)> : G. E. Schulze avait publié en 1792, sous le nom *d'Énésidème,* un ouvrage intitulé : *Fondements de la philosophie des éléments* exposée à Iéna par *Reinhold, avec une défense du scepticisme contre les prétentions de la Critique de la raison,* dont la recension par Fichte en 1794 avait donné à ce dernier l'occasion d'exposer pour la première fois les principes de sa philosophie.

P. <49> : « Je n'ignore pas à quel remède en ce péril on recourt *ici et là.* » En l'absence de références précises, il est bien difficile de mettre des noms et des textes sous toutes les allusions que Jacobi peut faire aux philosophes qu'il critique. Il n'est cependant pas douteux que c'est à Schelling qu'il s'en prend le plus souvent dans toute la suite du texte (en dehors de Fichte visé par quelques passages comme nous verrons). Mais déjà les *Choses divines*, qui sont massivement dirigées contre lui, ne le citaient jamais nommément. Paru en 1811, l'ouvrage était déjà annoncé en 1807 (lettre du 26 novembre à Fries. *Aus seinem handschriftlichen Nachlasse,* 1857, p. 310-314), et dans la virulente réplique du *Denkmal* de 1812, Schelling lui reproche d'ignorer ses *Recherches sur la liberté* de 1809. Jacobi s'en défend dans une lettre à Fries du 7 octobre 1815 (*ibid.* p. 329-330) où il précise qu'il s'y rapporte dans notre texte de la *Préface*, mais qu'il ne donne pas de références pour ne pas faire renaître la polémique.

Dans un article du *Journal of the history of Philosophie* (t. III, avril 1965) : « The controversy between Schelling and Jacobi », Lewis S. Ford, après avoir, lui aussi, souligne que l'imprécision des références de Jacobi rend difficile l'indication de leurs sources, estime qu'il ne connaissait apparemment que deux essais écrits par Schelling après 1802, lorsqu'il écrivit les *Choses divines :* d'une part une recension du dernier livre de Fichte : *Ueber das Wesen der Gelehrten,* comme l'atteste l'Avant Propos *(Vorbericht)* qu'il écrit en 1816 en rééditant son œuvre (W. III, p. 249); et d'autre part : *Ueber das Verhältniss der bildenden Künste zu der Natur* (S. W. 1-7, p. 289-329), puisque c'est Schelling lui-même qui précisera la référence (*ibid.* p. 293) d'une citation que Jacobi en fait (W. III, p. 390) dans un passage où il discute sa conception de la productivité du Dieu vivant. Ce qui amènera Schelling (S. W. I, 8, p. 29) à poser la question : ce discours académique serait-il la principale source de la connaissance que Jacobi a de mon œuvre? Ignore-t-il la démonstration de la personnalité divine qu'exposent les *Recherches sur la liberté ?*

Il semble bien pourtant avoir suivi attentivement toute la production de Schelling depuis les *Lettres sur le dogmatisme et le criticisme* de 1795 jusqu'aux *Recherches sur la liberté* de 1809, comme V. Verra en relève de multiples attestations (*op. cit.* p. 263). Partout où cela nous a paru possible, nous avons essayé de retrouver dans les œuvres de Schelling, soit les citations textuelles que Jacobi en fait, soit les passages qu'il aurait pu viser plus particulièrement. Tout compte fait cependant, il ne nous est pas apparu qu'il y avait lieu de faire appel du jugement sévère de Lévy-Bruhl (*La philosophie de Jacobi,* p. 224) : « Jacobi n'a pas compris Schelling, et l'on se demande s'il l'a bien lu. Il maintient avec opiniâtreté, mais sans preuves, que le système de l'Identité absolue est simplement un « spinozisme retourné » et que son auteur est incapable de s'élever au-dessus du point de vue naturaliste [...] Il croit accabler Schelling, et tous ses arguments portent à côté. La philosophie qu'il réfute, Schelling ne l'a jamais enseignée et celle que Schelling enseigne, Jacobi ne paraît même pas l'apercevoir ». C'était déjà l'avis de Hegel : « Ce serait peine inutile et infructueuse que de vouloir démêler les malentendus qui sont intervenus dans cette discussion » (S.W. VI, p. 337). Ajoutons que c'est chez Schelling lui-même, dans les leçons de Munich *Pour l'histoire de la philosophie moderne* (S.W. X, p. 126-200) qu'on pourra lire des pages auxquelles un jugement rasséréné par l'éloignement de la querelle et la mort de l'adversaire permet de compter, avec celles de Hegel, parmi les plus pénétrantes qui aient été écrites sur Jacobi.

P. <49> : « Les concepts de liberté, de rationalité et de nécessité coïncident dans le concept de l'absolu » cf. Schelling, *Philosophie et religion :* « Dieu est à la fois l'en-soi de la nécessité et celui de la liberté; car la négation qui fait apparaître à l'âme finie la nécessité comme indépendante de la liberté, comme contraire à la liberté, disparaît en Dieu » (S. W. VI, p. 64). Tout le développement suivant (jusqu'à la p. <55>) qui, contre la réduction de l'Absolu à une force *aveugle* en appelle au témoignage apporté en faveur de l'esprit par les sentiments spirituels (admiration, respect, amour) que peut seule inspirer une création ou une œuvre de l'esprit, rappelle de très près, jusque dans les termes et les exemples, le texte de 1799 montrant que les concepts de liberté et de providence sont inséparables de celui de raison : « l'apport de l'esprit, c'est ce qui *n'est pas* mécanique, ce qui dans les actes, les œuvres et les caractères des hommes *ne vient pas* à naître selon une loi universelle de la nature, mais à partir d'une force *spécifique.* Si on néglige cette influence, cette *emprise* de l'esprit sur la nature, on méprise partout *l'esprit* et on met à la place du sien un simple être de *nature doué de conscience.* En ce cas, cette conscience ne produit rien d'autre que représentations, et représentations de représentations, concepts et concepts de concepts qui se produisent graduellement à la façon dont la substance est mise en action et agit. *L'aveugle* va devant, montre le chemin, et le clairvoyant suit. C'est alors que le désert a trouvé ordre et forme, l'insensé sens et réflexion, perception et entendement, l'irrationnel la raison, l'inanimé le vivant, partout *l'œuvre* son *chef* [*das Werk den Meister*]. Or celui qui peut admettre cela, et ne craint pas de prétendre en se fondant sur les conclusions de sa raison périssable que Homère, Sophocle, Pindare, les bardes Ossian et Klopstock – Aristote, Leibniz, Platon, Kant et Fichte, tous les poètes et philosophes quels que soient leurs noms, tous les législateurs, artistes et héros, ont produit leurs œuvres et leurs actions de façon uniquement aveugle et contrainte au *fond* (*in Grunde* – allusion probable au fameux *Grund* de Schelling), par ordre dans la connexion nécessaire de la cause et de l'effet, c'est-à-dire en conséquence du mécanisme naturel et que *l'intelligence, comme conscience uniquement concomitante* aurait en tout cela été purement et simplement spectatrice – celui, dis-je, qui peut admettre cela et en faire sa vérité, il n'y a plus à discuter davantage avec lui » (W.II, p. 318-319).

P. <53> : David Hartley (1705-1757), médecin anglais qui cherchait l'explication des phénomènes mentaux dans les vibrations cérébrales et les associations d'idées.

P. <57-58> : – « *Anaxagore* qui ouvre à l'entendement si longtemps demeuré attaché dans son développement scientifique à la seule nature la voie nouvelle de la connaissance d'un esprit qui l'emporte sur la nature, d'une intelligence créatrice » [...] « une théorie qui s'élève au-dessus de la théorie de la nature, qui limite le concept de nature par celui de liberté, mais qui par là même étend vraiment l'entendement, la philosophie au sens de *Platon* ». Ce sont précisément les deux philosophies en-deçà desquelles Jacobi accuse l'idéalisme post-kantien d'avoir régressé : « Tous les philosophes de l'antiquité jusqu'à *Anaxagore* et *Platon* ont considéré que ce qui possède la forme est plus parfait que ce qui la donne, que l'effet est supérieur à la cause ; aussi ne purent-ils faire moins que de présupposer un chaos d'où serait sorti progressivement un monde ordonné. Fichte et Schelling laissent tomber le « progressivement » et lui substituent un « simultanément » (lettre à Fries du 26 novembre 1807, *op. cit.* p. 311-312). Jacobi songeait sans doute au texte célèbre de la fin du *Phédon* (96 a *sq.*) où, dans l'autobiographie intellectuelle que Platon prête à Socrate, celui-ci se réjouit d'entendre qu'Anaxagore fait du *Noûs* « l'ordonnateur et l'auteur de toutes choses » (97 c). Et si « la limitation du concept de nature par celui de liberté » est un langage plutôt kantien, « la philosophie au sens où l'entend Platon », comme « théorie qui s'élève au-dessus de la nature et qui par là même étend vraiment l'entendement », peut viser le dépassement de la *dianoia* par la *noésis,* des sciences mathématiques par la dialectique, tel qu'il s'expose au livre VII de la *République,* plus spécialement illustré peut-être par le cas de l'astronomie (530 ac). – Dans les *Choses divines* (W.III, p. 378 ; trad. p. 417), cette interprétation d'Anaxagore est explicitement rapportée au témoignage d'Aristote (*Méta* A, 3).

P. <59-60> : Sur le rôle de l'entendement dans la philosophie, voir plus loin la note sur la p. <60>. – Sur la croyance, l'intuition, le sentiment, voir notre Introduction II, 1°.

P. <62> : Sur l'animal, voir ci-dessus p. <27>, et plus loin la note sur la p. <110>.

3 – *Genèse de la doctrine de l'Un-Tout* (p. <63 à 72>)

P. <63-64> : La distinction de la *lettre* et de *l'esprit* est très fréquente chez Jacobi : cf. par exemple : *Sur l'inséparabilité* .... W. II, p. 314-315, et V. Verra, *op. cit.* p. 216-222. Il l'emploie le plus souvent pour opposer la *discursivité* de l'entendement dans la science de la nature et les philosophies qu'il combat comme logiques ou idéalistes, à *l'intuitivité* de la croyance. Ce n'est pas la lettre, c'est-à-dire la discursivité démonstrative, qui fonde la certitude, c'est l'esprit, c'est-à-dire la croyance que procure l'intuition de la raison. De façon assez ingénieuse, Jacobi assimile la méprise de ses adversaires à une lecture tronquée de l'Évangile selon Jean retenant la seule formule initiale : « Au commencement était le Verbe » et oubliant qu'elle ajoute : « et le Verbe était en Dieu, et Dieu était le Verbe » (Fichte dans la sixième leçon de *l'Initiation à la vie bienheureuse* (1806) avait souligné l'accord profond de sa propre théorie de la religion avec le plus philosophique des Évangiles, celui de Jean, qui se garde de dire : au commencement Dieu créa le monde (car il lui suffisait d'être, il n'avait besoin de rien créer), mais affirme : au commencement était le Verbe, le Logos, qui était en Dieu et dont l'univers est né. C'est ce Verbe que Fichte prétend retrouver dans le Concept. – Schelling, dans la *Darlegung* de la même année *(Exposition du vrai rapport de la philosophie de la nature à la doctrine améliorée de Fichte)* reproche à Fichte d'en rester dans cette conception du rapport de Dieu à son Verbe, comme il l'avait toujours fait dans sa conception des rapports de l'être et du savoir, à une distinction des deux termes qui en faisait deux Absolus (*op. cit.*, S.W. VII, p. 34). – La critique de Jacobi prétend sans doute les atteindre tous deux. Cette erreur de lecture traduit une *inversion* de l'ordre véritable : le discours engendre l'entendement, qui, à son tour engendre la raison. C'est à cette inversion que se lie la perversion de la fonction de l'entendement que nous avons examinée dans notre Introduction.

P. <65> : La philosophie de Schelling est alors présentée comme la forme extrême de cette perversion. Ici, ce qui se laisse lire assez clairement, semble-t-il, à travers le texte de Jacobi, c'est la façon dont il a cru pouvoir comprendre le rapport entre deux œuvres de Schelling : *Le Système de l'idéalisme transcendantal* de 1800 et *l'Exposition de mon système de philosophie* de 1801. La première parvenait par la voie d'une analyse régressive à atteindre l'Absolu dans son existence comme principe de l'identité du réel et de l'idéal, de l'objet et du sujet, dans une intuition intellectuelle pour laquelle cette dualité n'existe pas encore. La seconde en fait un point de départ propre à concilier le dogmatisme ontologique de

Spinoza et l'idéalisme critique de Fichte. Ce principe absolu est unité pure, à la fois unité et totalité [*All-Ein*], antérieure à toute différenciation, ni sujet ni objet, position de soi par soi, identité avec soi. La Raison ou l'Universel doit donc être désignée comme Identité de l'Identité pour exprimer la coïncidence de la forme et de la matière dans l'intuition de soi (§ 1 à 22, S. W. IV, p. 114-125). L'Unité-Totalité incluant la réalisation de soi dans son essence, Dieu n'est pas la cause transcendante du monde, il le contient de toute éternité. La différenciation du sujet et de l'objet n'a rien de réel, de qualitatif, c'est une pure apparence qui demeure extérieure à l'essence de l'Absolu et provient de la manière de se le représenter, de la division qu'introduit la réflexion. Elle est quantitative et formelle (§ 30, note, *ibid.* p. 126-127), c'est la série infinie des représentations possibles de l'Absolu et l'ensemble des êtres représente tous les degrés possibles d'identification du sujet et de l'objet. Ainsi le processus cosmique à travers l'ensemble des puissances de l'être et la réalisation de ce que l'Absolu est inconsciemment en soi dans son acte éternel d'Identité. Chaque être fini ne tire sa réalité et sa vérité que de l'expression, selon son degré de puissance, de l'Identité de l'Absolu (§ 38-44, *ibid.* p. 131-136).

Toute l'interprétation de Jacobi est inspirée par son intention de dénoncer la confusion entre l'universel et l'indéterminé, dont il estime avoir décelé l'origine, comme nous l'avons vu, et qu'il croit retrouver dans les multiples identifications qui en résultent : pensée et non-pensée, être et néant, matière et esprit, repos et mouvement, temps et éternité. – C'est également, croyons-nous, une lecture de la *Darstellung* qui se laisse assez clairement deviner derrière ces lignes d'une lettre à Fries (26 novembre 1807, *op. cit.* p. 311-312) : « D'une éternité à l'autre, ce que produit le créateur de Schelling, ce n'est rien d'autre que le temps » (cf. *Choses divines,* W. III, p. 391-392 ; trad. p. 424 : « Si les œuvres de Dieu n'existent qu'en lui, elles sont simplement des modifications, des transformations de lui-même, et, en vérité, il n'est alors rien créé que le temps »). La vie temporelle unique (l'être privé de conscience) se transforme en une réalité temporelle infiniment multiple (l'être doué de conscience) pour que la vie devienne vécue. Il n'y a qu'une qualité, la vie comme telle. Toutes les autres qualités et propriétés ne sont que des quantités, limitations diverses de cette qualité unique. L'homme en a une portion plus grande que le cafard, mais qui n'est ni meilleure ni supérieure. Tout ce qui vit ne fait que vivre d'une seule et même vie. La totalité, le tout, la nature rumine la bouche vide d'une éternité à l'autre, fait et défait le temps ».

P.<65-66> : En définissant la réalité comme complément de la possibilité, Wolf visait à formuler la pensée de Leibniz qui, après avoir défini la possibilité par la non-contradiction, invoquait le principe de raison : « du fait qu'il existe quelque chose plutôt que rien, il faut reconnaître qu'il y a dans la possibilité elle-même, c'est-à-dire dans l'essence, une certaine exigence d'existence, une sorte de prétention a l'existence, bref, que l'essence tend par elle-même à l'existence » (Gerhardt, VII, p. 303). « Si l'existence était quelque chose d'autre que l'exigence de l'essence, il s'ensuivrait qu'elle aurait une essence, c'est-à-dire que quelque chose de nouveau s'ajouterait aux choses, dont on pourrait chercher derechef si cette essence existe, et pourquoi elle plutôt qu'une autre » (*Ibid.* p. 195, note). À cette thèse Kant opposera la distinction de la possibilité *logique* et la possibilité *réelle :* « La chose dont même la simple pensée est impossible (c'est-à-dire dont le concept se contredit) est elle-même impossible. Mais la chose dont le concept est possible n'est pas pour cela une chose possible » (*Fortschritte,* Ak. XX, p. 325).

P. <67-72> : Jacobi propose alors, comme il lui arrive souvent de le faire – spécialement lorsqu'il expose la filiation Kant-Fichte-Schelling selon un schéma dont Hegel se souviendra pour se situer lui-même par rapport à Fichte et Schelling – une genèse logique de la philosophie de l'Identité, dont il croit voir que Platon a discerné le principe, en la présentant comme le dépassement final de l'opposition dialectique entre les partisans du mobilisme universel et ceux du Tout immobile. Pour montrer comment le mobilisme héraclitéen est né des exigences de l'explication au sein d'un matérialisme, lui-même issu d'un sensualisme qui identifie le sensible et le corporel, Jacobi se réfère aux deux premières « assimilations » auxquelles procède Socrate, en leur donnant valeur d'explicitants dialectiques, de la définition initiale proposée par Théétète faisant du savoir un sentir : l'identification par Protagoras de l'être à l'apparaître, sens présumé de son premier « discours terrassant » sur la Vérité qui fait de l'homme le critère de ce qui est et de ce qui n'est pas ; puis, sous couvert d'une doctrine ésotérique prétendue (152 c : « tandis qu'à ses disciples, dans le mystère, il enseignait la vérité »), sa justification par le pan-mobilisme héraclitéen, le sentir étant expliqué par l'interférence mobile de la double mobilité du sentant et du senti : « Ce n'est certes point thèse banale : un en soi et par soi, rien ne l'est ; il n'y a rien que l'on puisse dénommer ou qualifier avec justesse : si tu le proclames grand, il apparaîtra aussi bien petit ; si lourd, léger ; et ainsi de tout, parce que rien n'est un ni déterminé, ni qualifié de quelque façon que ce soit. C'est de la translation, du mouvement et du mélange mutuels que se fait le devenir de tout ce que nous affirmons être ; affirmation abusive, car jamais rien n'est, toujours il devient. Disons qu'à cette conclusion, tous les sages à la file, sauf Parménide, sont portés d'un mouvement d'ensemble : Protagoras, Héraclite et Empédocle ; parmi les poètes, les cîmes des deux genres de poésie, dans la comédie Épicharme, dans la tragédie Homère. Quand celui-ci parle de « L'océan générateur des Dieux et leur mère Thétys », c'est dire que toutes choses ne sont que produits du flux et du mouvement » – *Théétète,* 152 de ; trad. Diès). L'indication de l'impossibilité de faire le langage aussi fluide que le flux qu'il doit exprimer, de substituer partout les verbes aux substantifs se rapporte à 157 ab : « Il ne faut donc point, si l'on veut parler comme les sages, accepter de dire, ou "quelque chose" ou "de quelqu'un", ou "de moi", ou "ceci" ou "cela" ou aucun autre mot qui fixe ; mais employer les expressions qui traduisent la réalité : “en train de” devenir, de se faire, de se détruire, de s’altérer; car si peu qu’une expression crée de fixité, la proférer est s’offrir à la critique ». – L’échec de cette impossible tentative est présenté comme la raison déterminante du passage à la doctrine inverse qui fige toute réalité dans l’immobilité d’un être unique, ce monisme parménidien se heurtant à son tour à l’écueil d’un langage privé de verbes. La doctrine schellingienne de l’Unité-Totalité, de l’Identité de l’Identité, apparaît alors comme un dépassement de cette antinomie qui relève de la magie (cf. *Choses divines*, W. III, p. 454 ; trad. p. 464 : « comme les *magiciens,* il prétend pouvoir tout faire avec des mots » – et on pourrait traduire sa formule : *Siehe, es gehet und stehet !* voilà, ça y est – la conjonction des verbes : *gehen* et *stehen,* qui s’opposent en leur sens propre *d’aller* et de *rester,* donnant lieu à une expression courante en allemand : *wie ich gehe und stehe :* me voici en personne. Il semble que Jacobi se soit plu à y retrouver l’alliance des contraires qu’il est en train d’exprimer, celle « du devenir sans être et de l’être sans devenir »). Que ce soit là le résultat inéluctable du travail de l’entendement lorsqu’il s’attache à l’examen du sensible en oubliant la révélation de la raison et finit par ne trouver que néant dans le devenir sensible, faute de pouvoir se rapporter à l’immuable qui peut seul donner sens au changement, c’est ce qu’aurait montré Platon en liant la possibilité même de la connaissance à la nécessité d’une conversion du sensible à l’intelligible – *République,* VII, 518 c : « la faculté de savoir réside en l’âme de chacun ainsi que l’organe qui lui permet d’apprendre ; tel un œil qu’on ne pourrait détourner de l’ombre vers la lumière qu’en tournant tout le corps, ainsi c’est avec l’âme tout entière qu’il faut le détourner du devenir jusqu’à le mettre à même de contempler l’être et ce qu’il a de plus lumineux, que nous appelons : le Bien ».

Enfin pour expliquer l’obstination de Schelling à refuser d’avouer son aberration ainsi que l’impuissance de Jacobi à l’y contraindre, c’est encore au *Sophiste* de Platon (le renvoi au 3e Appendice des *Choses divines*, W. III, p. 455-9 ; trad. p. 464-7, permet d’y ajouter, outre le *Théétète,* la fin du *Cratyle*) que revient le dernier mot, puisqu’il montre toutes les difficultés que le philosophe, transformé en chasseur, éprouve à traquer son gibier, le sophiste.

4 – *Source de l’illusion* (p. <72 à 77>)

P. <72> : L’avertissement socratique se trouve dans *Théétète,* 177 bc : « Quittons ici ces considérations, sans quoi leur flux continuellement débordant ensevelirait notre thème initial » (trad. Diès). Ici on peut dire que Jacobi « utilise » Kant comme il lui arrive ailleurs d’utiliser Spinoza. Il donne à leurs conclusions la valeur d’une sorte de démonstration par l’absurde de la vérité de sa propre thèse : de même que Spinoza a donné tout son éclat à l’aberration « démonstrative » dont Jacobi prétend guérir la philosophie, de même Kant, en assignant à la connaissance les limites de l’expérience possible, a fait la preuve définitive de l’impuissance de l'entendement, et, du coup, il a préparé l'attribution à une faculté supérieure, au-delà des pouvoirs de la sensibilité et de l'entendement, du privilège de la vérité. Voici le contexte des « expressions » empruntées à *K. r. V.*, Vorrede, p. 9 : « La critique spéculative [...] nous enjoignait [...] de ne prendre *ni tout objet suprasensible pour une fiction, ni son concept pour un concept vide* ».

L'image d'un organe de l'âme propre à saisir le vrai comparé à l'œil à la lumière, à laquelle Jacobi s'attarde longuement est en effet courante chez Platon, spécialement dans le livre VII de la *République*, par exemple 518 bc : la vaine prétention des sophistes à déposer le savoir dans une âme où il n'est pas, « comme si en des yeux aveugles ils déposaient la vision » ; 527 cd : « dans ces études il y a un organe de l'âme qui en chaque homme se nettoie à fond ; un organe qui était perdu et aveuglé par les autres occupations et dont le salut vaut plus que celui de milliers d'yeux ; car ce n'est que par lui que se voit la vérité » (trad. Robin). – L'image du cyclope à qui manque l'œil de la philosophie se retrouve chez Kant : *Logik*, AK. IX p. 45 ; XV, p. 395.

P. <76> : La manière dont Jacobi se réfère aux doctrines de Berkeley et de Hume rappelle d'assez près celle dont Kant se réfère par exemple à Locke et à Hume (*K. r. V.*, B, p. 127) ou à Berkeley et à Descartes (*Prolégomènes*, I, Remarque II, fin). Il semble que Berkeley soit qualifié de demi-idéaliste, de l'espèce inférieure, compte tenu d'une part de la réduction de *l'esse* au *percipi* et de l'immatérialisme des *Dialogues*, d'autre part du spiritualisme théiste, du « platonisme » de la *Siris ;* Hume d'idéaliste total de l'espèce supérieure, parce que c'est la négation d'une faculté du supra-sensible qui fonde la négation de la métaphysique.

5 – *Les deux faux-semblants* (p. <77 à 97>)

P. <77> : Deux caractéristiques de la critique à laquelle est soumise la philosophie d'entendement méritent d'être relevées : 1) Jacobi a commencé par montrer l'homme « partagé » : tenté d'exalter la science destructrice de la superstition, il ne peut cependant extirper la croyance à la liberté et à la providence. Il a montré alors *l'ingéniosité* que déploie la philosophie d'entendement pour trouver un moyen de concilier la nécessité et la liberté. Il entend maintenant aller plus loin, jusqu'à l'explication dernière des raisons qui peuvent faire qu'on soit dupe d'une telle conciliation. Il ne se borne donc pas à dénoncer l'illusion, il essaie d'expliquer comment la solution peut faire illusion, comment ceux qui l'élaborent peuvent se trouver les premiers à en être dupes. 2) Le procédé de dénonciation et de réfutation de l'illusion auquel Jacobi recourt le plus volontiers dans les écrits de la dernière période se fonde sur sa conviction que l'égarement de la philosophie depuis Aristote a été permanent et que, si diverses que soient les formes qu'il a pu prendre au cours de l'histoire, il est possible de retrouver identiquement à sa source une logique que la philosophie de Platon avait su déceler par avance.

P. <79> : La note 2 renvoie au premier Appendice des *Choses divines* (W. III, p. 438-9 ; trad. p. 454-455) : « Quand, dans la réflexion, la raison s'élève au-dessus de toute intuition sensible, après abstraction complète, il ne reste que le concept du néant, qui est son pur produit propre ». – Le premier *faux-semblant* résulte de ce que l'entendement ne peut obtenir l'inconditionné qu'en faisant abstraction des conditions, se condamnant ainsi à déboucher sur le concept le plus vide : celui de *néant*. Si ce faux-semblant peut faire illusion, c'est que le concept de liberté demeurant indissociable de l'esprit, vient subrepticement prêter l'ombre d'un sens a ce non-sens et permet de prendre l'absolument indéterminé pour le véritablement inconditionné.

P. <80> (note) : Bouterwek (1765-1828) enseignait à Gœttingen depuis 1797. Il avait publié en 1793 ses *Aphorismes présentés aux amis de la Critique et de la raison d'après le système de Kant,* et en 1799, *l'Essai d'une Apodictique.*

P. <81> : Le deuxième faux-semblant est étroitement lié au premier, parce qu'il n'en est au fond qu'une forme en quelque sorte « consolidée », renforcée : l'indétermination du néant reçoit le seul contenu sensible qui puisse lui convenir, celui de la matière dans son aspect le plus indéterminé, le *chaos*. Un néant des sens vient ainsi doubler le néant de l'entendement. Mais de même que dans le premier cas, le non-sens recevait l'ombre d'un sens, de même ici, le non-être acquiert une existence fantomatique en passant pour un être imparfait.

Un passage des *Choses divines* (W. III, p. 413-415 ; trad. p. 437-439) (qui renvoie explicitement à celui-ci) expose également la genèse des deux faux-semblants. Il peut nous permettre d'éclairer quelques aspects de cette genèse des deux faux-semblants auxquels se trouve finalement réduite la philosophie de Schelling. Nous avons déjà précisé (ci-dessus, note sur la p. <63-64>) le principe du premier faux-semblant : *l'abstraction* à laquelle se livre l'entendement dans sa réflexion à partir du sensible lorsqu'il se détache de la révélation que procure la raison dans l'intuition ou le sentiment, le conduit à adultérer *l'universalité* qu'il vise en pure *indétermination*. C'est cette confusion que nous voyons maintenant se spécifier : en faisant abstraction des conditions, l'inconditionné que l'entendement atteint n'est nullement le seul qui le soit vraiment : la *liberté,* mais c'est seulement la pure négation, le néant. Cette critique dans la mesure où elle peut viser plus particulièrement le *Système de l'idéalisme transcendantal* se souvient tout naturellement de celle que Jacobi avait dirigée contre Fichte, ce qui ne saurait surprendre si l'on n'oublie pas que pendant longtemps (jusqu'à la rupture définitive marquée par la *Darstellung*) Schelling pouvait généralement passer pour le porte-parole de Fichte, et que d'autre part Jacobi ne cessera de voir dans la philosophie de Schelling l'aboutissement nécessaire de celle de Fichte. Or dans la *Lettre à Fichte* de 1799, Jacobi commence par reconnaître qu'il est conforme à l'esprit de la philosophie spéculative de supprimer l'égalité de certitude que revêtent pour « l'homme naturel » les deux affirmations : « je suis », et « il y a des choses hors de moi », pour parvenir à déduire l'une de l'autre, afin qu'il n'y ait qu'un Être et une Vérité. Déjà la substance spinoziste est identité du sujet et de l'objet. Si Spinoza avait retourné son « cube philosophique » et fait de la face supérieure (qu'il appelait objective, celle de la pensée), la face inférieure (qu'il qualifiait de subjective et formelle), son cube aurait fait place à « la flamme pure de l'idéalisme transcendantal » véritable, celui de Fichte qui se présente ainsi comme *« un spinozisme retourné »* (la formule se retrouve la même année dans l'écrit d'Eberhard : *Ueber den Gott des H. P. Fichte,* p. 7, et elle fit rapidement fortune). Ce « matérialisme sans matière, cette *« mathesis pura »* représente donc la philosophie pure, fin ultime d'une spéculation qui ne peut connaître qu'en concevant, ni concevoir qu'en faisant de la forme une chose, et de la chose un néant » (W. III, p. 20 ; trad. p. 314).

P. <83> : Sur l'antériorité de l'inachevé imparfait relativement à l'achevé plus parfait : « Il ne peut y avoir que deux grandes classes de philosophes : ceux qui font sortir et se développer peu à peu ce qui est plus parfait de ce qui est moins parfait et ceux qui soutiennent que le plus parfait était d'abord ». Jacobi rapporte le mérite de cette distinction décisive à Aristote, *Métaphysique,* livre N, ch. 4 (W. III, p. 382 ; trad. p. 419).

P. <84> : L'indifférence au sein de l'Absolu de la matière et de l'esprit, premiers et universels. – Sur cette notion *d'indifférence,* voir en particulier le dialogue de Schelling : *Bruno* (1802) – S. W. IV, p. 236 *sq.* : dans l'unité absolue de son principe, la vérité est, pour l'intuition intellectuelle, *antérieure à la différenciation* du sujet et de l'objet. Voir également les textes cités dans la note sur la p. <53>. Dès les *Recherches philosophiques sur l'essence de la liberté humaine* de 1809, Schelling se plaignait de n'avoir pas été compris sur ce point : « Celui qui, sans entrer dans l'intérieur du système se contente de prélever sur l'ensemble les concepts les plus généraux, comment pourrait-il correctement juger du tout ? C'est ainsi que nous avons marqué le point précis du système où le concept de l'indifférence est le seul concept possible de l'Absolu. Si on se contente de le prendre dans sa généralité, on défigure le tout car il va jusqu'à s'ensuivre que ce système supprime la personnalité de l'Être suprême. Assurément dans ce qui ne comporte ni raison ni différence [*in dem Ungrund oder der Indifferenz*], il n'y a pas de personnalité ; mais le point de départ est-il le tout ? À ceux qui nous ont fait ce reproche avec tant de légèreté, nous demandons de nous opposer ce qui, à leur sens, apporte la moindre lumière à ce concept. Au contraire, nous les voyons partout prétendre que la personnalité de Dieu est insaisissable et ne peut absolument pas être rendue intelligible, en quoi ils ont parfaitement raison puisqu'ils tiennent ces systèmes abstraits, où de façon générale toute personnalité est impossible, pour les seuls qui soient conformes à la raison, ce qui est probablement aussi la raison pour laquelle ils en pensent autant de tout système qui ne méprise pas la science et la raison » (S. W. VII, p. 411-412).

Les deux « découvertes récentes » sur lesquelles ironise Jacobi semblent faire allusion au *Système de l'idéalisme transcendantal* qui introduisait une philosophie de *l'Art,* comme « Déduction d'un organe général de la philosophie », l'œuvre d'art représentant l'identité du conscient et de l'inconscient, et une philosophie de *l'Histoire,* qui résout « le problème suprême de la philosophie transcendantale » en conciliant liberté et nécessité dans sa réalisation progressive de l'Absolu : après une première période tragique où régnait le hasard, et une seconde qui est celle de la nature, la troisième dépassera hasard et nature en Providence ; avec elle commencera le règne de Dieu (S. W. III, p. 603-604). « L'histoire est la révélation progressive et successive de Dieu [...] une épopée conçue dans l'esprit divin », *Philosophie et Religion,* 1804. S. W. VI, p. 57.

P. <85> : Les séries de générations qui ont disparu et ne sont pas revenues – cf. *Philosophie et Religion, ibid.* p. 59 : « les restes de créatures animales dont on cherche en vain des exemplaires dans la nature actuelle et qui dépassent en taille et en organisation celles qui existent aujourd'hui prouvent que dans d'autres espèces d'êtres vivants également la nature dans la jeunesse de ses forces a enfanté des exemplaires supérieurs et des espèces plus parfaitement organisées, qui, cédant aux changements des conditions terrestres finirent par disparaître ».

P. <87> : Le monde retomberait au néant s'il perdait la base du chaos. Cf. *Recherches sur la liberté,* S. W. VII, p. 359 : « En suite de l'acte éternel de l'auto-révélation, dans le monde tel que nous le voyons maintenant, tout est règle, ordre et forme ; mais c'est ce qui est dépourvu de règle qui subsiste au fond comme s'il pouvait un jour de nouveau faire irruption, et il n'apparaît nulle part qu'ordre et forme soient ce qui est originaire, mais bien plutôt que c'est une absence originaire de règle qui s'est transformée en ordre. C'est là l'insaisissable base de la réalité dans les choses, le reste qui ne disparaît jamais, ce que la plus grande contention ne permet pas de résoudre dans l'entendement, ce qui demeure toujours au fond. C'est de cet inintelligent qu'au sens propre l'intelligence est née ...

Rien ne pourrait davantage pousser l'homme à aspirer de toutes ses forces à la lumière que la conscience de la nuit profonde d'où il a surgi à l'existence. Il est vrai que déplorer lâchement que ce soit là faire de l'inintelligent la racine de l'intelligence, de la nuit l'origine de la lumière repose pour une part sur une mésintelligence de la chose (on ne comprend pas comment dans cette conception l'entendement et l'être peuvent conserver la priorité selon le concept) ; mais il faut y voir l'expression du vrai système des philosophes d'aujourd'hui qui feraient volontiers *fumum ex fulgore,* à quoi même la plus violente précipitation fichtéenne ne suffit pas. Toute naissance est naissance de l'obscurité à la lumière ; il faut que le grain soit enfoui dans la terre et meure dans l'obscurité pour que la lumineuse apparition se lève plus belle et s'épanouisse au soleil. L'homme se forme dans les entrailles maternelles et c'est de l'obscurité de ce qui n'a pas l'intelligence (du sentiment, de l'inspiration, mère souveraine de la connaissance) qu'émergent les pensées lumineuses ».

P. <89> : « Ils ne répondent que par de durs reproches [...] »

Très certainement, en tout premier lieu, ceux que Schelling formulait dans le *Denkmal* de 1812 (S. W. VIII, p. 23-136), violente riposte aux *Choses divines*, mais Jacobi pouvait se sentir concerné par plusieurs passages de *Philosophie et Religion* qui, dans l'ensemble, visait nommément Eschenmayer. – Par exemple : « Que la philosophie de la nature ait été traitée de matérialisme, puis d'identification de Dieu et du monde sensible, et de là de panthéisme et de tant d'autres noms dont le vulgaire se sert comme d'armes sans y attacher grand sens, cela peut être mis au compte de gens complètement ignorants ou imbéciles, quand ce n'est pas une partie de ceux qui ont avancé cela qui appartenait à l'une ou l'autre de ces catégories » (S. W. VI, p. 49).

« Nous sommes incapables de saisir ce cercle à partir duquel tout devient, [...] l'universel : Ni [...] Ni [...] qui se retrouve partout ». On verra ci-dessous que la première expression est une citation textuelle. Sur l'ensemble de ce thème chez Schelling : « On a beau leur répéter mille et mille fois qu'il n'y a pour nous ni objectif, ni subjectif, et que c'est seulement en tant qu'il est *la négation* de ces opposés que l'Absolu est pour nous l'identité absolue des deux, ils ne comprennent pas vraiment et ils en restent à la seule chose qu'ils comprennent : à ce qui résulte de la *composition* [...] Ce qui ne leur échappe pas moins, c'est la façon dont toutes les formes sous lesquelles l'Absolu peut être exprimé et se trouve exprimé en effet se réduisent aux trois seules formes possibles qui se trouvent dans la réflexion et qui sont formulées dans les trois formes du syllogisme (cf. *Bruno,* 1802, S.W. IV, p. 300) et qu'il n'y a que la *connaissance intuitive immédiate* qui dépasse infiniment toute détermination par concept.

La première forme de la position de l'absoluité est la forme catégorique : elle ne peut que s'exprimer négativement dans la réflexion par un Ni [...] Ni [...] [*Weder ... Noch ...*] ; il est clair qu'il n'y a là aucune connaissance positive et que seule l'intervention de l'intuition productive comble ce vide et assure ce qu'il y a de positif dans ce Ni [...] Ni [...] (*Philosophie et Religion,* S. W. VI, p. 22-23).

« Que Ni [...] Ni [...] précède toutes les choses [...] qu'il soit le Dieu parfait *a parte ante* [...] » Comparer sur ce point les *Recherches sur la liberté,* S.W. VII, p. 358 : « Au reste pour ce qui est de cette antériorité [*Vorhergehen*], il ne faut la penser ni comme antériorité temporelle, ni comme priorité dc l'essence. *Dans le cercle à partir duquel tout devient,* il n'est nullement contradictoire que ce qui permet la production de l'Un soit lui-même à son tour produit par lui. Ici il n'y a ni premier, ni dernier, puisque tout se présuppose mutuellement, rien n'est l'autre et pourtant rien n'est sans l'autre. Dieu a en lui une raison [*Grund*] interne de son existence qui le précède en tant qu'existant; mais Dieu est tout aussi bien à son tour le *Prius* de cette raison, puisque la raison, même en tant que telle, ne pourrait être si Dieu n'existait en *acte* ».

« Ce Dieu parfait [...] se nomme de son vrai nom : le fondement premier ou l'absence de fondement [...] »

Ibid. p. 406 : « il faut qu'il y ait avant tout une raison [*Grund*] et avant tout existant, donc, de façon générale, avant toute dualité, un être [*Wesen*] ; quel autre nom lui donner que celui de *Urgrund* ou plutôt *Ungrund ?* Comme il précède tous opposés, ceux-ci ne sauraient être distinguables en lui, ni y exister d'aucune façon. Donc il ne peut être désigné comme étant leur identité, il peut seulement être désigné comme étant leur *indifférence absolue* ». Dans les *Choses divines*, Jacobi avait objecté : « Ce Dieu ne produisant vraiment absolument rien, aucune nature, aucun monde hors de lui, ne serait en aucune manière cause [*Ursache*], mais seulement un fond sans fond infini [*unendlicher Grund und Abgrund*] (totalité, Un-Tout), ce Dieu ne pourrait donc, s'il devait néanmoins être un être actif, rien faire d'autre qu'un temps vide, c'est-à-dire créer en lui un simple changement absolument dépourvu d'effet; création qui se présenterait dès lors non pas comme une création *à partir* du néant, mais comme une création de néant » (W. III, p. 407-408 ; trad. p. 433).

P. <92> : « Que celui qui a des yeux lise l'incroyable [...] La façon dont le pour et le contre s'entrelacent dans le merveilleux discours en cercle [...] ». – Ainsi Jacobi ne paraît pas avoir été convaincu par la leçon de Logique que Schelling croyait devoir donner au début des *Recherches* (*ibid.* p. 341) : « La raison de telles méprises [...] c'est qu'on interprète mal la loi d'identité ou le sens de la copule dans le jugement. Autant faire comprendre à un enfant qu'en aucun cas la proposition qui formule l'identité du prédicat et du sujet n'en exprime l'indifférenciation [*Einerleiheit*] ou même la connexion non-médiatisée [*unvermittelter Zusammenhang*] [...] Soit par exemple la proposition : le parfait est l'imparfait; elle signifie : l'imparfait n'est pas du fait que [...] et en ce que [...] il est imparfait, mais bien du fait du parfait qui est en lui; or nos contemporains lui font signifier : le parfait et l'imparfait sont une seule et même chose, tout se vaut, le pire et le meilleur, sottise et sagesse ».

Citations du *Théétète* 179 e-180 c. Voici l'ensemble du passage, traduit – avec plus d'exactitude – par Diès : « Au fait, Socrate, sur ces doctrines héraclitéennes, ou comme tu dis, homériques et de plus antique provenance encore, argumenter avec les gens d'Éphèse en personne, pour autant qu'ils sont à se poser en experts, n'est pas plus possible qu'avec gens que le taon affole. Sans mentir, le mouvement que prêchent leurs livres les emporte. S'arrêter à l'argument, à la question, tranquillement attendre leur tour de répondre ou de questionner, leur est moins que rien habituel; c'est bien plutôt au-dessous du rien qu'au-dessous du peu qu'est le niveau de tranquillité de ces hommes. Quelque question que tu poses à l'un d'eux, de leur carquois, dirait-on, ils tirent formulettes énigmatiques et te les lancent comme flèches ; et si du sens de l'une tu cherches à te rendre compte, une autre t'a déjà frappé, dont le sens est changé tout à neuf. Tu ne viendras jamais à bout de rien avec aucun d'eux, pas plus, d'ailleurs qu'eux-mêmes entre eux, bien attentifs qu'ils sont à ne rien laisser se fixer ni dans leur argument ni dans leurs propres âmes, car ils croient, j'imagine, que ce serait là quelques chose d'arrêté ; ce contre quoi ils mènent grande guerre et pour autant qu'ils peuvent le rejette de partout. – S. Mais peut-être, Théodore, as-tu vu ces hommes au combat, mais dans leurs heures de trêve ne les as-tu point fréquentés, car ils ne te sont point compagnons. Et pourtant j'imagine que ces doctrines, c'est dans le loisir qu'ils les expliquent aux élèves qu'ils veulent former à leur image. – Th. À quels élèves, excellent ami ? Aucun d'entre eux n'est élève d'un autre ; ils poussent tout seuls, recevant d'où que le vent souffle leurs inspirations respectives et chacun tenant pour rien le savoir du voisin ».

P. <93> : Retour avoué (« de nouveau nous nous tournons vers ceux qui [...] pour les raisons déjà alléguées plus haut [...] soutiennent [...] etc.) à la thèse du Dieu *impersonnel,* producteur nécessaire et non créateur intelligent du monde. Avant de lui opposer (comme il le fera à partir de la p. <97>) sa propre façon de voir, Jacobi revient à l'objection qu'il faisait à cette thèse dans les *Choses divines*, mais en prenant en compte cette fois la réponse que Schelling se flattait de lui avoir donnée en proposant une conception de *l'activité géniale* qui en soulignait le caractère essentiellement *inconscient.*

Il avait reconnu que « c'est à bon droit que la raison s'insurge contre une manière de se représenter Dieu enfermé comme l'homme dans une forme corporelle, pourvu de mains et de pieds, ayant besoin de l'œil pour voir, de l'oreille pour entendre, d'un entendement qui médite et réfléchit pour savoir et vouloir » – conception disqualifiée comme anthropomorphisme sot et puéril, il n'en avait pas moins jugé « plus profonde encore la révolte de la raison contre une divinisation de la nature, enseignant un Dieu qui crée l'œil et ne voit pas, implante l'oreille et n'entend pas, produit l'entendement et n'a ni perception, ni connaissance, ni volonté et qui [...] n'est rien. Proclame qu'il n'y a pas de Dieu, mais ne va pas dire et enseigner que les ténèbres sont la lumière, que l'être pourvu de raison est dépourvu de divin » (W. III p. 421 ; trad. p. 442).

Sans doute parce qu'il est désormais sensible aux reproches cinglants que Schelling lui faisait dans le *Denkmal* d'avoir déformé sa thèse en méconnaissant les développements qu'elle trouvait dans ses autres œuvres, mais également, semble-t-il parce qu'il ne peut plus ignorer le succès que cette conception a rencontré (p. 58 : « toute une bande de jeunes approbateurs surtout convaincus par l'argument final, l'Achille de ce discours » ...), Jacobi fait alors état de la théorie du génie que Schelling avait exposée dès 1800 à la fin de son *Système de l'idéalisme transcendantal,* faisant des « thèses maîtresses de la philosophie de l'Art » la « Déduction d'un organe général de la philosophie » (S.W. III, p. 612-635) :

« La nature dans sa finalité aveugle et mécanique représente bien pour moi une identité primordiale de l'activité consciente, mais elle ne me représente pas cette identité en telle façon que sa raison dernière réside en *Moi-même* [...] Il faut donc que dans l'intelligence elle-même puisse se présenter une intuition permettant au Moi d'être à la fois conscient et inconscient *pour lui-même* dans *un seul et même phénomène,* et c'est seulement grâce à une telle intuition que nous produisons l'intelligence pour ainsi dire entièrement à partir d'elle-même, donc uniquement grâce à elle également que le problème de la philosophie transcendantale (explication de l'accord du subjectif et de l'objectif) est résolu dans son entier (*ibid.* p. 610) [...] L'œuvre d'art nous réfléchit l'identité de l'activité consciente et de l'activité inconsciente. Or leur opposition est une opposition infinie et elle est surmontée sans que la liberté y soit pour rien. Donc le caractère fondamental de l'œuvre d'art est une *infinité sans conscience* (synthèse de la nature et de la liberté) (p. 619) [...] Le génie se distingue donc de tout ce qui n'est que talent ou habileté en ce qu'il permet de résoudre une contradiction qui autrement est absolument insoluble. Partout, même dans la production la plus commune et la plus quotidienne, l'activité consciente collabore avec une activité sans conscience, mais seule une production qui avait pour condition une opposition infinie des deux activités est une production esthétique et que seul le génie rend possible » (p. 624).

P. <94> : « Celui qui a fait l'œil etc [...] cf. Psaume 94, verset 9 (Psaume 93 dans la Vulgate).

P. <95> : Sur la nécessité d'une inscience première à partir de laquelle s'éveille l'intelligence, outre les références de la note précédente, cf. *Recherches* (*ibid.* p. 361) : « Correspondant à l'aspiration qui, en tant que fond encore obscur, est le premier mouvement de l'existence divine, il se produit en Dieu même une représentation réflexive interne qui permet à Dieu lui-même – car elle ne peut avoir d'autre objet que Dieu – de se voir en image. Cette représentation est la première en laquelle Dieu, pris absolument, est actualité, encore que ce ne soit qu'en lui-même ; elle éclôt en Dieu, elle est Dieu même produit en Dieu [...] Le premier effet de l'intelligence dans la nature est la séparation des forces, seul moyen pour elle d'épanouir l'unité qui y est contenue de façon inconsciente, séminale et pourtant nécessaire, tout de même qu'en l'homme, dans l'aspiration obscure à créer quelque chose, la lumière vient de ce que, dans la masse chaotique des pensées qui s'entretiennent toutes, chacune empêchant l'autre de se manifester, les pensées se séparent et qu'alors surgit l'unité qui se cachait au fond et les englobait toutes ».

6 – *Raison et Entendement* (p. <97 à 107>)

P. <98> : « S'imaginer de façon puérile que la nuit est la mère de toutes choses [...] » Aristote ; *Métaphysique,* A 6, 1071 b 27 : « les théologiens font naître toutes choses de la Nuit » ; par exemple : Orphée, *fr. 12* (Diels), Hésiode, *T. et J.*, 17, *Théog.*, 116 *sq.*

P. <99> : Tout ce passage est de grande importance dans la mesure où Jacobi tente d'y exposer son thème principal (rapprocher, dans cette même *Préface* les p. <9-10, 25-27, 58, 110, 111>) en retrouvant la genèse de cette double incroyance, où il ne cesse de déplorer que la philosophie se soit égarée en se laissant aller à « la rage effrénée d'expliquer », qui conduit l'entendement à nier le monde matériel et le monde immatériel. Voir sur ce point la dernière partie de notre Introduction. – S'il commence par annoncer qu'il va s'expliquer plus clairement, c'est, semble-t-il, parce qu'il a conscience qu'il vient de se livrer à une sorte d'exégèse lyrique de la Genèse, accusant le contraste de son « Fiat lux » avec l'obscurité du *Grund* de Schelling, mis en accusation dans les pages précédentes.

P. <100 (note)> : *Les Croisades du philologue HA. N,* du célèbre « Mage du NORD » (1730-1788), avaient paru en 1762.

P. <103> : Xénophane, dans le témoignage que cite Diogène Laërce (IX, 18), souligne lui-même son âge avancé : 92 ans. Le sceptique désigné par ce texte et par celui de Sextus Empiricus (*Hypotyposes pyrrhoniennes,* 1, 124), est Timon :

Xénophane, un esprit modeste et le censeur
Des mensonges forgés par la gent homérique;
Des Dieux il composa une image apurée
Qui ne doit rien à l'homme : un Dieu partout égal,
Impassible, impavide, et doué d'un Intellect
Bien plus intelligent que n'est toute pensée.

Il le loue en de nombreux passages, au point de lui dédier ses *Silles ;* mais il l'a fait se plaindre en ces termes :

Ah ! Que n'ai-je montré un esprit plus prudent
Et jeté sur le monde un regard dédoublé.
Je me suis engagé dans une voie trompeuse
Et me voici, vieillard, tout aussi maladroit
Sur toute la sceptique. En effet quelque fût
Le lieu où mon esprit orientait sa recherche,
J'avais une réponse avec l'Un et le Même
Tout entier existant et retournant sans cesse
À une nature une et en tous points semblable.
(traduit par J. P. Dumont).

Au témoignage de Platon et d'Aristote, Xénophane partisan de l'unité de l'Être aurait ouvert la voie à Parménide : *Sophiste,* 242 d : « la gent éléatique, issue de Xénophane et de plus haut encore, ne voit qu'unité dans ce qu'on nomme le Tout » – *Métaphysique,* A, 5, 986 b 20 : « Xénophane, le plus ancien des partisans de l'unité (car Parménide fut, dit-on, son disciple) [...] promenant son regard sur l'univers matériel assure que l'Un est Dieu ».

Le texte de Fénelon (*Œuvres philosophiques,* Hachette, p. 142-143) a été traduit et cité de façon très libre par Jacobi. – « Le profond accord entre la religion de Spinoza (sa philosophie se présente entièrement comme religion, comme doctrine de l'Être suprême et du rapport de l'homme à cet Être) et la religion de Fénelon a été déjà relevé à maintes reprises, mais il n'a encore jamais été développé de manière à englober toutes les philosophies. J'ai longtemps caressé l'idée d'entreprendre moi-même un tel développement » (W. III, p. 47 ; trad. p. 329).

P. <105-107> : Brève conclusion : 1 – La philosophie qui prétend être *connaissance* ne peut qu'aliéner l'immédiateté du rapport dans les médiations de la discursivité où le verbe : être voit sa valeur *ontologique* déchoir en simple fonction *copulative*. Dès qu'il perd ce rapport immédiat à l'Être en-deçà de sa réfraction sous deux formes, l'une sensible, l'autre supra-sensible, l'entendement s'égare dans une vaine entreprise, lorsqu'il prétend rejoindre le supra-sensible en prenant appui sur la seule intuition sensible : sa réflexion s'enferme dans un univers du discours où, sans fin, une chose renvoie à une autre sans que le contact avec l'Être puisse jamais être retrouvé. 2 – De façon exceptionnellement concise (comme il se flatte d'y être parvenu dans son écrit de 1799 montrant « que le concept de providence et de liberté est inséparable du concept de raison », dont il annonce la réimpression dans l'édition de ses œuvres en 1815, à la suite du *Dialogue* – W. II, p. 311-323), Jacobi professe alors sa « docte ignorance » : il ne connaît pas ce qu'il sait le mieux – entendons qu'il sait ne pas pouvoir « expliquer sous quelle forme [*welcher Gestalt [...] erklären*] l'esprit certain de lui-même devient présent en l'homme, sous quelle forme se fait immanent [*in uns*] le savoir de la liberté transcendante [*über uns*] ; comparables en cela au « *factum rationis* », dont Kant dit « qu'il se soutient de lui-même », les objets du savoir immédiat ont le statut de faits [*Thatsachen*], ce qui garantit à leur affirmation la rigueur scientifique [*wissenschaftlicher Strenge*]. On peut relever que le langage de Jacobi semble se souvenir de celui de Platon lorsqu'il présente la référence aux Idées comme une soumission à ce qu'exigent les valeurs : le vrai, le beau, le bien *en soi* : « reconnaître ce qui a existence uniquement en soi-même [*das « nur sich selbst Gleiche » zu erkennen*] se calque sur la formule qui connaît diverses variantes dans les dialogues platoniciens : αὐτὸ καθ' αὐτὸ (par exemple *République* VII, 516 b, 528 a ; X, 604 a, etc.) ; et « le savoir authentiquement souverain » [*wahrhaft oberherrliches Wissen*] rappelle la βασιλικὴ du *Charmide* (174 bc) et de *l'Euthydème* (291 bc), ou le μέγιστον μάθημα de la *République* (505 a).

7 – *Appendices* (p. <107-123>)

La fin de la préface s'égrène en quatre fragments, dont seul le dernier excède deux pages. Plutôt que des appendices proprement dits, ils se présentent comme des sortes de « couplets » sur des thèmes déjà traités, mais dont Jacobi n'a sans doute pas voulu prendre le risque de rompre l'unité de développement en essayant de les y intégrer. Il prétexte de sa hâte à conclure et se console en espérant que leur caractère aphoristique leur donnera du relief.

P. <107> : Le premier insiste à nouveau sur l'auto-suffisance de la croyance, révélée par la raison dans le sentiment : qu'il s'agisse du monde sensible ou du monde suprasensible, la croyance en sa réalité non seulement n'appelle, mais même ne tolère le recours à aucune garantie qui lui soit extérieure. Rien ne le montre mieux que l'échec des philosophes qui crurent qu'elle avait besoin d'être démontrée et ne parvinrent qu'à en volatiliser l'objet : les uns tombèrent dans *l'idéalisme* en prétendant démontrer la réalité du monde matériel, les autres dans le *nihilisme* en voulant démontrer l'existence d'un Dieu-providence, libre créateur de l'univers. – Sur le « style de sauterelle » de Hamann, cf. *Wolken*, dritter Aufzug. – Sur les rapports entre *Hamann et Jacobi*, voir l'ouvrage de Renate Knoll, Heidelberg, 1963.

P. <110> : Le deuxième fragment revient une fois encore sur les rapports de l'entendement et de la raison. Sur la première thèse : là où il y a raison, il y a entendement, nous renvoyons à la note sur la p. <60>. Une raison sans entendement est aussi inconcevable qu'un savoir ou un art inconscients, et qu'une sensibilité sans un entendement qui manifeste sa spontanéité dans une activité de réflexion et de liaison. Il est si vrai que le pouvoir de juger de l'entendement est étroitement lié à la fonction propre des sens qui est de révéler, que tout en sachant pertinemment que c'est là leur fonction, nous n'en disons pas moins qu'ils jugent et qu'ils apprécient. Et de ce point de vue on ne peut qu'approuver Fries d'avoir proposé d'appeler *jugement fondamental* [*Grundurteil*] de la raison le sentiment qui révèle l'être, celui que Jacobi qualifie *d'objectif* et *pur*. Il y aurait ici une sorte de réciproque de la qualification inverse qui nous fait appeler : *sens*, la *faculté de juger*, dont la justification introduisait la conception kantienne du *sensus communis* au § 40 de la *K. V.* : « Lorsqu'on remarque moins la réflexion de la faculté de juger que le résultat de cette réflexion, on donne souvent à celle-ci le nom de *sens* et on parle d'un sens de la vérité, d'un sens des convenances, de la justice, etc., bien que l'on sache, ou du moins qu'on doive raisonnablement savoir, qu'il n'y a pas un sens en lequel ces concepts pourraient avoir leur siège, qu'un sens peut encore moins prétendre décider de règles universelles et que jamais une telle représentation de la vérité, de la convenance, de la beauté ou de la justice ne nous viendrait à l'esprit, si nous ne pouvions nous élever au-dessus des sens à des facultés supérieures de connaître ». En revanche, il n'est pas vrai que là où il y a entendement, il y a aussi raison, comme le prouve le fait que les animaux, qui sont entièrement privés de raison, n'en possèdent pas moins l'entendement dans la mesure où la différenciation de leurs organes sensoriels les met en rapport avec les autres êtres de la nature. On peut remarquer que sur ce point Jacobi serait du parti de Locke pour qui « la puissance d'apercevoir est ce que nous appelons entendement », et non celui de Leibniz qui réplique : « Nous nous apercevons de bien des choses en nous et hors de nous que nous n'entendons pas et nous les entendons quand nous avons des idées distinctes avec le pouvoir de réfléchir et d'en tirer des vérités nécessaires. C'est pourquoi *les bêtes n'ont point d'entendement* quoiqu'elles aient la faculté de s'apercevoir des impressions plus remarquables et plus distinguées » (*Nouveaux Essais,* II, 21, § 5). Il ne le rejoindrait que pour leur refuser la *pensée* fondée sur la *raison* (et non l'inverse) : « Toute perception jointe à la faculté de réfléchir est une *pensée,* que je n'accorde pas aux bêtes, non plus que l'entendement » *(ibid.).* Lévy-Bruhl (*La philosophie de Jacobi*, 1894, p. 79-80, note) avance l'hypothèse d'une interposition de Bonnet qui écrit dans sa *Palingénésie philosophique* (p. 199-200) : « Il faut distinguer deux sortes de personnalité. La première est celle qui résulte simplement de la liaison que la réminiscence met entre les sensations antécédentes et les sensations subséquentes, en vertu de laquelle l'âme a le sentiment des changements d'états par lesquels elle passe. La seconde espèce de personnalité est cette personnalité réfléchie qui consiste dans le retour de l'âme sur elle-même, par lequel séparant en quelque sorte de soi ses propres sensations, elle réfléchit que c'est elle qui les éprouve ou les a éprouvées. L'être qui possède une telle personnalité appelle « moi » ce qui est en lui, qui sent ; et ce moi s'incorporant pour ainsi dire à toutes les sensations, se les approprie toutes et n'en compose qu'une même existence [...] La première espèce de personnalité paraît convenir aux *animaux* et même à ceux qui sont le moins élevés dans l'échelle ». On peut en effet retrouver dans ce texte une lecture un peu molle et libre des § 26 à 30 de la *Monadologie* par exemple, et il est vrai que l'introduction qu'elle fait à ce niveau de la notion de personnalité a pu être la source directe de la distinction fréquemment faite par Jacobi de l'individualité animale et de la personnalité humaine au reste fortement soulignée chez Leibniz lui-même : Dieu est aux âmes animales, qui n'ont que l'identité réelle, ce que l'ingénieur est à ses machines ; il est aux esprits raisonnables, qui ont l'identité personnelle et l'immortalité vraie, ce que le prince est à ses sujets, etc. ; voir W. IV 2, p. 76, VI, p. 169-170, 224. – Il reste que, comme le reconnaît Lévy-Bruhl, pour l'une comme pour l'autre, outre la mémoire, la fonction de connexion [*Verknüpfung*] de *l'entendement* est requise selon Jacobi, et que cette thèse, explicitement refusée par Leibniz, n'apparaît pas non plus chez Bonnet.

La fonction de la raison, selon Jacobi est « d'éclairer l'entendement, de l'éveiller à la *contemplation* [*Betrachtung*] qui suscite la recherche, la connaissance distincte, la science », formule à rapprocher de celle de la p. <106>, où nous avons entrevu l'esquisse d'un programme philosophique positif : mettre en lumière comme un *fait* (sans prétendre même « expliquer sous quelle forme ») la présence en l'homme dans le *sentiment* de l'esprit certain de lui-même, la reconnaissance de « l'en-soi » des valeurs.

P. <111> : Le fragment qui suit reprend d'abord la dernière indication du précédent en insistant une nouvelle fois sur l*a priori*té et la prévalence de la certitude originaire sur toutes les entreprises d'explication et de démonstration auxquelles se livrent théories scientifiques et philosophiques. Il ajoute cette remarque qui relève d'une certaine philosophie de l'histoire et qui est très révélatrice de la profonde défiance de Jacobi à l'endroit de la spéculation : non seulement la théorie est *seconde* relativement à la vie, mais l'histoire montre qu'elle ne doit son essor qu'à *l'exténuation* de celle-ci, et leur valorisation est le signe même de la *décadence :* celle de l'art fait fleurir les théories esthétiques dont l'épanouissement devient la mesure de l'incertitude du goût, la corruption des mœurs fait pulluler les traités d'éthique. L'entreprise théorétique s'apparente à la dissection des cadavres. Elle ne paraît pas cependant définitivement condammnée, puisque la voie de la réhabilitation lui est ouverte si elle sait se mettre au service de l'appréhension vivante des valeurs, à la façon dont le langage est au service de la pensée.

P. <113> : Le dernier fragment fait un ultime retour à la critique de la philosophie de la nature de Schelling, qui prétend que la force créatrice de l'esprit est *immanente* à la nature, où elle trouve sa manifestation *inconsciente*. Jacobi ne veut voir là que langage contradictoire : il est aussi absurde de qualifier la providence *d'aveugle* que la nécessité de *libre*. Ce qui permet de déceler ici un nouvel avatar du spinozisme, c'est que celui-ci aussi avait désigné comme providence son destin aveugle, et après avoir identifié Dieu à la Nature, il n'en parlait pas moins de son « gouvernement du monde », de ses « décrets », etc. – *Traité Théologico-politique,* ch. 3 : « Par *gouvernement de Dieu* j'entends l'ordre fixe et immuable de la nature, c'est-à-dire l'enchaînement des causes naturelles [...] les lois universelles de la nature, suivant lesquelles tout se produit et tout est déterminé, ne sont pas autre chose que les *décrets* universels de Dieu qui enveloppent toujours une vérité et une nécessité éternelles. Donc que nous disions que tout arrive selon les lois de la nature ou s'ordonne par le décret ou le gouvernement de Dieu, cela revient au même [...] Tout ce que la nature humaine peut produire par sa seule puissance pour la conservation de son être, nous pouvons l'appeler *secours interne* de Dieu, le secours *externe* tout ce que produit d'utile pour lui la puissance des choses extérieures [...] » ; ch. 4 [...] « les moyens que réclame cette fin de toutes les actions humaines qu'est Dieu lui-même en tant que son idée est en nous, peuvent être appelés *commandements de Dieu* puisqu'ils nous sont prescrits en quelque sorte par Dieu lui-même en tant qu'il existe dans notre esprit; et ainsi une règle de vie qui a cette fin pour objet est très bien désignée par le terme de *loi divine* ».

Jacobi trouve ici une occasion de dire son dernier mot sur la signification exacte du combat philosophique de toute sa vie, depuis les *Lettres sur Spinoza* jusqu'à la critique de la philosophie de la nature de Schelling dans les *Choses divines*. Il compare son attitude à celle de Lessing, assez écœuré par l'apparition d'une nouvelle orthodoxie pour être amené à se faire le défenseur de l'ancienne : contre l'incohérence d'un fatalisme moderne qui prétend concilier la liberté et la nécessité, la providence et le fatum sans porter préjudice à la transcendance du Dieu-personne des chrétiens, il fait l'éloge d'un fatalisme d'inspiration spinoziste se présentant loyalement comme *naturalisme,* éliminant toute liberté et toute providence pour faire valoir le règne sans partage de la nécessité *à l'intérieur des limites de la nature*. C'était déjà le langage des *Choses divines :* « Le naturalisme franc

[...] qui ouvertement se reconnaît comme tel, ne prête pas plus à la critique, en tant que *doctrine spéculative* que le théisme. Il peut repousser le théisme [...] déclarer qu'il ne veut rien avoir à démêler avec lui qui n'est qu'un fantôme et n'a rien d'un être authentiquement scientifique [...] Mais pour demeurer inattaquable, le naturalisme [...] ne doit jamais prétendre parler de Dieu et des choses divines, de la liberté, du bien et du mal moral, de la véritable moralité, car selon sa plus intime conviction, ces choses ne sont pas » (W. III, p. 386-7 ; trad. p. 421). – Dans le fatalisme moderne, il ne voit que fallacieuse prétention à tirer d'embarras un entendement revenu de ses conceptions d'enfance qui lui faisaient mettre un chaos originel au fondement de la nature. – Quelques expressions montrent assez clairement que c'est encore la philosophie de Schelling qui est visée; ainsi p. <71> « le fatalisme inconséquent, absolument fantastique du Ni [...] Ni [...] » : cf. Schelling, *Philosophie et Religion,* début : « La première forme sous laquelle est posé l'Absolu est la forme catégorique : elle peut s'exprimer dans la réflexion d'une façon purement négative, par un Ni [...] Ni [...] » – « une ténébreuse absence de fondement » : cf. *Recherches philosophiques sur la nature de la liberté humaine :* « comme l'essence de la nature primitive n'est rien d'autre que la raison éternelle de l'existence de Dieu, elle doit contenir l'essence de Dieu lui-même éclairant d'un regard générateur de vie les *ténèbres de la profondeur* »; « l'univers, être infini circulant d'éternité en éternité, qui, sans but, fait à l'infini ici naître, là disparaître infini sur infini [...] une éternelle force de changement » : cf. *Première esquisse d'un système de philosophie de la nature :* « La productivité de la nature est originairement infinie; donc lors même qu'elle aboutit à un produit, ce produit n'est qu'un produit apparent. Tout produit est un point d'arrêt, mais dans tout point d'arrêt, il y a encore l'infini » L'entendement ne saurait trouver son créateur dans la nature où il n'est pas; il n'est visible qu'aux yeux de l'esprit qui le manifeste. Jacobi renvoie ici aux *Choses divines*, où l'on peut en effet lire par exemple : « Ces idées supérieures [...] le monde extérieur, la nature, ne les procure pas, et elles n'en sauraient être tirées; elles prouvent qu'il y a en l'homme non seulement quelque chose d'autre que dans le reste de toute la nature, mais même que cette chose autre est plus que la nature et qu'elle est au-dessus d'elle », W. III, p. 272; trad. p. 353.

P. <73> : référence à Platon, *Théétète* 176 bc : « La vérité, la voici : Dieu n'est sous aucun rapport et d'aucune façon, injuste, il est au contraire suprêmement juste, et rien ne lui ressemble plus que celui de nous qui, à son exemple, est devenu le plus juste possible » (trad. Diès).

II – SUR LE DIALOGUE

P. <127> : La lecture de Hume était très répandue dans l'Allemagne de l'époque. On sait l'importance qu'elle eut dans l'évolution de la pensée de Kant. Hamann, de son côté, avouait à Jacobi y avoir puisé sa propre doctrine de la croyance. Dans le cinquième Appendice aux *Lettres à Mendelssohn,* Jacobi note : « Lessing me renvoya aux entretiens posthumes de Hume *(Sur la religion naturelle)* [...] je n'avais pas encore lu moi-même ces entretiens. Il me déplaisait en général de citer à tâtons et en même temps j'avais honte d'avoir négligé de consulter ces entretiens. Il en était allé avec moi comme avec Lui dans mon *Hume et la croyance :* je ne voulais lire que l'original anglais et je négligeai de me le procurer », W. IV (2), p. 82 ; trad. p. 254, note.

P. <129> : La nouvelle édition des *Lettres à Mendelssohn* augmentée de huit appendices parut en 1789.

Citation d'un ouvrage paru en 1786 sous le titre : *Vorläufige Darstellung des heutigen Jesuitismus, der Rosenkreuzerei, Proselytenmacherei und Religionsvereinigung.*

P. <134-140> : Sur toutes ces querelles, voir Verra, *op. cit.* p. 180 *sq.* et J. Blum : *J. A Stark et la querelle du Crypto-catholicisme en Allemagne (1785-1789),* Paris, 1912.

P. <141 *sq.*> : Ce long examen du problème de l'évidence sensible a été sévèrement jugé par Schopenhauer dans les pages du *Nachlass* qui concernent Jacobi et son *Dialogue :* « Le problème de la validité de l'évidence sensible est incompréhensible parce qu'il est dépourvu de sens », *Aus Arthur Schopenhauer's handschriftlichen Nachlass,* hrsg. Frauenstädt, 1864, p. 264-5. Voir la note finale sur l'*Appendice.*

P. <143> : Citation de la troisième *Lettre à Mendelssohn* (26 avril 1785), W. IV, p. 211 ; trad. p. 187.

P. <145> : Citation de la *Lettre de Mendelssohn* du ler août 1784, *ibid.* p. 116 ; trad. p. 143.

P. <146> : Jacobi mettait très haut les *Essays on the intellectual powers of man,* de Reid, comme le montre une lettre du 18 octobre 1814 à J. Neeb (Roth, *Briefwechsel,* II, p. 445). C'est Reid lui-même qui dit que toute sa philosophie vise à dénoncer l'erreur de la thèse commune à toutes les théories de la connaissance de Descartes à Hume (celle que les adversaires de Locke avaient appelé : *l'idéisme*), selon laquelle nous ne pouvons connaître que par idée. Cette erreur consiste à admettre que la perception est une action du corps sur l'esprit. « Un objet ne produit aucune force du fait que nous le percevons ; pour l'objet, être perçu, c'est exactement ce que les logiciens appellent une dénomination extrinsèque : elle n'implique ni action, ni qualité dans l'objet perçu. » À cette justification de la perception immédiate des objets du sens externe, Reid joint celle du « sens commun », dans lequel il inclut la raison. Il critique les philosophes qui ont séparé le jugement de la perception en réduisant le sens à une réceptivité, contre le sens commun : celui-ci montre par l'usage qu'il fait du mot : *sens* qu'il n'entend nullement dissocier ce que les activités de sentir et de juger peuvent avoir de commun (*Essay,* VI, ch. 2).

P. <150> : Sur le sens de l'appel à Hume, voir notre Introduction. – « Le mot : *Glauben,* dont Jacobi prétend justifier l'emploi en se recommandant de Hume, a chez lui un sens tout différent de celui du terme *belief* chez Hume [...] Pour Hume, c'est un synonyme de : *assent* et *opinion* pour signifier, face à la certitude du savoir, un pur *Für-wahr-halten,* une manière de penser à laquelle, au strict point de vue de la science, on ne peut attribuer que la *probabilité,* suffisante pour les exigences de la vie pratique. Quand au contraire Jacobi parle de croyance en une réalité, il désigne bien, comme Hume, une forme de savoir indémontrable, mais ce caractère indémontrable ne signifie pas pour lui un degré inférieur de certitude, mais *une manière d'être donné* qui prend place à côté du savoir démontrable avec un *caractère spécifique* et une *légitimité particulière* et qui par conséquent peut s'affirmer à côté et finalement au-dessus de celui-ci », Bollnow, *op. cit.* p. 129-130. – « Hume n'admet rien qui ressemble, même de loin, au réalisme spontané de Jacobi. Il est aussi exigeant en matière de preuves que Jacobi l'est peu. Il dit bien que la croyance est un sentiment, mais il se garde d'ajouter, comme Jacobi, que c'est un sentiment *objectif :* il montre au contraire que rien ne garantit cette objectivité. Il est difficile, en un mot, d'imaginer deux doctrines plus différentes par leurs tendances comme par leur méthode [...] ce n'est pas d'un dialecticien comme Hume qu'il aurait dû se réclamer. Il a bien plus d'affinité avec les mystiques, avec Hemsterhuis par exemple, qui s'exprime en des termes presque identiques aux siens et qui traduit aussi croyance par sentiment : "L'homme, dit-il, est en apparence susceptible de deux espèces de conviction : l'une est un sentiment interne ineffable dans l'homme bien constitué ; l'autre dérive du raisonnement, c'est-à-dire d'un travail de l'intellect conduit avec ordre. La seconde ne saurait subsister sans avoir l'autre pour base unique : car en remontant aux premiers principes de toutes nos connaissances, de quelque nature qu'elles puissent être, nous parviendrons à des axiomes, c'est-à-dire à la pure conviction du sentiment" (*Œuvres philosophiques,* Paris, 1809, tome II, p. 101-103), Lévy-Bruhl : *La philosophie de Jacobi,* p. 108-109. – Dans le même sens : B. Magnino : « La filosofia mistica di F. H. Jacobi », in *Giornale critico della filosofia italiana,* 1931, p. 458-459. Lorsque l'interlocuteur du dialogue prétend que la connaissance qu'il a des conceptions de Jacobi lui permet de retrouver dans les pages de Hume qui viennent de lui être lues « non seulement le même emploi du mot croyance, mais même la thèse que la croyance est l'élément de toute connaissance et de toute activité » (p. <163>), il est bien certain qu'on voit mal comment aucune des deux philosophies pourraient retrouver son compte dans ces formules excessives. Mais on ne voit pas non plus que celle de Hume puisse trouver le sien dans la simplification de Bollnow, faisant du *belief* uniquement un degré de certitude inférieur à celui qu'atteint une science démonstrative comme les mathématiques. Car cette distinction ne saurait être séparée de celle qui divise « tous les objets de la raison humaine en deux genres de relations, celle qui concerne les *idées* et celle qui concerne les faits (sect. 4), non plus que de celle qui divise les perceptions de l'esprit en pensées ou *idées* et en impressions (sect. 2). Or précisément cette dernière distinction prend toute son importance dans les passages, à cet égard, judicieusement choisis par Jacobi, où Hume s'attache à décrire des *manières d'apparaître à l'esprit,* différentes selon que l'objet est simplement imaginé, pensé comme possible (qu'un corps de cheval porte une tête d'homme, que la bille lancée s'arrête au moment du contact), ou qu'il est perçu, senti comme réel (je ne puis croire à *l'existence* du centaure, je *sens* très différemment la conception pour laquelle je me représente l'impulsion et la communication du mouvement d'une bille à une autre).

De ce point de vue, on peut voir l'écart se réduire singulièrement entre les formules dont Bollnow se sert pour caractériser la croyance selon Jacobi (« *manière* d'être donné qui prend place à côté du savoir démontrable avec un caractère spécifique ») et celles de Hume lui-même (« belief [...] is a different *manner* of conceiving an objet, something that is distinguishable to the feeling and depends not upon our will, as all our ideas do », *Abstract,* p. 18).

Toutefois quelque soit l'intérêt qu'on pourrait trouver à pousser cette comparaison, peut-être conviendrait-il de se demander d'abord dans quelle mesure Jacobi se souciait vraiment de retrouver chez Hume sa propre conception de la croyance. Non seulement l'interlocuteur relève que Hume donne à sa thèse un contenu plus riche et une application plus étendue que ne le fait Jacobi (p. <164>), mais surtout ce dernier prend très explicitement ses distances à l'égard de l'ensemble de la philosophie *idéaliste* de Hume, où il ne cherche nullement à retrouver son propre *réalisme :* d'une part, Hume montre son scepticisme en s'abstenant de trancher la question de savoir si nous percevons les choses *réellement* hors de nous ou simplement *comme si* elles étaient extérieures (p. <145>) ; d'autre part, en prétendant que si nous avons bien, d'un côté, le sentiment d'une force et de l'autre, la perception du succès de son application, cependant nous ne sentons pas *comment* les deux choses peuvent se lier, par cette autre manifestation de scepticisme, il se rend coupable d'ouvrir la voie à « l'idéalisme-jumeau » (p. <204>). Voilà qui pourrait donner quelque poids au propos de Jacobi lorsqu'il nous laisse entendre qu'il se couvre de l'autorité de Hume à peu près comme Descartes avait souhaité se couvrir de celle de la Sorbonne ! À tout le moins est-il certain qu'il n'est nullement disposé à sacrifier l'originalité de sa conception de la croyance en allant jusqu'à l'identifier à celle de Hume. Assurément sa pensée a moins d'affinité avec celle d'un dialecticien comme Hume qu'avec celle d'un mystique comme Hemsterhuis; aussi bien, il lui arrive souvent de citer ce dernier. Mais en l'occurrence, son intention précise est de se défendre contre la double accusation d'avoir joué sur l'ambiguïté du mot : croyance, pour mêler philosophie et religion, mais de n'y être parvenu qu'en faisant de ce terme un usage injustifiable, tout à fait abusif et hors de propos. Aussi jugea-t-il que la meilleure autorité dont il puisse se couvrir était celle d'un auteur très célèbre à l'époque, qui n'a jamais été l'objet d'une accusation de ce genre, et chez qui on peut trouver un emploi du mot croyance suffisamment comparable pour qu'il apparaisse désormais tout à fait impossible de prétendre qu'il soit inacceptable et indéfendable.

P. <152 : note> : pour ce passage de Hume, et les suivants, il va de soi que notre traduction est celle du texte allemand par lequel Jacobi traduit le texte de Hume.

P. <168> : La citation de Leibniz se trouve dans les *Nouveaux Essais,* livre II, ch. 21, § 14.

P. <170> : Charles Bonnet (1720-1793) Principales œuvres : *Essai analytique sur les facultés de l'âme* (1760). Jacobi l'avait connu personnellement à Genève. « J'en savais autrefois presque par cœur l'œuvre entière », *Lettres à Mendelssohn,* W. IV, p. 80; trad. p. 123. Voir R. Savioz : *La philosophie de Charles Bonnet de Genève,* 1948. Isenburg, R., *Der Einfluss der Philosophie Charles Bonnet auf Jacobi,* Borna, Leipzig, 1906.

Hemsterhuis (1720-1790) : *Sophyle ou de la philosophie* (1778), dialogue où le philosophe matérialiste Sophyle est réfuté par Euthyphron, philosophe platonisant. Autres œuvres : *Lettre sur les désirs* (1771); *Lettres sur l'homme et ses rapports* (1772); *Aristée ou la divinité* (1779, etc., Jacobi l'avait en grande estime. Les *Lettres à Mendelssohn* citent une lettre que Jacobi lui avait écrite (en français) sur la doctrine de Spinoza (W. IV (1), p. 123 *sq.*; trad. p. 147 *sq.*), et le deuxième Appendice est constitué par un texte de Hemsterhuis : une lettre de Dioclès à Diotima sur l'athéisme, W. IV (2), p. 47-66; trad. p. 234 *sq.*, voir également p. 127; trad. p. 148. Cf. Klaus Hammacher, *Unmittelbarkeit und Kritik bei Hemsterhuis.*

P. <180> : Le Sage (1724-1803), professeur de science *Essai de chimie mécanique* (1758); *Traité de physique mécanique* (1818). Voir : *Notice sur la vie et les écrits de C. L. Le Sage de Genève,* par P. Prévost, 1805, qui confirme ce que Jacobi en dit ici. Schelling attribuait une grande importance à l'influence de l'enseignement de Le Sage sur la formation de la pensée de Jacobi :

> Dès le départ Jacobi avait exclu la Nature de la spéculation philosophique, à la grande différence de Kant qui à travers tous ses écrits fit montre d'un grand amour et d'une riche connaissance de la nature. Jacobi, lui parut toujours saisi d'une sorte de peur panique devant la Nature et pour autant qu'il en prit connaissance, il n'y remarqua que

l'aspect d'absence de liberté, de divinité, de spiritualité; à cela contribua peut-être une circonstance contingente : il eut comme professeur en physique et en philosophie un homme, du reste remarquable, le Pr. Le Sage de Genève qui était un cartésien résolu et qui en cette seconde moitié du 18ᵉ siècle en restait à un système de la gravitation atomiste et mécaniste comparable au système cartésien des tourbillons. Peut-être est-ce de ce maître que Jacobi tint l'idiosyncrasie de n'avoir jamais pu penser la matière comme vivante, ainsi qu'il me le confia plusieurs fois, alors que Goethe, par exemple, déclara un jour qu'il ne savait pas comment s'y prendre pour penser la matière comme non-vivante. Jacobi conserva jusqu'à la fin de sa vie cette particularité; rien n'y fit, ni les *Premiers principes métaphysiques de la théorie de la nature* de Kant, ni sa *Critique de la faculté de juger,* son œuvre la plus profonde, celle qui aurait vraisemblablement donné une direction différente à toute sa philosophie s'il avait commencé par là au lieu d'en finir par là (*Leçons de Munich pour l'histoire de la philosophie moderne,* p. 176-7)

P. <182> : Gravesande (1688-1724), savant hollandais qui dans son enseignement à Leyde défendit les théories de Galilée et de Newton (*Physices elementa mathematica newtoniana,* 1720) ; sa philosophie, assez éclectique, empruntait ses éléments à Descartes, Locke et Leibniz : *Introductio ad philosophiam, metaphysicam et logicam continens* (1736), que Jacobi cite ici (Cf. Klaus Hammacher, *Kritik und Leben,* 1. Teil).

P. <184> : L'écrit couronné en 1763 était celui de Mendelssohn : *Ueber die Evidenz in metaphysischen Wissenschaften.* Il fut publié l'année suivante. Le second traité était celui de Kant : *Untersuchungen über die Deutlichkeit der Grundsätze der natürlichen Thelogie und Moral.* Jacobi l'avait déjà cité avec éloge dans *Alwill* (W. I. p. 252). Voir la traduction et l'introduction de M. Fichant, Vrin, 1966. Sur ces lectures de Jacobi, cf. Klaus Hammacher, *op. cit.* 2. Teil : *Die Philosophie F. H. Jacobi,* ch. 1.

P. <187> : Le spinozisme, cartésianisme outré : Leibniz, *Théodicée,* § 393.

P. <188> : Meier (1718-1777), disciple de Baumgarten, enseigna à Halle depuis 1746 ; type du « philosophe populaire », vulgarisateur de Wolf; principales œuvres : *Anfangsgründe aller schönen Wissenschaften* (1748-1750) ; *Vernunftlehre* (1753), dont le Précis était le manuel utilisé par Kant dans ses cours de Logique; *Metaphysik* (1755-1759). – Daries (1714-1791), professeur à Iéna, puis à Francfort sur l'Oder; adversaire éclectique de la philosophie wolfienne, auteur de *Elementa metaphysices* (1743), s'occupa surtout de la philosophie du droit.

P. <196> : La deuxième note renvoie à W. IV (1), p. 59 ; trad. p. 110.

La première note renvoie au dernier Appendice aux *Choses Divines* (W. III, p. 453 ; trad. p. 464) qui est tout entier consacré à l'examen des rapports entre *fondement* [*Grund*] et *cause* [*Ursache*]. Cette analyse du

Dialogue a été ultérieurement reprise plusieurs fois par Jacobi, qui lui accordait une grande importance : *Lettres à Mendelssohn,* Appendice VII, W.IV, p. 125-162 ; trad. p. 278-296 – et dans le texte même des *Choses Divines,* W. III, p. 402-408 ; trad. p. 431 *sq.* – Dans le premier de ces textes, il résume ainsi l'essentiel : 1) le concept de cause est un concept *d'expérience :* nous le devons à la conscience que nous avons de notre causalité et de notre passivité – 2) c'est un concept radicalement distinct de celui de *fondement,* dont il ne peut être déduit et auquel il ne peut être ramené – 3) les réunir comme a prétendu le faire le célèbre principe de raison suffisante de Leibniz (ou l'assimilation spinoziste de la *causa* à la *ratio*) est tout à fait illégitime, car on méconnaît ainsi l'irréductibilité essentielle des principes qui les rendent possibles. La proposition nécessaire et universelle : tout conditionné doit avoir une condition, confond deux principes apodictiques : celui de *dépendance logique* (tout ce qui est dépendant dépend de quelque chose) et celui de *production ontologique* (tout ce qui est fait doit être fait par quelque chose). – De cette confusion résulte une antinomie : – si je veux concevoir la série des choses individuelles finies qui se produisent et détruisent réciproquement selon un ordre descendant et qui constituent l'existence réelle d'un monde successif, je me heurte à la notion absurde d'un temps éternel ; – si je veux faire commencer la série, il me manque tout ce dont un tel commencement pourrait être déduit. « Donc des deux côtés, la même inintelligibilité » (W. IV (1), p. 148 ; trad. p. 289). Ainsi la question de savoir si le monde a eu un commencement est dépourvu de sens : « Il est clair qu'il n'y a pas eu pour le monde ce que nous appelons commencement, car il faudrait qu'en même temps il y ait eu et il n'ait pas eu un commencement. Il en va de même dans l'autre cas, celui où le monde aurait eu un commencement de toute éternité, donc n'aurait pas eu et cependant aurait eu un commencement. Ce ne sont donc pas là des affirmations opposées qui s'annulent réciproquement, mais la contradiction réside en chacune en particulier : il s'agit d'une seule contradiction, qui est commune aux deux et qui disparaît complètement, pourvu qu'on en pénètre l'origine » (*ibid.* p. 162 ; trad. p. 296).

Parce que « nous ne concevons et comprenons que ce que nous construisons », nous voulons « découvrir le mécanisme du principe du mécanisme [...] les conditions de l'inconditionné [...] ce qui est évidemment une entreprise insensée » (*ibid.* p. 152-3 ; trad. p. 292). On peut relever que c'est en posant alors la question : « Mais comment la raison en vient-elle à entreprendre quelque chose d'impossible, c'est-à-dire d'irrationnel ? », que Jacobi est amené d'une part à poser cette autre question : l'homme a-t-il une raison ou la raison a-t-elle l'homme ? qui sera le point de départ de l'opuscule sur *l'Inséparabilité* [...] ; d'autre part à amorcer une réponse où l'on peut voir l'origine de la future distinction radicale entre la raison et l'entendement, où il se plaira à voir une étape décisive dans l'élucidation de sa pensée (*Préface,* W. II, p. <7>, et *Dialogue, ibid.* p. <221, note>). Il écrit en effet : « Si par *raison* on entend l'âme de l'homme uniquement dans la mesure où elle a des concepts distincts, c'est-à-dire où elle est *entendement,* où grâce à ces concepts, elle conclut et forme à nouveau d'autres concepts, alors la raison est une modalité de l'homme, il l'acquiert progressivement, s'en sert comme d'un instrument : elle est à lui. Mais si on entend par raison le principe de la connaissance en général, elle est l'esprit qui fait toute la nature vivante de l'homme ; c'est par elle que l'homme existe ; il est une forme qu'elle a prise ».

Le dernier Appendice aux *Choses Divines,* après avoir rappelé les textes que nous venons d'examiner, poursuit : « Je me contente ici d'ajouter ceci : certes le concept de *fondement,* du Tout et de l'Un, est le concept suprême dans *l'entendement.* Mais le concept suprême dans la *raison,* celui qui ne fait qu'un avec cette dernière, c'est le concept de *cause,* de ce qui est en soi et produit par soi seul, du créateur incréé – de l'absolument inconditionné ».

Hegel traitant dans *l'Encyclopédie* (§ 153) du rapport de causalité se réfère à cette conception de Jacobi pour la critiquer : « Jacobi s'en tenant à la représentation unilatérale de la *médiation,* n'a vu qu'un formalisme dans cette vérité absolue de la cause qu'est la *causa sui* (*l'effectus sui,* c'est la même chose). Il a également prétendu qu'il fallait déterminer Dieu non comme principe, mais comme cause essentiellement ; une réflexion approfondie sur la nature de la cause lui aurait montré qu'on ne gagnait pas ainsi ce qu'il espérait. Même dans la cause *finie* et dans sa représentation existe cette identité relativement au contenu ; la pluie (cause) et l'humidité (effet) sont une seule et même eau existante. Au point de vue de la forme, la cause (la pluie) s'évanouit bien dans l'effet (l'humidité) ; mais du même coup, la détermination de l'effet qui n'est rien sans cause, et il ne reste que l'humidité sans différence ».

P. <199 *sq.*> : Hegel avait déjà jugé très sévèrement ce passage du *Dialogue* dans *Glauben und Wissen* (éd. Lasson, p. 264 *sq.*) : « [...] Il soutient que la relation causale est un concept d'expérience. La manière dont il expose cela offre un remarquable morceau de l'empirisme de Locke et de Hume où se trouve amalgamé un fragment non moins choquant de ce dogmatisme analytique allemand pire encore que celui de Mendelssohn, dont le monde ne peut pas assez remercier les dieux après Kant d'avoir été délivré. Dans le principe de raison et dans la totalité, Jacobi regrette l'absence de parties et doit encore aller les chercher quelque part en-dehors du tout. Ou bien, d'après sa conception sur ce point, toutes les parties sont déjà réellement unies à un tout et présentes en lui ; mais une pareille connaissance intuitive des parties à partir du tout est seulement *quelque chose de subjectif* et d'incomplet, car il manque encore le devenir objectif et la succession et de ce chef, à la totalité doit encore s'ajouter la relation causale » (trad. Méry, p. 230).

P. <203> : Les Vestris étaient des danseurs florentins qui obtinrent de grands succès à Paris dans la seconde moitié du 18e siècle.

P. <208> : « Nous le voyons, commente Hegel (loc. cit. p. 266), cette déduction devait concerner la relation causale dans toute son extension et l'on devait ici fournir un enchaînement plus serré que la déduction kantienne. Mais cette déduction mérite si peu le nom de déduction qu'on ne peut même pas l'appeler une vulgaire analyse du présupposé, à savoir du concept de la communauté des choses singulières. Déjà, il y a quelque chose de présupposé, dont s'effraie toute spéculation, à savoir l'être-absolu d'une conscience humaine, d'une chose sentante et d'une chose sentie, et de leur communauté, tout cela tiré du plus vulgaire empirisme ; grâce à des concepts intermédiaires superflus, ces présupposés se réduisent en dernière analyse à l'action et à la réaction, et *voilà* au point où disparaît aussi l'analyse – *la source du successif.* On ne voit guère à quoi doit servir ce superbe tour d'adresse ; car dès qu'est admise absolument par analyse l'hypothèse d'une chose sentante et d'une chose sentie, toute philosophie est mise hors de combat. Il vaut la peine de remarquer la différence entre cette présupposition avec son résultat et le résultat de la déduction kantienne des catégories [...] » (trad. citée, p. 231).

P. <210> : Jacobi cite Leibniz dans l'édition Dutens : *Leibnitii Opera omnia,* Genève, 1768, 6 t. in-4°. – Nous indiquerons les références correspondantes dans l'édition Gerhardt : *Die philosophische Schriften von G. W. Leibniz,* Berlin, 7 t. in-8°, plus usuelle aujourd'hui. La troisième lettre à Rémond se trouve Gerhardt, III, p. 6. Le passage cité ensuite est le § 11 du *Système nouveau,* Gerhardt, IV, p. 482.

P. <215> : note : Sur la tentative du criticisme pour ramener la raison [...] à la raison, faudrait-il traduire, sans pour autant rendre le jeu de mots que comporte le titre de cette œuvre que Jacobi publia en 1801-2 : *Ueber das Unternehmen des Kritizismus die Vernunft zu Vertande zu bringen.* En son sens courant, l'expression allemande : *zu Verstande zu bringen,* signifie : ramener à la raison. Mais en fait Jacobi vise le statut que la *Critique de la Raison Pure* accorde respectivement à l'entendement [*Verstand*] et à la raison [*Vernunft*] : « la raison ne se rapporte jamais directement à un objet, mais simplement à l'entendement, et, au moyen de ce dernier, à son propre usage empirique » (*K. r. V.*, A 643). Jacobi voit là une dévaluation de la raison, ravalée au rang de l'entendement. – Ce texte est repris au tome III des *Werke,* p. 61 à 158, et complété par un texte dont l'auteur est son ami Koppen (p. 158-195). – Cette note a été ajoutée au texte du *Dialogue* dans l'édition de 1815, tout comme la suivante (p. 221) qui, en renvoyant à la *Préface,* avertit qu'à l'époque où le *Dialogue* fut composé, la conception de la raison et de l'entendement que Jacobi finira par proposer demeurait « encore voilée par la brume des conceptions régnantes ».

P. <222> : Les passages de Leibniz cités dans la dernière *Lettre à Mendelssohn* (W. IV, p. 208 ; trad. p. 186) sont les suivants : *Principes de la Nature et de la Grâce fondés en raison,* § 2 et 3 ; *Théodicée* § 124 (plus spécialement sans doute, la fin, que Jacobi cite d'ailleurs plus loin, p. <70> :

« La nature a eu besoin d'animaux, de plantes, de corps inanimés ; il y a dans ces créatures non raisonnables des merveilles qui servent à exercer la raison. Que ferait une créature intelligente s'il n'y avait point de choses non intelligentes ? À quoi penserait-elle s'il n'y avait ni mouvement, ni matière, ni sens ? Si elle n'avait que pensées distinctes, ce serait un Dieu, sa sagesse serait sans bornes ; c'est une des suites de mes méditations. Aussitôt qu'il y a un mélange de pensées confuses, voilà les sens, voilà la matière. Car ces pensées confuses viennent du rapport de toutes les choses entre elles suivant la durée de l'étendue. C'est ce qui fait que dans ma philosophie, il n'y a point de créature raisonnable sans quelque corps organique et qu'il n'y a point d'esprit créé qui soit entièrement détaché de la matière. Mais ces corps organiques ne diffèrent pas moins en particulier que les esprits à qui ils appartiennent » ...). – La *Lettre à Rudolph Christian Warner* est sans doute celle du 4 juin 1710 (éd. Gerhardt, *Philosophische Schriften,* tome VII, p. 528-532) ; on peut y lire : « Ce principe actif, cette entéléchie première est en réalité un principe vital qui est aussi doué de la faculté de percevoir [...] Et c'est cela même que je considère chez les bêtes comme leur tenant lieu d'âme [...] Au sens large, l'âme est la même chose que la vie ou le principe vital, c'est-à-dire le principe de l'action interne qui existe dans la chose simple ou monade, auquel répond l'action externe. Et cette correspondance de l'interne et de l'externe ou représentation de l'externe dans l'interne, du composé dans le simple, de la multiplicité dans l'unité constitue en réalité la perception. Mais en ce sens l'âme sera attribuée non seulement aux animaux, mais également à tous les êtres percevants. L'âme est prise au sens étroit pour une espèce plus noble de vie, c'est-à-dire pour la vie sensitive, où il n'y a pas la simple faculté de percevoir, mais avec cela celle de sentir, c'est-à-dire lorsqu'à la perception se joignent l'attention et la mémoire [...] ».

Note : les textes de Leibniz cités en latin sont extraits de la lettre à Rudolph Christian Wagner du 4 juin 1710, Gerhardt, VII, p. 529-530-531 ; le deuxième est tiré de l'opuscule que Dutens intitule : *Commentatio de anima brutorum,* Gerhardt, VII, p 330 ; le passage cité en français se trouve dans les *Réponses aux réflexions de Bayle à l'article Rorarius,* Gerhardt, IV, p. 563.

P. <238> : *Nouveaux Essais,* livre II, ch. 21, § 73 (vers la fin) ; nous restituons le texte original.

P. <240> : On comprendrait Leibniz « de travers si on croyait qu'il attribue à chaque âme une portion particulière de matière, etc [...] » – cf. *Monadologie,* § 71 : « Mais il ne faut point imaginer avec quelques-uns, qui avaient mal pris ma pensée, que chaque âme a une masse ou portion de la matière propre ou affectée à elle pour toujours et qu'elle possède par conséquent d'autres vivants inférieurs, destinés toujours à son service. Car tous les corps sont dans un flux perpétuel comme des rivières ; et des parties y entrent et en sortent continuellement ». – Cette thèse fait contrepoids à celle du § 62 : « Aussi quoique chaque monade créée représente tout l'univers, elle représente plus distinctement le corps qui lui est affecté particulièrement et dont elle fait l'entéléchie : et comme ce corps exprime tout l'univers par la connexion de toute la matière dans le plein, l'âme représente aussi tout l'univers en représentant ce corps qui lui appartient d'une manière particulière ». – Dans la phrase suivante l'interlocuteur de Jacobi se réfère au § 81 : « Ce système fait que les corps agissent comme si (par impossible) il n'y avait point d'Âmes ; et que les Âmes agissent comme s'il n'y avait point de corps ; et que tous les deux agissent comme si l'un influait sur l'autre ».

La deuxième référence à Leibniz renvoie à *l'Éclaircissement des difficultés que Monsieur Bayle a trouvées dans le système nouveau de l'union de l'âme et du corps,* Gerhardt, IV, p. 518.

P. <241> : *La Lettre à Rémond,* 4 novembre 1715 à Gerhardt, III, p. 657.

La référence aux *Nouveaux Essais* renvoie au livre III, ch. 6, § 24 : « M. Descartes [...] donna une correction à M. Régius sur ce qu'il contestait cette qualité de forme substantielle à l'âme et niait que l'homme fût *unum per se,* un être doué d'une véritable unité. Quelques-uns croient que cet excellent homme l'a fait par politique. J'en doute un peu, parce que je crois qu'il avait raison en cela. Mais on n'en a point de donner ce privilège à l'homme seul, comme si la nature était faite à bâtons rompus. Il y a lieu de juger qu'il y a une infinité d'âmes ou pour parler plus généralement, d'entéléchies primitives, qui ont quelque chose d'analogique avec la perception et l'appétit et qu'elles sont toutes et demeurent toujours des formes substantielles des corps ».

Les lettres à des Bosses (1706-1716) se trouvent au tome II de l'édition Gerhardt, p. 285-521. – La question de l'unité vraie est abordée dès la sixième lettre : « Une fraction d'animal ou la moitié d'un animal n'est pas un être qui soit un par lui-même *(non est Unum per se Ens),* car on ne peut l'entendre que du corps de l'animal, qui n'est pas un être un par soi, mais un agrégat ; il a une unité arithmétique mais non pas métaphysique ».

P. <241> : La division actuelle des corps à l'infini est affirmée dès le § 36 de la *Monadologie,* § 64 : « Mais les machines de la nature, c'est-à-dire les corps vivants sont encore machines dans leurs moindres parties, jusqu'à l'infini. C'est ce qui fait la différence entre la Nature et l'Art, c'est-à-dire entre l'art divin et le nôtre, § 65 : Et l'auteur de la nature a pu pratiquer cet artifice divin et infiniment merveilleux, parce que chaque portion de la matière n'est pas seulement divisible à l'infini comme les anciens ont reconnu, mais encore sous-divisée actuellement sans fin, chaque partie en parties, dont chacune a quelque mouvement propre, autrement il serait impossible que chaque portion de la matière pût exprimer tout l'univers ».

Les considérations sur le principe de vie et les natures plastiques se trouvent au tome VI de l'édition Gerhardt.

Jacobi cite la traduction latine; nous donnons le texte français de la *Monadologie*.

P. <248> : *Per impossible – Monadologie* § 81 : « Ce système fait que les corps agissent comme si – *par impossible* – il n'y avait point d'âmes et que les âmes agissent comme s'il n'y avait point de corps et que tous deux agissent comme si l'un influait sur l'autre ». La première référence (... « comme si n'existaient que Dieu et l'âme ») renvoie au § 14 du *Système nouveau de la Nature et de la communication des substances* de 1695 qui figure au tome IV de l'édition Gerhardt, suivi des *Éclaircissements* que Leibniz y donna en 1696. – Sur *la lettre à Wagner* voir la note sur la p. <60>. – La *commentatio de anima brutorum* (1710) qui reprend le même thème se trouve au tome VII, p. 328-332 Les *lettres à des Bosses* citées en note sont celles du 11/17 mars 1706 (tome II, p. 307), du 20 septembre 1712 (*ibid.* p. 458), du 29 mars 1716, c'est la dernière lettre, *ibid.* p. 517-518). – Les textes qui suivent sont extraits des *Réponses aux réflexions contenues dans la seconde édition du dictionnaire critique de M. Bayle, article : Rorarius, sur le système de l'harmonie préétablie* (1702), éd. Gerhardt, tome IV p. 569 *sq.*

P. <252> : « Leibniz a qualifié de telles choses de *semimentalia* et les a comparées à l'arc-en-ciel ». – L'arc-en-ciel, comme exemple de « phénomène véritable » opposé à l'unité vraie de la substance, est fréquemment invoqué par Leibniz dès l'époque de la correspondance avec Arnauld (voir par exemple la lettre du 28 novembre/8 décembre 1686). – Dans le tableau d'ensemble qu'il dresse pour Des Bosses (18 août 1715, tome II, p. 506) on voit apparaître les expressions : *semi-ens, semi-substantia, semi-accidens* dans la colonne consacrée à l'unité par agrégation (opposée à l'unité substantielle).

P. <255> : L'image du flux corporel pour signifier l'incessant renouvellement des cellules de l'organisme, déjà évoqué par Descartes, avait été reprise par Leibniz : *Monadologie,* § 71 : « Tous les corps sont dans un flux perpétuel comme des rivières et des parties y entrent et en sortent continuellement ».

Le point mathématique, soulignait Leibniz, est exact, mais n'est pas réel; le point physique est réel mais n'est pas exact, ce qui discrédite l'atome physique comme fiction, au profit des points et atomes métaphysiques ou monades qui sont seuls des êtres vrais parce qu'ils ont l'unité véritable. Par exemple, *Système nouveau de la nature,* § II : « Les points physiques ne sont indivisibles qu'en apparence; les points mathématiques sont exacts, mais ne sont que des modalités; il n'y a que les points métaphysiques ou de substance (constitués par les formes ou âmes) qui soient exacts et réels; et sans eux il n'y aurait rien de réel, puisque, sans les véritables unités, il n'y aurait point de multitude ».

P. <257> : Référence aux *Nouveaux Essais :* livre IV, ch. 9, § 3.

P. <260> : Cette définition de la matière comme « mélange des effets de l'infini, qui nous environne » se trouve à l'alinéa 10 de l'Avant propos des *Nouveaux Essais.* – L'autre texte se trouve au livre IV, ch. 10, § 9 : « on ne doit pas prendre la matière pour une chose unique en nombre ou (comme j'ai coutume de parler) pour une vraie monade ou unité puisqu'elle n'est qu'un amas d'un nombre infini d'êtres [...] Je donne de la perception à tous ces êtres infinis, dont chacun est comme un animal doué d'âme (ou de quelque principe actif analogique qui en fait la vraie unité) avec ce qu'il faut à cet être pour être passif et doué d'un corps organique. Or ces êtres ont reçu leur nature tant active que passive (c'est-à-dire ce qu'ils ont d'immatériel et de matériel) d'une cause générale et suprême, parce qu'autrement, étant indépendants les uns des autres, ils ne pourraient jamais produire cet ordre, cette harmonie, cette beauté qu'on remarque dans la nature ». De ce texte on peut rapprocher celui du livre IV, ch. 3, § 6 : « Il faut considérer que la matière, prise pour un être complet (c'est-à-dire la matière seconde opposée à la première qui est quelque chose de purement passif, et par conséquent d'incomplet) n'est qu'un amas, ou ce qui en résulte et que tout amas réel suppose des substances simples ou des unités réelles ». – « Dans cette matière se trouvent les choses vraiment réelles qui sont toutes composées d'un corps et d'une âme, c'est-à-dire sont des êtres organiques. Mais ce n'est pas toute *portion* de cette matière qui est un être organique ». Jacobi prend ainsi nettement position sur une question assez délicate dans la doctrine de Leibniz, qu'on pourrait formuler ainsi : de ce qu'il y a des organismes partout, doit-on conclure que tout est organique ? Qu'il y ait des organismes partout, on voit cette thèse s'affirmer sans cesse plus nettement au fil de la correspondance avec Arnauld : « Sans me mettre en peine de ce que les scolastiques ont appelé *formam corporeitatis,* je donne des formes substantielles à toutes les substances corporelles plus que machinalement unies ». – Toutefois : « si on me demande en particulier ce que je dis du soleil, du globe de la terre, des arbres et de semblables corps et même des bêtes, *je ne saurais assurer absolument* s'ils sont animés ou au moins s'ils sont des substances ou bien s'ils sont simplement des machines ou agrégés de plusieurs substances. Mais au moins je puis dire que s'il n'y a aucunes substances corporelles telles que je veux, il s'ensuit que les corps ne seront que des phénomènes véritables comme l'arc-en-ciel (26 novembre / 6 décembre 1686). – « Comme rien n'est si solide qu'il n'ait un degré de fluidité, peut-être que ce bloc de marbre n'est qu'un tas d'une infinité de corps vivants ou *comme un lac plein de poissons* quoique ces animaux ordinairement ne se distinguent à l'œil que dans les corps demi-pourris » (30 avril 1687). – « Je suis bien éloigné du sentiment qui dit que les corps animés ne sont qu'une petite partie des autres. Car je crois plutôt que tout est plein de corps animés et chez moi il y a sans comparaison plus d'âmes qu'il n'y a d'atomes chez M. Cordemoy qui en fait le nombre fini, au lieu que je tiens que le nombre des âmes ou au moins des formes est tout à fait infini et que la matière étant divisible sans fin on n'y peut assigner aucune partie si petite où il n'y ait dedans des corps animés, ou au moins doués d'une entéléchie primitive ou (si vous permettez qu'on se serve si généralement du nom de vie) d'un principe vital, c'est-à-dire des substances corporelles dont on pourra dire en général de toutes qu'elles sont vivantes » (9 octobre 1687).

C'est à la fin de cette même lettre que l'on voit s'introduire la distinction entre les *organismes* et les *amas :* « Quant aux substances corporelles, je tiens que la masse, lorsqu'on n'y considère que ce qui est divisible, est un pur phénomène [...] que la matière doit être pleine de substances animés ou du moins vivantes [...] et qu'il n'y a point de parcelle de la matière dans laquelle ne se trouve un monde d'une infinité de créatures tant *organisées qu'amassées* ». – Cette distinction conduisant à admettre qu'il y a des amas d'organismes qui ne sont pas eux-mêmes des organismes, permet d'exprimer celle des phénomènes et des substances et, du coup, de préciser le sens de l'image du réservoir plein de poissons que Leibniz privilégie jusque dans ses derniers écrits (*Monadologie* § 66-70, à *des Bosses,* 19 août 1715 : *« piscina »* p. 506) : « Il ne faut point dire pour cela que chaque portion de la matière est animée : c'est comme nous ne disons pas qu'un étang plein de poissons est un corps animé bien que le poisson le soit » *(Sur les principes de vie et les natures plastiques) ;* précision reprise dans la Préface de la *Théodicée* (§ 31) : « [...] il y a de l'organisme partout, quoique toutes les masses ne composent point des corps organiques : comme un étang peut fort bien être plein de poissons ou autres corps organiques quoiqu'il ne soit point lui-même un corps organique, mais seulement une masse qui les contient ». – Ainsi l'image se réfléchit à deux niveaux :

1) prise en elle-même, la pièce d'eau pleine de poissons est une masse dont l'analyse à l'infini découvrirait toujours de nouveaux organismes, unités vraies, principes substantiels de vie, et à ce titre il n'y a aucune distinction à faire entre l'eau et les poissons qu'elle contient : « Chaque portion de la matière peut être conçue [...] comme un étang plein de poissons. Mais [...] chaque membre de l'animal, chaque goutte de ses humeurs est encore [...] un tel étang. Et quoique [...] l'eau interceptée entre les poissons de l'étang ne soit point poisson elle en contient pourtant encore, mais le plus souvent d'une subtilité à nous imperceptible » (*Monadologie,* § 67-68).

2) image propre à caractériser le phénomène, elle rentre dans le rang des nombreuses images couramment employées en ce cas par Leibniz ; le chœur des anges, une armée, un troupeau, etc., (*à des Bosses, ibid.*). Et l'on peut même remarquer que s'il a pu être tenté de la juger moins bonne : « comme un réservoir plein de poissons, ou *plutôt* comme une armée *vue de loin* » [...] (à Bourguet, III, p. 565), la distance qui entraîne la confusion d'individus distincts dans une masse grouillante apparaissant peut-être comme une meilleure image de la semi-substance, d'un être qui n'est un que par

agrégation, à la réflexion, il lui parût sans doute que rien ne s'opposait à son amendement en ce sens, puisqu'on peut lire au § 69 de la *Monadologie :* « Ainsi, il n'y a rien d'inculte, de stérile, de mort dans l'univers, point de chaos, point de confusion qu'en apparence ; à peu près comme il en paraîtrait dans un étang *à une distance* dans laquelle on verrait un mouvement confus et grouillement, pour ainsi dire, de poissons de l'étang, sans discerner les poissons mêmes ».

P. <264 : note> : lettre de Leibniz *à des Bosses,* 16 octobre 1706, Gerhardt, II, p. 324-325 ; l'autre référence renvoie aux *Considérations sur les principes de vie et sur les natures plastiques,* Gerhardt, VI, p. 545.

P. <269> : L'image du « miroir mort » est opposée à celle du « miroir vivant », familière à Leibniz.

P. <271> : De toutes ses forces il s'attache à l'intuition etc., le texte porte : *Sinnt und sinnt, und zieht sie sinnend immer dichter* [...] Dans un autre contexte, *sinnen* pourrait avoir le sens de *réfléchir,* et la répétition signifierait l'effort tendu et soutenu de la réflexion qui creuse et approfondit. Mais dans la phrase précédente, Jacobi a précisément écarté la conception de la recherche intellectuelle qui en ferait l'œuvre de l'entendement discursif (jugement, raisonnement) pour substituer à ce dernier « la faculté de *sentir* » [*die Kraft seines Sinnes*] – souligné dans le texte, ainsi que *sinnt* und *sinnt.*

P. <275> : « Voir sans lumière, ou encore mieux, sans yeux » – cf. *Lettres à Mendelssohn,* W. IV, p. 232 ; trad. p. 198 : « Il serait temps que l'on renonçât a vouloir inventer des lunettes avec lesquelles on pourrait voir sans les yeux ».

Il se trouve qu'on peut rencontrer sous la plume de Kant (*Kritik der praktischen Vernunft, Methodenlehre*, p. 273) la définition de ce qu'il convient d'entendre – sans nuance péjorative – par « société mêlée » : c'est celle qui « ne se compose pas uniquement de savants et de raisonneurs, mais également d'hommes d'affaires et de femmes ».

P. <276> : Il est bien possible que Schelling ait retourné ce trait d'esprit de Goethe contre Jacobi lui-même, sans le citer, dans une des dernières pages des *Recherches sur la liberté* (S.W. VII, p 413) : « Il est vrai que la polémique contre la raison et la science permet une certaine généralité distinguée, qui esquive les notions précises, nous permettant ainsi de deviner aisément leurs intentions, qui en déterminent le sens. Pourtant l'aurions-nous déchiffré, nous craignons de ne tomber sur rien de bien extraordinaire. Car si haut que nous placions nous-mêmes la raison, nous ne croyons pas à coup sûr que la raison pure permette à quiconque d'être vertueux, ou un héros, ou de façon générale un grand homme, pas plus que nous ne croyons selon le mot connu, qu'elle ait permis d'assurer la perpétuation de l'espèce humaine ».

P. <284 : note> : La formule de Leibniz qui est citée se trouve dans la *lettre à des Bosses* du 16 octobre 1706, Gerhardt, II, p. 325.

P. <286> : Pestalozzi (1746-1827) avait publié la première partie de son célèbre roman pédagogique : *Léonard et Gertrude* (en sous-titre : « un livre pour le peuple ») en 1781 ; une deuxième partie parut en 1783, une troisième en 1785, une quatrième en 1787. – Les deux premières parties sont reprises dans le tome II des *Sämtliche Werke,* Berlin 1927 ; la troisième et la quatrième dans le tome III. Une deuxième version, réduite à trois parties parut de 1790 à 1792. À la fin de sa vie, Pestalozzi avait entrepris d'en faire une troisième version en six parties. Les trois premières parties ont été traduites en français par Léon van Vassenhove, éd. de la Baconnière, 1947-1948. Le deuxième passage cité par Jacobi se trouve dans la troisième partie, ch. 82, « Le Pasteur et les enfants » p. 269-270 de cette traduction.

P. <288> : *Asmus omnia secum portans, oder sämtliche Werke des Wandsbecker Boten,* de Mathias Claudius (1740-1815) rédacteur des *Adresscontoir Nachrichten* de Hambourg et fondateur du *Wandsbecker Bote,* qui le rendit célèbre en Allemagne. Il opposait aux Aufklärer un christianisme sentimental. Entre 1775 et 1812, il entreprit de réunir ses écrits en huit volumes. Les *Sämtliche Werke* ont été rééditées en 1972 par J. Perfahl, Winkler, München, 1094 pages. Dans l'avant-propos des *Choses Divines* (W. III, p. 257 trad. p. 344), Jacobi explique comment le compte rendu qu'il avait entrepris du tome IV fut à l'origine du livre qu'il finit par publier sous le titre de : *Des Choses Divines et de leur Révélation.*

Voici le contexte de la citation de M. Claudius :

« Je (te montre) mes pesants pieds podagres que je dois traîner [...] mais à quoi sert la simple conception de la tête ? Parfum aux pieds, homme de Sinope ». Propos au premier abord assez énigmatique, que l'on commencera à éclairer par le rappel du mot de l'homme de Sinope : Diogène le philosophe cynique, cité par Diogène Laërce en son livre VI : « Il se frottait les pieds de parfum, disant que le parfum qu'on se met sur la tête monte au ciel ; si l'on veut qu'il nous vienne au nez, il faut donc se le mettre aux pieds » (trad. Genaille, tome II, p. 20-21).

On peut alors tenter de reconstituer ainsi l'enchaînement des idées dans ces dernières pages du *Dialogue :*

1) Le dernier thème qu'il ait abordé est celui-ci : c'est la perfection du *sens* qui détermine celle de la conscience ; dès qu'on les sépare du sens, l'entendement et la raison, qui sont dépourvus de tout pouvoir de « révélation », demeurent sans contenu ni fonction ; c'est grâce au sens que l'homme reçoit la révélation de Dieu, de sa liberté et de son immortalité.

2) Pourquoi Jacobi éprouve-t-il à ce moment le besoin de citer Pestalozzi, tout en précisant pourtant qu'il n'en partage pas toutes les vues ? C'est, semble-t-il, d'une part parce qu'en s'adressant à un éducateur, il place du même coup son propre discours philosophique à un point de vue

« pédagogique » qui lui importe beaucoup pour définir sa finalité : loin de vouloir démontrer discursivement comme le fait la philosophie traditionnelle, il voudrait reconduire à une croyance primordiale, source et fondement de tout savoir ; et c'est d'autre part parce qu'en choisissant précisément ses passages dans l'œuvre de Pestalozzi, l'accent se trouve mis sur ce qui fait la finalité et la difficulté de cette *paideia :* le but à atteindre c'est d'ébranler et d'émouvoir, au sens premier de ces mots, ceux à qui elle s'adresse ; « ce sont les *actes,* non les *paroles* qui instruisent les hommes [...] il faut que l'homme élève l'autre à la religion non par des images et des *mots,* mais par son *action* » ; bref elle doit faire en sorte qu'elle amène effectivement autrui à devenir ce qu'il est, à retrouver en lui la source de sa propre vie.

3) Jacobi veut alors charger l'interlocuteur, auquel il laisse le dernier mot, de souligner la difficulté de cette tâche : le projet est fort beau, mais encore faut-il pouvoir parvenir à entraîner, à mettre en mouvement ceux à qui le discours s'adresse. C'est pour donner corps à cette ultime réserve qu'il prête à ces derniers les propos de M. Claudius : il est vrai qu'il ne s'agit pas d'adresser à notre tête des conceptions simplement intellectuelles et que c'est sur nos pieds qu'il faut verser le parfum, mais il ne faut pas oublier que nous sommes podagres.

La fin du dialogue en rejoint ainsi allusivement le début : bien que tous les hommes soient « nés dans la croyance », certains ont pu prétendre qu'ils n'entendaient pas ce terme et ils sont restes insensibles à son langage, au seul discours qui soit cependant authentiquement philosophique.

III – Sur l'Appendice

Les quelques pages de ce texte constituent un document de première importance pour tout historien de la philosophie kantienne et post-kantienne, lorsqu'il examine les multiples transformations auxquelles l'idéalisme transcendantal de Kant se vit soumis par ses successeurs. On peut en effet y trouver la première formulation de ce que les interprètes du kantisme ont par la suite appelé : le *problème de l'affection,* problème lui-même suscité par les difficultés qu'ils ont rencontrées en essayant de fixer la signification de la fameuse notion de « chose en soi » [1]. Citant une fois de plus le passage célèbre où Jacobi avoue qu'il ne pouvait « entrer dans le système de Kant *sans* admettre le présupposé (d'une chose en soi affectant la

1. Tout exposé historique du post-kantisme est amené à faire ressortir ce rôle « d'initiateur » joué par Jacobi; voir par exemple l'exposé bref, mais clair et précis de Delbos, *De Kant aux post-kantiens,* 1940, p. 40 *sq.* Dans son *Kommentar zu Kants K. r. V.* (I, p. 172 *sq.* II, p. 6, 14, 34-55, etc.) H. Vaihinger donnait en 1922 une présentation détaillée du problème de l'affection. On peut le compléter par l'ouvrage de H. Herring, *Das Problem der Affektion bei Kant,* Köln, 1953. Ce problème est ainsi formulé dans l'ouvrage de Prauss cité ci-dessous (p. 192-193) : « il est un point sur lequel Kant ne laisse aucun doute : toute intuition "subjectivement privée" toute "apparition" [*Erscheinung*] qui nous permet de traiter comme chose objective l'expérience qu'elle nous procure quand nous lui donnons le sens d'une expérience externe, renvoie à une affection dont nous sommes alors l'objet. En revanche, il est manifeste que Kant laisse ses lecteurs dans le doute sur le point de savoir en quoi consiste au juste ce qui nous affecte en ce cas ... affection par les choses en soi ou bien affection par les choses empiriques » ? – Dans une lettre du 20 juin 1797 qu'il adresse à Kant, J. S. Beck, après avoir cité la p. 304 de l'*Appendice,* ajoute : « Si je dois formuler et même préciser mon jugement sur cette difficulté qui est à coup sûr de grande importance : que veut dire au juste votre Critique, lorsque, dans les premières pages de l'Introduction, elle parle d'objets qui ébranlent les sens; s'agit-il des choses en soi ou des phénomènes ? – voici ce que je répondrai : puisque le phénomène est l'objet de ma représentation, phénomène en lequel sont pensées les déterminations de l'objet, déterminations que j'obtiens par le procédé originaire de l'entendement (par exemple, c'est par la fixation originaire de ma synthèse des perceptions, en tant qu'elle est successive, que devient possible l'expérience d'un donné), de ce fait, l'objet qui m'affecte est phénomène et non pas chose en soi. Mais celui qui croit pouvoir faire un usage absolu des catégories, les considérer absolument comme des prédicats des choses sans avoir égard au procédé originaire de l'entendement qui se trouve en ces catégories (s'il pense pouvoir, selon votre expression, en faire une application aux objets sans la condition de l'intuition), c'est qu'il croit connaître les choses en soi ... et je suis en droit de lui faire le reproche qu'il s'imagine être en possession d'une intuition intellectuelle. À mon avis, la seule chose qui soit accordée à l'homme, c'est la référence de la Nature en général à un substrat de cette nature, relation dont il prend conscience dans sa disposition à la moralité, dans la conscience de la déterminabilité du désir par la simple représentation de la légalité des actions ». On peut regretter de ne pas savoir qu'elle fut la réponse de Kant.

sensibilité), non plus qu'y rester *en* l'admettant[1], l'auteur d'un travail récent sur cette question est amené à critiquer le principe même d'une interprétation qui devait par la suite proposer un modèle contestable à tant de lecteurs de Kant : « Cet aperçu montre à l'évidence que Jacobi assimile, comme si cela allait de soi, « le système » de la philosophie kantienne avec la *« Critique de la Raison Pure »*, et du coup, considère les problèmes qui peuvent se poser dans cette œuvre de Kant comme s'ils étaient déjà *eo ipso* également les problèmes du système de la philosophie kantienne. Or cette assimilation est tout à fait caractéristique de toute la discussion du problème de l'affection, telle qu'elle se développera depuis Jacobi, qui l'ouvre avec ce texte, jusqu'à Vaihinger et Adickes en passant par les idéalistes allemands. Ce qui est, de façon générale, méconnu, c'est que le problème de Jacobi ne se situe pas là où il croit le découvrir, mais beaucoup plus profondément : il est certain que *sans* les œuvres de Kant on ne peut entrer dans le système de la philosophie kantienne, mais *qu'avec* ces œuvres on ne peut non plus y demeurer »[2]. Selon l'auteur, alors que c'est précisément le caractère *transcendantal* de la philosophie, en sa nouveauté originale, qui amène Kant à évoquer « les choses *empiriques* considérées en elles-mêmes »[3], ses interprètes en sont venus à figer la locution « chose-en-soi » et à lui faire désigner « des choses *non-empiriques* en un sens *transcendant* et *métaphysique* ».

Si nous avons évoqué cette thèse, c'est que l'espèce d'occultation qu'elle dénonce de l'exigence transcendantale par la prévention métaphysique, nous paraît pouvoir être décelée à son origine même dans ce texte de l'*Appendice*, où la manifestation de la tendance d'esprit propre à Jacobi doit nous importer davantage que l'interprétation du kantisme qu'il propose. Il suffit en effet de répondre à l'invitation qu'il nous fait lui-même de lire ces pages comme une sorte de protocole de l'expérience qu'il a faite en étudiant la *Critique*[4], pour voir comment « le système de ses convictions » a pu le détourner de faire loyalement « l'essai du changement de la façon de penser »[5] que Kant propose à ses lecteurs, lorsqu'il attend de cette *science* nouvelle qu'est la *Critique*, prenant la forme d'une nouvelle *Logique*, qualifiée de transcendantale, d'établir à quelles conditions la métaphysique pourra se présenter comme *science*. Comment Jacobi pourrait-il s'ouvrir vraiment à un tel projet, lui qui est convaincu que « les sciences, prises simplement comme telles, sont des jeux que l'esprit humain s'invente comme passe-temps, ne faisant ainsi qu'organiser son ignorance sans

1. W. II, p. 304 ; trad. p. 185.

2. Gerald Prauss, *Kant und das Problem der Dinge an sich*, Bonn, 1974, p. 195-196.

3. Si Kant a donné lui-même l'exemple d'une abréviation de cette expression, il ne faut pas perdre de vue sa formulation première et complète : « Ding, an und für sich betrachtet », traduction de l'expression latine, utilisée par exemple par Baumgarten (*Metaphysica*, § 15) : « res, in se, per se spectata ». *Op. cit.* p. 20, note 11.

4. W. II, p. 304 ; trad. p. 185.

5. *K. r. V.*, B XVI : *Umänderung der Denkart.*

approcher de l'épaisseur d'un cheveu de la connaissance du vrai »[1], et que la philosophie n'a cessé depuis Aristote de s'égarer dans la Logique? Comment pourrait-il envisager sérieusement qu'il suffise à l'idéalisme de devenir transcendantal ou critique pour se retrouver complémentaire d'un réalisme empirique, alors que sa conviction profonde est précisément qu'entre l'idéalisme et le réalisme, aucun système intermédiaire raisonnable n'est possible ?[2]

Aussi peut-on voir l'impatience du métaphysicien réaliste couper court à l'initiation propédeutique proposée par la *Critique* dans l'organisation même des citations qu'il en propose : il bondit d'emblée au texte de la Dialectique qui réfute le paralogisme de l'idéalité du rapport extérieur, pour le faire aussitôt refluer sur celui de l'Esthétique (qui a précisément laissé à son seuil la sensation, matière des phénomènes, afin de pouvoir être la science de leur forme *a priori*), enjambant ainsi tous les principes de la faculté de juger, y compris le second des postulats de la pensée empirique qui est cependant seul capable de « retourner le jeu de l'idéalisme »[3], comme le montrera le théorème qui le réfute.

Schopenhauer, après avoir ainsi formulé la question que, selon lui, Jacobi pose dans cet *Appendice :* « Kant soutenant que toute expérience n'est que phénomène conditionné par ma nature sensible, comment peut-il ensuite admettre qu'un objet externe impressionne mes sens ? », estime que la réponse qui s'impose est celle-ci : « Exactement de la même façon qui me permet d'admettre qu'un objet externe m'apparaît comme une cause de l'autre. Car mon moi intérieur est également pur phénomène et je ne me connais pas plus moi-même que je ne connais les choses à l'extérieur de moi. L'action d'un objet externe sur mes sens doit être admise comme l'action d'un quelconque objet de l'expérience sur un autre objet de l'expérience, c'est-à-dire comme phénomène »[4]. Mais on est en droit de penser que Jacobi aurait pu estimer non seulement que cette réponse donnait gain de cause à sa propre conclusion selon laquelle ce phénoménisme est bien un idéalisme absolu, « un égoïsme spéculatif », mais au surplus qu'elle relève d'une *ignoratio elenchi,* puisqu'il ne saurait pour sa part s'inquiéter de la manière de se *représenter* l'action de l'objet sur nos sens, dans la mesure même où il lui apparaît que le phénoménisme l'enferme sans issue possible dans la sphère de la représentation et de la subjectivité, rendant ainsi absolument inintelligible le rapport entre le phénomène *en nous* et la chose *en soi.*

1. W. III, p. 29; trad. p. 319. – Même si ce jeu est le plus noble de tous, il reste un jeu avec notre ignorance; il nous distrait de notre ignorance radicale; il fait passer le temps sans le remplir vraiment, W. III, p. 305-6; trad. p. 373.

2. *Lettre à J. P. Richter,* 16 mars 1800, Zöppritz, I, p. 239.

3. *K. r. V.*, B 276.

4. *Aus A. Schopenhauer's handschriftlicher Nachlass,* herausg. Frauenstädt, 1864, p. 267.

Au contraire c'est bien la question visée par Jacobi que formule Kant (sans qu'on puisse cependant affirmer que c'est à lui qu'il pense) lorsqu'il écrit : « On se demande si l'objet que nous posons hors de nous ne pourrait pas par hasard être toujours en nous, et s'il ne serait pas tout à fait impossible de reconnaître avec certitude une chose hors de nous comme extérieure à nous »[1]? Or il est bien remarquable qu'il ne la pose que pour souligner tout aussitôt qu'elle pourrait à la rigueur être laissée complètement de côté sans aucun dommage pour les progrès de la métaphysique, « puisque les perceptions dont nous nous servons, ainsi que la forme de l'intuition qu'elles comportent, peuvent toujours être en nous; que quelque chose leur corresponde en outre hors de nous ou non, cela ne change rien à l'extension de la *connaissance,* puisque, faute de pouvoir l'appliquer aux objets, nous pouvons nous en tenir à la perception que nous en avons, qui est toujours en nous ». Il raisonne ici tout à fait comme Malebranche lorsqu'il dit : « Il n'est pas absolument nécessaire d'examiner s'il y a effectivement au-dehors des êtres qui répondent aux idées, car nous ne raisonnons pas sur ces êtres, mais sur leurs idées [...] nous tâchons dans la physique de découvrir l'ordre et la liaison des effets avec leurs causes dans les corps, s'il y en a, ou dans les sentiments que nous en avons, s'ils n'existent point »[2].

Les deux philosophes expriment ainsi en des termes remarquablement comparables une conviction commune : la nécessité de subordonner cette question *d'existence* à la solution du problème de la *connaissance* et du fondement de son objectivité.

C'est avant tout cet ordre de préséance qui se trouve refusé dans le texte de l'*Appendice* par ce que Jacobi nomme lui-même son *réalisme :* tout de même qu'il objecterait au cartésianisme que du connaître à l'être la conséquence ne saurait être bonne, il rétorque au kantisme que, pour être qualifié de transcendantal afin de signifier qu'il concerne « le rapport de la connaissance à la *faculté de connaître* et non pas aux choses »[3], l'idéalisme n'en demeure pas moins une dissolution de la réalité de toute existence dans la fantasmagorie des représentations, et qu'à se retrouver spécifié comme empirique, le réalisme est en fait vidé de tout son sens, de sorte que cette double innovation ne fait que recouvrir une contradiction insurmontable. Car on s'est ôté le droit de dire que « les objets font impressions sur les sens, suscitant ainsi des sensations, et de cette façon aboutissent à des représentations », dès lors qu'on a soutenu d'autre part que « l'objet

1. *Fortschritte,* Ak. XX, 7, p. 277.

2. Malebranche : *Recherche de la vérité,* VI, 2, VI, éd. Lewis, II, p. 244.

Voir également Leibniz : *Nouveaux Essais,* IV (2), 14 : « Au reste, il est vrai aussi que, pourvu que les phénomènes soient liés, *il n'importe* qu'on les appelle songes ou non, puisque l'expérience montre qu'on ne se trompe point dans les mesures qu'on prend sur les phénomènes lorsqu'elles sont prises selon les vérités de raison ».

3. *Prolégomènes,* Ak. IV, p. 293.

empirique qui n'est jamais que *phénomène* ne peut exister hors de nous et être quelque chose d'autre encore qu'une représentation[1].

De toute évidence, cette fin de non-recevoir sans appel invite beaucoup moins à discuter l'interprétation des textes kantiens qu'elle peut impliquer, qu'à rechercher la raison profonde de l'objection de principe qu'elle oppose à leur intention présumée. Très précisément, il convient, par exemple, de se demander comment Jacobi a pu demeurer insensible à la mise en garde, cependant très explicite, de la *Critique :* « Nous devrions y songer : les corps ne sont pas des objets en soi qui nous sont présents, mais une simple apparition [*Erscheinung*] d'on ne sait quel objet inconnu et le mouvement n'est pas l'effet de cette cause inconnue, mais seulement l'apparition de son influence sur nos sens [...] la difficulté qui surgit d'elle-même est celle de savoir comment et par quelle cause les représentations de notre sensibilité se trouvent dans une interconnexion telle que celles que nous qualifions d'externes peuvent être représentées selon les lois empiriques comme des objets hors de nous – ce qui n'implique absolument pas la *prétendue difficulté* d'expliquer l'origine des représentations de causes efficientes entièrement étrangères existant hors de nous, prenant ainsi les apparitions d'une cause inconnue pour la cause hors de nous, ce qui ne peut qu'introduire la confusion »[2]. Si un avertissement aussi net peut demeurer sans effet sur Jacobi, c'est que son réalisme se refuse à cette assimilation de l'apparition à une représentation parce qu'elle lui paraît véritablement

1. W. II, p. 301-302. Mieux encore peut-être que l'addition – déjà significative pourtant – dans la deuxième édition de la *Critique*, du Théorème qui réfute l'idéalisme, la correction que Kant apporte à son texte au tout dernier moment, dans l'ultime note de sa deuxième Préface (B XXXIX), et l'indication du point précis dont « l'obscurité » impose cette correction, révèlent toute l'importance que Kant accorda à l'objection de Jacobi. Ce dernier est très directement concerné par les premières lignes de cette note : « Si inoffensif puisse paraître l'idéalisme *relativement à la fin essentielle de la métaphysique* (et en fait, *il ne l'est pas*), c'est toujours un scandale pour la philosophie et pour le sens commun en général, qu'il faille se contenter d'admettre à titre de *croyance* l'existence du monde extérieur – d'où nous tirons pourtant toute la matière de nos connaissances, même pour notre sens interne ... » (c'est nous qui soulignons, à l'exception du mot : croyance, souligné par Kant). – Le texte de la démonstration du Théorème disait : « ce permanent ne peut être *quelque chose en moi* [*etwas in mir*] ... sa perception n'est donc possible qu'au moyen d'une *chose* hors de moi [*ein Ding ausser mir*], et non au moyen de la simple *représentation* ... ». Ce que Kant y juge sans doute obscur, et du même coup insuffisamment insistant sur le point décisif, c'est que l'opposition entre : *chose* et *représentation* de la chose, qui est ici essentielle, se trouve en quelque sorte « empâtée » par le tour : « *quelque chose* en moi ... » de la phrase précédente. Mais en substituant la précision : « ce permanent ne peut être une *intuition* en moi ... », il ne peut s'empêcher de prévoir un rebondissement de l'objection : il ne s'agit toujours que d'une conscience immédiate de ce qui est *en moi*, donc de ma *représentation* des choses extérieures et il reste à établir que quelque chose qui y correspond existe *hors de moi*. C'est la raison pour laquelle il insiste sur le fait que « avoir conscience de son *existence* dans le temps », c'est *plus* que « avoir simplement conscience de sa représentation ».

2. *K. r. V.*, A 387. C'est nous qui soulignons.

exténuer l'existence hors de nous de la chose elle-même en une simple existence fantomatique en pensée et en parole. Ce qu'il récuse de manière fondamentale c'est cette disjonction entre le principe logique et l'origine chronologique que les premières lignes de la *Critique* ne peuvent, selon lui, prétendre imposer que parce qu'elles privilégient abusivement le problème de la connaissance : en faisant de l'expérience une « *connaissance* d'objets »[1]. L'immédiateté originaire de la « saisie du vrai » se trouve aussitôt médiatisée par ces artefacts de logicien auxquels doit recouvrir le philosophe transcendantal en quête des conditions de possibilité d'une « connaissance de la vérité » ; son unité indivisible se voit décomposée de façon idéale et abstraite en « une excitation des sens par des objets produisant d'eux-mêmes des représentations » et « une mise en mouvement de l'activité intellectuelle qui élabore celles-ci en connaissance »[2].

Ainsi le raison profonde pour laquelle Jacobi accuse le phénoménisme de Kant d'être un idéalisme, celle qui peut révéler la caractéristique la plus précise de son réalisme dans son opposition à l'idéalisme transcendantal, nous paraît résider finalement dans un refus d'accepter le lien indissoluble qui se noue au principe même de la pensée de Kant entre la *représentation* et la *faculté de connaître :* d'une part, « la connaissance présuppose toujours la représentation et celle-ci ne se laisse absolument pas définir, car on ne pourrait répondre à la question : qu'est-ce que la représentation qu'en recourant toujours à nouveau à une autre représentation dans la définition »[3]; d'autre part : « au principe de l'exercice de toutes les facultés de l'esprit, on trouve toujours la faculté de connaître, hors même qu'il n'y a pas toujours connaissance, puisqu'une représentation qui relève du pouvoir de connaître peut également être intuition sans concept »[4]. La radicale divergence entre les deux penseurs peut ainsi être décelée dans la différence qui continue de séparer leurs formules les plus proches en apparence. Voit-on Kant, dans une œuvre où il est spécialement soucieux de se défendre contre l'accusation d'idéalisme, écrire que le Moi est « le sentiment d'une existence »[5]? Loin de rejoindre le sens de l'expression si souvent employée par Jacobi, la notion de sentiment n'intervient en fait ici que pour désigner une représentation qui ne saurait en aucun cas devenir une connaissance[6]. Affirme-t-il qu'il « accorde sans réserve qu'il y a des corps hors de nous, c'est-à-dire des choses dont les représentations nous « avertissent » [*die wir*

1. *K. r. V.*, B 1 : *Erfahrungserkenntnis, Erkenntnis der Gegenstände*.

2. *Ibid.*

3. *Logik*, Ak. IX, p. 34.

4. *Erste Einleitung*, XI, Ak. XX, 7, p. 245.

5. *Prolégomènes*, § 46, note. Jacobi a lui-même rapproché l'expression : « sentiment de l'être » que la langue française lui avait fournie dans la lettre à Hemsterhuis (W. IV (1), p. 134) de l'aperception transcendantale de Kant (*K. r. V.*, A 107) « unité de la conscience qui précède toutes les intuitions », dans une note : W. IV (1), p. 192.

6. *K. U*, § 3 : « La représentation n'est rapportée qu'au sujet et ne sert à aucune connaissance, pas même à celle du sujet par lui-même ».

durch die Vorstellungen kennen][1]? On pourrait penser que cet emploi du verbe *kennen = noscere,* distingué de *erkennen = cognoscere*[2], nous rapproche du « *gewahr werden* » auquel recourt souvent Jacobi[3]; en fait il permet seulement de souligner que « les choses en elles-mêmes nous demeurent *inconnues* et que nous n'avons affaire qu'à leurs apparitions ». Dès lors, Kant peut bien insister sur le fait *qu'inconnaissable* n'est en rien synonyme *d'inexistant :* « on ne supprime pas par là l'existence de la chose, comme le fait l'idéalisme véritable, on se contente d'indiquer que les sens ne nous permettent absolument pas de la connaître telle qu'elle est en elle-même », Jacobi n'accepte pas de se retrouver ainsi coupé des choses mêmes au seul profit de leur manière d'apparaître, qui n'est à ses yeux qu'un simple « *modus cogitandi* ». C'est ce qui ressort très clairement de la note que lui inspire l'affirmation kantienne : « les phénomènes ne peuvent, en tant que tels, trouver place hors de nous, ils n'existent que dans notre sensibilité », à laquelle il oppose le réalisme de Leibniz : si la saisie conceptuelle [*das Begreifen*] accordant la multiplicité à l'unité présente bien un caractère subjectif, il n'en demeure pas moins que c'est la nature et l'objet existant réellement hors de moi qui légifèrent pour l'entendement et lui imposent tout à la fois cette multiplicité et son unité[4].

Ainsi ce qui sépare Jacobi de la doctrine kantienne, ce n'est pas, comme il le prétend[5], ce qui sépare cette doctrine d'elle-même, mais bien plutôt ce qui, dans cette doctrine, sépare de la métaphysique l'espèce critique de l'ontologie qu'est la philosophie transcendantale[6]. La caractéristique de l'être fini, dit un texte de *l'Opus postumum,* (c'est-à-dire de « l'être raisonnable affecté de manière sensible »)[7], c'est de ne pouvoir devenir actif qu'en commençant par être passif, c'est-à-dire d'unir à une tendance à la forme, une tendance à la matière : « dans quelle mesure deux tendances aussi opposées peuvent-elles coexister dans le même être ? C'est là un problème qui peut bien embarrasser le métaphysicien, mais non le philosophe transcendantal »[8]. Trop convaincu de l'insuffisance de toute connaissance pour être disposé à s'intéresser aux conditions de sa possibilité, Jacobi ne pouvait consentir à soumettre ses convictions de métaphysicien au préalable critique de la philosophie transcendantale.

1. *Prolégomènes,* § 13, *Anmerkung,* II, Ak. V, p. 289.
2. *Logik,* Ak. IX, p. 64.
3. Par exemple W. IV (1), p. 211.
4. W. II, p. 301, note.
5. W. II, p. 25.
6. *Fortschritte,* Ak. XX 7, p. 315.
7. *Grundlegung,* ad finem, Ak. IV, p. 460.
8. Ak. XXI, p. 76.

INDEX DES NOMS

TABLE DES MATIÈRES

Louis GUILLERMIT

Friedrich H. JACOBI

Imprimerie de la Manutention à Mayenne – Janvier 2000 – N° 12-00
Dépôt légal : 1er trimestre 2000